Series of Ideas of History

编辑委员会

主 编

耶尔恩·吕森 (Jörn Rüsen，德国埃森文化科学研究所)
张文杰 (中国社会科学院哲学研究所)

副主编

陈　新 (浙江大学历史系)
斯特凡·约尔丹 (Stefan Jordan，德国巴伐利亚科学协会历史委员会)
彭　刚 (清华大学历史系)

编 委

何兆武 (清华大学历史系)
刘家和 (北京师范大学历史系)
涂纪亮 (中国社会科学院哲学研究所)
张广智 (复旦大学历史系)
于　沛 (中国社会科学院世界历史研究所)
海登·怀特 (Hayden White，美国斯坦福大学)
娜塔莉·戴维斯 (Natalie Z.Davis，美国普林斯顿大学)
索林·安托希 (Sorin Antohi，匈牙利中欧大学)
克里斯·洛伦茨 (Chris Lorenz，荷兰阿姆斯特丹自由大学)
于尔根·施特劳布 (Jürgen Staub，德国开姆尼斯技术大学)
卢萨·帕塞里尼 (Luisa Passerini，意大利都灵大学)
埃斯特范欧·R.马丁斯 (Estevao de Rezende Martins，巴西巴西利亚大学)
于尔根·奥斯特哈默尔 (Jürgen Osterhammel，德国康斯坦茨大学)

历史的观念译丛

文化记忆
早期高级文化中的文字、回忆和政治身份

〔德〕扬·阿斯曼 著
金寿福 黄晓晨 译

Das kulturelle Gedächtnis
Schrift, Erinnerung und politische Identität
in frühen Hochkulturen

Jan Assmann

著作权合同登记　图字：01-2010-0727

图书在版编目(CIP)数据

文化记忆：早期高级文化中的文字、回忆和政治身份/(德)阿斯曼(Assmann, J.)著；金寿福，黄晓晨译. —北京：北京大学出版社，2015.5
（历史的观念译丛）
ISBN 978-7-301-25261-1

Ⅰ.①文…　Ⅱ.①阿…②金…③黄…　Ⅲ.①文化史—研究—世界　Ⅳ.①K103

中国版本图书馆CIP数据核字(2014)第301042号

© Verlag C. H. Beck oHG, München 2007
The translation of this work was financed by the Goethe-Institut China.
本书获得歌德学院（中国）全额翻译资助。

书　　　名	文化记忆：早期高级文化中的文字、回忆和政治身份
著作责任者	〔德〕扬·阿斯曼　著　金寿福　黄晓晨　译
责 任 编 辑	陈　甜　岳秀坤
标 准 书 号	ISBN 978-7-301-25261-1
出 版 发 行	北京大学出版社
地　　　址	北京市海淀区成府路205号　100871
网　　　址	http://www.pup.cn　新浪微博：@北京大学出版社
电 子 邮 箱	编辑部 wsz@pup.cn　　总编室 zpup@pup.cn
电　　　话	邮购部 62752015　发行部 62750672　编辑部 62752025
印 刷 者	三河市北燕印装有限公司
经 销 者	新华书店
	965毫米×1300毫米　16开本　24.25印张　296千字
	2015年5月第1版　2025年3月第9次印刷
定　　　价	69.00元

未经许可，不得以任何方式复制或抄袭本书之部分或全部内容。
版权所有，侵权必究
举报电话：010-62752024　电子邮箱：fd@pup.cn
图书如有印装质量问题，请与出版部联系，电话：010-62756370

"历史的观念译丛"总序

序 一

在跨文化交流不断加强的当下,如影相随的是,我们面对着全球化时代的一种紧迫要求,即必须更好地理解文化差异及特殊性。由中外学者携手组织的这套丛书,将致力于把西方有关历史、历史编纂、元史学和历史哲学的话语带入中国历史文化的园地。

历史论题是人类生活中极其重要的元素。在历史中,人们形成并且反映了他们与其他人的认同感、归属感,以及与他者的差异。在归属感和差异的宽泛视界中来看待"世界诸文明",人们才能够谈及"文化认同"。历史学家们的专业学术工作往往涉及并依赖于认同形成的文化过程。由于这种牵涉,无论历史学家是否意识到,政治都在他们的工作中起着重要作用。不管学术性的历史研究仅仅是作为资政的工具,还是因其方法的合理性而有着特别功能,这都已经是公开的问题。

关于历史思维的学术地位的许多讨论,还有它对"客观性"或普遍有效性的执著,都与世界范围内现代化过程中的历史思维之发展联系在一起。在这一过程中,历史思维获得了学术学科或者说"科学"(Wissenschaft,采该词更宽泛的意义)的形式。历史学研究的传统,其自尊就在于,它声称与非专业历史学相比有着更高层次的有效性。一般用的词就是"客观性"。与这种对客观性的执著相反,许多重要论述进入了历史学家的自我意识,这牵涉到他们与各自国家历史文化的相互关系。例如,后现代主义极力否认客观性这种主张,并且指出,尽管历史研究有其方法的合理性,而在历史研究之外的政治利益、语言假定和文化意义标准等等,历史的解释却对它们有一种根本的依赖。

在意识到了记忆的作用,并且意识到了非专业性因素在异彩纷呈的人类生活领域中表现过去的作用之后,发生在历史学内外的、有关历史思想以及它作为学术学科的形式的讨论,就因这种新的意识而被扩大了。在人类生活的文化定向中,记忆是一种巨大的力量,它似乎要取代历史在那些决定历史认同的行为中所处的核心位置。这样一种更迭是否会造成足够重要的后果,影响到历史在民族文化生活中的角色,这一点还悬而未决。只要记忆与"实际发生的"经验相关,历史就仍然是对集体记忆中这种经验因素的一种言说。

在反思历史思想与职业历史学家的工作时,这种视界的扩展因为如下事实而获得了额外的扩大和深化,即:人们为了理解现在、期盼未来而研究过去的方式存在着根本的文化差异;没有这样的洞见,就不可能正确地理解历史。既然认同关系到与他者的差异,而历史是呈现、反思和交流这种差异的领域,历史学家的工作就必然一直处在对付这种差异的张力之中。"文明的冲突"便是一个口号,它表明,通过回忆和历史形成的认同中存在着紧张因素。

既然认同不只是界定和奋争的事情,它同时还是理解和认知,为此,这双重因素在历史话语中都必须主题化。每一种认同都因识别出他者而存在,而各种认同或认同的文化概念之间的张力以至于斗争或冲突,都不得不被理解为一种认知的要求。是什么使得他者出现差异呢?对此不理解,认知就不可能实现。这样,就必须了解他者的差异中那些强有力的文化要素和过程。

进而,若缺少贯穿这种差异的可理解性原则,认知也不可能。就学术性话语的层面而言,在将历史认同主题化,使之成为差异的一个事例时,这些普遍的要素和维度与专业性历史思维的话语特征有着本质上的关联。

这就是本丛书的出发点,它想把西方世界人们理解、讨论、扩展、批判和利用历史的途径告诉汉语世界。

这套丛书可谓雄心勃勃,它试图展现西方历史话语的整个领域。在思考历史的西方人眼中,西方历史思想是什么?谁的观点成了有影响的观点?想象一种单一的西方历史思想类型,并以之与非西方的中国人或印度人的历史思想相比对,这相当容易。但更进一步,人们就会发现,西方并没有这样一种类型,即单一的"观念""概念"或者"根本"。相反,我们找到了一种话语,它呈现出各种不同概念、观点和实际作用之间错综分合的交流。这套丛书便展现了这种多样性和话语特征,当然,非西方世界也会有类似情形。

本丛书分为作者论著和主题文集两类出版。第一类选取该作者对历史话语而言有着重要地位的作品,第二类则选取历史话语中的一些中心主题。每一卷都有介绍该作者或主题的导论、文本注释和文献目录。

本丛书期待对历史学领域中在新的层次上并且是高质量的跨文化交流有所贡献。抱着这种呈现更广泛的意见、立场、论证、争执的雄心壮志,它希望成为跨文化交流中类似研究的范例,使不同文化彼此得到更好的理解。在跨文化交流与对话的领域内,就一种对文化差异彼此了解的新文化来说,这种理解是必要的。

耶尔恩·吕森
2006年5月于德国埃森

序 二

近代以来，西方历史思想家为人类提供了丰富的历史思想资源。历史的观念经过一代代思想家的演绎，构成了多元的话语系统，而且，这个系统还随着思想家们不断的思考、表现而获得扩充。

我们往往通过书本了解思想家们对历史的看法，但对于读者自身而言，我们却不能只是从书本中去理解历史。事实上，我们就生活在历史中，这并不是说我们现在的经历将成为历史，而是指我们身边的每一处能够被言说、被体悟的事情，如果不能够获得历史解释，它都无法进入理性的思索之中。从历史中获取意义，获取人生在某个时刻具有的确定性和行动的立足点，这是试图了解历史的人所追求的。但这样一种能力对于个人而言并不是可遗传的或可积累的，每个人都不得不在自己的生活中重新发展它。思想家们对过去的理解与认识、对历史这个观念的思考，以及对与历史相关的一些问题的探询，这些都只为我们耕耘未来生活这块荒原提供各式各样的工具，却不提供秋收的果实。

系统地译介西方史学理论或历史哲学作品，一直是20世纪以来几代中国学者的梦想。这个梦想曾经深藏在何兆武先生年轻的头脑中，此后，他身体力行，译著丰卓，为拓展国人的历史思维付出了不懈的努力。如今，跨文化交流的加强，以及国内学术事业的繁荣，使得这一梦想更有可能变为现实。

本丛书有幸得到了德国学者耶尔恩·吕森教授的大力支持。吕森教授认为，加强跨文化交流有利于创造一种新的世界文化，现存诸种文化可以包含在其中，但它们了解彼此的差异，尊重彼此的习惯；平等交流使得我们可以跨越文化鸿沟，同时拓宽我们理解历史的文化限度。这也是中方编辑者的初衷之一。这样，中德双方组织者表现出极大的热忱。从丛书框架、选题的设计,到约请编译者,乃至沟通版权,一项项艰巨的任务在数年来持续不断的交流与努力中逐渐得到落实。

丛书编者有着极大的雄心,希望以数十年的努力,将西方18世纪以来关于历史、历史编纂、元史学和历史哲学的重要文献渐次翻译,奉献给汉语世界。如果可能,这套丛书还将涉及非西方世界史学思想的文献。

显然,这套丛书的出版是一项跨文化交流的成果,同时也是一项民间的学术事业,在此,我们要对所有帮助这套丛书出版的编者、译者、出版者表示感谢。愿这样的努力,也能够得到读者的关注、批评与认可。

张文杰　陈新
2006年5月

目 录

"历史的观念译丛"总序　　I

前　言　1
导　论　4

第一部分　理论基础

第一章　回忆文化　21
　　绪　言　21
　　一　对"过去"的社会性建构：莫里斯·哈布瓦赫　27
　　二　集体回忆的形式——交往记忆和文化记忆　41
　　三　文化记忆的类型："热"回忆和"冷"回忆　62

第二章　书写文化　85
　　一　从仪式一致性到文本一致性　85
　　二　卡农：如何界定此概念　103

第三章　文化认同和政治想象　133
　　一　认同、意识和反思性　133
　　二　民族的产生作为对集体认同的基本结构的升级　150

第二部分　个案研究

绪　言　173

第四章　埃　及　177
　一　埃及书写文化的基本特征　177
　二　充当"法则"的王朝后期神庙　189

第五章　以色列与宗教的发明　212
　一　作为抵抗手段的宗教　212
　二　起到回忆作用的宗教：《申命记》作为文化记忆术的范例　231

第六章　法律精神促成历史的诞生　247
　一　表现为惩罚与拯救的历史　247
　二　以意志神学为标志的历史被神学化：从"超凡的事件"到"超凡的历史"　269

第七章　希腊与思维的规训　280
　一　希腊与书写文化的结果　280
　二　荷马与希腊民族的形成　294
　三　接合性：希腊的书写文化与思想进化　304

结　语　文化记忆理论概述　318

参考文献　328
人名索引　350
内容索引　358
译后记　368

前　言

　　近年来，以记忆与回忆为题的研究风气方兴未艾。它大约始于十年前，在东方和西方都有人就此著书立说。我认为这不是一件偶然的事。我相信，根源在于我们正在经历的时代大变革，其中有三个因素使得记忆这个课题受到空前的重视。首先，随着电子媒介技术开始在人的大脑之外储存信息（也就是人造的记忆），我们眼前正在发生一场文化革命，其意义不亚于印刷术的发明，以及时间上更早的文字的出现。其次，因为有了上面所说的媒介技术，业已结束的年月——即尼克拉斯·卢曼（Niklas Luhmann）所谓"旧欧洲"的记忆——也得以保存，它至少需要我们不时回忆并以评判的方式予以消化，乔治·施泰纳（George Steiner）称其为"轮作"（Nachkultur）。第三个因素可能最具决定性，它触及我们灵魂深处，同时也关系到我们的生死存亡；亦即，那些曾经亲历人类历史上最惨绝人寰的罪行和灾难的一代人，仍然健在的越来越少了。对于集体记忆而言，四十年意味着一个时代的门槛，换句话说，活生生的记忆面临消失的危险，原有的文化记忆形式受到了挑战。在我看来，尽管有关历史与记忆、回忆与记忆术的讨论有时使用非常抽象和专业的术语，仍然持续受到关注，其关键就在于第三个因素。所有这些都说明，以回忆概念为核心，正在形成一个全新的文化科学范例，受其影响，不同的文化现象和领域——艺术与文学、政治与社会、宗教与法律——呈现出不同于之前的格局。换句话说,有关记忆与回忆的工程正在进行当中,本书旨在以自己的方式投入到这项工程当中。作者不敢断言已经实现了某种目标,而只能说供给读者一些提示,重点是为读者自己寻找答案勾勒出必要的因果关系。

1984—1985年,作者偕阿莱达·阿斯曼(Aleïda Assmann)赴柏林科学院进行为期一年的学术研究,本书就是这一研究项目的结晶。因此,我最诚挚的谢意应当献给这家学术机构,在那里,我有幸与来自不同学科的学者们通过讲座、交谈和讨论等形式进行交流,假如没有这些优越的条件,很难想象本书作者会如同书中内容所展示的那样,做出跨越自己的学科——埃及学——的大胆尝试。克里斯蒂安·迈尔(Christian Meier)、彼得·马基尼斯(Peter Machinist)、米歇尔·斯特里克曼(Michel Strickman)与我一起就比较文化科学问题进行了非常深入和密切的讨论,在此向他们诸位表示特别的谢意。

本人参与的研究小组"文字交流的考古学研究"(*Archäologie der literarischen Kommunikation*)所关注的题目之一便是"文化记忆"问题。在研究小组出版的系列图书《文字与记忆》(1983)、《正典与审查》(1987)和《智慧》(1991)当中,文化记忆都是主要论题;此外,在海德堡举行的研讨会和讨论课上,参与者对这一命题进行了进一步的探讨。为这些研讨会所做的准备,以及之后所做的归纳和提炼,为此书奠定了基础,尤其值得一提的是1985年在柏林科学院举行的题为"正典与审查"的第二次研讨会。本书的初稿实际上是作者与阿莱达·阿斯曼在柏林为《正典与审查》一书撰写的导言,只是我们发现,在导言有限的篇幅当中无法充分地讨论文化记忆问题,因为当时拟就的文字已经达到一百五十页之多,只好作罢。在此后的若干年中,我们共同的研究几经中断。虽然两个人出发点相同,但是研究方向各异,遂决定分别把各自的研究进行到底。阿莱达·阿斯曼的研究成果呈现为《记忆空间:文化意义上的时间建构》(*Erinnerungsräume. Zur Konstruktion kultureller Zeit*)。她的着眼点在于古典时期至(后)现代形成的文化记忆具有哪些形式与功能,其著作可以说在一定程度上构成本书的后续,因为我在书中重点论述的是近东和地中海地区的早期书写文化。

1987—1988 年,我得以利用学术假期完成本书的第二部分。本书涉及理论方面的第一部分,得益于为讨论课和研讨班备课的过程,这些课程分别是我与托尼奥·赫尔舍(Tonio Hölscher)合开的"文化与记忆"(1986/1988),与迪特里希·哈特(Dietrich Harth)合开的"革命与神话"(1990),以及我与阿莱达·阿斯曼、迪特里希·哈特合开的"作为生活空间和纪念物的文化"(1987/1991)和"摩涅莫辛涅"。以上同事提出了许多建设性的意见,在与他们共事的过程中,我确实获益匪浅。本人先后在不同的研究班和研究机构做过相关的学术报告,如在弗赖堡大学,面向参与专题研究项目"口述与文字记载"的师生以及名为"古典时期依据当下建构起来的过去"的研究生班,还有在斯图加特文化理论中心,以及埃森文化科学研究所。在上述大多由阿莱达·阿斯曼陪同的讲座中,作者获得了宝贵的机会,与听众就书中的核心论题进行广泛的讨论。

由起初一系列尝试性的研究项目变成了一本书,不足之处肯定不少。不过,如果没有维肯伯格(E.-P. Wieckenberg)的鼓励和催促,恐怕连这样的结果也难以想象。

扬·阿斯曼
1992 年

导　论

15　《摩西五经》中出现过四次要求将仪式和律法的意义教授给子孙后代的场景：

> 日后，你的儿子问你说："耶和华我们神吩咐你们的这些法度、律例、典章，是什么意思呢？"你就告诉你的儿子说："我们在埃及作过法老的奴仆，耶和华用大能的手将我们从埃及领出来……"（《申命记》6:20 及以次）①

> 你们的儿女问你们说："行这礼是甚么意思？"你们就说："这是献给耶和华逾越节的祭。当以色列人在埃及的时候，他击杀埃及人，越过以色列人的房屋……"（《出埃及记》12:26—27）

> 日后，你的儿子问你说："这是甚么意思？"你就说："耶和华用大能的手将我们从埃及为奴之家领出来……"（《出埃及记》13:14—15）

> 当那日，你要告诉你的儿子说："这是因耶和华在我出埃及的时候为我所行的事……"（《出埃及记》13:8）

我们在这里看到的，是关于人称代词和历史回忆的一小幕戏

---

① 中译文引自《圣经》简化字新标点和合本，中国基督教三自爱国运动委员会和中国基督教协会出版发行，2006，下同。——译注

剧。对话中的儿子时而说"你们",时而说"我们"(例如"我们神"),父亲回答的时候,也是时而说"我们",时而说"我"。犹太人的逾越节晚餐仪式事实上是要让孩子们理解先祖们离开埃及的历史,由此也引出了关于这四个孩子如何学习《米德拉什》①的片段。这四个问题(包括《出埃及记》13:8中未提出的那个问题)分别指向四个不同的孩子:聪慧的、邪恶的、头脑简单的和尚不知如何发问的。聪慧的孩子的聪慧之处在于,他会区分不同概念("法度、律例、典章"),并且在"你们"之后补充"我们的神"。父亲在对他讲述这段历史时,使用的人称代词是"我们",这个"我们"把提问者包括在内。邪恶的孩子的邪恶之处表现在,他使用的是将自己排除在外的人称代词"你们":

> 邪恶的孩子如何发问?"你们行那礼有何意义?"不包含他自己,而是"你们"!那么,既然他将自己从整体中分离出去,你就可以将他置于一旁以使他的邪恶不能危害别人,并回答他说"所以在我出埃及的时候,神才赐予了我这些":我,而不是他。(《逾越节哈加达》[*Pessach-Haggadah*])

我们所研究的三个问题在这一小幕戏剧中得到了展现:关于与"我们""你们"和"我"相关的身份认同(Identität)问题;对出埃及的历史的回忆问题——这段历史最初创建并继续构建了"我们"这个整体;在父亲与儿子的问答中所展现的(文化意义的)延续和再生产问题。在逾越节的庆典中,孩子被纳入了一段构建并

---

① 《米德拉什》,Midrasch的音译。Midrasch在希伯来语中是"解释""阐释"的意思,即犹太教对《圣经·旧约》的注释,成书于公元6—10世纪。《米德拉什》全书分为两部分:《哈拉哈》(*Halacha*)和《哈加达》(*Haggadah*)。《哈拉哈》讲解经文中的律法、教义、礼仪与行为规范,并说明其在生活中的运用,具有较高的权威性。《哈加达》阐述经文的寓意和故事传奇,并对逾越节仪式和祈祷进行指导。——译注

填充了"我们"这个整体的历史和回忆,从而学会了说"我们"。①在这里我们看到了一个问题和一个过程,它们构成了任何一个文化的基础,但却很少像在这个例子中以如此直观明了的形式被呈现出来。

我们在此书中所研究的是下面三个问题之间的关联:回忆(或者:对过去的指涉[Vergangenheitsbezug])、认同(或者:政治想象[politische Imagination])和文化的延续(或者:传统的形成)。每种文化都会形成一种"凝聚性结构"(Konnektive Struktur),它起到的是一种连接和联系的作用,这种作用表现在两个层面上:社会层面和时间层面。凝聚性结构可以把人和他身边的人连接到一起,其方式便是让他们构造一个"象征意义体系"(贝格尔/卢克曼[Berger/Luckmann])——一个共同的经验、期待和行为空间,这个空间起到了连接和约束的作用,从而创造了人与人之间的相互信任并且为他们指明了方向。这一文化视角在古代文明的文本中以关键词"公正"的形式得到了梳理。凝聚性结构同时也把昨天跟今天连接到了一起:它将一些应该被铭刻于心的经验和回忆以一定形式固定下来并且使其保持现实意义,其方式便是将发生在从前某个时间段中的场景和历史拉进持续向前的"当下"的框架之内,从而生产出希望和回忆。这一文化视角是神话和历史传说的基础。规范性和叙事性的两个方面,即指导性方面和叙事性方面,构成了归属感和身份认同的基石,使得个体有条件说"我们"。与共同遵守的规范和共同认可的价值紧密相连、对共同拥有的过去的回忆,这两点支撑着共同的知识和自我认知(Selbstbild),基于这种知识和认知而形成的凝聚性结构,方才将单个个体和一个相

---

① 宗教中将使用问答法来讲授教义作为回忆历史和建构主体同一性的形式,参见德·普瑞/勒默尔(de Pury/Römer)1989。

应的"我们"连接到一起。

每个凝聚性结构的基本原则都是重复(Wiederholung)。重复可以避免行动路线的无限延长;通过重复,这些行动路线构成可以被再次辨认的模式,从而被当作共同的"文化"元素得到认同。在逾越节晚餐中我们也可以清楚地看到这个原则。在希伯来语中,"Seder"的意思是"次序",在此处指的是,节日庆祝仪式中所使用的规范(Vorschrift)必须严格遵循规定的次序进行。这里的两个关键词"Vor"—Schrift(规—范)①和folgen(遵循)已然揭示了事情的本质:时间。即,一方面,每次节日庆典内部的时间次序得到了确定,另一方面,每次庆典都被与之前的那些庆典联系到了一起。这样,每次庆典都依照着同样的"次序"来不断地重复自己,就像墙纸总是以"不断重复的图案"呈现那样。我们可以把这个原则称为"仪式性关联"。然而,一次逾越节晚餐的意义并不仅仅在于遵循完全相同的规范进行,从而重复去年的庆典,它更重要的意义是现时化(vergegenwärtigen)另一个更早的事件:出埃及。"重复"和"现时化"是两种根本不同的指涉方式。"次序"这个概念指涉的只是"重复"这个角度,而"现时化"这个角度在《哈加达》中才得到了体现,《哈加达》即是在逾越节晚餐上诵读的小书的名字,这里面包含了很多配有插图的关于出埃及这段历史的祈祷词、歌谣、轶事和布道文。这些内容都是对《圣经》经文的阐释,其最重要的目的就是要使孩子们明白这些仪式过程的意义。《哈加达》本身也是一种规范,但是在这里我们要特别强调的是"文字"(Schrift)这个方面,即:它是对一个文本的阐释。回忆的现时化这

---

① Vorschrift 从构词来讲,由 Vor 和 Schrift 两部分组成。Vor 表示"在……之前",Schrift 意为"文字"。若以分号连接,可理解为"有文字之前";若没有分号则意为规范、准则。——译注

一过程，是在对流传下来的经文加以阐释的过程中才得以实现的。

所有的仪式都含有重复和现时化这两个方面。仪式越是严格遵循某个规定的次序进行，在此过程中"重复"的方面就越占上风；仪式给予每次庆典活动的自主性越强，在此过程中"现时化"的方面就越受重视。在这两极之间就形成了一个动态结构的活动空间，文字对于文化中凝聚性结构的重要意义也便在此空间中得以展现。伴随着将流传下来的内容进行文字化这一过程，一个这样的过渡就逐渐形成：从"重复"占支配性地位过渡到"现时化"占支配性地位；从"仪式性关联"（rituell）过渡到"文本性关联"（textuelle Kohärenz），由此，一种新的凝聚性结构便产生了，这种结构的凝聚性力量不表现在模仿和保持上，而是表现在阐释和回忆上。这样，阐释学便取代了祷告仪式（Liturgie）。

本书中所进行的研究意在将这一文化概念应用到一种类型学分析中，以期得出一些有益的结论。激发我们的研究兴趣的，是凝聚性结构的变迁和强化之间存在的差异性和可对比性。我们要探讨的问题是：文化过程中的动态机制以及凝聚性结构的升级、稳固、松动和解体。"正典"（Kanon）[①]这个概念涉及的是一种原则，这种原则将凝聚性结构推向在时间上亘古不变和在性质上恒定稳固的方向。正典是一个社会的"自主记忆"（mémoire volontaire）和必须要被回忆的内容，与之相对的，不光是那些早期发达文明中自由流动的"传统之流"（Traditionsstrom），同时也包括后正典时代的文化中那些可以进行自我调适和自觉自发的"记忆"——这类记忆从内容来说，既无承担何种义务之功能也无凝聚性力量。社会通过构建出一种回忆文化的方式，在想象中构建了自我形象，并在

---

① Kanon，专指《旧约》三十九卷书时译为"正典"，此外音译为"卡农"。——译注

世代相传中延续了认同。不同的社会在实现这一点时——这对我们来说具有关键意义——**使用的方式相差甚远**。本书中所进行的研究始终围绕这样一个问题:不同的社会是**如何**回忆的,在回忆的过程中,它们又是如何进行自我想象的。

尽管目前关于"后历史"(posthistoire)和后现代主义的讨论可以为我们所提出的问题提供很多依据,但是本书仍限定于对"旧大陆"①的研究。这一方面与作者的专业能力②有限有关,另一方面也基于这个事实:本书中所进行的研究与阿莱达·阿斯曼所进行的对近代的文化记忆的研究是密切相关的,兼顾后者的著作《记忆空间——关于时间和认同的文化构建》(取得大学执教资格论文,1991),本书将研究限定于这一问题的起源与开端时期。然而,即使在这种限定下,本书超越了作者的专业埃及学的视野,在有些人看来是不可以的,因此需要在此予以进一步解释。本书第一部分中所提出的观点和概念,将在第二部分中以实例研究的方式得到进一步说明,这些实例涉及美索不达米亚、赫梯、以色列、古希腊和古埃及。我抱歉地强调这一点:在此书中我并不仅限于展示我的本专业埃及学的研究工作,而是要重构文化层面上各种元素的关联,具体来说是(集体)回忆、书写文化和民族起源之间的关联,即本书意在对普遍意义上的文化理论有所贡献。

针对普遍意义上的文化理论,很多研究者提出过或者正在探讨截然不同的理论模式。例如约翰·戈特弗里德·赫尔德(Johann Gottfried Herder)、卡尔·马克思(Karl Marx)、雅各布·布克哈特(Jacob Burckhardt)、弗里德里希·尼采(Friedrich Nietzsche)、阿比·瓦尔堡(Aby Warburg)、马克斯·韦伯(Max Weber)、恩斯

---

① 原文为"Alte Welt",指的是相对于哥伦布发现的美洲新大陆的旧大陆,即欧洲、非洲和亚洲。——译注
② 本书作者的专业研究领域为埃及学。——译注

特·卡西尔(Ernst Cassirer)、约翰·赫伊津哈(Johan Huizinga)、艾略特(T. S. Eliot)、阿诺尔德·盖伦(Arnold Gehlen)、克雷贝尔(A. L. Kroeber)、克利福德·格尔茨(Clifford Geertz)、杰克·古迪(Jack Goody)、玛丽·道格拉斯(Mary Douglas)、西格蒙德·弗洛伊德(Siegmund Freud)和勒内·基拉尔(René Girard)——这个名单还可以无限延长下去。它包括作家和文人、社会学家、经济学家、历史学家、哲学家和民族学家……但显而易见的是,只有研究古代文化的学者在此研究课题上并无太大建树,同时发人深省的是,恰恰是对早期的古代发达文明的研究,可以为研究文化的本质、作用、产生、传播和变迁等带来很多启发,而本书就旨在触发这样的研究。

要开始一项研究工作,首先要做的就是对概念进行定义。因此读者也有权知道,我们在这里使用的"文化记忆"(das kulturelle Gedächtnis)这个概念是什么意思,为什么我们的研究方法是可行而且有意义的;在此概念的帮助下,哪些现象会比使用其他概念得到更恰当的描述、这个概念如何超越了已经在理论话语中扎根的"传统"(Tradition)这个概念。"文化记忆"所涉及的是人类记忆的一个外在维度。当提到"记忆"这个概念时,我们首先想到的是一种纯粹的人体内部的现象,它是基于人体大脑的,属于脑生理学、神经学和心理学的研究范畴,与历史文化学(historische Kulturwissenschaft)研究毫不相干。但是,这种记忆所储存的内容、这些内容是如何被组织整理的、这种记忆被保留的时间长短,却远远不是用人体自身能力和调节机制就可以解释的问题,而是一个与外部相关的问题,也就是说,这是个和社会、文化外部框架条件密切相关的问题。这一问题首先是由莫里斯·哈布瓦赫(Maurice Halbwachs)特别指出的,我们将在第一章中详细介绍他的观点。我将记忆的外部维度分为四个部分,"文化记忆"只是其中之一:

(1) **摹仿性记忆**(das mimetische Gedächtnis)。这一维度涉及的是人的行事(Handeln)。我们在摹仿中学习行事。对我们来说，使用产品说明书、菜谱、制造流程说明等成文的行为指南，是相对较晚才习得而且无法达到极致的一种能力。我们也永远无法对所有行为进行系统的归类入档。更何况，日常行事(Alltagshandeln)和习惯风俗(Brauch und Sitte)所涵盖的广泛领域本就基于摹仿性的传统。值得一提的是，勒内·基拉尔还在他众多著述中将摹仿性记忆这个视角作为他的文化理论的中心观点，并以此使得这种理论更具有说服力。①

(2) **对物的记忆**(das Gedächtnis der Dinge)。人总是被或日常或具有更多私人意义的物所包围：从床和椅子，餐具和盥洗用具，衣服和工具，再到房子、村庄、城市、街道、车船。人对这些物形成了诸如实用性、舒适型和美观性的认识，并从某种程度上也将自身投入其中。因此，这些物也反映了人自身，让他回忆起自己、自己的过去、自己的先辈等等。人所生活的这个物的世界拥有一个时间索引，这个时间索引和"当下"一起指向过去的各个层面。

(3) 语言和交流：**交往记忆**(das kommunikative Gedächtnis)。语言以及与他人交往的能力，也不是与生俱来和自发产生的，而是在人与他人的交往中、在人内部与外部的循环反馈的合作中才形成的。若要对意识和记忆进行解释，单从个体生理学和心理学的角度来说都是不可行的，而要进行一种"系统的"解释，要把人与他人的互动考虑在内，因为个体的意识和记忆只有在参与这种互动时才得以形成。对这个方面我们在此不再展开论述，因为在介绍莫里斯·哈布瓦赫的理论时，我们还将进行进一步的解释。

---

① 《暴力与神圣》(*La Violence et le sacré*)，Paris 1972；《论世界创立以来的隐蔽事物》(*Des choses cachées depuis la fondation du monde*)，Paris 1978，德译本标题《暴力的终结》(*Das Ende der Gewalt*)，Freiburg 1983；《替罪羊》(*Le Bouc émissaire*)，Paris 1982.

（4）对意义的传承：**文化记忆**（das kulturelle Gedächtnis）。文化记忆构建了一个空间，上述三个维度或多或少地可以无缝对接到这个空间中。如果摹仿性的行为惯式是以"仪式"的方式出现的，即是说，这个行为除了有一定目的性之外，还具有某种意义，那么这个行为就已经超出了摹仿性行为记忆的范畴。仪式属于文化记忆的范畴，是因为它展示的是对一个文化意义的传承和现时化形式。这一点对那些既指向某个目的，同时也指向某个意义的物同样适用——象征物和圣像——对某物的再现，如纪念碑、墓碑、庙宇和神像等。这些物都超越了对物的记忆的范畴，因为它们使得本来隐而不显的时间和认同索引（Zeit- und Identitätsindex）变得清晰可辨。阿比·瓦尔堡在他的"社会记忆"理论中将此角度作为中心观点进行了论述。我们前面提到的第三个方面，即语言和社会交往的层面，它与文化记忆在何种程度发生着关联、文字在其中扮演了怎样的角色，便是本书所要研究的核心问题。

在此，我还要回顾一下这个问题最初是如何被提出的。20世纪70年代末，一些文化学研究者组成了一个工作圈子，他们当中包括研究《圣经·旧约》的学者、埃及学学者、亚述学学者、古典语文学学者、研究文学和语言学的学者等，他们共同对文本，具体来说，对文学文本，进行了考古学式的研究。学者们当时提出的问题都十分抽象而且理论性很强，这个工作圈子的口号便是：脱离那些理论范式，进入两个方向——久远的时间和远方的文明。在《文字交流的考古学研究》（*Archäologie der literarischen Kommunikation*）的标题下我们将研究成果结成数集出版。这个工作圈子第一次会议的议题是"口头性和文字性"（Mündlichkeit und Schriftlichkeit），在此议题下，我们探讨了一些现象、提出了一些问题，"文化记忆"的概念已现雏形。但此时，这个概念还限于文本层面。

康拉德·恩里希(Konrad Ehlich)在此基础上,把文本定义为在一个"过度膨胀的局面"(zerdehnte Situation)之框架中被"重新接收的信息"。文本的原始形象就是信息机构。①

基于"过度膨胀的局面"这个概念,以及对尤里·洛特曼(Jurij Lotman)等文化理论研究者的研读,我和阿莱达·阿斯曼后来提出了"文化记忆"这一概念。② 我们可以简单地用一个技术术语来解释这个概念的含义:社会交往出现了过度膨胀的局面,随之要求产生可以起中转作用的外部储存器。社会交往体系必须要产生出这样一个外部范畴:它可以使需要被传达的、文化意义上的信息和资料转移到其中。伴随这个过程产生的还有转移(编码)、存储和重新调出(再次寻回)③的一些形式。要实现这些,就需要有一定的机构性框架及专业人员,通常还要有记录体系,如用来记事的绳结、丘林加④及用来计数和运算的石头(康拉德·恩里希在做关于"文本"概念的报告时,放映了早期苏美尔文化中用来计数和运算的石头[calculi]的幻灯片),直至最后文字出现。在膨胀了的社会交往局面和必要的中转存储器之间,记录系统发挥着作用,而文字就诞生于这样的记录系统之中。具有象征意义的再现形式可被分作三个典型领域或曰作用框架:经济(如近东地区用来计数和运算的石头)、政治权力(古埃及)和意在巩固认同的神话(如澳

---

① 参见恩里希(Ehlich)1983。
② 参见阿莱达·阿斯曼及扬·阿斯曼1988;扬·阿斯曼1988 a。
③ 勒鲁瓦—古尔汉(Leroi-Gourhan)在1965年出版的著作中提出了"extériorisation"(外化)这个关键词,并指出,从远古的记录工具到文字、卡片箱、穿孔卡片,再到计算机,外部的信息存储器的技术革新引起了社会交往的停滞,他将这些技术工具称为"外化的记忆"(mémoire extériorisée):1965,第64页。这种记忆的载体不是作为个体的人,甚至不是人(相对于动物)这个种属,而是一种人种学上的集体(la collectivité ethnique)。
④ 丘林加(churingas)是澳大利亚的阿兰达人所使用的具有宗教意义的石制或木制物件,上面绘有图腾或其他纹饰。——译注

大利亚的"丘加林"和"歌中的版图"[songlines]①),它们是文化意义流通的典型领域。

对社会交往的这个外部范畴来说,文字的发明为其提供了一个进行全面、革命性转型的可能性,事实上,在绝大多数情况下这种可能性也确实变成了现实。在纯粹的记忆文化阶段,或者说前文字记录系统阶段,社会交往的中转存储器和外部存储器还仅被使用于社会交往体系之中,文化记忆在这个阶段基本上与一个集体中流通着的那些记忆相一致。只有在严格意义上的文字被发明之后,社会交往的外部范畴才可能成为自主、成体系的存在。自此也才产生了这样一种记忆,它或多或少地超越了那些传承到本时期且正在流通的意义的范围,也同时超越了本时期内社会交往的层面,正如个体记忆超越了个体意识那样。文化记忆中储存着传统和社会交往,但它并不仅限于此,只有这样我们才能解释断层、冲突、革新、复辟和革命这些现象。这些内容所涉及的,是与被现时化的意义相对的那些意义、被遗忘内容的重新提及、对传统的重建和被压抑内容的回归——书写文化的这种典型的动态,是克洛德·列维-斯特劳斯(Levi-Strauss)所谓的"热社会"的主要标志。和所有的高级工具一样,文字以无可比拟的、更为剧烈的形式引发了扩展与外化(Ausdehnung und Entäußerung)这种辩证关系的出现。机动车作为一种外在代步工具极大拓展了人类的活动范围,但同时,如果过分使用这种代步工具,人类的自然活动能力便会萎缩。这一点也同样适用于对文字的使用:文字使得记忆的外化成为可能,大大提高了重新吸纳现有信息资料的能力,但同时也导致了人类自然记忆能力的萎缩。这个由柏拉图提出的问题,直至今

---

① 澳大利亚原住民以歌唱的方式描述了澳大利亚的地形。这张看不见的、神秘的地图在歌唱中被代代相传,其中记录了这些原住民的先祖在澳大利亚最初的活动状况。——译注

日仍是心理学家们的研究课题。① 外化存储机制所带来的变革最先影响到的,不是作为个体的人,而是人类社会及其赖以存在的社会交往体系。文化意义的外化催生了另一种完全不同的辩证关系:它可为保存和回顾跨越数千年的记忆提供新的形式,这是显而易见的;但它也通过将一些内容束之高阁的方式使之被遗忘,通过操控、审查、销毁、改写和替换的方式使之被压抑,而这一点常被忽略。

这种动态与很多领域密切相关,如记录系统中的技术发展变迁史,对承载记忆的群体的社会学研究,文化意义的存储媒介及组织方式,传统和循环流通等等,为了描述这种动态并分析其与上述各领域的关系,或者简而言之,"传统的形成""对过去的指涉"以及"政治认同或想象"这些关键词共同勾勒出了一个作用框架,而我们所提出的"文化记忆"就是这个作用框架的上位概念。这种记忆是具有文化意义的,不仅仅是因为它可以通过机构和工具得以实现,还因为这种记忆对社会交往的作用机制与个体记忆对个体意识的作用机制雷同。钱奇克和莫尔(Cancik/Mohr)在1990年提出,应该以已被广泛接受的"传统"这一概念来替代"文化记忆"这个"比喻",但这样一来就不能涵盖文化现象学和文化的动态发展,正如"个体意识"无法涵盖"个体记忆"的全部一样。在此我们并不是要引发一场关于术语的争论,不管我们用哪个词语来指称社会传统和社会交往的这种外在表现形式,重要的是,这种形式要被当作一种独立的现象来看待,它是一个将传统、历史意识、"神话的动能"(Mythomotorik)和自我定义结合到一起的文化范畴,而且,关键的一点是,它受制于纷繁多样的历史变迁——或曰:由媒介技术手段所决定的革新进程。

---

① 皮耶卡拉/齐辛格/穆蒂西(F. H. Piekara/K. G. Ciesinger/K. P. Muthig)1987。

在一些临界情况下，回忆所涵盖的广阔空间并不仅仅局限于正在当下的社会交往和传承中发挥作用的那些意义，它同时具有一种非常的稳固性，使得它甚至可以被看作当下社会和政治现实的对立面。我们将这种情况界定为"与现实对立的回忆"（kontrapräsentische Erinnerung）（格尔德·泰森［G. Theissen］）和"与时代不共时的结构"（anachrone Strukturen）（马里奥·埃得海姆［M. Erdheim］）。在这里我们看到的，是被升华及加工之后的文化回忆，是基于文化意义上的记忆术而产生并被维护的"不共时性"。

这些转型和升级过程是我们的文化记忆研究所要关注的重点问题。我们所要探讨的，是一个社会的凝聚性结构所经历的关键性变迁。在这个过程中，我们首先要关注和拓展两种研究方法，这两种研究方法关注了上述的变迁问题，但在我们看来，它们并没有完全解释这个问题。第一种研究方法可以回溯到18世纪，是韦伯（A. Weber）宏大的文化理论的核心部分，之后被卡尔·雅斯贝尔斯（Karl Jaspers）发展为"轴心时代"（Achsenzeit）这个更容易运用的程式，艾森施塔特（S. N. Eisenstadt）在他的社会学著作中对此进行了进一步的阐明。这一研究方法将凝聚性结构发生变迁的原因完全归结于思想史领域的革新：那些伟大人物，如孔子、老子、释迦牟尼和琐罗亚斯德、摩西和先知、荷马和悲剧作家、苏格拉底、毕达哥拉斯、巴门尼德、耶稣和穆罕默德，他们就生活秩序和意义的超验基础提出了自己的学说并将其传播，这些学说之后又被新的知识阶层的精英人物所接受，进而将其带入到已经发生巨大变化的现实中来。第二种研究方法较第一种出现的年代更晚，它在当代的代表人物是古希腊学家埃里克·阿尔弗雷德·哈夫洛克（E. A. Havelock）、人类学家杰克·古迪，以及尼克拉斯·卢曼和马歇尔·麦克卢汉,以卢曼为代表的进化论和以麦克卢汉为代表的媒介理论正吸引着越来越多研究者加入。这种研究方法在研究种种转型时,首先关注的是文字的使用和印刷术的出现等媒介技术上的革新所带来的影响。上述两种研究方法对我们将研究目光转向凝聚性结构的变迁、发现其中一些重要关联,都做出了重要贡献。但同时,两种研究方法共同的不足之处也在于,它们没有充分考虑到对方研究中所强调的关联性。从媒介发展史出发所进行的阐释的危险之处在于,它将变迁的过程单单归于媒介的作用,从而将其变成了一种纯粹的媒介决定论。而从思想史出发所进行的阐释则丝毫没有关注文字在文化传统和社会机构中无可置疑的关键作用及其日益增长的影响,这一盲点令人惊诧。

我们关于文化记忆的研究试图走出上述困境:在对书写文化(Schriftkultur)进行研究时,同时兼顾"文化意义上的时间建构"(阿莱达·阿斯曼)和集体认同的构建或政治想象这两大背景。在这种被拓展了的大背景中,我们将基于四个例子来展示文化记忆的变迁所涉及的问题,但是我们对例子的选择既不是系统性的也不具有代表性,我们只想触发这样一个开放的研究系列,之后将会有其他各方面的研究不断补充进来。尽管如此,我在此书中仍会努力试图在研究古埃及、以色列以及古希腊的同时,也兼顾楔形文字文化,并力求将文化记忆的转型过程尽可能多样地、典型地呈现出来。

第一部分
理 论 基 础

第一章　回忆文化

绪　言

1. 记忆术和回忆文化

"记忆术"(ars memoriae 或 memorativa)在西方文化传统中是个源远流长的概念。它的发明者被认为是生活在公元前 6 世纪的古希腊诗人西摩尼德斯(Simonides)。古罗马人将记忆术归为修辞学的五个组成部分之一,之后它又传承到中世纪和文艺复兴时期。这种记忆术的原理在于"选取一定的地点,把那些需被记忆的东西在头脑中转换为相应的图像,并把这些图像与选定的地点相连。这样,需被记忆的内容的组织结构便被保存在这些地点的次序排列中,而事物的图像则代表事物本身。"(西塞罗:《论演说家》[*De Oratore*] II 86, 351-354)。西塞罗生活于公元前 1 世纪,其著作《修辞学》(*Rhetorica ad Herennium*)是古典时期关于记忆术的最重要的论著。在这部著作中,他区分了"自然的"和"人为的"记忆,记忆术是"人为的"记忆的基础,个人可以借助它储备大量的知识以供日后使用,比如用来辩论。英国文化学者弗朗西斯·

耶茨（Frances Yates）在她的一本经典著作①中对这一直到 17 世纪仍然十分强大的传统做了梳理和总结，在这之后直至晚近，都有大量著述以此为研究基础。② 但是，我们所提出的回忆文化（Erinnerungskultur）这一概念的含义与这种记忆术截然不同。记忆术的对象是个人，它给予个人一定的方法和技巧，来对其记忆加以训练。记忆术的主旨在于培养个人的能力。回忆文化则着重于履行一种社会责任。它的对象是群体（Gruppe），其关键问题是："什么是我们不可遗忘的？"每个群体都会面对这个问题，但其明晰程度和重要程度多少有些差异。如果这个问题在某个群体里处于核心地位，并决定该群体的认同及其对自身的认识，那么我们便可称此群体为"记忆的共同体"（Gedächtnisgemeinschaften）（P. 诺拉）。回忆文化里的记忆指的是"把人群凝聚成整体的记忆"。与作为西方古典时期之发明的记忆术（尽管它并非西方独有的现象）不同的是，回忆文化是一个普遍现象，我们很难找到一个不具有任何（哪怕是再弱化的）形式的回忆文化的社会群体。所以，我们也不可能像耶茨撰写记忆术的历史那样来撰写回忆文化的历史，我们只能指出回忆文化具有普遍性的几个方面，然后较为任意地选取一些例子来加以说明。尽管这个现象具有普遍性，但如同古希腊人在记忆术的历史中拥有特殊地位那样，我们也想在回忆文化的历史中赋予一个民族与此类似的地位，这个民族便是以色列人。在他们这里，回忆文化获得了一个新的形式，之后，它对西方但又不仅限于西方的历史产生了至少与古代记忆术同样深刻的影响。

---

① 此处指耶茨的著作《记忆之术》（*The Art of Memory*）。——译注
② 参见：布卢姆（Blum）1969；艾克尔曼（D. F. Eickelmann）1978；阿莱达·阿斯曼/哈特（D. Harth）1991，重点参见第二部分"记忆的艺术——艺术的记忆"；哈弗坎普（A. Haverkamp）/拉赫曼（R. Lachmann）1991。

以色列民族是在"保留并纪念!"①的律令下被构建和延续的。这样,它便成了一个全新的、真正意义上的民族(Volk),成了民族(Nation)的原型。② 与其时普遍的观点不同,韦伯对于民族概念中的信念成分(das Geglaubte)——我们今天也许会说想象(das Imaginäre)的成分——有着清晰的认识,他写道:"所有'民族'(ethnisch)矛盾的背后都很自然地存在着这样或那样的'选民'的思想"(韦伯1974,第221页),他的话同时表达了这样的认识,即以色列人由民族矛盾的原则出发,发展了一种可被当作范型或"理想型"的形式。任何一个民族,如果它将自己认定为一个民族,并以此区别于其他民族的话,都会以这样或那样的方式把自身想象成是被选中的。直至今日,我们才真正理解韦伯在民族主义兴盛之时写就的这一思想的意义有多伟大。"选民"原则的结果是回忆原则,因为,"被选中"就等于接受一套约束力极高的义务,这些义务是决不能被遗忘的。所以,以色列人发展了一种更强大的回忆文化,依《修辞学》里的区分,我们可以视其为一种"人为的"记忆。

2. 对过去的指涉

空间之于记忆术的意义相当于时间之于回忆文化的意义。或许我们还可再进一步:记忆术属于学习的范畴,回忆文化则属于计划和希冀的范畴,后者有助于社会意义和时间界域的构建。回忆文化建立在对过去的各种指涉形式的基础之上,我们的论点便是:"过去"(Vergangenheit)完全是在我们对它进行指涉时才得以产生的。这话乍听起来一定让人觉得不可理解,因为似乎没有什么是

---

① 一首名为《来,我的朋友》(*Lekha Dodi*)的安息日诗歌中写道:"shamor ve zakhor be-dibur echad(纪念并保留,合为一条律令)"。
② "Volk"和"Nation"虽然都是"民族"的意思,但后者更强调民族的政治意味。——译注

比"过去"的产生更自然的了:时间流逝,过去于是随之产生。惟其如是,"今天"在"明天"才会"属于过去",成为昨天。但是,每个社会对待这个自然过程的方式相差甚远,他们可以像西塞罗所描述的"蛮族"那样"苟且度日",安然地让今天成为过去,过去在这里就意味着消失和遗忘;他们也可以尽一切努力让今天得以持续,比如,他们可以像西塞罗笔下的古罗马人那样"凡计划者,以求永恒"(《论演说家》,Ⅱ40,169),像古代埃及的统治者那样"把明天放在眼前""把永恒之事放在心上"。谁若还在"今天"时便已企望"明天",就要保护"昨天",让它不致消失,就要借诸回忆来留住它,过去于是在回忆中被重构。我们所说的,过去在我们对它进行指涉时才产生,便是此意。我们想以"回忆文化"和"对过去的指涉"这两个概念来界定我们的研究范围,并使之区别于对"记忆术"的种种研究。

为了能指涉过去,我们必须要对过去形成一定的意识。这需要具备两个条件:第一,过去不可完全消失,必须要有证据留存于世;第二,这些证据与"今天"要有所差异,具有典型性。

第一个条件很容易理解。理解第二个条件最好的办法是以语言变化现象为例。变化是人类语言生活的自然条件之一,没有任何自然的、活的语言是一成不变的,但这个变化是"潜移默化"的,也就是说,这种变化通常是语言的使用者所意识不到的,因为它的节奏太过缓慢。如果某些较早的语言发展阶段在特定条件下被保存下来,使之作为某些专门语言(比如宗教崇拜中的语言)或某些特定文本的语言(比如各类经籍)留存,人们便会在传承这些文本的过程中一字不差地保持其中语言的本来面目。当某个被如此保存下来的语言阶段与我们正在使用的语言之间存在着巨大差异,以至于我们可以认为它是一门独立的语言,而不只是我们所熟悉的语言的某个变体时,我们才会意识到这种变化。这种不一致性在口头传承中或可一见,但典型例证还是出现在书写文化中:即当人们要到学校里专门学习这些宗教经籍或世俗经典中所使用的语言时。①

当然,我们也可以通过其他因素,在与语言完全不同的其他层面上意识到这种新旧间的差异。任何一种连续性或传统被中断并产生深远影响时,以及当人们在中断后尝试重新开始时,均可导致过去的产生。新的开始、复兴、复辟总是以对过去进行回溯的形式出现的。它们意欲如何开辟将来,就会如何制造、重构和发现过去。我们以人类历史上最早的一次"复兴"为例:在经历了由阿卡德人的萨尔贡王朝诸国王统治的时期之后,苏美尔人建立的所谓"新苏美尔"王朝对乌尔第三王朝进行了系统继承。当然,埃及学家更倾向于以稍晚一些的古埃及中王国为例,这个时期之所以重要,也是因为这个王朝认为自己是一种"复兴"。古埃及第十二王朝的建立者阿蒙涅姆赫特一世给自己取名"whm mswt",意为"重生者"(Wiederholer der Geburten),并以此作为自己的执政纲领,就是要表达"复兴"的意思。② 第十二王朝的诸法老开始重新恢复第五和第六王朝的形式③,推行对前辈法老的崇拜④,编订以往的文献⑤,把第四王朝的一位法老斯奈夫鲁(Snofru)当作自身的榜样⑥,他们以此创造了一个过去的"古王国",并借助对它的记忆来建立对集体的认同感和归属感,树立合法性、权威和信任。这些法老在

---

① 这种情况我曾以埃及为例描述过。参见扬·阿斯曼1985年。
② 弗兰克的论文《罕奎贝(Heqaib)神殿研究:象岛(Elephantine)的中王国》,详细而有力地证明了对阿蒙涅姆赫特一世的荷鲁斯名的这种解释。参见弗兰克(Detlef Franke)1994年。
③ 阿诺尔德(Dieter Arnold)在历什特(el-Lischt)的考古发掘成果佐证了第十二王朝的这种"拟古主义"。
④ 参见雷德福(Redford)1986,第151页及以下页。
⑤ 参见扬·阿斯曼1990,第二章。
⑥ 参见格雷费(E. Graefe)1990。

建筑铭文中均表现出了上文提到过的对永恒的激情。

　　死亡是将昨天与今天之间的断裂展露无遗的最原始的形式,在一定程度上是对这种断裂的一种最原始的经验,这其中涉及的是对消失与保存的取舍问题。只因生命有终结,绝不可延续,待它结束后,它才成为过去,回忆文化才能在它的基础上发展起来。我们几乎可以将死亡称为文化记忆产生的原始场景。当人进入暮年,回看人生,这种或自然或借助技术手段进行的回忆,与人死后后人对其人生的缅怀是不同的,这种不同正突出了集体回忆所特有的**文化**成分。我们会说,死者"继续活在"后人的回忆中,似乎这种存在的延续是近乎自然的,仅凭己力便可实现的,但事实上,这涉及的是一个促生的仪式,死者之所以能"继续活着",是出于群体不愿任其消失的坚定意志,群体还会以回忆的形式保留其成员身份,使其跟随集体前进到每个新的现在。

　　关于这种形式的回忆文化,一个最直观的例子便是古罗马贵族的一种传统,他们会以画像或面具(拉丁文 *persona* 意为作为"人"的死者)的形式带着自己的祖先在家族游行的队伍中共同前进。① 在这个问题上,古埃及的一种传统显得十分独特,本来这种回忆文化只能是后人通过有意识地克服死亡所造成的中断而给予死者的,但古埃及人还在有生之年就亲自着手建立这种文化。古埃及的官员亲自设计建造自己的坟墓,命人把自己的生平记录其中,这种生平记录的性质不是"回忆录",而是提前写就的悼词。② 悼念死者是文化记忆最原始和最普遍的形式,这个例子同时也表明,若使用"传统"这个旧概念,已不能恰当把握我们这里所面对的现象的本质。因为,"传统"这个概念掩盖了使得过去得以产生

---

① 古王国时期以后,在埃及也形成了一种十分相似的传统,参见科斯(H. Kees)1926,第253—254页,在大型的节庆游行中,重要祖先的木制雕像被带在队伍里共同前进。
② 此处参见扬·阿斯曼 1983;1987。

的中断,相反它所强调的是连续性的一面,是续写和延续。当然,**回忆文化**或**文化记忆**的概念所描述的现象中,有一部分也可以被称作传统或传承(Überlieferung),但这样的概念忽视了这个现象中"接受"(Rezeption)以及越过"中断"而对过去进行的继承或延续的一面,同时,也忽略了其消极的一面:遗忘(Vergessen)和压抑(Verdrängen)。因此,我们需要一个能包含这两方面的概念:死者,或者说对死者的悼念并非"依传统而为"(tradieren),人们忆起死者,是因为情感的联系、文化的塑造以及有意识的、克服断裂的对过去的指涉。这些因素同样影响着被我们称为文化记忆的现象,并使文化记忆有别于通常的传统积累。

一 对"过去"的社会性建构:莫里斯·哈布瓦赫

在1920年代,法国社会学家莫里斯·哈布瓦赫提出了"集体记忆"(mémoire collective)的概念。他主要在三本书里阐述了这个概念:《记忆的社会框架》(1925,以下1985a)[①]、《福音书中圣地的传奇地形学:集体记忆研究》(1941)和《论集体记忆》(1950,遗稿,写作时间可追溯到1930年代初,以下标注1985b)。[②] 哈布瓦赫在亨利四世中学念书时,曾是柏格森(Bergson)的学生,而记忆问题在柏格森的哲学体系中占有核心地位(柏格森1986)。后来,哈布瓦赫师从涂尔干。涂尔干提出的集体意识的概念为他克服柏格森的主观主义(Subjektivismus),继而把记忆作为一种社会现象

---

① 盖尔德泽策(Lutz Geldsetzer)的译本首先作为《社会学论文系列》(*Soziologische Texte*)第34册出版,懋斯(H. Maus)和弗斯滕贝格(Fr. Fürstenberg)主编,柏林/诺伊维德,1966年。海茵茨(R. Heinz)1969对此进行了详细的讨论(感谢施多策[Georg Stätzel]的提示)。对哈布瓦赫记忆理论的详细评价,参见纳默(G. Namer)1987。

② 关于哈布瓦赫作品的书目,参见伯恩斯多夫(W. Bernsdorf)主编的《国际社会学家词典》(*Internationales Soziologen-Lexikon*),斯图加特,1959年,第204页。

来加以阐释提供了基础。哈布瓦赫最初在斯特拉斯堡教授社会学,之后转到索邦大学任教。1944 年,他受到法兰西学院聘任,但同年即被纳粹逮捕并移送集中营,1945 年 3 月 16 日被害于布痕瓦尔德集中营。①

1. 个人记忆与集体记忆

记忆受社会因素的制约是贯穿哈布瓦赫全部研究的核心论点。他完全抛开了记忆的身体(也就是神经的和大脑生理的)基础②,而强调其社会参照框架,如果没有这种框架,我们就不能形成和保存个人记忆。"生活在社会中的人利用参照框架来记录和寻回回忆,记忆不可能存在于这个框架之外。"(1985a,第 121 页)哈布瓦赫认为,一个在完全孤立的情况下长大的人是没有记忆的——尽管他没有在任何地方如此清楚地表达这个论点——人在其社会化的过程中才形成记忆。尽管"拥有"记忆的仍然是个人,但这种记忆是受集体影响的,所以"集体记忆"的说法并非一个比喻。虽然集体不能"拥有"记忆,但它决定了其成员的记忆,即便是最私人的回忆也只能产生于社会团体内部的交流与互动。我们记住的,不只是我们从别人那里了解到的内容,还包括别人讲给我们听的、别人告诉我们或通过其反应使我们知道什么是重要的内容。特别是我们的经历本身就是以他人为参照物的,是在一个既定的、关于什么重要什么不重要的社会框架中获取的,因为,"没有感知也就没有回忆"(1985a,第 364 页)。

哈布瓦赫提出的"社会框架"概念与由戈夫曼(Erving Goffman)所发展的"框架分析"(Rahmenanalyse)理论惊人地相似,后

---

① 关于哈布瓦赫的生平,参见卡拉迪(V. Karady)1972。
② 这样,他也就同时放弃了柏格森的精神—身体二元论,参见柏格森(H. Bergson)1896。

者研究的是对日常经验进行预先设定的社会结构或社会"组织"（戈夫曼 1977）。与戈夫曼"框架分析"的理论相似，哈布瓦赫（1985a）所关注的是回忆的"框架"，而且哈布瓦赫所使用的术语与戈夫曼相同，因为在哈布瓦赫看来，"cadres"（框架）构成并巩固记忆，这与戈夫曼所提出的组织日常经验的"frames"（框架）相当。哈布瓦赫还进一步把集体作为记忆和回忆的主体来看待，并提出诸如"群体的记忆"或"民族的记忆"等概念，记忆在这些概念中被转化成了比喻性的概念。① 在这一点上，我们不必跟随哈布瓦赫走这么远，我们认为，记忆与回忆的主体仍然是单个的人，但他受制于组织其回忆的"框架"。这种理论的优势在于可以同时解释回忆和遗忘。如果一个人或一个社会可以记住的，仅仅是那些处在每个当下的参照框架内、可以被重构为过去的东西，那么被忘记的就恰好是那些在当下已经不再拥有参照框架的东西。②

换言之，个体通过参与交往的过程而形成个体记忆。个体同时属于许多不同的群体——从家庭到宗教的或民族的集体，个体的记忆是这些归属关系中的一个变量。记忆在交往中生存和延续；交往的中断及其参照框架的消失或改变会导致遗忘。③ 人们回忆的只是他们所交流的内容以及在集体记忆框架中占有一席之地的内容（1985a，第四章"确定回忆的位置"）。从个人的角度看，记忆是一个聚合体，产生于个人对林林总总的群体记忆的分有；从群体的角度看，记忆是一个分配的问题，是群体在其内部，即在其

---

① 巴特利特（F. C. Bartlett）1932 及其他相关著作中，曾对这种用法表示强烈反对（除此之外，其切入点及看待问题的方式与哈布瓦赫相似）。
② 我们在第五章中将讨论一例因框架变换而导致的遗忘。
③ "遗忘的原因在于这些框架或它们中的一部分消失了，或者因为我们的注意力没有集中在它们身上，或者因为我们的注意力在关注其他地方……遗忘或某些回忆被扭曲的原因还在于，这些框架在从一个时间段到另一个的转变过程中不断发生着变化"（1985a，第 368 页）。所以，回忆和遗忘都是社会现象。

成员中分配的一种知识。这些回忆分别构成一个个"独立系统",其各个组成部分之间相互支撑、相互决定,这一机制同时适用于个人和群体两个层面。因此,对哈布瓦赫来说,虽然个体记忆本来就是一种社会现象,但将其与集体记忆加以区分仍然意义重大。我们称某种记忆为"个人的",是因为个体作为一个场所,容纳了来自不同群体的集体记忆以及个体与之每每独特的关联,表现出的是个体与各种集体记忆之间独一无二的关联方式(1985b,第127页)。从严格意义上讲,具有个体性的,只有感觉(Empfindung),而不是回忆,因为"感觉与我们的身体紧密相连",回忆的"根源"则必然"存在于我们所参与的不同的群体的思想中"。

2. 回忆形象

思维虽然很抽象,但回忆的过程却很具体。思想只有变得具体可感知才能进入记忆,成为记忆的对象,概念与图像在这个过程中融为一体。"真理如果要被保留在群体的记忆中,那么它必须具有一个具体的形式,这种形式或是具体的人,或是具体的事或具体的地点"(1941,第157页)。反过来,一个事件若想在群体记忆里继续留传,也必须借助一个重要真理的丰富内涵来充实自己。"每个人物、每个历史事实在进入这个记忆时就已然被转变成了道理、概念、象征;它由此获得意义,成为社会思想体系的一部分"(1985a,第389—390页)。我们所说的回忆形象(Erinnerungsfigur)即产生于这种概念与经验①的共同作用之下。② 我们可以从以

---

① 这一对概念自然让人想起康德的"概念"与"直观"。
② 哈布瓦赫本人在这种情况下所使用的概念是"回忆图像"(Erinnerungsbild),这一点在1985a,第25—26页中得到了重点阐述;与此不同,我们所说的"回忆形象"是指受文化影响、具有社会约束力的"回忆图像",我们之所以使用"形象"(Figur)的概念而非"图像"(Bild),是因为它不仅可以指涉图像性的,同时也可以指涉例如叙事性的形式。

下三方面进一步说明它们的独特之处:与某个时空的具体关联、与某个群体的具体关联以及作为一种独立方法的重构。

(1) 时空关联(Raum- und Zeitbezug)

回忆形象需要一个特定的空间使其被物质化,需要一个特定的时间使其被现时化,所以回忆形象在空间和时间上总是具体的,但这种具体并不总意味着地理或历史意义上的具体,且集体记忆会在具体时空中促发一些结晶点。回忆的内容之所以在时间上具有延续性,一方面是因为回忆总围绕那些原始或重大的事件展开,另一方面是因为回忆具有周期节奏性。比如节假日日历所反映的是一种在集体中**被经历的时间**(erlebte Zeit),根据所属群体的不同,它反映的是市民的、宗教的、农民的或是军队的年度安排。同样,回忆也植根于**被唤醒的空间**(belebter Raum)。房屋之于家庭就像村落山谷之于那里的农民、城市之于它的市民、某个地区之于该地区的居民一样:它们是回忆的空间框架,即使当它们或者说尤其是当它们不在场时,便会被当作"故乡"在回忆里扎根。围绕着"我"(Ich)及"我"的所属物的世界也是这个空间的一部分,它作为"物质随从"(entourage matériel)为这个自我提供了支撑和载体。这个物的世界——器械、家具、房间,以及它们共同组成的、独特的"给予我们持久和稳定之感"(1985b,第130页)的组织形式①——也是受社会影响的:其价值、价格及其在社会地位方面的象征意义,都可为社会学研究提供现实素材(阿帕杜莱[Appadurai],1986)。各种类型的集体都倾向于将回忆空间化。任何一个群体,如果它想作为群体稳定下来,都必须想方设法为自己创造一

---

① 据奥古斯特·孔德(Auguste Comte)所言;另参考格伦(A. Gehlen)提出的"外部支撑"(Außenhalt)的概念,参见《原始人类与晚期文化》(*Urmenschen und Spätkultur*),1956年,第25—26页,此书中另有多处提到这点。

些这样的地点，并对其加以保护，因为这些地点不仅为群体成员间的各种交流提供场所，而且是他们身份与认同的象征，是他们回忆的线索。记忆需要地点并趋向于空间化①，对这一点，哈布瓦赫在《福音书中圣地的传奇地形学》中举例进行了说明——这本书我们在其他地方还要进一步讲到。群体与空间在象征意义的层面上构成了一个有机共同体，即使此群体脱离了它原有的空间，也会通过对其神圣地点在象征意义上的重建来坚守这个共同体。

（2）群体关联

集体记忆附着于其载体之上，不能被随意移植。分享了某一集体的集体记忆的人，就可以凭此事实证明自己归属于这一群体，所以，集体记忆不仅在空间与时间上是具体的，而且，我们认为，它**在认同上也是具体的**（Identitätskonkret），这即是说，集体记忆完全是站在一个真实的、活生生的群体的立场上的。集体记忆的时空概念与相应群体的各种社会交往模式处于一种充盈着情感和价值观的共生关系中，时空概念在其中表现为故乡与生活史，而这两者对群体的自我认识和制定目标都深富含义。回忆形象"既是模型、范例，又是教材。它们体现了一个群体的一般态度；它们不仅重构这个群体的过去，而且定义它的本质、特征及弱点"（1985a，第209—210页）。关于集体记忆、群体的自我认识和社会功能之间的关系，哈布瓦赫以中世纪封建体系中的等级关系为例进行了说明。这个封建体系中的徽章和头衔系统象征着对权利和特权的享有，在这种情况下，一个家族的等级很大程度上"取决于它自身

---

① 参考西塞罗所言："tanta vis admonitionis inest in locis, ut non sine causa ex iis memoriae ducta sit disciplina"（《论至善与至恶》[*de finibus*] Ⅴ 1,2；地点具有如此强大的记忆能力，所以记忆术由此发展而来也并非没有道理。引自钱奇克/莫尔[Cancik/Mohr] 1990，第312页）。诺拉（P. Nora）在其巨著《记忆之所》（*Les lieux de la mémoire*，1984；1986；1992）中延续了这种思考方式。

以及其他家族对其过去的了解程度"(1985a,第 308 页)。人们"想从过往功勋中谋得好处或担任公务行政人员时,需要他人的顺从方可成事,为达到这一目的,他们首先得唤起周围人们的记忆"(1985a,第 294 页)。

作为回忆共同体而建立的社会群体主要从两方面来保存自己的过去:独特性和持久性。群体的自我认识,即群体为自身塑造的形象,强调了与外部的差异;同时,群体内部存在的差异则被有意弱化了。并且,群体形成了一种"经得住时间考验的身份认同意识",所以,群体在选取回忆内容及选择以何种角度对这些内容进行回忆时,其根据往往是(与集体的自我认识)是否相符、是否相似、是否构成连续性。如果一个群体意识到自身正在经历着具有决定性意义的变迁,那么它就可能终止作为一个群体的存在,并让位给一个新的群体。但由于每个群体都追求永存于世,所以都倾向于尽可能地隐藏变化,并把历史看成一种没有变化的持续。

(3) 可重构性

集体记忆还有一个与群体关联密切相关的特点,即可重构性(Rekonstruktivität)。可重构性指的是,"过去"本身在任何记忆中都不能被完全保留,留存下来的只是其中为"社会在每一个时期中,借助这个时期的参照框架所能重构的"部分(1985a,第 390 页),用哲学家布鲁门伯格(H. Blumenberg)的话说就是"回忆中无纯粹事实"。

作为哲学家和社会学家的哈布瓦赫在证明上述论点时,使用了巴勒斯坦基督教圣址的历史这样生僻的材料,没有什么比这更能体现他思想的独创性和多面性。基督教教义中描述的地形是纯粹的虚构,这些圣址所纪念的并非是得到同时代见证人证实的事实,而是那些"后续"植根于这些地点的宗教思想(1914,第 157

页)。关乎强烈情感的记忆的典型特征是具有选择性,这个新兴的信徒集体——今天我们可能会说耶稣运动(泰森[G. Theissen] 1977)——作为一个"情感集体"(communauté affective),其真实的、基于生动交往的集体记忆,起初仅局限于耶稣的言语、譬喻、格言和训诫,而对相关回忆图像在生平方面的详尽说明,则始于后世对基督末世再临的期待逐渐淡化时,此时要做的就是把回忆中耶稣的言语分放到不同的生活片断中,为它们在时间与空间中寻到一个位置。对耶稣的回忆中并未提及任何可供记忆附着的地点,所以就由熟悉加利利(Galiläa)地形的人在事后,即公元100年左右,把这些记忆与不同的地点联系起来。随着保罗的出现,回忆的重心由加利利转移到了耶路撒冷。这里根本"不存在任何真实的回忆",因为在耶稣被审判及被处死的过程中,耶稣的信徒是不在场的。耶路撒冷之所以成为中心,是因为此时神学所关注的焦点发生了变化,开始把耶稣的受难和复活作为决定性事件,并从这两方面来重构他的生平,而他在加利利的整个活动则被当作前期铺垫而变成了背景的一部分。

第一次尼西亚大公会上所制定的具有约束力的新信条就是,世界因化身为人的基督的受难而获得救赎。耶稣的受难,便是这个新信条可被记忆的形式,是一个"回忆形象"。以在十字架上受刑和复活为基础,对耶稣的回忆被重构,耶路撒冷也相应地被构建成了纪念性的空间。这种新学说及其所代表的对耶稣的新回忆在一套"位置系统"(système de localisation)中得到具体化,由教堂、礼拜堂、圣址、纪念碑、耶稣受难地等所组成的系统为对耶稣的回忆提供了空间上的支撑,而这套系统本身也如同中古时期人们反复刮去羊皮纸表面的文字、再写上新的文字一样,被后来的系统不断覆盖和扩充,基督教教义的变化也在其中得到了体现。

由此可见,记忆不断经历着重构。过去在记忆中不能保留其本来面目,持续向前的当下生产出不断变化的参照框架,过去在此框架中被不断重新组织。即使是新的东西,也只能以被重构的过去的形式出现。传统只能被传统、过去只能被过去替换(1985a,第385页)。社会并不会直接接受新思想并以此替换掉自己的过去,而是接受其他群体的过去,并以此来替换掉此前占决定性地位的群体的过去。"从这个意义上讲,社会思想无一例外都同时是社会的回忆"(1985a,第389页)。所以,集体记忆的作用范围包含两个方向:向后和向前。记忆不仅重构着过去,而且组织着当下和未来的经验。所以,把"回忆原则"(Prinzip Erinnerung)与"希望原则"(Prinzip Hoffnung)对立起来是荒谬的,事实上两者互为条件,相互依存(里奇尔[D. Ritschl]1976)。

3. 记忆与历史

哈布瓦赫认为,群体在附现(appräsentieren)其过去时清除了所有变化的痕迹,这种说法很容易让我们想到列维-斯特劳斯所谓"冷"社会的特点。① 事实上,哈布瓦赫十分看重隐去变化对集体记忆的意义,以致他可以直接把集体记忆与"历史"作为相反的两个概念对立起来。对哈布瓦赫来说,"历史"的运作方式恰好与集体记忆相反。如果说集体记忆只注意相似与连续的话,那么历史所看到的只有差异与断裂。集体记忆从群体的"内部"来观察群体,力图以这样的方式去描绘集体的过去,以便让它在其中的所有阶段都能辨识出自己,所以集体记忆在其描绘的过去中,隐去了其中深刻的变化;但对于"历史"来说,那些缺乏变化的时段则被当

---

① 参考列维-斯特劳斯(C. Lévi-Strauss)1973,第270页;1975,第39—42页,这里有一个问题,即是否也存在这样的群体——"热"社会,它们形成了一种关于自身变化的意识,并能够将这种意识与自我认识相融合。我们在下文中将会详述这一问题。

作"空白"区间("leere" Intervalle)而被从历史所描绘的场景中隐去了,只有那些体现变化的过程或事件才算得上史实。群体的记忆——正如前面所说的——强调自身独特的历史及其基于这样的历史而具有的、区别于任何其他群体记忆的特殊性,历史则消除了所有此类区别,在一个完全均质的历史空间里重新组织史实,在这个空间里没有特殊只有相似,每一件事都能与另一件构成联系,而且最关键的是,这里的一切都同等重要和有意义①,因为,虽然集体记忆有很多种,但历史却只有一种,它脱去了与任何具体的群体、具体的认同、具体的特殊参照点的关系,把过去在这样一个"没有具体身份认同"的场景里重构,那里的一切——如兰克所说——"都可直接面对上帝",因为"不受任何来自于某群体的判断的左右"——群体的判断总是偏袒自己的。历史学家则相反,他们无须对任何群体表示忠诚、不会受到任何群体的任何影响,而是"倾向于客观性和公允性"(1985b,第74页)。②

所以,对哈布瓦赫来说,历史不是记忆,因为记忆不是普遍性而是集体性的,即记忆永远只是属于某个具体的集体、拥有"具体身份"的:"集体记忆总是以一个处在一定空间和时间内的群体为

---

① 哈布瓦赫 1950,第 75 页:"malgré la variété des lieux et de temps, l'histoire réduit les évenements à des termes apparement comparables, ce qui lui permet de les relier les uns aux autres, comme des variations sur un ou quelques thèmes"。
② 显然,哈布瓦赫在这里所代表的是一种实证主义的历史观,晚近史学早已放弃了这种观点。任何历史写作都深受其时代及其作者或委托人意图的影响,所以,我们今天不会再坚持像哈布瓦赫这样对"记忆"与"历史"(此处指的是历史写作)进行区分,而是把历史写作作为社会记忆的一种特殊形式来看待,参见伯克(P. Burke)《历史作为社会记忆》"Geschichte als soziales Gedächtnis",载:阿莱达·阿斯曼/哈特 1991,第 289 页及以下页。但这样我们就丢掉了一个重要的范畴,即科学的历史写作在认同上的中立性。虽然受时代和利益的多重制约,但自希罗多德始就一直存在这样一种出于"理论上的好奇"和纯粹的求知欲的对过去的思考,它明显区别于那些被我们称为回忆文化的指涉过去的形式,后者总与某个具体的回忆群体的身份认同有关。按照我们后面要提出的一种区分,科学的历史写作属于"冷"回忆形式。

其载体。我们如果想把所有事件都放到一起同等看待,那只能把这些事件从集体记忆中分离出来,切断它们同社会环境及精神生活之间的联系,只保留其时间和空间骨架"(1985b,第75页)。

一边是许多不同的历史,承载着许多不同群体各自的回忆和自我认识,另一边是这同一个历史,包含着历史学家从那许多不同的历史中所提取的事实。可是,这些事实是空洞的抽象之物,不对任何人产生意义,不为任何人所回忆,它们失去了与任何具体的认同和回忆之间的关联。尤其抽象的是那些供历史将其数据安排于其中的时间,历史的时间是"人工的延续"(durée artificielle),但并没有一个群体以一种"延续"的方式经历和回忆着这种时间,因此,对哈布瓦赫来说,这个时间在现实之外,它是没有功能的人造物,脱离了任何因生活——社会性的、处于具体时空中的生活而形成的形式或情感上的联系。

在哈布瓦赫看来,记忆与历史的关系是一个次序关系(Abfolge)。历史始于过去不再被回忆也就是不再被经验的地方。"一般来说,传统终止、社会记忆消失后,历史才开始。"历史学家的领地始于过去不再被"栖居",也就是活的群体的集体记忆不再被使用的地方。"对历史来说,当一段过去不再属于当下群体的思想仍能触及的区域时,它便成为了真正的过去。历史似乎必须等到旧的群体消失、其思想和记忆也随之灰飞烟灭之时,才能着手描述这些只有它才有能力保存的历史场景,并确定它们的顺序"(1985b,第103页)。①

哈布瓦赫认为,集体记忆不仅区别于历史,而且区别于那些有组织的、被客体化的回忆形式——他把这些回忆形式统称为"传

---

① 历史学家诺尔特(Ernst Nolte)专门为这种不得已的等待发明了一个恰当的表达:过去"流连不去"(Nicht-vergehen-Wollen)。由此,诺尔特碰触到了一个极易引发痛楚之处,即贯穿整个的所谓"史学家论战"(Historikerstreit)的那种将记忆和历史混为一谈的做法。

统"。在他看来,传统不是回忆的形式,而是回忆的变形。在这一点上,我们不能同意哈布瓦赫的意见。由于"回忆"(mémoire)与"传统"(tradition)间的界限十分模糊,所以对两者在概念上做过于严格的区分显得意义甚微。所以,我们把(集体)记忆作为上位概念来使用,在这之下我们再区分出"交往"记忆与"文化"记忆两种形式。我们将在第二节中对这个区分加以解释,并会进一步探讨哈布瓦赫对"传统"这一概念的理解。

4. 总 结

一位研究社会记忆的理论家几乎完全被人遗忘,这或许会让人看到命运的讽刺。[①] 尽管哈布瓦赫的名字如今已为更多人所知,但他的作品仍鲜为人知。现在我们在这里给予哈布瓦赫的思想一个重要地位,但同时,当我们重新审视他的思想时,其中的缺陷也显露无遗。比如,哈布瓦赫对其使用的概念没有进行足够清楚的界定,而清楚地界定概念是一种理论可以真正得以推广的前提。[②] 此外,在今天看来令人感到不解的是,关于文字对集体回忆的构建具有何种意义这个问题,哈布瓦赫从未在任何地方进行过系统研究,或者哪怕在某个地方对此进行过相关考察。事实上,哈布瓦赫深受柏格森的影响,柏氏所用的"生命"(Leben)和"现实"(Wirklichkeit)等词仍为他所信服。当时吸引他(及同时代的许多

---

① 如今——这句话是在1986年9月写下的——纳默(G. Namer)已在1987年出版了一本专门讨论哈布瓦赫的记忆理论的著作。
② 这一点在哈布瓦赫1985a,第六章中对"宗教"问题的处理上体现得尤为明显,他最终的观点是,宗教本身,也就是说,任何一种宗教都是一种制度化了的回忆,"其目的在于,历经世代,原封不动地、在不掺杂后来的记忆的情况下保存对一个早已逝去的时代的回忆"(1985a,第261页)。恰好在这里,一方面,哈布瓦赫对"文化"与"宗教"的区分值得商榷,另一方面,区分类型迥异的宗教显得势在必行。所以,我们这里对1985a中对宗教理论的思考不做详细探讨。

人)的,是一种借助"体验的时间"(temps vécu)(而非"理性的时间"[temps conçu]和"人工的延续")去发现活生生的现实中所蕴含的奥秘的社会学。

所有这些让人自然而然地联想到尼采,然而尼采的名字在哈布瓦赫这里却几乎从未出现过(曾出现在1985a,第297页,但是在一个完全不同的语境里),这就更加令人感到惊讶。但与尼采不同,哈布瓦赫不是一个文化批判者,他并不主张将所有超越有机(organisch)生命联系的社会机制自动视为毫无功用甚至是反生命的人造物。他的兴趣仍集中在分析上,他首先是作为一名社会心理学家对集体记忆的基础结构发生了兴趣。他对集体记忆开创性的发现建立在他对记忆与群体关系的思考上。通过不同的事例,他说明了群体回忆与群体的认同是如何互为条件、不可分割的。(哈布瓦赫很少使用身份认同[Identität]这一概念,他在[20世纪]三四十年代最亲密的同事古列维奇[Georges Gurvitch]所提出的"作为'我们'的身份认同"[Wir-Identität]的概念在他这里也未曾出现过,但这个问题本身无处不在。)

作为社会心理学家,哈布瓦赫没有超越群体层面,没有考虑将其记忆理论扩展到文化理论领域,文化进化的视角在他这里也被排除在外。尽管如此,他所发现的这些基础结构对于文化分析来说,恰好具有并且继续具有根本性意义,毕竟,这些基础结构在大部分情况下也适用于文化传承的机制。我们当然还要对被体验、在社会交往中流通着的回忆与被制度化的、被纪念的回忆之间的过渡进行更清晰的梳理,同时尤其要对作为文化演进一大成就的文字做出细致探讨。

也许哈布瓦赫会认为,因为文化是一个包括许多记忆和许多群体的高度复杂的系统,所以从群体到文化的过渡是一个非法过渡,这将导致进入一个只能用比喻的方式进行表述的领域。但也可能他计划在以后的研究中再将自己在社会心理学上的研究成果应用到文化学及文化理论领域。我们不能忘记的是,他的写作计划最终并未全部完成,他那本综括性的代表作是由他的女儿让娜·亚历山大(Jeanne Alexandre)从他的遗稿中整理出来的,而且他在那本关于圣地传奇地形学的书中已着手进行这样一种扩展,而这本书是他这些作品中的最后一部。

哈布瓦赫备受指责的一点就是他对记忆概念的使用。批评者认为,他以"个体心理学隐喻"来描述社会心理学现象的做法是不可行的,它掩盖了"过去在人类文化与交往中存在的特殊方式"。①可是对哈布瓦赫来说,集体记忆的概念恰恰**不是**隐喻,因为他的重点在于证明,即便是个人的回忆也是一个社会现象。虽然只有个人才能拥有记忆,因为人具有相应的神经组织,但这并不能改变个人记忆对社会"框架"的依赖。我们不要把这里所谈到的集体概念与各类集体无意识理论中的集体概念混为一谈,比如荣格的原型理论,它与哈布瓦赫的记忆理论大相径庭,因为,荣格所理解的集体记忆首先是生理上可遗传的,其次是一种"非自主记忆"(mémoire involontaire)——比如在梦中得到表达;而哈布瓦赫关注的是那些只能通过交往传播而不能通过生理遗传的现象,这属于"自主记忆"(mémoire volontaire)的领域。过去可以在社会交往及文化层面上以特殊形式被现时化,将记忆概念扩展到社会建构的层面并不会遮蔽这些特殊形式,反倒是将记忆狭隘地视作个体心理学问题的做法会导致这种后果。群体与个人一样都"栖居"在自己的过去里,并从中汲取塑造其自我形象的成分。奖杯、证书和奖牌装点体育协会的房间,就像装满荣誉证明的柜子装点运动员个人的房间一样,若非要称一个为"传统",另一个为"记忆",则并

---

① 钱奇克/莫尔1990,第311页。

无太大意义。

我们想从哈布瓦赫这里继承的,是一种可被称作"社会建构式的"对过去的理解。贝格尔(P. L. Berger)与卢克曼(Th. Luckmann)针对社会现实之整体所做出的论述,哈布瓦赫在这之前四十年就已针对"过去"讲过:它是一个社会建构物,其本质决定于当下对意义的需求及其参照框架。过去并非自然生成,而由文化创造。

二 集体回忆的形式——交往记忆和文化记忆

1."流动的缺口":两种模式的记忆

民族学家让·范西纳(Jan Vansina)在其出版于1985年的著作《作为历史的口述传统》①(*Oral Tradition as History*)中描述了一种无文字的历史回忆,这种现象既有独特性又有典型性:

> 如同关于个体的最初记录一样,关于群体的最初记录,也均是以不同类型的表述记录了同一过程(即范西纳所说的"口述传统的动态过程"——引者注)的不同阶段。当我们将这所有的记录汇集到一起时,就会发现一个规律,即这其中会出现一个被分为三段的整体。晚近的过去拥有极其丰富的信息,越往回追溯,信息量越小。在稍早些的历史中,我们或者发现某部分被略去不谈,或者发现一两个不那么确定的姓名。我们在这些记录中发现了一个缺口,我将此命名为"流动的缺口"(the floating gap)。而在更早的历史中,我们却再次找

---

① 此书首先以法文版于1961年面世,书名为"De la tradition orale"。英文版于1965年出版于伦敦。

到了与传承群体起源有关的丰富信息。群体中的人们对这样的缺口并无觉察,但它对研究者来说却不容忽视。有时,尤其是在谱系学中,晚近和起源时期在同一代人身上发生碰撞……历史意识只在两个层面上发挥作用:起源时期和晚近。这两个层面间的界限随着代际排列(Generationenfolge)的变化而不断发生变化,因此我将产生于两层面间的空白部分称作"流动的缺口"。对于1880年的刚果提奥王国(Tio)①来说,这个缺口位于1800年,之后又从1880年直接跨越到了1960年。②

范西纳"流动的缺口"的说法为所有研究传承(Überlieferung)问题的历史学者所熟知,而口头性在传承中发挥着支撑作用。③这里所涉及的是一个"黑暗时代"的现象,这一点在古希腊的文化传承中表现得尤为明显。迈锡尼文化中的英雄时代被考古学者划归到"青铜时代晚期",虽然在严格意义上讲,古希腊神话并未对此文化进行史学史(historiographisch)意义上的记载,但毕竟对其进行了保存。古希腊古典时期的史学史可以精确追溯到被范西纳称作"晚近"的八十至一百年,这一时期被同时代人的记忆以经历和传说的典型方式记录下来。希罗多德所书写的历史自克罗伊索斯(Kroisos)开始,"我确定无疑地知道,此人怀着对希腊人的敌意开始了一切",并以此明确划定了为同时代见证者所信服之回忆

---

① 范西纳在其著作《刚果中部的提奥王国,1880—1892》(*The Tio Kingdom of the Middle Congo 1880—1892*)中对此有详细论述。——译注
② 参见范西纳1985,第23—24页。(此处译文由本书作者翻译。)
③ 参见温格恩-施特恩贝格/赖瑙(J. v. Ungern-Sternberg/H. Reinau)1988;其中尤其重要的是舒斯特(M. Schuster)的《无文字文化中历史的建构问题》(*Zur Konstruktion von Geschichte in Kulturen ohne Schrift*),第57—71页。

第一章　回忆文化

的界限。① 而在这其间②便产生了一个被考古学家称为"黑暗时代"的"流动的缺口",根据考古发掘出的文物推算,这个时代的跨度是公元前1100—前800年。"黑暗时代"这个概念带有研究者视角的烙印,而对于我们来说,在"记忆"这个关键词下,更值得关注的是这个时期中社会的内部视角,虽然这个区分在范西纳那里并不重要。

由上面的例子可见,不管是固定的还是流动的缺口,在这里都无从谈起,在一个群体的文化记忆中,过去的两个层面更像是天衣无缝地结合到了一起。可以对这一点作出最清楚展示的,莫过于文化层面上的记忆术的最典型也最原始的形式——谱系学,对这一点范西纳也曾有所论述。已故古代史学者弗里茨·沙赫尔迈尔(Fritz Schachermeyr)在其最后一部著作《古希腊的回忆》(*Die griechische Rückerinnerung*,1984)中研究了古希腊贵族世家的谱系,并由此遭遇了范西纳在研究非洲和其他部落社会时曾探讨过的那些结构③,基思·托马斯(Keith Thomas)在其关于英国近代早期的研究中也曾表达相似观点。"无数的谱系都是从神话传说中的先祖直接跳跃到现代,并且如一位古玩商所说的那样,显得头足相接没有身体,或者只有两端没有中间。"④谱系跨越了当下和起源时期之间的缺口,天衣无缝般地将这一缺口织入起源时期,并论证了现时秩序及权利要求的合法性。但这并不意味着以这种方式被连

---

① 在此我要感谢赫尔舍(H. Hölscher)给出的提示。
② "这其间"指的是上文提到的青铜时代晚期到范西纳所指的"晚近"之间的时间差。——译注
③ 古希腊贵族世家的典型谱系通常包括十至十五代人。谱系的开端是一些著名的、来自于古希腊英雄传说("系统内置的")的名字,这些名字若非历史性的,也至少是神话性的;谱系的末尾是一些人的名字和他们之前两到四代中得以青史留名之人。开端和末尾之间充斥着一连串杜撰出来的人名,这个名单的长度明显受到某些规则的约束。
④ 参见托马斯1988,第21页。感谢阿莱达·阿斯曼提供此处引文。

接到一起的两个时代之间不存在着类型上的差异。这两种对过去的记录、两个没有中间的末端，所对应的是两种本质上并不相同的记忆框架，我们将它们分别称为"交往记忆"和"文化记忆"。①

交往记忆所包含的，是对刚刚逝去的过去的回忆。这是人们与同时代的人共同拥有的回忆，其典型范例是代际记忆。这种记忆在历史演进中产生于集体之中；它随着时间而产生并消失，更确切地讲：是随着它的承载者而产生并消失的。当那些将它实体化的承载者死亡之后，它便让位给一种新的记忆。这种单纯依靠个体的保障和交往体验建立起来的回忆空间，按照《圣经》的观点，可在比如承担某种罪责的三到四代人中延续。古罗马人为此创造了一个概念"saeculum"，用来指代一条分界线，当一代人中最后的幸存者（以及这代人特殊回忆的承载者）也逝去时，这条界线就产生了。罗马历史学家塔西佗曾在其关于公元22年的《编年史》中提到了最后一批罗马共和国亲历者的故去。② 八十年是一个边界值，它的一半，即四十年，似乎意味着一个重要门槛。这一点我们将在第五章讲到《申命记》时进行详细论述。四十年之后，以成年人身份见证了某一重大事件的亲历者们逐渐退休，他们之前的职业生活更多是面向未来的，而退休之后，他们进入了一个回忆不断增加且欲将这些回忆固定和传承下去的年龄段。近十年来，曾亲历过希特勒对犹太人的迫害和屠杀、拥有创伤经历的那代人，正在陷入这种境况。那些回忆在今天还是活生生的，到了明天就只能借助于媒介进行传播。这种过渡现在就推动着很多当事人将自己的回忆工作以书面形式记录下来，同时，档案管理者也展开了更为密集的资料搜集工作。在这里，《申命记》中所提到的四十年之槛

---

① 关于这个区分可参见阿莱达和扬·阿斯曼1988；扬·阿斯曼1988。
② 参见塔西佗，《编年史 III》(*Annales III*)，第75页；参见钱奇克—林登迈尔/钱奇克1987，第175页。

同样意味着一个重要断面。恰好在二战结束四十年之后，即1985年5月8日，里夏德·冯·魏茨泽克（Richard von Weizsäcker）①在德意志联邦共和国的联邦议院发表了一篇纪念二战结束的演说，这篇演说重新推动了对二战的回忆，并在一年后发展为以"史学家论战"（Historikerstreit）为世人所知的那场风波。

这种"直接即时经验之界限"（unmittelbarer Erfahrungshorizont）②新近成为了历史学分支——"口述历史"的研究对象。在这里，研究重点不是历史学家通常所关注的文字见证物，而完全是那些通过口头询问才浮出水面的回忆。通过这些回忆和叙事所建构出的历史图像，是一种"日常的历史"，一种"来自底层的历史"。所有关于"口述历史"的研究都证实：即使在使用文字的社会中，活生生的回忆至多也只能回溯到八十年之前（L. Niethammer 1985）。再往前追溯的话，就是"流动的缺口"，然后是那些由教科书、纪念碑等所记载的资料，即通过官方传承下来的资料，它们取代了起源神话的位置。

这里所涉及的是回忆的两种模式、回忆和过去的两种作用（或曰"uses of the past"），事实上，它们在某一阶段的文化中会以各种方式交融在一起，但即便如此，我们也必须从一开始就对它们加以严格区分。集体记忆的作用方式是双模的（bimodal）：它既是指向群体起源的**巩固根基式回忆**（fundierende Erinnerung）③，又是

---

① 里夏德·冯·魏茨泽克（1920—　），于1984—1994年间担任德意志联邦共和国总统。——译注
② "unmittelbar"的含义为"直接的""即时的"，它既包含了空间上又包含了时间上的直接性，"unmittelbarer Erfahrungshorizont"指的是亲历者们在空间和时间上可以直接获取到的经验是有一定界限的（如上文所说的四十年之槛），故译为"直接即时经验之界限"。——译注
③ "fundieren"包括"为……提供根基"和"为……提供根本性支撑"的含义。此处暂译为"巩固根基式回忆"。在下文中，将根据上下文将"fundieren"一词译为"具有奠基意义（作用）的"或者"具有巩固根基意义（作用）的"。——译注

指向个体的亲身体验、框架条件(即"晚近")的**生平式回忆**(biographische Erinnerung)。巩固根基式回忆总是通过一些文字或非文字性的、已被固定下来的客观外化物(Objektivation)发挥作用(即使在非文字社会中也是如此),这些客观外化物的形式包括仪式、舞蹈、神话、图式、服装、饰物、文身、路径、绘画、景象等,总之,这里面包含着各种各样的符号系统,这些符号系统具有支撑回忆和认同的技术性作用,并由此可被归到"记忆"(Memoria)这个总概念之下。与此相对的,是生平式记忆(即使是在文字社会中)总是在社会互动中发挥作用。巩固根基式回忆更多是受到扶植而不是自然生长,同时,它与固定形式的捆绑使其似乎只能通过人为的方式得以实现,而生平式回忆的存在方式与此相反。文化记忆与交往记忆不同,它与机构化的记忆术密切相关。

　　文化记忆关注的是过去中的某些焦点。即使是在文化记忆中,过去也不能被依原样全盘保留,过去在这里通常是被凝结成了一些可供回忆附着的象征物(symbolische Figuren)。关于圣祖的故事①、出埃及、穿越沙漠、取得迦南的土地、流亡等都是这样的回忆形象,如此,它们在节日中被以礼拜方式得以展演,并为阐释当下的情况提供依据。神话也是回忆形象:神话和历史之间的区别在这里显得有些模糊。对于文化记忆来说,重要的不是有据可查的历史,而只是被回忆的历史。我们也可以这么说,在文化记忆中,基于事实的历史被转化为回忆中的历史,从而变成了神话。神话是具有奠基意义的历史,这段历史被讲述,是因为可以以起源时期为依据对当下进行阐释。出埃及是以色列人的起源神话,这与它是否具有历史真实性毫无关系:在逾越节上它被当作起源神话,它已进入到这个民族的文化记忆之中。通过回忆,历史变成了神

---

① 指的是《创世记》中讲到的关于亚伯拉罕、以撒和雅各布的故事。——译注

话。由此，历史不是变得不真实了，恰恰相反，只有这样，历史才拥有了可持续的规范性和定型性力量①，从这个意义上讲，也才变得真实。

上述例子说明，文化回忆中具有某种神圣的因素。回忆形象具有宗教意义，对它们的现时化往往都带有节日的性质，节日的作用有很多，其中之一便是对奠基式的过去进行现时化。回忆着的群体通过忆起过去，巩固了其认同。通过对自身历史的回忆、对起着巩固根基作用的回忆形象的现时化，群体确认自己的身份认同。这不是一种日常性的认同，集体的认同中含有一种庄严隆重的、超出日常的东西，从一定意义上讲，它有"超越生活之大"（überlebensgroß），超越了寻常，成为典礼、非日常社会交往涉及的对象。这种交往的典礼性已经成为一种固定形态，它继而以回忆的形态凝结成为文本、舞蹈、图像和仪式等。我们可以将交往记忆和文化记忆间的根本性差异（Polarität）看做是日常生活与节日庆典之间的根本性差异，或者直截了当地将它们称作日常记忆和节日记忆。不过我们未必要将这种关系如此固定下来，关于文化记忆和神圣之物的关系我们在下文中另有论述。

我们也可以从社会学角度对交往记忆和文化记忆之间的根本性差异加以观察，这种差异体现在被我们称为"分有结构"（Partizipationsstruktur）的结构之中。这个结构和时间结构一样，在集体回忆的两种形式中的表现大相径庭。群体成员对交往记忆的分有是杂乱无章的，虽然有人知道得多，有人知道得少，而且年长者比年幼者的回忆在时间上的跨度更为深远，但是，即使有人比其他人知道得更多，群体也并没有设定专职人员或者专家对这种非正式传承负责。对这种回忆所含知识的获取，是随着对语言的获取和

---

① 关于"规范性"和"定型性"的概念，参见第三章第一节中的论述。——译注

对社会交往的参与而同时发生的,对此,群体中的每个人都拥有着同样的资格。

对交往记忆的分有是杂乱无章的,与此截然相反的是,对文化记忆的分有始终是受到严格细分的,这一点在无文字和追求平等主义的社会中也同样适用。诗人最原始的作用便是保留群体的记忆。如今,在一些侧重口头传统的社会中仍存在着"格里奥"(Griot)一职①来承担这一责任。塞内加尔的一位名叫拉明·孔特(Lamine Konto)的格里奥曾将格里奥所扮演的角色做出如下描述:

> 在非洲还未拥有任何史料记载的年代,必须要有一个特殊的社会群体担任对历史进行回忆和重述这一任务。人们相信,音乐的加入可以使历史得以成功传承,由此,对历史的口头传承就成为格里奥或者即兴歌者的任务,并最终变成了乐师这一阶层的任务,他们于是成为非洲各部族共同回忆的保存者。格里奥同时又是诗人、表演者、舞者和哑剧演员,他们在演出中使用上述各种艺术手段。②

文化记忆始终拥有专职承载者(Träger)负责其传承。这些承载者包括萨满、吟游诗人、格里奥,以及祭司、教师、艺术家、抄写员、学者、官员等,这些人都掌握了(关于文化记忆的)知识。文化记忆所保留的那些意义具有非日常性,与此相应的是,文化记忆的承载者也具有某种从日常生活和日常义务中抽离的特质。在无文字社会中,对记忆承载者的要求与对记忆本身的要求密切相关,最

---

① 格里奥(Griot),也称 Jali、Jeli 或 Djeli,是非洲部族的历史记录者,他们以音乐的形式记诵本部族的神话传说和历史故事,并在传统仪式上配合舞蹈和鼓乐等进行吟唱。——译注
② 《联合国教科文组织信使报》(Unesco-Kurier),1985 年第 8 期,第 7 页。

第一章　回忆文化

高要求便是要对记忆内容进行一字不差的传承。在这种情况下，人类的记忆完全被当作"数据存储器"，是文字性的先行形式。这一点在关于仪式的知识上表现得最为典型。仪式必须严格遵循一个"规范"，这与这一规范是不是已经以文字形式被固定下来关系不大。《梨俱吠陀》(*Rgveda*)①是最知名的以记忆作为圣典来规范关于仪式的知识的范例。在这里，对记忆的极高要求、所涉及知识对群体所具有的极高约束力使得掌握这种记忆的专职人员在群体内部享有领导地位。在印度的种姓制度中，僧侣的"婆罗门"种姓在等级上超过了统治者的"刹帝利"种姓。在卢旺达，专职人员要凭记忆学习一些文本，这些文本是国王亲自参与的十八种仪式的基础，这些专职人员由此成为了王国中最受尊崇的人，而他们一旦犯错，就可能被处以极刑。这些人中的三位掌握了全部十八种仪式的文本，他们甚至具有了统治者的神圣性（博尔若 [Ph. Borgeaud] 1988，第 13 页）。

对文化记忆的分有不是杂乱无章的，这一点同时也体现在另一方面：与交往记忆不同的是，文化记忆不是不言自明的，而是需要细致引导的。由此便产生了对其传播进行控制的需求，分有文化记忆一方面被视作一种义务，另一方面又被视作一种并非人人享有的权利。围绕着文化记忆，越来越多或者越来越少的严格界限被不断生产出来。群体中有一部分人必须通过各种方式来证实自己的能力（抑或归属性？）：通过官方考试，例如中国古代的官员；或者证明自己对相关社会交往方式的掌握，例如希腊化时代对希腊语的掌握、在 18 世纪的欧洲对法语的掌握、之后是在自家的

---

① 《吠陀》，又译为韦达经、韦陀经、围陀经等，是印度最古老的圣典，共有四部：《梨俱吠陀》(*Rgveda*)、《夜柔吠陀》(*Yajurveda*)、《沙磨吠陀》(*Samaveda*) 和《阿闼婆吠陀》(*Atharvaveda*)。其中最原始的是《梨俱吠陀》，它收录了从公元前 1500 年到公元前 900 年间的一千多首诗歌，这些诗是献给雅利安诸神的。——译注

三角大钢琴上演奏瓦格纳歌剧、在19世纪对《德意志民族经典箴言》(*Citatenschatz des Deutschen Volkes*)①的熟知等。与此相对的是,群体中另有一部分人被和这些知识隔离开来,例如犹太教和古希腊社会中的妇女、在有教养市民阶层②的黄金时代中社会地位较低的阶层。

  两种形式的集体记忆之间的根本性差异,在时间层面上表现为节日与日常生活的根本性差异,在社会层面上表现为知识社会学意义上的精英人群、负责文化记忆的专职人员与群体中一般成员的根本性差异。我们应该如何理解不同回忆间存在的这种根本性差异?将它们理解为两种各成一体的系统、如同日常用语和标准语那样互相依存又有所差异的模式,还是如沃尔夫冈·赖布勒(Wolfgang Raible)所建议的那样,将这两种回忆当作一个表格中居于相差甚远的两端但同时中间又有平滑过渡的两极?这个问题似乎只能根据具体情况得到相应的回答。因为在某些文化中,确实存在着文化记忆与交往记忆之间的尖锐对立,我们甚至可以将此称为"双重文化性",古埃及便是这种情况(参见扬·阿斯曼1991)。还有一些社会,例如我们目前所处的社会,更像是拥有一种参数可调的模式。即使是标准语与日常用语之间的对立也并不是在任何时间和任何地点都表现为中规中矩的"双重语言"模式,这种对立在很多情况下都可以以表格中的两极为例得到更好的解释。此外,因为与节日庆典性和宗教神圣性的结合程度有所不同,两种回忆形式之间存在着一定程度的内部分化,因此它们之间的对立也不能用表格的形式加以定义。在上述限制下,我们使用一

---

① 此书全称是 *Geflügelte Worte*:*Der Citatenschatz des deutschen Volkes*,由格奥尔格·比希曼(Georg Büchmann)搜集整理,1864年出版后在德国流传甚广。——译注
② 对"Bildungsbürgertum"的译法目前尚未完全统一,此处取"有教养市民阶层"这一在学术界较为通用的译法。——译注

个表格模式对两种记忆形式间的根本不同做出总结,如下:

	交往记忆	文化记忆
内容	以个体生平为框架所经历的历史	神话传说;发生在绝对的过去(absolute Vergangenheit)的事件
形式	非正式的;尚未成型的;自然发展的;通过与他人交往产生;日常生活	被创建的(gestiftet);高度成型;庆典仪式性的社会交往;节日
媒介	存在于人脑记忆中的鲜活回忆;亲身经历和据他人转述的内容(Hörensage)	被固定下来的客观外化物(feste Objektivationen);以文字、图像、舞蹈等进行的传统的、象征性的编码(Kodierung)及展演(Inszenierung)
时间结构	80—100年;随着不断向前的当下同时前进的时间视域(Zeithorizont)中的三至四代人	神话性史前时代中绝对的过去
承载者	非专职的;回忆共同体中某时代的亲历者(Zeitzeugen)	专职的传统承载者

2. 作为文化记忆首要组织形式的仪式和节日

假如巩固群体身份认同的知识没有存储于文字中的可能性,那么它只能存储于人的记忆中。这类知识要实现其在构建统一体、提供行动指南方面(即规范性的和定型性的)的推动力,就必须首先具备这三个作用:存储(Speicherung)、调取(Abrufung)、传达(Mitteilung),或者说是:诗的形式(poetische Form)、仪式的展演(rituelle Inszenierung)和集体成员的共同参与(kollektive Partizipation)。要以稳固持久的方式将巩固认同的知识保存下来这种记忆术上的诉求,最先促成了诗的出现,这似乎是众所周知的事情。① 同样为我们熟知的是,这种知识需要以多媒介展演的形式得到展示,在这种展演中,文字文本被植入到声音、身体、面部表情、肢体动作、舞蹈、旋律和仪式行为中。② 对我来说,这其中的第三点是最重要的:集体成员的共同参与。既然对文化记忆的维系是某些专职人员(吟游诗人、萨满、格里奥等)的任务,那么,一般的集体成员又是如何获取文化记忆的? 对此的回答是:通过集体成员的集会和集体成员本人的在场。在无文字社会中,除了亲自参加集会之外,没有其他途径可以使集体成员获取文化记忆,而集会需要理由:节日。节日和仪式定期重复,保证了巩固认同的知识的传达和传承,并由此保证了文化意义上的认同的再生产。仪式性的重复在空间和时间上保证了群体的聚合性。作为文化记忆首要组织形式的仪式将无文字社会的时间形式分成了日常时间和节日时间。在宏大聚会的节日时间或者"黄金时间"(Traumzeit)中,地平线延展到了整个世界、创世纪之时、起源和重大骤变,它们共同描画了远古时代的世界。仪式和神话将现实的意义进行改写,它们细致入微的观察、保存和传承将世界和对集体的认同保持在正常轨道上。

　　文化记忆展示了日常世界中被忽略的维度和其他潜在可能性,从而对日常世界进行了拓展或者补充,由此补救了存在(Dasein)在日常中所遭到的删减。通过文化记忆,人类的生命获得了在文化进化的任何阶段中都可保有的双重维度性或曰双重时间性,在无文字社会中,文化意义上的双重时间性表现得尤为明显:日常与节日间的差异、日常的社会交往和仪式庆典中的社会交往

---

① 此处可重点参见哈夫洛克(E. Havelock)1963,其中提到了"被保存的社会交往"。
② 可参见聚姆托(B. P. Zumthor):《口头诗歌简述》(Introduction à la poésie orale), 1983。

间的差异。在古典时代,节日和缪斯的作用被阐释为对日常的疗治。柏拉图在《法律篇》中,描述了人在孩童和少年时期所受的教育如何在之后的生命中由于日常生活的艰辛而逐渐沉沦:"但是在那里,只有神出于对备受劳苦的人类的怜悯,使我们可以从劳苦中得到暂时解脱和休养。这就是宗教节日的轮次出现。神还一并赐予了人类缪斯和她们的首领阿波罗以及狄奥尼索斯作为节日的座上宾,如此,那些源自祖先的古老习俗重放光辉。"①

节日将我们在日常生活中晦暗的存在重新照亮,神亲自将因忽略和遗忘而变得自然平淡的秩序重新擦亮。柏拉图的这段话同时也说明,世上不是存在着两种秩序,一种是节日的一种是日常的,一种是神圣的一种是世俗的,它们互不相干地存在着;而是在原初只存在唯一的秩序,这种秩序是节日的、神圣的,同时它又对日常生活起到指导作用。节日最原初的作用在于将时间进行分段,而不是要创立一个"日常时间"和另一个与之相对的"神圣时间"。当节日把时间的河流加以结构化和节奏化后,它就创立了一种普遍意义上的时间秩序,日常生活在这种秩序中才得到了自己的位置。原初并不存在神圣的与世俗的秩序之分,对此最好的例证是澳洲对于先人灵魂的理解,他们认为,先人的灵魂在世间的漫游和活动为后人从节日仪式到鞋带的系法这**所有**可被规范的行为提供了范本。事实上,一直到文化发展到某一更高阶段,日常生活分化出来并创立了自己独立的秩序,节日才变成了可供一种特殊、另类的秩序、时间和回忆栖居的所在。②

如上文所述,交往记忆和文化记忆之间的差异与下列差异有关:日常与节日、世俗的与神圣的、飘忽易逝的和长久稳固的、个别

---

① 参见柏拉图:《法律篇》653d,艾特(E. Eyth)译,海德堡,1982,第253—254页。
② 本书作者在1991a中对此进行过更详细的论述。

的和普遍的之间的差异;同时,交往记忆和文化记忆之间的差异也拥有着属于自己的历史。文化记忆为非日常性的回忆提供了存储器,它与交往记忆之间最大的区别是它的成型性及与之相关场合的仪式典礼性。既然如此,我们便要继续追问文化记忆的**形式**。文化记忆附着在一些客观外化物上,而文化意义则以某些固定形式被包裹其中。我们最好以液体和固体作比喻来理解集体记忆的两种不同结构①:文化记忆附着于固体之上,它不太像是从外部穿透个体的水流,而更像是人从自身推演出的物的世界。

如果我们把交往记忆和文化记忆之间的区别比作液体和固体之间的区别,似乎也可如此比喻口头性和文字性的区别,但这种理解恰是我们首先要澄清的严重错误。如同书写文化中的回忆一样,依靠口述传承的内容也同样可被区分为交往回忆和文化回忆、日常回忆和庆典回忆。口述历史的研究方法在无文字的文化中比较难以操作,是因为这种方法首先要进行清理工作,要从所有通过口述传承的内容中将文化回忆从日常回忆中剥离出来。而在书写文化中,这两者是被明确区分开的,因为不可否认的是,文化记忆和文字性更有亲和力。② 在无文字文化中,文化记忆并不是单一地附着在文本上,而是还可以附着在舞蹈、竞赛、仪式、面具、图像、韵律、乐曲、饮食、空间和地点、服饰装扮、文身、饰物、武器等之上,这些形式以更密集的方式出现在了群体对自我认知进行现时化和确认时所举行的仪式庆典中。

---

① 参见阿莱达·阿斯曼1991b。
② 但是文字也不一定就起到了稳固的作用,它也可以起到促成流动性的作用;因为文字的存在,涉及集体回忆的事务与特定的、被选取出来的场合之间的密切联系遭到切断,并使得集体记忆两种模式之间的转换不再受到某些特定、偶然因素的约束。

3. 回忆的场景："记忆的场域"巴勒斯坦

记忆术最早使用的媒介手段就是空间化。① 对这类技艺的研究包括：弗朗西斯·耶茨对西方文化中记忆术的研究（*The Art of Memory*, 1966），以及其他人对古典时期的记忆术（布鲁姆［H. Blum］1969）、对伊斯兰世界的记忆术（艾克尔曼［D. F. Eickelmann］1978）的研究。值得一提的是，空间在涉及集体和文化的记忆术中，即"回忆文化"中，也扮演着极重要的角色。"记忆之所"（Gedächtnisorte）这个概念于是应运而生，这个概念在法语中并不生僻，皮埃尔·诺拉以此为其研究项目（《记忆之所》）命名。记忆术借助的是想象出的空间，而回忆文化是在自然空间中加入符号，甚至可以说整个自然场景都可以成为文化记忆的媒介。在此情况下，自然场景并非通过符号（"纪念碑"）引起重视，而更多是作为一个整体被升华为一个符号，即是说，它被**符号化了**（semiotisiert）。澳大利亚原住民的**图腾风景画**是个令人印象深刻的例子，在一些重要节日中，他们去往特定的地点朝圣，这些地点负载了对祖先们的回忆，同时也是他们的发源地，通过这些活动，群体的身份认同得到了确认（施特雷洛［T. G. H. Strehlow］1970）。在古代的东方国度，一些城市的格局是基于与节日庆典有关的主要街道来确定的，在重大节日里，最重要的神祇在此随着游行队伍前进（扬·阿斯曼 1991b）。而罗马早在古典时代就已成为一个"神圣之地"（heilige Landschaft）（钱奇克 1985/6）。在这些例子里我们看到了文化记忆的地形学"文本"、"记忆的场域"（Mnemotope），或曰记忆之所。从这个意义上说，莫里斯·哈布瓦赫在其最后一

---

① 参见前文第 32 页（中译本）注释 1，并参见奥古斯丁在《忏悔录》10.8.12 及以下页中提到的"记忆之地域及宏大宫殿"。

部著作中,将圣地的**传奇地形**描述为集体记忆的表达方式(同上,第41页),将巴勒斯坦作为纪念性自然场景的范例,意在说明,不光是每个时期,更重要的是,每个群体、每种信仰都会将自己特有的回忆以自己的方式落脚到某个地点并加以纪念。对此进行的研究可以被看作是对比喻的阐释,因为显而易见的是,空间比喻在很大程度上决定了哈布瓦赫理论中的记忆功能:比如"框架"(Rahmen)、"空间"(espace)、"场所"(lieux)、"定位"(localiser、situer)都是经常出现的重要概念。这样,我们似乎可以研究回忆是如何被具体定位在某个蕴含记忆、富含意义的自然场景之中的,比如巴勒斯坦:作为"记忆的场域"的神圣之地。

4. 过渡

(1) 悼念亡者

我们在前文已经简述过悼念亡者的现象属于最原始的现象之一,因为这种现象无疑关系到回忆文化的起源和核心。如果我们将回忆文化首先作为对过去的指涉,而这种指涉又是因为人们意识到了昨天和今天之差异的话,那么,死亡便是人对这种差异的最初体验,和亡者联系在一起的回忆也是文化记忆的最初形式。在对交往记忆和文化记忆进行区分这一研究框架中,我们应该从另一不同角度重新看待悼念亡者这一现象,因为很明显的是,悼念亡者是处于这两种社会记忆之间的一种现象。悼念亡者属于"社会交往"的范畴,因为它是人类常见的一种行为,同时,如果从它发展出了自己的专职人员、仪式和机构来看,它又是"文化"性的。

对亡者的回忆可以被分为回溯性的(retrospektiv)和前瞻性的(prospektiv)两种回忆。回溯性的对亡者的回忆是一种更为普遍、原始和自然的形式。① 这种形式是：群体和他们的亡者共同生活，将亡者不断带入持续向前的当下，以此方式构建出一幅关于统一性和整体性的图像，而亡者自然而然地也被纳入这幅图像中（厄克斯勒 1983，第 48 页及以下页）。我们在历史长河中追溯得越久远，群体将自己和已逝的亡者及先人的联系就越重要（米勒[K. E. Müller] 1987）。从前瞻性的角度来看，人们在悼念亡者时，注重的是"功绩""名望"，以及获取不朽声誉的方式和形式。但在这个过程中，每种文化在什么可以使个体变得不朽这个问题上存在巨大差异。在古埃及，这取决于个体在多大程度上按照社会规范行事，而在古希腊，这取决于个体是否具备更强的竞争能力。这些行为应当为人们所记诵，因为它们反映出的并非平庸寻常的能力，而是某些超群轶类的能力。品达用颂歌使人们对希腊运动会中的获胜者永志不忘，使殖民地的开创者在英雄崇拜中永生。从回溯性的角度看，悼念亡者的重点是"**虔诚**"，以及使亡者被他人永远铭记于心的方式和形式。

　　悼念亡者时，前瞻性和回溯性这两个层面间的联系在古代埃及表现得较为特殊。这两者间的关系不仅表现在，古埃及人一旦拥有较高的地位、有能力为自己修筑一座纪念碑式的坟墓时，便会立即着手此事，并以此"具有前瞻性"地创立对自己的纪念②，更表现在，在这种耗工费时之后隐藏着的，是一种关于互惠的特殊理念：一个人若是虔诚地对待自己的先人，便可以期待其后人也如此对待他，在这里，社会互动的网络在时间层面上被永恒化。从这个

---

① 参见施密特（K. Schmidt）1985，重点参见其中厄克斯勒（O. G. Oexle）的报告，第 74—107 页。厄克斯勒 1976，载施密特/沃拉施（K. Schmidt/J. Wollasch）1984。
② 一位古埃及第十一或第十二王朝的高级祭司在自己的陵墓中这样强调："此外，我还使这座陵墓得以建成，并撰写了铭文，而这些，都是在我在世时亲自完成的。"参见弗兰克：《罕奎贝神殿研究》（*Heqaib*），第 23 页。

意义上说,古埃及呈现为一个极端的例子。这不仅仅是指古埃及那些规模宏大、拥有巨大陵墓的墓地。那些带有纪念意义的墓碑只是外在象征物,用于说明死者的不朽功绩便是一段符合伦理的人生,正如埃及俗语所说:"一个人(真正)的纪念碑是他的美德。"互动的美德在古埃及伦理中占据了中心地位,其中包括感恩之心、家庭意识和公民意识、团结、忠诚、富有责任感和义务感、忠贞、虔诚等。这些美德预先决定了直至死亡的生命,而且只有当它们把亡者也纳入其中时,才可以继续流传后世。① 古埃及的伦理体系要求通过彼此怀念以使社会网络不致被撕裂,"要纪念!"(Gedenket!)这一号召补充了上述要求,并且无数次地将古埃及的墓碑指向纪念性的记忆。但是,纪念并不要求必须要有物质性的纪念碑,单纯用声音念出一个人的名字也可以,就像一句古埃及箴言说的那样:"只要一个人的名字还被提起,他就还继续活着"。

在所有社会中,"记忆"原则都或多或少地在两个层面上发挥作用,一是渴望被回忆的功绩,二是对回忆的虔诚。希望在群体的纪念中永生,认为可以将亡者共同带入不断向前的当下,应该是人类存在的具有普遍性的基本形式之一(福特斯[M. Fortes] 1978a)。

悼念亡者是一种典型的"对集体起到促成作用"的记忆(施密特1985)。一个集体在回忆中建立了与亡者的联系,从而确认自己的认同。记住某些名字这一义务的背后隐藏着的,是对一种社

---

① 关于这个原则,古埃及人的表达方式不是"彼此怀念"(Aneinander-Denken),而是"为彼此行事"(Füreinander-Handeln)。在这个意义上,有一个文本对古埃及伦理的基本概念做出了全面定义,这个基本概念便是"玛阿特"(Ma'at),即真理、秩序、正义、正当:"作为对一个人的行动的回报便是,也会有人为他行动。这也就是说,'玛阿特'存在于神的心中。"但因为在纪念性记忆方面,为彼此行动实际上就是彼此怀念,所以这样的句子表达了一种悲叹:"今日我还能与谁对谈/人们已经不再忆起昨日/今日人们不再为他人行事 而那人曾行过事。"参见扬·阿斯曼1990,第60—69页。

会政治意义上的认同的承认。如曾在比勒菲尔德大学工作过的历史学家赖因哈特·科泽勒克(R. Koselleck)所说,纪念碑是"幸存者对认同的促成"(1979)。成千上万名阵亡战士的姓名被镌刻于纪念碑之上,无名战士的墓碑上虽无姓名,但匿名的纪念意义仍在,这种纪念的最大作用便是促成认同。如本尼迪克特·安德森(B. Anderson)所言,"这些坟墓如此空虚,其中并无可以确定墓主身份的遗骨,也无不朽的英灵,但它们却充满了幽灵般的关于民族的想象"(1983,第17页)。同样,遗骨崇拜也是一种可以起到促成和巩固集体作用的悼念亡者活动。我们不能忘记的是,在中世纪的城市中,对市民的集体认同来说,教堂是一个核心符号,教堂里通常安放着圣徒的遗骨,这些圣徒越著名越好,最好是最初的传道者,而围绕着教堂的所有权经常展开激烈争斗(克廷[B. Kötting]1965)。与此类似的是毛泽东的继任者为他建立的纪念堂,遗骨崇拜对获得遗骨一方的作用,即佐证认同的作用,在这一事例中得到了清晰展示。获得了重要遗骨的人,由此便可以获得确立自身合法性的最根本要素。

(2) 记忆和传统

在交往记忆中,回忆的持久性是有限的,这是很自然的事情。莫里斯·哈布瓦赫比任何人都更清楚地论述了这一点,他关于记忆的理论的巨大优点在于,这同时也是关于遗忘的理论。关于回忆如何在社会交往中受到威胁、如何以文化记忆的方式对回忆加以固定这一点,我们在后文将以《申命记》为例做出实例分析(参见第五章第二节)。在这里,我们要再次讨论哈布瓦赫及其理论基础。

哈布瓦赫对"记忆"(Gedächtnis)和"传统"(Tradition)所做的区分,与我们对"生平式回忆"和"巩固根基式回忆"、"交往记忆"

和"文化记忆"所做的区分类似。哈布瓦赫关注的是:活生生的回忆,即"mémoire vécue",如何在文字成型过程中分裂成了被他称作"历史"(histoire)和"传统"(tradition)的两部分。除了以批判性的目光、以客观中立的态度对回忆范围以外的"历史"存档之外,人们还怀抱一种强烈的兴趣,那就是以一切可能的手段对势必会逐渐淡去的过去进行定型和保存。在这种情况下,就会出现一种固定的传承形式来取代总在变动的重构形式。这一固定的形式脱离了社会交往中的日常生活,变成了一种正典化的、纪念性的内容。

哈布瓦赫以基督教早期历史为例,描述了传承的不同阶段,即如何从亲身经历过的或曰处于社会交往中的回忆过渡到备受呵护和长期保存的回忆。在第一阶段,即"创立阶段",过去和当下在群体意识中是合二为一的:"在那个阶段,人们很难将对刚刚发源的基督教的回忆和对当下的意识加以区分。过去和当下融合在一起,因为福音书中的故事似乎还没有完全结束"(1985a,第263页)。

在和每个人都相关的、活生生的、充满感情的阶段,在集体记忆的自然状态中,早期的基督教提供了一个处于社会交往中的群体的范例,这个群体正经历着他们的目标而不是回忆,但是,他们已经意识到了群体成员之间具有历史性的共同点。在这一时期,基督教"远未把过去看作当下的对立面来进行重现",我们在这里看不到这种明确倾向,它是伴随着早期教会的建立才得以出现的。在这个阶段,"只有为数不多的情况被认为是不可以与基督教兼容的"。因为基督教自己尚附着于当下,因此,它可以对同时代的各种潮流兼收并蓄,尚未断然与它们进行对抗。总之,用一句话来概括就是,早期基督教所有的理念和回忆"都浸润在社会环境中"(1985a,第287页)。社会和记忆在这个阶段最终形成了一个统一体,这时尚未出现教士与信徒的划分:"直到此时,宗教记忆还在整个信仰者群体内发挥作用和生存；宗教记忆和社会的集体记忆合情合理地糅杂在了一起"（1985a，第268页）。

而这一切在第二阶段发生了变化，哈布瓦赫将第二阶段的初始定于公元3至4世纪。从这个时候开始，"这个宗教团体退而专注于自身，创立自己的传统，确立自己的教义，在世人之上设立了教士阶层，这些教士不再仅仅是信仰基督的团体中的处理事务者和管理者，而是变成了一个封闭的、独立于世界之外的、完全面向过去的群体，他们唯一的任务便是：对关于过去的记忆加以保存"（1985a，第269页）。

社会环境无可避免地要发生改变，伴随而来便是植根于这些社会环境中的回忆将被遗忘，那些来自于往昔的文本于是失去了不言自明性，变得需要阐释。有组织的回忆工作这时便代替了在社会交往中进行的回忆。在新时代，文本不能继续不言自明，陷入了因文本与当下存在时间差而产生的张力之中，于是，教士承接了阐释的工作。此时，必须要建立一种教义来为可能出现的各种阐释做出界定并确立框架，这些阐释反过来又促成了对目前处于统治地位的教义的回忆。正如当事人所亲历的集体记忆消亡之时便是历史学家出现之时那样，对《圣经》的诠释工作也出现在活生生的文本含义逐步消失之时。哈布瓦赫说道："因为某些形式和规则的含义已经遭到忘却，所以需要对其进行阐释"（1985a，第293页）。正如新教神学家弗兰茨·奥弗贝克（Franz Overbeck）更为清晰地指出的那样："后人放弃了对此进行理解，而致力于对此进行阐释。"①

---

① 参见奥弗贝克（F. Overbeck）1919，第24页。尼采区分了历史和记忆，哈布瓦赫在区分文字和记忆之时，借鉴了与尼采交好的奥弗贝克的思想，奥弗贝克区分了"远古历史"和"历史"以及"远古文学"和"文学"。

三 文化记忆的类型："热"回忆和"冷"回忆

1. 关于"历史感"的神话

有一种观点认为，无文字民族是没有历史意识的，或曰，是没有历史的。对这种陈词滥调的反击始于二十年前。吕迪格·肖特（Rüdiger Schott）在明斯特大学的就职演说《无文字民族的历史意识》（1968）中，突破性地提供了对这一问题极为细致的观察视角，这篇讲稿现在已经越来越被人熟知。之后，文字与历史之间的关联也被逐渐消解，历史意识变成了在人类学上具有普遍意义的问题。就此问题，文化人类学家埃里希·罗特哈克（E. Rothacker）早在1931年便指出，"历史意识"或者"历史感"（historischer Sinn）是人类的原始本能，意在"将过去的重大事件和人物形象固定保存下来，以便对此进行回忆和讲述"①。肖特认为，"历史感是人类最根本的特征，从本质上看，它与人类创造文化的能力共生并存。"肖特对这种原始本能的功能做出了界定，他指出："和以文字记载的案宗相比，记载群体命运的口述历史和群体的联系更为紧密。"口述历史不单单是和群体联系在一起，它本身还具有一种建立联系的作用。它建立的是一种最具强制性的联系方式，因为它记载的是关于群体一些重大事件，而这些重大事件是群体构建"自身的统一性和独特性"的基础。美国社会学家爱德华·希尔斯（E. Shils）在关于历史传承的社会学研究中做出了最为突出的贡献（E. Shils 1981），肖特的"历史感"概念在他那里以"过去感"

---

① 参见罗特哈克：《历史意识》（"Das historische Bewuβtsein"），载《德国研究期刊》（Zeitschrift für Deutschkunde），1931，第45期。转引自肖特1968，第170页。

第一章　回忆文化

(同上,第51—52页)的名称出现:"如果没有这种精神器官的存在,关于过去的知识,以及对过去的崇敬、忠诚、摹仿和拒绝便无从出现。"

这一点的正确性是毫无疑问的,我们无需对此再作强调。今天我们更为关注的是另一个问题:为什么相比较而言,人类的这种"原始本能"在某些社会或者文化中发展得更为充分?① 此外,这种人类拥有的本能或者说意愿——假定人类真的拥有这些——在某些社会中,不光是远没有被发展起来,甚至是出现了完全与之相悖的行为。因此,我怀疑这所谓的历史感是否真的存在,并认为文化记忆这个概念显得更为谨慎和合适一些。和尼采一样,我的出发点是,人类的记忆在自然状态下的最根本形式是遗忘而非回忆,而回忆、对过去本身及对其产生的研究和梳理的兴趣,才是需要被阐释的问题。我认为,与其谈论一种特殊的意愿或者本能,不如在具体情况中探寻为何人们会着手去关心自身过去。首先,我可以确定的是,相比较而言,对过去的兴趣起初并未表现为一种对"历史"的特殊兴趣,它首先是普遍而具体表现为对论证合法性、证明正当性、达成和解、做出改变等的兴趣,而且其发挥作用的框架可以用回忆、传承和认同来圈定。在这个意义上,我们可以考察历史回忆的镇静作用或者刺激作用,或者说,这其中那些起到阻碍作用的成分和起到激发作用的成分。古埃及文化为研究这一问题提供了一个非常合适的例子,因为我们在那里看到的是,一个社会的过去以无与伦比的壮观姿态出现在人们眼前,他们拥有详尽的编年史和法老名单,然而,他们却几乎从未真正着手去研究过去。

---

① 参见肖特1968,第170页:"然而,在何种程度上发展了这种'历史感'以及以何种方式方法借此发展自己,各民族的表现极为不同。"

2. "冷"的和"热"的类型

对这个问题的研究要回溯到列维-斯特劳斯及其对"冷社会"和"热社会"的区分,肖特也曾探讨过这一问题。列维-斯特劳斯认为,冷社会追求的是"可以借助于自身的社会机构,用一种近乎自动的方式,将历史因素对社会平稳和连续性可能产生的影响消解掉"。[①] 他在别处提到这个问题时,谈到了一种"智慧"。"冷"社会"似乎获得或保有了一种特殊的智慧,每种试图通过进入历史来获取些什么,并以此改变社会结构的尝试,都会遭到这种智慧令人绝望的抵抗"。而与此相反,"热"社会的特点是"永不知足地追求改变",它将自己的历史内化,从而使其成为发展的动力。但是,相对于"无历史性"和"缺失的历史意识"来说,"冷"不光是另一个词语或比喻,列维-斯特劳斯所说的"冷"不是指缺乏什么,而是一种值得肯定的工作,它同时拥有一种特殊"智慧"和专门"机构"。冷并不是文化的零起点,冷是被生产出来的。它涉及的不光是这个问题:社会在何种范围内、以何种方式创立了一种历史意识,它同时还涉及另一个问题:社会在何种范围内、以何种方式、借助于哪些社会机构和社会机制,实现了"冻结"变迁的目的。"冷"文化并非遗忘了那些"热"文化回忆着的内容,而是生活在另外一种回忆中,为了这种回忆,"冷"文化有意不进入历史之中,而"冷"回忆恰好服务于此。

在列维-斯特劳斯看来,对"冷"和"热"的区分是一个更为恰当的说法,可以用来替代"不太高明的对'没有历史的民族'和其他民族的区分"(1962,第309页)。对于他来说,"冷""热"区分的

[①] 参见列维-斯特劳斯:《野性的思维》,1962,第309页。或参见出版于法兰克福的德文译本,1973,第270页。另参见列维-斯特劳斯1960,第39页。

意义如同蒙昧的和文明的、无文字的和有文字的、无首领的和具有国家组织形式的这些区分一样重要。列维-斯特劳斯认为,冷和热只是代表着文明进程中具有典型意义的两极,并认为这个进程必然是要从冷走向热的。但这种想法阻碍了对此问题的进一步研究,因此,在我看来,他在得出这一结论后并未做出更深层探讨,而我想在更深层次上使用这种区分,我对此进行的阐释基于下面两个基于观察而得出的结论:

(1)有一些社会,它们是文明的、有文字的、以国家形式组织的,但仍然是冷的,因为在这些社会中,"每种试图通过进入历史来获取些什么,并以此改变社会结构的尝试,都会遭到令人绝望的抵抗"。我在这里举两个经典例子:古埃及和中世纪的犹太教。在这两个例子中我们都可以看到,对历史的否认是为了服务于另外一种回忆。我将古埃及的这种回忆称作"纪念碑式的记忆"①,关于中世纪的犹太教,尤瑟夫·哈伊姆·耶鲁沙尔米(Y. H. Yerushalmi)直接以命令句"记住!"和"回忆!"来命名他出版于1982年的那部令人印象深刻的著作。我认为,比起在保留着文化进化论的模式下,将蒙昧的和开化的文化简单更名为冷的和热的文化来说,更有成效的研究方法是彻底抛开这一模式,而将"冷"和"热"作为文化层面上的不同类型或者记忆政治中的不同策略加以考察,这样它们就可以不再受到时间、文字、历法、技术和统治力量的限制。在"冷"的文化类型中,文字和统治机构也可以成为冻结历史的工具。

(2)社会或者文化不一定完全是"冷的"或者"热的":我们既可以在其中区分冷的和热的因素,也可以使用民族心理学家埃德海姆(E. Erdheim)的概念,区分冷却系统(Kühlsysteme)和加热系

---

① 扬·阿斯曼 1988,第107—110页。

统（Heizsysteme）。所谓的冷却系统，一方面指的是那些可以帮助冷文化冻结历史性变迁的组织机构，埃德海姆在这里分析了成人礼①；另一方面指的是从热的社会中单独划分出来的特殊领域，例如军队②或者教会。

将对待历史的方式进行冷热区分，这可以帮助我们更准确地表述关于历史意识和回忆的镇静作用或者刺激作用的问题。镇静作用为冷的类型服务，其重要作用是冻结变迁。在这里，被回忆起的意义，都附着于反复回归和有规律的事物上，而不是附着于一次性的、不同寻常的事物上。其意义在于持续，而非断裂、突变和变迁。与此相反的是，刺激作用服务于热的类型。意义、重要性、值得回忆性等存在于那些一次性事件，特别是例如骤变、变迁、发展和成长或者衰落、下降、恶化等之中。

3. 统治和记忆的联盟

对记忆来说，有一种强大的刺激来自于统治的需要。在无首领的社会中，"人们对几代之前的历史知之甚少，它迷失在一个不确定的、'带有神话性'的远古时代，在这个远古时代，所有事件都被认为是发生在同一个时间层面中"（肖特1968，第172页）。这便是让·范西纳所说的"流动的缺口"（1985），即存在于时代见证人所拥有的活生生的回忆（时间跨度约80年）和对"起源"神圣化的说法之间的缺口，这实际上在"口述历史"的研究中已被证实是集体记忆的普遍现象，我们可以在这里找到集体记忆的自然状态。与此相对的是，"在那些拥有首领或者其他集权政治机构的民族

---

① 参见埃德海姆：《青春期和文化发展》（"Adoleszenz und Kulturentwicklung"），载埃德海姆1984，第271页及以下页。
② 参见埃德海姆：《"热"的社会和"冷"的军队》（"'Heiβe' Gesellschaften und 'kaltes' Militär"），载埃德海姆1988，第331—344页。

第一章　回忆文化

中,才会产生对时间更为细致的划分"。波利尼西亚的首领朝代(Häuptlingdynastie)拥有超过22代人的谱系;非洲的塔伦西人,他们在差不多同等规模的谱系中,按照每个人在政治体系中的地位和权利给其安排了不同位置(福特斯[M. Fortes]1945)。关于统治和回忆的联盟,我们也可以分析苏美尔和古埃及的国王谱系。毫无疑问的是:统治需要出身和本源(Herkunft)①。我们可以将这种现象的这个侧面称为回溯性的一面。

同时,统治和回忆的联盟又有前瞻性的一面。统治者不光篡改过去,还试图修正未来,他们希望被后世忆起,于是将自己的功绩镌刻在纪念碑上,并保证这些功绩被讲述、歌颂、在纪念碑上成为不朽或者至少被归档记录。统治"以回溯的方式论证自己的合法性,并以前瞻的方式使自己变得不朽"。我们目前可以看到的来自于古老东方国度的所有历史资料,基本都是官方的、政治性的和带有意识形态作用的。来自于古埃及中王国时期(约公元前1900年)的一个文本宣告了乱世之后太平盛世的到来,在记载了太平和重建秩序的各种征兆之外,还记载了"一个人的儿子(贵族出身)可获得永世的声誉"。② 中王国时期的文献试图传播这样的信念:只有法老统治的中央集权制国家才能保证社会秩序(波泽纳[G. Posener]1957;扬·阿斯曼1990)。这种秩序中的一个重要方面便是个人在群体记忆中的永生,如果没有国家,社会回忆的框架便会分崩离析,这样就会阻碍通往永生的道路。

---

① "Herkunft"一词兼有"出身、血统"和"起源、来源"双重含义。根据上下文,"Herkunft"在此处语意双关,因此将其译为"出身和本源"。——译注
② 参见《聂菲尔提预言》(*Neferti*)第61—62页,黑尔克(Helck)主编,第52—53页:"为此感到欣喜吧,在他那个时代的人们:一个人的儿子将要使他的名字万世流传。"

4. 统治和遗忘的联盟

统治和记忆的联盟还表现在第三个方面。在这里我们要重新回到列维-斯特劳斯和他的理论,即统治作为以政治手段组织起来的不平等会生产出"热"。列维-斯特劳斯将热文化的作用方式比作"蒸汽机",在这里阶级差距产生的能量推动着变革(埃德海姆1988,298)。埃德海姆认为,国家性和热的类型之间的关系,会导致对线性历史建构方式的偏好:"热的文化倾向于建立国家,而国家倾向于权力集中。将历史从时间上进行线性化和对空间进行集中化,这两者其实是同一个过程,它们都指向建立统治"(1988,327)。

埃德海姆的这种说法明显是颠倒了事情的本末。并不是热的文化倾向于建立国家,而是以国家形式组织起来的文化倾向于在文化上"发热"。但这一点恰恰不是由统治者发起的,被统治者、被压迫者和拥有较少特权的人自然是更倾向于变迁和变化的,对历史线性化的追求更像是一种下层人士综合症。我们在一个最极端的例子中可以清晰看到这一点:世界末日论在整个旧大陆(也包括新大陆?)作为革命性反抗运动的意识形态得到传播(参见赫尔海默[Hellholm] 1983)。压迫对(线性)历史观和构建意义框架来说,可以起到刺激作用,在这里,断裂、突变和变迁被当做是有重大意义的(兰特纳里[Lanternari] 1960)。这里涉及的更多是统治和遗忘的联盟这一问题,实际上,统治手段中存在着或存在过一些形式,它们以一切可能用来控制社会交往的方式和技术手段,使得"每种试图通过进入历史来获取些什么,并以此改变社会结构的尝试,都会遭到令人绝望的抵抗",即列维-斯特劳斯所谓的"冷社会"(sociétés froides),塔西佗就曾描述过在罗马帝国时代,遗忘在权力的操控下所呈现出的众多形式(钱奇克-林登迈尔/钱奇克

1987)。乔治·奥威尔在他的小说《一九八四》中也揭露了这一战略在现代社会中的表现:"历史进入了停滞状态。只有永恒的现在,在这里,党永远都是对的。"①

如阿莱达·阿斯曼所证实的那样,那些(使历史被遗忘的)方法与口头历史传承中的"结构性健忘"高度吻合,也完全可以被当作"冷文化"作用方式的等价物,这尤其适用于现代:"重大事件和偶连性(Kontingenz)②的出现次数并不是减少了,而只是不被允许进入到历史写作中而已。"③在受到压迫的情况下,回忆可能变成一种反抗形式。我们将在第七节更详尽地阐释这个问题。

5. 文献资料——对历史的控制还是立义?

我们很容易这样假设:古埃及人拥有不间断的、可以追溯到几千年前的传统,是拥有最悠久记忆的民族(仅次于苏美尔人),因此,他们应该发展出一种特别细致和突出的历史意识。人们期待在这里找到古埃及人对过去的浓厚兴趣,以及关于那些在墓碑上栩栩如生的早期伟大法老们的故事,或者是记载了国家缔造者的伟大功绩的叙事长诗、关于战争和征服的故事、技术工程上的进步等等。但这些记载并没有出现在历史档案中,而是部分出现在了希罗多德的著作中,并由此生动地出现在了后期王朝的"口述历史"中。官方的历史记载以另外一种方式处理"过去"。我们可以先提出这个观点:法老谱系和编年史并未促成而是阻碍了历史的撰写,我们可将其称作一种"冷记忆"。

---

① 转引自阿莱达·阿斯曼,载阿莱达·阿斯曼和扬·阿斯曼1988,第35页。
② "Kontingenz"尚无固定译法,一般译为"偶连性"。偶连性在哲学上指那些并无必然性但并非不可能的状态,换言之,这种状态也可能以其他状态出现或者根本不出现。——译注
③ 参见阿莱达·阿斯曼,载阿莱达·阿斯曼和扬·阿斯曼1988,第35—36页。

古埃及是拥有最长记忆的民族这一形象的形式始于希罗多德对其所做的描述。根据希罗多德的计算,这段记忆的长度涵盖了341代人,共计11340年。被记录下来的古埃及历史可以回溯到如此遥远的过去,"在这段时间内",希罗多德写道,"太阳共有四次没有从它惯常应该升起的地方升起。它从它现在落山的地方升起过两次,从它现在升起的地方落山过两次。但是,埃及并没有因此而发生改变,植物没有发生改变,江河的流向也没有发生改变,人们的生老病死都没有发生改变"(希罗多德 II,142)。

我们无意在此进一步讨论深奥的天文学,希罗多德显然是搞错了。① 对我们来说更有意义的是最后的结论,当回顾古埃及人对过去所进行的详尽记载时,我们得到了什么结论?那就是:没有发生任何改变。这一点在法老谱系、编年史和其他历史记载中也得到了证实。这些历史资料所证明的,不是历史的重要性,而是反过来证明了历史的平淡无奇。法老的谱系将过去纳入其中,但却并不打算对过去进行研究。记录历史,是为了避免想象成分的出现,并且指明,在过去并没有发生什么值得讲述的事情。

根据希罗多德的描述,古埃及历史的平淡无奇还表现在,这些历史所记载的主体都是人。"在长达11340年的时间内,统治埃及的只是属于人类的法老,而不是拥有人类外形的神……但可能在这些人之前,神曾经统治过埃及,神还曾与人一起生活;这些神中,总有一位是其中最强大的。这些作为神的法老中的最后一位是欧西里斯(Osiris)的儿子荷鲁斯(Horos),他在希腊人那里被称作阿波罗。他将泰丰(Typhon)从王位上赶了下去"(希罗多德 II,第

---

① 希罗多德此处所说的有可能是在341代古埃及人生活过的时间段中,太阳运动出现过的四次循环,两次自西向东,两次自东向西。古埃及文献对此没有类似记载。

143 页)。

　　历史在诸神那里才开始变得有趣,但历史也是在这里立刻打住,不再是我们所说的历史,而变成了神话。神的时代是重大事件、突变和变迁的时代,我们所知的已有 12000 年历史的世界,是从那个时代蜕变而来的。同时,神的时代又是人们可以讲述的时代,因为在那时,仍有些东西是值得被讲述的。这些被讲述的故事便是神话。神话的内容包括世界本身的形成,以及世界的运行机制、仪式和机构等的形成,这些都保证了世界不会再度消失,由此也将变迁和断裂排除在世界之外。

　　同样的情况出现在美索不达米亚平原。克劳斯·维尔克(C. Wilcke)对苏美尔国王谱系的研究虽然从一个普遍被认可的结论出发:"对于古老东方国度的人们来说,过去很重要;他们的现在和今天植根于过去发生的事件"(维尔克 1988,第 113 页)。但是这些人对过去的使用方式却和古埃及人并无二致,对他们来说,过去只是一个证明,证明了除去在诸神的"创世阶段",世上所有一切早就一直是这样,如同今天一样。国王谱系的作用是提供导向和控制,而不是生产含义。因此,我们可以断定:对过去所进行的所有密集考量,以此形成的古代东方计时法、编年史和国王谱系,目的都是使历史停滞和去符号化。

6. 绝对的和相对的过去

　　根据列维-斯特劳斯的定义,"热"的社会"果断地将自己的历史变迁内化,使其成为自身发展的动力"[1]。基于我们以上对古埃及和美索不达米亚文明的历史记录方式进行的充分分析,我们可

---

[1] 原文是"résolument le devenir historique pour en faire le moteur de leur développement"(1962,第 309—310 页)。

以断定,在这两者中并没有出现"内化了的历史"。回忆,从"**被内化了的过去**"这一意义上讲,所关涉到的是神话的时间,而非历史的时间;因为只有神话的时间是关于变化的时间,而历史的时间无非是已经形成之物的延续。这样看来,如阿莱达·阿斯曼所指出的那样,历史的时间就和奥威尔所说的集权政府的"永恒的现在"完全相同。被内化的,或者更准确地讲是被回忆起的过去在叙事中被赋予一定形式。这种叙事是有作用的,它或者成为"发展的动力",或者成为连续性的基础,但在任何情况下,人们不会无缘无故地回忆过去。

我们把具有奠基意义的故事称作"神话"。人们经常把"神话"这个概念与"历史"对立,并且将这组对立与其他两组联系到一起:虚构(神话)和现实(历史)的对立、带有价值判断的目的性(神话)和无目的的客观性(历史)的对立。这些概念两两之间的对立由来已久。如果真的有那样的文本存在,在那之中,过去如同被防腐剂处理过一般、不被任何试图重构它的想象或带有价值判断的利益需求所打扰的话,那这种文本不存在于古典时代,同时对我们的研究来说意义也不大。① 我们所关注的问题,是被忆起的过去都以哪些形式出现,对此的研究要将神话和历史不加区分地纳入进来。过去,如果被固定和内化成起到奠基作用的历史,那就变成了神话,这一点与它的虚构性或真实性毫无关系。

关于历史向神话、经历向回忆的转化,最经典的例子是对出埃及的传承(瓦尔策[M. Walzer]1988)。但由于考古学和碑铭学都无法证明摩西五经第二部中所记录的内容是否具有历史性,因此我们最好选取一个确定无疑地具有历史性的范例,即关于马萨达堡(Feste Massada)的历史(维达尔-纳杰[P. Vidal-Naquet]1981,

---

① 此处主要反驳的是塞特斯(J. v. Seters)1983 提出的观点。

1989)。在现代以色列,马萨达变成了一段具有奠基意义的历史。马萨达遗迹不仅通过考古学手段得到了发掘,还变成了一处民族圣地,以色列新兵入伍的宣誓仪式便在此举行。弗拉维斯·约瑟夫(Flavious Josephus)的《犹太战记》第七部中记载了马萨达的历史。以色列人对这段历史感兴趣,并不是因为其表述具有客观性,也不是因为在考古方面得到了验证,而是因为这段历史有着奠基意义。这一作用表现在,这段历史所讲述的为宗教及政治殉道的美德,恰恰是人们要赋予那些年轻的以色列士兵的义务。神话是这样一种历史,人们讲述它,是为了让自己在面对自己和世界时可以找到方向;神话又是关于更高级秩序的真理,它不光是绝对正确的,还可以提出规范性要求并拥有定型性力量。再比如说,纳粹政权在欧洲范围内对犹太人的大屠杀是一个历史事实,而且也是被历史学研究如此对待的;但是在现代以色列,这一事件以"大屠杀"(Holocaust)之名(在近十年中)变成了一段具有奠基意义的历史,并由此变成了一个神话,以色列从中获取了证明其合法性(Legitimierung)和确定其方向性(Orientierung)的重要依据。这段历史在公共纪念碑和国家性质的纪念活动中得到了隆重纪念、在学校中被讲授,并由此变成了这个国家的神话动力(Mythomotorik)。① 只有具有重要意义的过去才会被回忆,而只有被回忆的过去才具有重要意义。回忆是一种进行符号编码(Semiotisierung)的行为。这一点在今天仍然适用——即使与"符号化"概念等价的"立义"(Sinngebung)概念在历史研究中已经名声不佳。我们在这里只要搞清楚一点,那就是回忆和历史学没有关系。我们并不

---

① 关于以色列对大屠杀的官方纪念,参见雷谢夫(U. Reshef)发表于1988年的颇有见地之作,并参见扬(J. E. Young)1986。

期待一名历史学教授"填满回忆、创造术语、阐释过去"①,但是这不能改变他实际上一直在从事这些工作的现实。由此,不是历史学者的任务,而是社会记忆的功能得到了改写②,但后者与历史学家的工作的不同之处在于,它是一个人类学上的基本事实,它所涉及的,是过去向具有奠基意义的历史或曰神话的转型。"神话"这个词在此处的用意绝不是要质疑那些重大事件的真实性,而是意在从这些事件中提取出对未来起到奠基作用、在任何情况下都不可以被遗忘的那种约束力。

但上述观点不能掩盖某些重大区别。"具有奠基意义的历史"这个概念指向的是一个产生功用的位置,即,重要的是,这段历史是如何被使用的。使用情况有两种:一段具有奠基意义的历史虽然发生在那时(in illo tempore),但不断向前的当下却从未远离过那个时代,并且以仪式和节日的方式不断重归那个时代,使之变为当下;或者,这段历史属于历史中的时间,与当下有可测和不断增加的距离、并未在仪式和节日中得到现时化,而只是停留在回忆里(科赫[K. Koch] 1988)。这两种使用方式之间存在着本质的不同。出埃及和获得迦南的土地变成了古代以色列具有奠基意义的历史,作为对神的世界的复归的记载,它们还不足以实现伊利亚德(Eliade)所说向**神话**的转化(1953/1966),这种转化在

---

① 施蒂默(Michael Stürmer),转引自韦勒(H. U. Wehler)1989。韦勒认为历史学应该发展出"确定方向性的知识"(Orientierungswissen)并以此概念替代了"立义"(Sinnstiftung)的概念,但我认为这是过分的要求。被"确定方向"(Orientierung)这个概念引为前提的"意义"概念,实际上和在"立义"概念中被摒弃的"意义"概念并无二致。在马克斯·韦伯看来,科学应该脱离价值判断,单纯地产出认识(Erkenntnisse);而人们在何种程度上以这些认识为依据确定行为方向,这是教育学、政治学和讲道学(homiletischen)的问题,总之,这属于对知识的使用过程中的工作。在任何情况下,我们都不能期待例如埃及学会提供任何"确定方向性的知识"。
② 在较新的历史学理论中,这种区分被极力抹平。参见伯克(Burke)1991。从历史学的角度看,历史从根本上只是一种特殊类型的群体记忆。

以色列人那里,是通过对具有奠基意义的历史赋予全新的功能来实现的:相邻的文化体系以与宇宙相关的神话作为基础,而以色列人则引入了一个与历史相关的神话,并由此将其历史演变(geschichtliches Werden)进行了内化;对此最恰当的表述莫过于列维-斯特劳斯所说的:"为的是使其成为自身发展的动力"。

过去被改写成具有奠基意义的历史,转变成了神话。我认为,对此进行区分的重点在于,要看它是"绝对的"还是"相对的"过去。一个绝对的过去(卡西尔[E. Cassirer] 1923,第130页)或曰一种另类时间,它总是与不断向前的当下保持着永远不变的距离,它更像是一种永恒,或者如澳大利亚土著所说,是一个"黄金时代"。在这种情况下,神话对"冷"的社会来说,是世界观和现实观(Wirklichkeitsverständnis)的基础,对这种过去的现时化,是通过循环重复的形式实现的。说到历史性的过去,神话为"热"社会的自我认知提供基础,这个社会已将自己的历史演变进行了内化。伊利亚德很好地概括了这一区别:对历史的符号化取代了对宇宙的符号化。

7. 回忆的神话动力

(1) 具有奠基意义的回忆和与现实对立的回忆

一种"热"的回忆,它不是单纯地把过去作为产生于时间层面上的、对社会进行定向和控制的工具,而且还通过指涉过去获得有关自我定义的各种因素并为未来的期望和行动目标找到支撑点,我们称这样的回忆为"神话"。神话是(主要以叙事形式出现的)对过去的指涉,来自那里的光辉可以将当下和未来照亮。这种对过去的指涉通常服务于神话的两个表面看起来相对立的功用:其中一种是"奠基作用",它将当下置于历史的视线下,这样的历史使当下显得充满意义、符合神的旨意、绝对必要和不可改变。这种功能表现在欧西里斯神话之于古埃及王权、出埃及的传说之于以色列、特洛伊题材之于罗马及其继承者法国和英国。我们会在本书中专辟一章讲到在古希腊，荷马的《伊利亚特》在这方面起到了同样的作用，同时，这部作品奠定了泛希腊意识的基础。神话的另外一个作用可以被称为"与现实对立"（泰森 1988）的作用。它从对现实的不满经验出发，并在回忆中唤起一个过去，而这个过去通常带有某些英雄时代的特征。从这些叙事中照射到当下的，是完全不同的一种光芒：被凸显出来的是那些缺席的、消逝的、丢失的、被排挤到边缘的东西，让人意识到"从前"和"现在"之间的断裂。在这里，当下非但没有被巩固，反而显得是从根本上被篡改了，或至少在一个更伟大、更美好的过去面前被相对化了。在这里，我们也可以以荷马史诗为例。如果我们的分析正确的话，荷马史诗应该诞生于一个过渡时代，当时，希腊的整体情况发生了变化，游牧贵族那种拥有广阔生活空间、无拘无束的生活方式逐步被城邦式的拥有狭小空间、受制于集体的生活方式取而代之。这样便产生了一种对现实不满的经验，这种经验使得一个英雄时代出现在了衰落和断裂的彼岸。神话的这两种作用并不是互不相容的，但将它们从概念上加以区分，仍显得十分必要。有一些回忆明显是与现实对立的，也就是说，是可以将当下相对化的，因此这种回忆在某些情况下是不受欢迎的，比如对罗马共和国早期的恺撒时期的回忆（钱奇克-林登迈尔/钱奇克 1987）。还有一些回忆明显是起到奠基作用的，比如对基督教早期圣杯的回忆，或者现代以色列对马萨达的回忆。但还有些神话形式的回忆兼具上述两种功用。从根本上讲，每个起到奠基作用的神话都可以被转换成与现实对立的神话。因此，所谓的**起到奠基作用的**和**与现实对立**的这些提法，都不是针对神话本身，而更多是针对在当下，神话在群体树立自我形象、成为其行为指导方面发挥了何种作用,以及对一个处于特定处境的群体来说,在指导其前进方向时发挥了何种力量。这种力量,被我们称为"神话动力"。①

当对现实的不满经验达到极端时,和现实对立的神话动力便有可能变得带有革命性,例如在受到异族统治和压迫时。这时,现实无法顺利通过历史的校验,于是诱发了改变和颠覆现实的召唤。历史所指向的过去,不再以不可重来的英雄时代的面目出现,而变成了一种政治和社会意义上的乌托邦,值得人们为此而生活和工作。回忆转换成了期待,而被神话动力建构起的时间获取了其他特性;永恒回归中的循环性变成了直线性,直指一个遥远的目的地;"再—循环"和"(星辰般的)循环流转"中生成了革命和颠覆。我们在全世界各地都可以看到这类运动;民族学家将这些运动以"弥赛亚主义"和"千禧年主义"为名归类到一起,并由此又回到了犹太人对弥赛亚的期待,但民族学家们却并非意在阐释这些运动之间的根本联系,这种现象看起来更像是在类似的结构条件下,自发地、在全世界范围内、与基督教并无关联地产生了一些运动,这些运动拥有着弥赛亚主义或者千禧年主义的根本特性,它们通常出现在受到压迫和出现贫困化的情况下。② 因此,犹太人的世界末日说可能并不是这种历史现象的起源,而只是佐证了这种文化人类学上的普遍现象的存在。③《但以理书》作为在与现实对立的神话动力下产生的千禧年主义的最古老证据,就是在这种情况中

---

① 关于"Mythomoteur"(神话动力)这个概念,可参见德·温雅斯(Ramon d'Abadal i de Vinyals)1958;阿姆斯特朗(J. Armstrong)1983;史密斯(A. D. Smith)1986。
② 关于这点,主要参见兰特纳里(V. Lanternari)1960;沃斯利(P. Worsley)1969;米尔曼(W. E. Mühlmann)1961。
③ 关于犹太人的世界末日说可参见:赫尔海默(D. Hellholm)1983(1989)及其参考书目。关于美索不达米亚文明的背景知识可参见克万维克(H. S. Kvanvig)1988。有一些题材实际上来自于美索不达米亚文明,但在进入到早期犹太文明之后,才发展出了世界末日说中的革命性。

产生的。通常认为《但以理书》成书于安条克四世（Antiochus IV. Epiphanes）在位期间，在此期间爆发了第一次史书有载由宗教原因导致的反抗运动，即由马加比家族领导的起义。①

在埃及我们也看到了神话动力从起到奠基作用转化为与现实对立（扬·阿斯曼 1983），但是这种向革命性的神话动力的转变是否以及何时发生，还是个没有确定答案的问题。唯一拥有明显革命性质的那些文本产生于古埃及文明的后期，它们的成书时间绝不早于《但以理书》。我们这里所说的是以希腊语流传的《陶工的预言》（*Töpferorakel*）或者以通俗埃及语（demotisch）成书的《羔羊的预言》（*Prophezeiungen des Lammes*）。这两个文本都预言：在长期遭受外族统治和压迫之后，将会出现一位救世主式的君主，他会恢复法老王国并开创新的盛世。毫无疑问，这里的神话动力是与期待和希冀有关的。②

然而，《陶工的预言》与另一个比它早两千年的文本甚至在细节上都有重合之处，这个文本便是《聂菲尔提预言》（*Prophezeiungen des Neferti*）。我们不禁要问，是不是这个文本也可被视为一个证据，证明曾有过一次救世主运动以及与之相应的反对现实、具有革命性的神话动力。但实际上，这个文本是一个"事后才发出的预言"（ex-eventu-Prophezeiung），即是说，这个文本并不是产生于对现实的不满经验，相反地，它描述的是一个弥补了过往不足的现世。埃及第十二王朝的缔造者阿蒙涅姆赫特一世（Amenemhet I）在这个文本中被预言为一位救世主。这个文本以大篇幅描述了没有法老统治的灾难时期中的各种不幸，并在最后这样说道：

---

① 参见莱布拉姆（J. C. H. Lebram）1968；科赫（K. Koch）et al. 1980。
② 劳埃德（A. B. Lloyd）在其出版于 1982 年的著作中，将《陶工的预言》、关于塞索斯特里斯的故事、以通俗埃及语写就的编年史和关于亚历山大大帝是埃及法老内克塔内布二世（Nektanebos）之子的传说，都归为对马其顿异族统治进行"民族主义"抵抗的表现。

第一章　回忆文化

> 将有一位来自南方的王,名字唤作阿蒙涅(Ameni),
> 其母来自塞提(Ta-Seti),他是上埃及的孩子,
> ……
> 玛阿特(真理、公正、秩序)回到了原处,
> 而伊斯菲(Isfet)(谎言、不公、混乱)被驱逐。

这位法老并不是一手缔造了"千年帝国",而只是将一切恢复到了正常状态,因为对埃及人来说,玛阿特所代表的并不是一个乌托邦式的完美状态,而是一种秩序,这种秩序一旦缺失,人们便无法在这世界生存,人和人之间也无法和平共处。玛阿特的观念直到古埃及文明的后期才变得具有反对现实的意义。此时,玛阿特指代的不再是任何一位法老天经地义要在现状中维系的、并不复杂的正常状态,而是一个"黄金时代",在那个时代里,"围墙不会倒塌,荆棘尚不会将人刺伤":

> 玛阿特从天而降来到她的时代
> 她融于尘世
> 大地丰收,人畜兴旺
> 那时,两个国度没有饥荒的年月
> 在先祖神的时代,围墙不会倒塌,荆棘尚不会将人刺伤。①

神话动力的作用从奠基转化为反对现实,至此,它才有可能进一步发展为革命性的神话动力。在《聂菲尔提预言》中,神话动力尚处在奠基的阶段,玛阿特的重新建立并不是对现有秩序的颠覆,而是对秩序的回归,因此我们不能将这个文本阐释为对期待和希冀的表达。但《陶工的预言》却恰恰在这一点上具有革命性,它预言的是将有一位承载着期待和希冀的法老,他必须通过推翻现有

---
① 参见奥托(E. Otto)1969;扬·阿斯曼1990,第225—226页。

政治秩序的方式才能建立自己的统治。

《陶工的预言》和《但以理书》的成书年代重合,这是十分值得注意的一点。我们并不认为其中一部直接影响了另外一部,因为这两个文本之间存在的差异过于明显①,它们之间的共同点仅仅表现在从结构上来说都带有革命性神话动力的特征。因此,我们应该将它们视为在同样的历史条件下同时出现的两个互不相干的文本,即,在民族起义中同时出现在犹太行省和埃及的神话动力。

我们不必非要回到遥远的历史中才能描画出神话动力的上述形式。所有民族主义的复苏运动都要先唤醒一段有关过去的回忆,这个过去与当下存在着显著差异、代表着真正值得被重新恢复的状态、是一个拥有自由和自决权的时代;要重新回到这个过去,就要打破"外族统治的桎梏"。民间传说被认为是从远古时代流传而来的,但在18和19世纪,伴随着民族主义抵抗运动的兴起,民间传说被继续生产,或者被重新编写并获得了固定形式(霍布斯鲍姆/兰杰[E. Hobsbawm/T. Ranger]1983)。苏格兰格子(Schottenmuster)为这种"被发明的传统"提供了一个范例。我们将在第三章第二节中对此进行详述。

(2) 作为反抗的回忆

除了《但以理书》外,《以斯帖记》也可以作为典型范例来分析与现实对立或与历史真实对立(kontrafaktisch)的回忆。《以斯帖记》讲述的无非是对犹太人的仇敌实行的屠杀,不是犹太人,而是迫害他们的人,被杀死了。由于恶人哈曼的陷害,亚哈随鲁王颁布

---

① 莱布拉姆(Lebram)1968认为《但以理书》受到了来自埃及的影响。埃及人关于波斯国王冈比西斯(Kambyses)这位典型的不敬神的统治者之代表的传说,可能影响了对法老安条克(Antiochus)这个形象的塑造。但以科普特语(koptisch)书写的冈比西斯生平诞生于一个晚得多的时代。在波斯统治埃及的时候,埃及人对波斯倒还友好。

了对犹太人不利的命令,虽然亚哈随鲁王不能将此命令收回,但他可以事先提醒犹太人并鼓励他们进行反击,最终,这一天以迫害犹太人之人遭到屠杀而告终。这是对犹太人的离散经历(Diaspora-Erfahrung)的典型逆转,但据我所知,以斯帖的故事从未被转化成革命性的神话动力,而是更多地变成了在一个狂欢节式节日上的祷告文式,在这里,乌托邦被导演成一个颠倒了的世界,这个节日便是犹太人的掣签节。我们在这里看到的是一个与历史事实相反(counter-history)的例子。被征服者和被压迫者叙述着这样一个过去:现在处于统治地位的人,曾经处在悲惨的境地;而今天处于被统治地位的人,才是曾经的和真正的胜者。在处于相同历史条件下的同时代的埃及,也出现了具有类似倾向的故事传说(劳埃德[A. B. Lloyd]1982)。

我们通常会认为宗教起到的是奠基的作用。但是当我们研究犹太人的情况时,便会提出这样一个问题:宗教是否和那些与历史事实相反或者"反对现实"的回忆有着更为紧密的联系。但无论怎样,宗教在一种文化的内部所起到的作用都是创造非共时性(Ungleichzeitigkeit)。"宗教的一般作用表现在通过回忆、现时化和重复,将并不存在于当下的东西(das Ungleichzeitige)引入当下"(参见钱奇克/莫尔1990,第311—313页。引文出自第311页)。这种并不存在于当下的东西可以在某些特定条件下获取其他特性,回忆可以转换为一种反抗行为。

日常生活需要合作和交流,因此也需要"营造共时性"。① 那种共同栖居的、被垦殖、精确度量和控制的时间,保证了所有行为

---

① 我们对共时性(Gleichzeitigkeit)的理解基于卢曼(Luhmann)在其1971年出版的著作中对"时间范畴"(Zeitdimension)的阐述。卢曼在其1990年出版的著作中使用了一个更为宽泛的共时性概念,我们在这里所要强调的所有那些区分,在这个更宽泛的共时性概念中被消除了。

按照顺序依次发生、在互动中互相介入影响,这样的时间,是人类文明演化中最重要的功绩之一,对此已经有足够的阐释,我们在此不必赘述。我们更关心的,是那些从未引起太多注意的"营造非共时性"的机构组织。这样的组织机构植根于节日和神圣的仪式中,并且在书写文化进化过程中得到了多样化和细化。但宗教的本质似乎还是一如既往地表现在营造和传递非共时性上,随着宗教在西方社会的没落,一种不可忽视的"一元性"(Eindimensionalität)趋势应运而生,而通过文化记忆,人类的生命获得了一种二元性(Zweidimensionalität)或者双重时间性(Zweizeitigkeit),这一点适用于文化演进过程中的任何阶段。文化记忆或曰作为记忆的文化所起到的普遍作用便是:促成非共时性、使人的生命得以进入双重时间。

"人类无回忆的恐怖画面",特奥多尔·W. 阿多诺这样写道,"……并不仅仅是个没落的产物那么简单……,它和市民社会原则的进步有必然联系。维尔纳·桑巴特(Werner Sombart)和马克斯·韦伯这些经济学家和社会学家将传统主义的原则归作封建社会的形式,而将理性原则归作市民社会的形式。这种观点无异于说,不断进步的市民社会将回忆、时间、记忆当作一种非理性残余进行了清除。"①在赫伯特·马尔库塞(H. Marcuse)看来,这种清除造成了现代世界的"一元性"。现代世界里回忆的缺席,导致世界的真实面貌失去了另外一个范畴。这种批判强调了文化记忆反对现实的作用:通过回忆实现解放的作用。

一元性不光是现代世界的问题,也是在日常生活中存在的一

---

① 参见阿多诺:《对过去的检视意味着什么》("Was bedeute Aufarbeitung der Vergangenheit?"),载《关于11月6日至7日在威斯巴登举行的教育者会议的报告》(*Bericht über die Erzieherkonferenz am 6. und 7. November in Wiesbaden*),法兰克福,1960,第14页。转引自马尔库塞1967,第118页。

般性问题。为了适应日常行为的需要,世界被划分为了可见的重点(Vordergrund)和不可见的背景(Hintergrund)两部分,广阔的视角在日常生活遭到了弱化。日常生活意味着千篇一律和循规蹈矩,而对基本公理的决断和对根本出发点的反思被悬空,若非如是,为自己的行为指定方向和行为本身都无法实现。但那些消失在日常生活地平线之外的视角并不会被轻易遗忘或者压抑,它们所构建的背景一直都被保存在文化记忆里。这也就是说,文化记忆及其客观外化物在日常生活中是没有容身之地的。因此,马尔库塞反对听着收音机里的巴赫作品在厨房劳作,反对在百货商场中播放古典音乐,因为这些行为剥夺了古典音乐的"对抗性力量"(antagonistische Kraft)(马尔库塞1967,84)。马尔库塞认为,文化不是日常世界的"背景",而是其对立面,是"来自其他星球的空气"(同上,第85页)。通过文化记忆,人类在世界中获得了"在日常生活的现实中显得那么稀薄的"空气,这一点同样而且恰恰也是对过去的回忆所能起到的作用:"对过去的回忆可能会引发一些危险观点的产生,而一个稳定的社会似乎对记忆中的这些颠覆性内容心怀恐惧……回忆,即使是以将自己从当下的实际情况中抽离的方式进行时,也是一种'联系'的方式,这种联系可以使人暂时不受现实权力的束缚。记忆将过往的恐惧和希冀都唤回到了回忆中"(同上,第117页)。

　　塔西佗就曾控诉极权统治对回忆的摧毁:"我们可能在丢失语言的同时也丢失了记忆,正如权力导致的遗忘或者沉默。"① 钱奇克-林德迈尔和钱奇克在对此引文的评论中说,"独裁统治摧毁了语言、记忆和历史"。而回忆则反过来提供了反抗压迫的武器。

---

① 参见塔西佗,Agricola 2,3;钱奇克-林德迈尔/钱奇克1987,第182页。

对这一点表达最生动的文本莫过于乔治·奥威尔的小说《一九八四》。① 文化记忆所一直暗含的那种解放性力量,会在遭到极权统治压迫这样的极端情况中爆发。

在极权主义的大一统中,回忆提供了另外一种可能性,使人们可以获得对他者的经验、得以与当下和现实中的专制制度保持距离,从更普遍的、不那么政治化的角度来看,回忆是与某些压力的对抗,这种压力包括:日常生活对社会现实所施加的压力、越来越趋向于标准化、"一元性"和降低复杂性的压力。

---

① 参见阿莱达/扬·阿斯曼1988,第35—36页。

第二章　书写文化

一　从仪式一致性到文本一致性

在古代埃及文化中，人们逐渐形成了需要竭尽全力保持世界运转的概念。这里所说的所要付出的努力主要在仪式和精神层面上，即维持一座装满了知识的大厦，但是这座知识大厦不是置身于书籍中，而是体现在仪式中。一旦人们不再按照正确的形式举行仪式，世界将走向没落，天崩地裂会是必然结果。为了分毫不差地举行仪式，人们必须熟悉相关的知识，因此这种仪式可以被称为"记忆的仪式"（officium memoriae）。在中国也曾经存在过类似的现象，仪式被认为事关重大，那些负责准确地举行仪式的人可谓胸怀世界，而且连细枝末节也不会忘记。相比之下，犹太人不再把世界的存亡与举行仪式相联系，取而代之的是阐释文本。正如柏林的犹太学专家舍费尔（Peter Schäfer）所说，阐释文本能够保证"天地之间的和谐"。① 以什么方式维系世界，古代诸文明曾经发展出各自的信念。上述几个文化的语言不同，相关人群的思维方式也

---

① 1991年春天，在海德堡举行的有关"文本与注释"的学术会议上，鲁道夫·瓦格纳（R. Wagner）谈到了在古代中国人也有过类似的观念。

相异，但是这些文化都注重我们称之为"一致性"（Kohärenz）的东西，古代中国和古代埃及的先人借助仪式理解并达到一致性，而在以经师为代表的犹太文化里，公元70年圣殿被毁完全剥夺了犹太人借助仪式保持一致性的机会，他们不得不试图从阐释文本中获取它。从此以后，仪式不再是储存知识的场所。在此之前，知识为仪式服务，而在举行仪式时念诵神圣经文的过程中，知识获得了展现的机会；在此之后，阐释具有奠基意义的文本的过程就是储存和再现知识。从文化史的角度看，这是一种具有典型意义的转移，我们把它称为从仪式一致性（rituelle Kohärenz）向文本一致性（textuelle Kohärenz）的过渡。荷尔德林（Hölderlin）的作品《帕特摩斯》中有一段很有名的诗句，在我看来，它极为简练和清晰地表述了原先关注自然的仪式是如何过渡到文本阐释上：

> 我们服侍过大地母亲，
> 近来又敬拜过太阳的光辉，
> 不觉之中，
> 支配万物的主
> 最爱被人精心护理，
> 真真切切的文字把此在
> 诠释得清清楚楚。

我当然不想说荷尔德林在上述句子中想到了仪式一致性向文本一致性过渡的问题，但是荷尔德林显然触及了意义的转移，即原来与历史和自然相关的现象转化为神圣文本及其阐释。荷尔德林不是从文化史转折的视角看待这一转移，而是在诗人感知力的层面上（紧随上引诗句的一句话为"由此产生了德意志赞歌"）。[①] 如

[①] 我的朋友哈姆林（Cyrus Hamlin，耶鲁大学）正在撰写有关《帕特摩斯》的著作，感谢他与我分享其中的一些观点。

果联系荷尔德林的诗句，我们上面所说的阐释奠基性文本具有重要意义的观点就显得非常容易理解。"用真真切切的文字护理"，这正是我们所称的文本护理（Textpflege）的原则，而"把此在诠释得清清楚楚"则是与文本护理相关的另外一个原则，即意义护理（Sinnpflege）。

1. 重复与解释

过去并不是自然而然形成的，它是文化建构和再现的结果；过去总是由特定的动机、期待、希望、目标所主导，并且依照当下的相关框架得以建构。哈布瓦赫关于过去的这一见解无可置辩。哈布瓦赫论证了一个社会对过去的重塑实际上是特定群体对自身连续性的虚构而已。在以下的段落中，我们试图说明这种连续性不仅基于一个往昔的想象性人物或事件，即回忆形象，而且在文化记忆过程中适时地形成。我们在此探究的对象因此就是文化再生产问题。我们将以如下的论点作为出发点：**在促成文化一致性的过程中，重复和解释两种方式具有大致相同的功能。**

因为文化记忆并非借助基因继承，它只好通过文化的手段一代又一代地传承下去。这里涉及文化记忆术，即如何储存、激活和传达意义。我们所指的文化记忆术的作用就在于保证连续性即身份认同。不难看出，身份认同归根结底涉及记忆和回忆。正如每个人依靠自己的记忆确立身份并且经年累月保持它，任何一个群体也只能借助记忆培养出群体的身份。两者之间的差别在于，集体记忆并不是以神经元为其基础。取而代之的是文化，即一个强化身份的知识综合体，表现为诸如神话、歌曲、舞蹈、谚语、法律、圣书、图画、纹饰、标记、路线等富有象征意义的形式，如果拿澳大利亚做例子的话，周围的世界都被客体化了。文化记忆以回忆的方式得以进行，起初主要呈现在节日里的庆祝仪式当中。只要一种仪式促使一个群体记住能够强化他们身份的知识，重复这个仪式实际上就是传承相关知识的过程。仪式的本质就在于，它能够原原本本地把曾经有过的秩序加以重现。正因为如此，每一次举行的仪式都与前一次相吻合，对于没有文字的社会来说，由此生成了时间循环往复的观念。从这个意义上说，我们完全可以把这种借助仪式来传承文化意义的形式称为"重复的压力"。正是这种压力保证仪式的一致性，而当一个社会向文本一致性过渡时，人们恰巧从这种压力下解脱出来。①

2. 重复与回忆

我们在前文中已经提到过，但是在这里有必要重申，仪式并不仅仅是一种重复，即简单的、完成千篇一律的过程。仪式绝不是时间的一件装饰品而已，一个周期性地发生的完全一致的行为过程，它犹如一片空地上因为不断地出现同一个形象而形成一幅图案一样。仪式让参与者回忆起相关的意义。这一点我们在上文中以犹太人的逾越节家宴（Seder-Mahl）为例子做了说明。这一庆祝活动中的顺序非常严格，Seder 这个词的原意为"秩序"。犹太人年复一年地用完全一样的形式庆祝这个节日。不过，逾越节家宴让犹太人想起出埃及之事，他们用歌曲、故事、逸闻趣事、对话等形式记念这一事件。仪式中的各个环节都让人联想到出埃及一事，因为不断地重复，联想变成了回忆。犹太人咀嚼特苦的植物，目的是回忆起在法老手下做牛做马时的苦难；由碾碎的苹果和核桃仁搅拌而成的食物则会促使犹太人想起泥土，犹太人的祖先曾经用它制作了建造埃及城镇的土坯，诸如此类实在是不胜枚举。基督教的

---

① 文字社会学家哈夫洛克（E. A. Havelock）、翁奇（W. Ong）和古迪（J. Goody）都强调了这一点。关于没有文字的文化如何重复仪式，请特别参考翁奇 1977。

第二章　书写文化

圣餐很显然起源于犹太人的逾越节家宴,后者完整地保持了前者意在促发参与者进行回忆的形式:面包和葡萄酒促使基督徒联想到了耶稣死在十字架,不仅如此,耶稣的死向他们展示了救赎和自由,正如出埃及记促使犹太人浮想联翩一样。令人惊奇的是,古代埃及的仪式当中也有一模一样的结构,也就是说,仪式当中许多步骤的顺序固定不变,而且它们各自具有一个特定的意义,所不同的是,这些意义源于遥远的神话,即一个绝对的过去,而不是源于自己的历史,或者说一个相对的过去。不过两个仪式的开头几乎一致,基督教的圣餐以"这是(即象征着)……"开始,古代埃及仪式的开头呈现为"这是(即象征着)欧西里斯"。古代埃及人的祭奠基于两个维度对神圣的事件加以解释,其一是借助仪式进行重复,另一个则是以神话的形式现时化。借助仪式加以重复,其根本目的在于意义,因为意义保存在仪式中并借此得到再现。仪式的作用就是促使人们想起相关的意义,不然的话,仪式就会沦为毫无意义的例行公事了。

　　随着仪式一致性过渡到文本一致性,重复这个步骤变得无足轻重,因为从此以后产生了全新的意义承载体。不过我们不禁要问的是,这里所说的意义实际上是一个社会的凝聚性结构得以确立的基础,它以仪式作为其承载体难道不是比文本更加牢靠吗?意义只有通过传承才能保持其鲜活性,而仪式就是传承的形式之一;相比之下,文本本身还不是传承的形式,只有当人们传播文本的时候,意义才具有现时性。① 文本一旦停止使用,它便不再是意

---

① 正是因为这个原因,卢曼把文字排除在交流媒介的范围之外,见他发表在《斯坦福文学评论》(*Stanford Literature Review*)(1992)上的论文《写作中的删节》("Cuts in/and Writing")。文字当然可以用来进行交流,在古代埃及语里,"书写"的意思就是"使流通"。文字的功能不仅限于此,更加重要的是,因为文字具有记录的一整套系统,我们可以在交流的空间以外借助它建立"超交流"的空间,借此储存转移的信息。我们已经在前言部分对这个概念做过详细的论述。

义的承载体,而是其坟墓,此时只有注释者才有可能借助注释学的艺术和注解的手段让意义复活。毋庸讳言,一种仪式的意义也可能被遗忘,此时只能用另外的意义取而代之。作为传递意义的形式,文本相对于仪式更不保险,因为它很有可能在流通和交流的过程中把意义转移出去,而仪式则不会导致这种后果。

3. 早期的书写文化:传统之流

在美索不达米亚,文字的雏形出现在日常生活领域,而不是在仪式交流的语境中生成。它后来才被用来进行文化记忆活动。因为仪式具有很难用文字记录下来的多媒介的复杂性,不断重复的仪式便构成了保证文化一致性的基础和中坚力量。不过,除了日常交流所需的实用文本以外,具有规范性和定型性作用的文本逐渐形成。它们并不是转写口头流传的作品,而是伴随文字而来的精神活动促成的结果。按照奥本海姆(Leo Oppenheim)极为精辟的措辞,这些文献构成了"传统之流"(Strom der Tradition),其中包含了反复和不断地被使用的文本。① 这个传统之流可以说是一条充满生机的河流:它时常改道,而且有时水流几乎溢出河道,有时则又仅见溪流。有些文本被荒废了,取而代之的是新的文本,而且这些文本不断地被扩充、删减、改编,并且被编入

---

① 奥本海姆(L. Oppenheim)1964。哈洛(W. W. Hallo)把美索不达米亚留传下来的文献分为三类,其一是"卡农性质的"(canonical),其二是"宏大的"(monumental),其三是"档案性质的"(archival)。奥本海姆所说的"传统之流"应当与哈洛分类中的第一种相当。我们这里所说的"卡农"指的是严格意义上的概念,即那些数目业已确定,而且被视为神圣的文献。因此,我们认为用"传统流"或"大传统"(正如雷德菲尔德[R. Redfield]所说)这样的概念称呼美索不达米亚的上述文献更为妥当。

不同的文献集之中。① 这些文献逐渐分为主要和次要两个类型。那些具有重要意义的文本被视为核心文献,经常被抄写和背诵,最后成为经典之作,拥有了规范和定型的价值。在这一发展过程中,书吏学校(Schreiberschule)扮演了关键的角色。因为它为这些文献得以抄写、传播和保存提供了机构性的保障。正是因为有了抄写、传播和保存等机制,这些悠久的文献当中起到规范和定型作用的意义才有可能长存,相关的人随时都可以与之对接。所谓的"大传统"(Grosse Tradition)正是以这种方式产生的。这个大传统能够为每个当下提供积淀了几百年甚至几千年的知识宝藏,具体地说,它向相关的人群打开了受到教育的广阔空间。美索不达米亚由泥板文献构成的"图书馆"以及埃及人所称的"生命之屋"(即图书馆)为这种以文本作为基础的文化记忆提供了场所。

随着经典文献的形成,相关文化的时间形式也发生了变化。除了原来对原始时代(Urzeit)和当下(Gegenwart)加以区分以外,此时还出现了过去(Vergangenheit)与当下、古代(Altertum)与现代(Neuzeit)之间的差别。过去与经典相连,它并不是原始时代,其原因在于,虽然当下不停地变化,每一个当下与原始时代之间的距

---

① 关于古代文献如何在历史长河中形成了它们后来的那种结构,《圣经》无疑是一个难得的例证,因为它是几千年的传统流在一个特定的时间段静止下来的结果。我们可以在《圣经》中看到一个文本先后被扩容和补写的例子,如《第二以赛亚书》和《第三以赛亚书》,也可以发现多种传统融为一体,不同版本同在,同一个文本中新旧两种书写痕迹并存的现象,以及文献集的痕迹,尤其值得提出的是,《圣经》容纳了各种不同体裁的文献,如法律集、氏族史、谱系、历史、情诗、宴饮诗、挽歌、忏悔歌、感恩歌、祈祷、颂歌、谚语、箴言诗、智慧文学、先知书、教科书、长篇小说、中篇小说、神话、童话、训诫、传记、书信、启示录。我们可以把《圣经》比喻成一棵枝繁叶茂、开着各种花朵的树。在成为正典的过程中,这些文献受到了多种多样的处理,我们眼前的《圣经》表现为一部层次多样化但每个章节都相互独立和固定的宗教经典。研究《旧约》传统的学者主要关注《旧约》的原始文本是哪些,至于这些文献何以传承下来以及它们在传承过程中的文化记忆问题,他们并不是很感兴趣。近些年在这方面有所改变,其中尤其值得关注的是菲什贝恩(Fishbane)1986。

离却保持不变,因为原始时代与当下之间的距离就其性质来说不是时间上的而是存在上的;这里所说的过去是从历史角度来看的,因此人们对它与当下之间不断加大的距离有一个清醒的认识。在公元前一千纪的美索不达米亚,人们出于对过去的关心而开始进行历史书写,他们借此审视过去(塞特斯[J. v. Seters] 1983);在埃及,人们开始对以往的建筑和文献感兴趣,因此设法保护和保存它们,复古之风气(Archaismus)和强调传统成为其必然的结果。① 在上述地区,以附设在神庙的抄写室和学校为中心逐渐发展出图书馆和书籍文化(Buchkultur)。不过与之前一样,节庆和仪式仍然构成了保持文化一致性的核心。

4. 卡农的形成与解释

在从仪式一致性向文本一致性过渡中,起到关键作用的并不是文字本身,而是卡农(Kanon)形成过程中传统之流被截断。一个文本并不是因为其神圣性,而是因为被奉为卡农而需要解释,此乃注释文化萌芽的契机。我们将在下文中阐释这个论点并用案例佐证。

正如科尔佩(C. Colpe)所阐明的那样,人类历史上只存在过两个相互独立的卡农生成模式,其一是犹太人的《圣经》,另一个则是佛教的三藏(科尔佩1987),所有其他卡农的形成都受到了上述二者迸发出来的火花的助燃,其中包括属于西方的希腊经典在亚历山大诞生(我认为这些经典的演变独立于犹太《圣经》成为正典的过程),基督教的《圣经》和《古兰经》,而在东方则有耆那教的文献以及儒教和道教的文献被奉为卡农。伴随着上述文本或文献上升为卡农,一系列注释性的文献先后产生,其中有一些又被后来

---

① 请参考扬·阿斯曼1985;雷德福(D. B. Redford)1986。

第二章　书写文化

的人奉为卡农。由此,文化记忆得以在两个层面上进行,其一是第一等级的、第二等级的、甚至第三等级的卡农之间,其二是一手文献与二手文献之间,即文本与注释之间。卡农形成的关键步骤是"关闭大门"(阿拉伯语称之为 jgtihad)。所谓关闭大门就是在卡农与伪经之间、原始文献与注释性文献之间划一条具有决定性的界线。被奉为卡农的文本不能被补写和改写,这是它与传统流之间最具决定性意义的差别。卡农具有神圣性,它不容亵渎,相关的人有义务一字不差地传承它,其中的一丝一毫都不容许篡改。《申命记》4:2中有如下的一段话:"所吩咐你们的话,你们不可加添,也不可删减。好叫你们遵守我所吩咐的。就是耶和华你们神的命令。"我们从这段引文中不难发现,希伯来卡农从本质上说是一项合同即一种"盟约",它由上帝与其子民签订。① 换句话说,被奉为卡农的文本具有如同合同一样的约束力。

我们可以从神圣的文献与卡农性文献之间的差别来对上面所说的希伯来正典的约束性作进一步的说明。并非所有的神圣文献都被奉为卡农。神圣文献既存在于口头传统中(最显著的例子就是《吠陀》),也存在于书写的传统中(比如古代埃及的《亡灵书》)。神圣文献也需要人们原原本本地传承,正是因为这个缘故,《吠陀》没有被转化为文字形式,婆罗门认为文字没有记忆一样靠得住。如果从这个角度进行考察,神圣文献犹如一座用语言形式建构起来的神庙,神圣的东西借助声音这个媒介得到体现。神圣文献不需要解释,它所需要的是通过仪式来完成的背诵或念诵,在其过程中必须注重的是地点、时间以及有关洁净的规则。相比之下,一个被奉为卡农的文本包含了一个群体所尊重的规范性和定型性价值,即"真理"。相关的人需要记住这个文本并遵从

---

① 关于"卡农格式"的演变,请参考以下第二节的内容。

它,在实际生活中践行它。因此,重要的不是背诵,而是对其加以解释。相关的人应当把它记在心上,而不是借助嘴和耳朵重复它。不过,真正理解卡农并非易事。正如一个人从听和读这个文本到真正理解它需要走很长的路,一个文本从具有形和声等表面的特质到拥有定型性和规范性的意义也需要一个漫长的过程。鉴于这个情况,人们在接触卡农的时候必须借助一个中介,即解释者。进行解释的人把附着在文本表面的规范性和定型性的动力释放出来。只有在文本、解释者和听者三合一的语境中,卡农的意义才能够充分体现出来。①

随着一些传承下来的文献被奉为卡农,专门负责进行解释的机构和与此相关的全新的知识精英应运而生。这些精英在古代以色列被称为经师(Sofer),在犹太教中被叫做拉比(Rabbi),在希腊化时期是亚历山大的语文学家(philologos),在伊斯兰教里被称为教长(Scheich)或毛拉(Mullah),在印度是婆罗门(Brahmanen),在佛教、儒教和道教里表现为智者(Weise)和学者(Gelehrte)。这些承载文化记忆的新型阶层的关键特征是,他们在精神领域发挥领导作用,并且面对社会中的政治和经济权力保持(相对的)独立(迈耶[Chr. Meier]1987)。正因为这些人站在相对独立的立场上,他们才能够坚持卡农所具有的规范性和定型性效力。他们分享并代表这些卡农所具有的权威性和这些卡农所展示的真理。在之前的书写文化里,承载和维系"传统之流"的人群同时也是管理人才、医生、解梦人和占卜者,不管如何,他们是从属于政治机构的受命令者(和命令发出者)。在这样的文化里,政治机构具有不容

---

① 当菲利普斯(Philippus)向卡默罗(Kämmerer)问道:"你懂得你所读的东西吗?"后者以如下富有启发意义的问句加以回答:"当没有人引导我时,我怎么能读懂呢?"(Apg. 8.31. 这里表示引导的词为"hodegesei",因为这个原因,起到引路作用的解释被称为"Hodegetik")。

置疑的规范性和定型性,传统当中并不存在与之对抗的东西,也就是说没有一个类似阿基米德支点(archimedischer Punkt)那样牵一发而动全身的点。从这个意义上说,卡农形成的过程同时也是社会分化的过程,即出现了独立于政治、管理、经济、法律甚至宗教权威的人群。假如借用荷尔德林的话加以表述,这些相对独立的人群的任务就是保证"文字真真切切"。保证"文字真真切切"有可能是进行解释或者保护原有的意义。因为文字是固定的,不能有丝毫的变更,而人的世界不停地发生变化,一成不变的文本与不断变更的现实之间不可避免地存在距离,这种差距只能借助解释来加以弥补。如此一来,解释变成了保持文化一致性和文化身份的核心原则。只有对那些支撑身份认同的文献不断地进行解释,相关的人群才有可能获得它们所蕴含的规范性的和定型性的效力。解释在这里俨然成为回忆的举动,解释者不啻为提醒者,他们告诫相关的人不要忘记真理。

伴随着不断增多的文献,文化记忆的容量达到了极限,阿莱达·阿斯曼把此描写为"文化记忆出现了前景(Vordergrund)和背景(Hintergrund)两个方面,或者说文化记忆可以被分成功能性记忆(Funktionsgedächtnis)和储存性记忆(Speichergedächtnis)两个部分"(阿莱达·阿斯曼和扬·阿斯曼 1991)。一手的、二手的以及三手的文献,还有卡农性质的、半卡农性质的和伪经性质的文献,诸如此类的文本不计其数,远远超出了一个特定时代的社会所能回忆和铭记的限度。一个文本距离人们铭记心间的可能性越远,即尘封在资料库中,那么这个文本就越发变成了一个空壳,甚至可以被说成是一座坟墓,因为它已经埋葬了原来在活生生的交往过程中起到过作用的意义。结果,传承下来的文献当中有相当一部分成为陌生的、遗忘的角落,它们构成了被忘记的知识,几乎与未知的东西没有什么两样。

显而易见,在人类社会凝聚性结构演变的历史长河中,文字的发明产生了深刻的影响。文字把这段历史分成两个截然不同的阶段：以仪式为基础不断重复的阶段和基于文本进行解释的阶段。这两个阶段之间的分水岭令人瞩目,有许多学者对此进行了描述。概括这一深刻变化的最为著名的概念当然是雅斯贝尔斯提出的"轴心时代"。①（令人奇怪的是他并没有意识到文字的重要作用,不过后来的学者们已经弥补了这一疏忽。）②

5. 重复与差异

文本一致性与仪式一致性之间最重要的差别在于,仪式一致性基于重复,即排除差异的可能性,而文本一致性则允许差异的存在,甚至鼓励这种情况。乍看上去,这个道理并不是很容易理解。有人会认为,反倒是在以仪式和神话叙述为主体的口述传统里,差异不可避免,因为每一次举行仪式都有其独特的演绎形式,而在书写文化中,文本一旦确定下来便一直有效,每次抄写和阅读都不过是单纯的重复而已。我们在这里强调的并不是纸面上的文字本身,而是文字所表达的意思。在口述传统里,传承的意思发生变化的潜能并不是很大,其原因在于,只有当传达的东西是已知和熟知的情况下,它才有可能保存在文化记忆当中,在书写传统里情况则恰好相反。古代埃及中王国时期一个名叫卡基普瑞斯奈布（Chacheperreseneb）的作者对此做了阐述。这篇被学者们称为《卡基普瑞斯奈布的哀诉》（*Klage des Chacheperreseneb*）的著名作品中

---

① 卡尔·雅斯贝尔斯1949;请参见艾森斯塔特1987。在"轴心时代"出现的诸多历史现象中,不仅包括从仪式一致性向文本一致性的过渡,而且还有"观念的演变"。我们将在第七章第三节对此进行详细阐述。
② 这里最应当提到的人就是哈夫洛克,他用毕生的精力探讨了古希腊文化是如何完成上述过渡的。请见第七章第一节。

第二章 书写文化

有如下字句:

> 假如我找得到无人知晓和鲜为人知的句子和字词,
> 未曾被人听到过的说法,
> 而不是重复别人的话语,
> 那些由祖先们说过并流传下来的名言警句,
> 我搜肠刮肚寻找妙语,
> 甚至把肚子里的词句和盘托出。
> 说已经被说过的话,无非是重复,
> 现在说出来的话早已被说过。
> 不能把祖先的话当做自己的首创,
> 后人早晚会发现真假。
> 我从前未曾说过今天所说的话,
> 我是一个即将说出该说的话的人,
> 这不是寻常的话,
> 人们不会说"这话早有人说过",
> 他们也不会说我,
> "徒劳无益的寻找,都是空洞的话语,
> 他的名字不会被人传颂。"
> 我所说的话都是基于我亲眼所见,
> 我见识了一代又一代人的所说所言,
> 他们不过是模仿各自的先辈。
> 但愿我知道别人不知道的话语,
> 不是重复别人已经说过的话。①

---

① 原文见于馆藏大英博物馆的书写板,编号为 BM5645,背面第 2 至第 7 行,由加德纳(A. H. Gardiner)出版,书名为《一个埃及圣贤的警言》(*The Admonitions of an Egyptian Sage*),莱比锡,1909 年,第 97—101 页,译文见利希特海姆(M. Lichtheim)1973,第 146 页以下;奥钦佳(G. Ockinga)1983,最新的译文见霍尔农(E. Hornung)1990,第 101 页。

上引文字以极其急切的口吻描写了作者所承受的巨大压力，即书写文化必须追求花样和创新，这是任何一个作者都要面对的问题。面对一个吟游诗人（Barde），听众所期待的是自己喜闻乐见的内容，而面对一个作者，读者索要的是新奇的东西。在口述传统中，一个讲述者是否称职完全取决于他所知多少，看他能够讲述七个、二十个或者三百个故事。一个人所能讲述的故事越多，他所享受的地位就越高（在有些没有文字的文化里，这样的人甚至被视为主宰者）。在这样的文化里，保持知识的唯一媒介就是讲述者的记忆，而人们获取知识的途径就是这位讲述者遵循既定的形式完成讲述的程序。重复在这里绝不是不应发生的事情，反而是该文化内部结构所必需的。如果没有重复，知识得以传承的进程便会中断。创新在这里无异于遗忘。

当重复这一手段在知识传承的过程中起不到任何结构性作用的时候，它就成了多余的东西了，也就是说，保存和索取知识已经不再需要讲述者了，不再借助他在仪式中登场。文字和书写文化取代了讲述者及其活动。令人惊奇的是，它们出现的时间非常早。在古代埃及由书写文化支撑的文学活动的初期，埃及人就已经发现了这一交替所带来的问题。不过这个问题在希腊才引发了结构性的变化。一种全新的文学在这里才得以出现，之所以说它全新是因为它发展出了变化和变革的原则并以此作为媒介对概念进行了系统的演绎，对知识进行了系统的革命。

在上面引述的埃及文献中，最值得称奇的是其作者把传统视作外在的、陌生的庞然大物，面对这样的传统作者感觉到了绝望，因为他无法把所说的话称为独特的、具有创新色彩的东西。对于口述文化中的作者来说，传统绝不是"外在的"的东西，可以说传统浸染了他全身，而且是从心灵向外喷涌。相反，用文字书写的作者与传统面对面，为了能够经得起这一对峙，他觉得唯一可以依托

第二章 书写文化

的就是内心深处的自我。卡基普瑞斯奈布把自己的作品冠名为:收集字词,选择名言警句,搜肠刮肚找寻诗歌。在感到绝望的时刻,他依然是对自己的心倾吐哀怨:

> 快来吧,我的心,我要对你诉说,
> 愿你回应我的格言并向我解释,
> 我应当如何描写眼前发生的一切。

卡基普瑞斯奈布可谓文学史上第一个"陷入创作困境的作家"(scrittore tormentato)。他遭受孤独的折磨,而这种孤独是由书写文化带来的。作为一个创作者,卡基普瑞斯奈布只能与自己的心做伴;为了写出有特色和新颖的东西,他不得不"绞尽脑汁",以便自己不被传统淘汰掉。我们在上文中对过去做了这样的定义,即它的产生需要两个前提,其一是时间流出现了断裂,其二是相关的人试图跨越这个裂痕与之前保持联系。上面的引文向我们展示了过去得以形成的最为典型和最为普遍的条件,此乃传统被书写成文本。随着传统呈文字形式并被客体化,它的承载者不再是人们头脑里喷涌而出的思绪,它此时已经出现了断裂,所以人们意识到旧与新、从前与现在、过去与当下之间的差别。面对以文字形式客体化的传统,人们不仅把上述断裂造成的距离感受为折磨、异化和孤独,如同卡基普瑞斯奈布所表现的那样,而且也可以感受到一种解脱,这一点另当别论。只有当传统呈现为文字形式的时候,承载这一传统的人群才有可能批判地对待它。① 同样,因为有了文字,一个作者才得以把自己的作品视为崭新的、陌生的和闻所未闻的东西,并且试图使其与耳熟能详的传统并驾齐驱:"不为人所知的诗歌、奇特的格言、新颖的言语,它们都犹如开天辟地,绝对没有

---

① 哈夫洛克特别强调了这一点,在此基础上,卢曼做了进一步的阐述。在后面有关希腊的章节中,我们将对此进行专门的探讨。

重复的成分。"

　　文字在传统延续的过程中造成的断裂表现为"旧"与"新"之间的对比。只有在文字形式的传统中,旧与新之间的对比才变得如此事关重大。只是到了此时,一个新的文本不得不与旧的文本一较高下,正是在此时,一个文本时刻面临过时的危险。不过,在文字形式的传统中,过时并不是所有文本都遭遇的命运。这些文本受到的待遇更像葡萄酒的境遇:那些证明"存得住"的酒随着年月的流逝而增值,因而越老越珍贵。在文字形式的传统里,"老"无疑是一种标志贵族的头衔。在以口述形式延续的传统里则没有类似的储存条件,因此旧和老并没有任何价值取向的味道。在美索不达米亚和埃及,伴随着文字的出现,"悠久的文献"很早就被赋予了特殊的权威性和珍贵性。从此以后,人们获取知识的途径主要是书本,尤其是那些古老的书。

> 对于心领神会的人,玛阿特清晰可见①,
> 它沉淀了祖先们的真知灼见。
> 以你的父辈和祖辈为典范吧,
> ……
> 他们的话语保存在他们的作品里:
> 查阅它们,效仿这些先哲!
> 一个善于接受教育的人才可能成为大师。②

　　古老的文献随着年月愈发变得珍贵,同时也更加具有启发性。当然,必要的储存条件是其不可或缺的前提。优秀的文本脱颖而出犹如优胜劣汰的自然法则一样,正如好酒随着年月变得更加醇香。事实上,有些作品胜出并不总是与"质量"相关。《一个厌世

---

① 原文字面意思为"已经过滤",就如同在酿造啤酒时必要的工序一样。
② 《为马里卡瑞撰写的说教文》,见布伦纳(Brunner)1988,第142页。

者与其灵魂的对话》①和《阿顿颂歌》(霍尔农1990,第137页以下)毫无疑问是古代埃及两部最为重要的作品,但是两部作品都只有一个"版本",前一个被抄写在一张纸草上,后一个则被刻写在墓室墙壁上,显然二者都没有被纳入到"传统之流"当中。《阿顿颂歌》遭遇这样的命运可以理解,因为所有与阿玛纳时期相关的东西在后来的掌权者所进行的清算活动中被销毁。对于《一个厌世者与其灵魂的对话》来说,它并没有遭遇如此的命运,所以它被后来的埃及人遗忘则未免让我们费解。还有其他许多在我们眼里同样重要,与古代埃及人视为经典的作品毫无二致的作品也都以单篇的形式保存下来②,其中包括《遭难的船员》《维斯特卡纸草》《伊普味陈辞》等。③ 这一点说明,传统的形成与选择程序密切相关,所以一个文本能否"尊享高龄",它们的价值和权威性能否与日俱增,与这样的选择程序及其标准有关联。我在这里想着重强调的是,形成了文字形式并不等于有了持续性。相反,呈现为文字形式的作品本身就包含被遗忘、自动消失、过时和被尘封的危险,这些情况与其说是连续,不如说是断裂,这种后果对口头形式的传统是完全陌生的。

文本一致性顾名思义就是架起一座桥梁,目的是克服作品在转化为文字形式以后可能引发的断裂,有了这样的联系纽带,文本即便历尽沧桑也不至于消失,而且保持其效力并与当下无缝对接,

---

① 柏林纸草第3024号,译文见利希特海姆(Lichtheim)1973。部分翻译见霍尔农(Hornung)1990,第113页以下。
② 《卡基普瑞斯奈布的哀诉》这部作品在后人那里所受到的待遇也没有好太多。不过,至少有两份抄写该作品的纸草得以保存下来。这一点证明,它被用作学生们"临摹"的范本,因此属于"经典之作"。在拉美西斯时期位于萨卡拉的一座坟墓的墙壁铭文中,《卡基普瑞斯奈布的哀诉》和《伊普味陈辞》均被列为"经典",请参见扬·阿斯曼1985,第488页以下。
③ 这些作品的英文翻译都见于利希特海姆(Lichtheim)1973。

我们把这种对接称为互文性。归纳起来,我们可以区分三种互文性:注释色彩的互文性、模仿色彩的互文性和批判色彩的互文性。被注释的文本一般属于卡农性质的文献,因为卡农既不许被扩写,也不许后人模仿和批判,而且它的字面形式一旦确定便不能做丝毫的变动,换句话说,文本本身完好无缺,所出现的差异因此完全在另外一个层面上发挥其作用。与之相反,经典则受到后人的模仿。经典当然也被注释(auslegen),亚历山大的语文学家们称这种注释为处理(behandeln)。需要指出的是,一部作品只有当它业已变成了有差异的诸多文本的范本之后才有可能成为经典,正如荷马史诗成为维吉尔的范本,维吉尔的作品又被弥尔顿视为范本一样。批判色彩的互文性出现在科学领域,因为在科学讨论的语境中,具有奠基意义的文本需要接受批评。在这方面典型的例子可以说是亚里士多德与柏拉图、孟子与孔子之间的关系。这是一个形式特别的互文性,我们称之为"接合性",在专论希腊的章节中将对此做详细的阐述。上述三种互文性的共同点在于,涉及的文本都具有奠基性意义。在书写文化和文本一致性构成的框架里,文化记忆的运作形式主要是与奠基性文本打交道,即对它们进行注释、模仿,学习它们、批判它们。我们必须再次强调,神圣的文献在这样的语境里并不是奠基性文本,因为它们无法对接,而且也不可能借助互文性生成有所差异的不同文本。神圣文献只具有仪式一致性并且不断地被重复。

人们试图借助仪式来赢得一致性和连续性,正如自然界冬去春来一样。"自然循环而人则前进"(Nature revolves but man advances),这是英国诗人爱德华·扬(Edward Young)在其《夜思》(*Nachtgedanken*)中写下的句子,它道出了自然界的运转与人世生活之间的根本区别,不过在仪式一致性这一原理当中则不适用。仪式的基础是严格的重复,人们借助这种循环适应自然界生生息息的过程,从此参与到神圣和永恒的宇宙生活当中。① 亚里士多德在《论灵魂》一书中把重复与差异当做界定人与动物之间区别的标准②,虽然亚氏因人类世界的差异性而认为它明显有别于自然世界,但是我们仍然可以用如下的图示说明亚氏所强调区别的适用性:

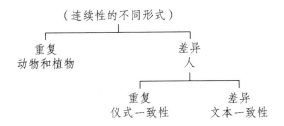

二 卡农:如何界定此概念

1. 此概念在古典世界的意义史

我们用"卡农"这个词来指称传统的一种形式,即它的内容具有至高无上的约束力,而且它的格式也达到了极其固化的程度。它不许增加一个字,不许删减一个字,也不许改动一个字。要求后人保持文本原样的"套话"出现在人们社会活动中的许多方面③,

---

① 参见扬·阿斯曼1983,第218页以下,我在那里还附录了威廉·布莱克为这首诗制作的插图。布莱克在该图中借用古代埃及一条咬着自己尾巴的蛇这一象征来表达"循环的宇宙"(revolving nature)之意。
② 亚里士多德《论灵魂》(De Anima)II,4.2。我们将在第七章做进一步说明。
③ 请参阅乌尼克(W. C. van Unnik)1949。关于基督教正典一个字都不能变动的最为经典的表述见于阿塔纳修斯(Athanasius)第39封复活节信,阿塔纳修斯在其中附上了这些神圣文献的目录,信以如下的句子结尾:"这些是我们福祉的源泉……谁也不许往里添加,也不许从中删除。"关于正典格式的功能,见阿莱达·阿斯曼1989,第242—245页。

比如如实地复述一个事件(证人套话),忠实地传达信息(信使套话,见奎克[Quecke]1977),一字不差地重述样本(抄写员或者记录员套话)①,原原本本地遵从法律或者合同(合同套话)。② 需要补充的是,最后两种套话之间并没有特别明显的差别,因为在古代东方,文献本身就是以法律和合同的形式得到传承的。一字不差地抄写文本和原原本本地遵守其中的内容,古代东方人并不认为二者之间有什么大的区别。巴比伦人尤其意识到了保护文本的必要性,试图用题署来保护文本,这些题署有时相当繁琐,其中包括指向损坏者和篡改者的祝愿性质和诅咒性质的套话(奥夫纳[Offner]1950)。他们在签订合同时使用完全一样的套话。人们希望起誓和诅咒能够约束相关的人遵守合同,同样,题署的作用是约束抄写员忠于原文。抄写员和记录员这种求实的职业道德推而广之应用到法律的约束力方面。传承意味着对一个文本负起责任,这种责任具有合同的色彩,尽管所传承的文本并不是一份合同,而可能只是一部史诗。③

把文本的传承视为具有法律和合同效应,这种观念起源于巴比伦,然后向西传播,一直到古典晚期才渐渐停止。比如阿里斯泰俄斯信件(Aristeas-Brief)的末尾有如下一段描写希伯来《圣经》顺

---

① 这种格式首先出现在巴比伦书吏们的题署中,而且像《申命记》一样呈祈使句的形式:"不要添加任何字,也不要删掉任何字!"这类题署的目的是"保全泥板"(sauvegarde des tablettes),参见奥夫纳1950。钱奇克1970和菲什贝恩1972都指出了巴比伦题署与《申命记》之间的关联性。

② 这种格式最早见于《穆尔西里因霍乱发出的祈祷》(Pestgebeten des Mursilis)。在这篇书写于公元前13世纪的赫梯文献里,穆尔西里宣称未对相关的条约进行篡改:"至于这块泥板,我没有添加一个字,也没有删除任何字。"拉罗什(E. Laroche):《赫梯文献集》(Collection des texts Hittites),第379号。

钱奇克1970,第85页把这段引文和《申命记》的格式解释为"抄写员格式"。我认为这个格式应当被视为"合同格式",并且理应加到阿莱达·阿斯曼1989,第242—245页所列举的四种类型之中,即信使格式、抄写员格式、正典格式和证人格式。

③ 根据菲什贝恩1972,最早的正典套话出现在《埃拉神史诗》(Erra-Epos)的题署当中。

利地翻译成希腊文(即七十子希腊文《圣经》)的词句:"翻译以优美的、虔诚的和非常准确的形式完成了,正因为如此,译文应当保持原样,不要进行任何改动。所有的人(参加翻译的人员)都同意目前的译法。对译文进行任何改动的人将受到诅咒,不管他是添加任何内容,还是改变或者删除译文的任何字句。译文以无可置疑的形式生成,所以这些文字应当永远一字不差地保存下来。"(里斯勒[Riessler]1928,第231页)。

在一个文本被奉为卡农的过程中,传承它的人不许对此轻举妄动,这种"禁止"有时甚至扩展到阅读和理解的领域。在纳格哈马迪发现的诺斯替教文献中,有一篇叫做《八神会与九神会》,其结尾处有一段很长的文字规定了如何抄写和保护文本,其中也包括法律领域使用的咒语。不过这些诅咒不是指向抄写者,而是针对读者:"我们把一段咒语写在上面,以便那些读这本书的人不至于为了邪恶的目的滥用,以便这些别有用心的人罪有应得!"(马艾[Mahé]1978,第84页以下)

在以上使用套话的不同场合,"忠实"与"复述"密切联系在一起。后来的人(西文中的"第二"[secundus]来自"squi",意为"跟随")应当尽可能完全地、准确地对接前者。使用复调音乐的卡农曲(Kanon)实际上也是基于这种后者忠实于前者的原则,即一连串的音调精确地模仿前一个音调,所谓卡农就是在重复的过程中前后音调之间尽可能没有偏差。这一点与我们在上文探讨的仪式一致性之间的共性显而易见。我们因此可以把卡农定义为"在文字形式的传统中保持仪式一致性"。

不过,保持卡农原貌的套话起初不是在仪式语境中形成,而是产生于法律领域。现今已知的最早例子来自法律和合同文本,这些套话被用来促使相关的人遵守法律条款和合同中的规定。我们在《申命记》①和更早的《汉谟拉比法典》及赫梯文献中都能找得到例证。②我们也可以对卡农做如下的解释，即**原来植根于法律领域的接受约束和遵从的原则逐渐扩展到整个书写传统之中，并且成为文献传承过程中的核心准则**。仪式与法律有一个共同点，那就是用确定下来的规则来规范人的行为，使得这些行动者遵从于规定，犹如抄本与原本保持一致。只要翻阅一下希伯来《圣经》的核心文本，我们就不难发现，仪式与法律在此已经融为一体。如果我们回顾希伯来正典的形成历史，我们很容易理解为何二者之间存在着如此密切的联系。其原因在于，在这些正典成型的两个关键阶段，即巴比伦流亡时期和第二圣典被毁时期，犹太人不仅丧失了法律和政治身份，而且不再拥有仪式上的连续性。为了弥补由此产生的断裂，他们必须借助具有卡农性质的文献对身份和连续性进行补救。他们把《申命记》这部最为本真的文献建构为"便携的祖国"（portatives Vaterland，海涅语），虽然他们失去了土地和圣殿，尽管他们经历了五十年流亡生活，这个祖国依然具有凝聚力（格鲁泽曼[Crüsemann] 1987）。公元 70 年，第二圣殿被毁，在希腊化时期逐渐成型的《塔纳赫》（Tenach）终于形成固定的格局③，即二十四部正典，并且分为三个组成部分（莱曼[Leiman] 1976）。正典最终取代了圣殿（Tempel）和聚会（Synedrium），实际上，这些被视为正典的文献起初是在后者的框架下作为其沉淀下来的传统逐步形成的。④

  卡农这个概念对我们探讨文化连续性的机制和媒介至关重要，因此我们有必要特别详细地追溯一下它的历史。显而易见，这

---

① 《申命记4:2,4:1》，参见莱波尔特/莫伦茨（J. Leipoldt/S. Morenz）1953，第 57 页以下。
② 我们将在第六章具体讨论这些文献。
③ 这是希伯来语对《圣经·旧约》部分的称呼，它由上面所说三个部分的三个首字母构成，即 T（Torah，托拉，即律法书）、N（Nevi'îm，先知书）、Ch（Chetuvîm，作品集），希伯来语没有元音，这里的 e 和 a 均为后来补加。——译注
④ 请参考戈德堡（A. Goldberg），见于阿莱达·阿斯曼和扬·阿斯曼 1987，第 200—211 页。

个词本身源于希腊语,而其内涵则来自犹太历史,二者融为不可分割的整体。假如我们探究其历史,首先会发现这个希腊词原来是个来自闪米特语的借词①,事实上这个单词与它所指代的东西一起被引入希腊世界。卡农(Kanôn)一词与"kanna"关联,其意乃"芦苇",由希伯来语的 qaneh、阿拉姆语的 qanja、巴比伦语/亚述语的 qanu 演变而来,而最早的形态则是苏美尔语的 gin。古代两河流域的居民用这种笔直的植物(类似于竹子)制作标杆和标尺,这就是卡农的最基本词义。作为建筑活动中使用的工具,卡农逐渐具有了"直杆、杖、校准木杆、标尺"等意思。

从以上具体意思出发,卡农这个词渐渐获得了不同的引申意义,主要围绕以下四个重点:

(a)标尺、标度、标准;(b)典范、榜样;(c)规则、准则;(d)表格、目录。

(a) 标尺、标度、标准

大约在公元前 5 世纪中叶,希腊雕塑家波利克里特(Polyklet)以《卡农》(Kanon)为题编写了一本书,他在书中描写了塑造人体时理想的比例。② 据说波利克里特还制作了一座雕像,取名为"卡

---

① 弗里斯克(Hjalmar Frisk),《希腊语词源词典》(*Griech. Etymol. Woerterbuch*),海德堡,1973 年,第一卷,第 780 页否认这个词在词源上属于闪米特语(不过给出的理由并不充分)。关于这个词的概念史,见奥佩尔(H. Oppel)1937。
② 迪尔斯(Diels),《苏格拉底之前的哲学家》(*Vorsokratiker*),28B,1 和 2。波利克里特用卡农这个概念强调了一个艺术家进行创作时追求精确性的必要,他说:"一件艺术品能否成功与许多比例密切相关,一点一滴经常决定成败。"关于波利克里特所指的卡农,可参考韦伯(H. J. Weber)1986,第 42—59 页以及博尔拜因(A. Borbein)在《哥廷根学者杂志》(*Göttinger Gelehrte Anzeigen*)第 234 期(1982 年),第 184—241 页发表的文章《波利克里特》。赫尔舍(T. Hölscher)1988,第 144 页以下认为,波利克里特上述作品的问世以及希腊人艺术理论的诞生均与当时的精神状态密切相关。此时的希腊人处在剧烈变革的年代,感受到了丢失传统的危机,其特征是明显缩小了的行为空间。随着行为空间的开放,人们在思想上急欲调整方向;在被摧毁的传统的废墟上,取代传统的是基于理性之上的"卡农"。

农",这座充当范本的雕像充分实践了有关人体比例的理论。① 在艺术科学领域,人们至今仍然使用波利克里特有关卡农的概念,用它来指"一种类似十进位的系统,人们借助它通过测量部分得知整体的大小,也可以通过测量整体来得知最小部分的大小"。② 在这种以十分合理的方式进行计算的艺术方面,古代埃及人可谓树立了一个榜样。③ 按照古代埃及人的计算原则,可以根据部分得知整体。波利克里特的计算法当然不止于此,他认为这些部分应当构成一个"有灵魂"的整体,即成为一个系统(systema)。被塑造的人体看上去应当给人一种充满了生气的印象,为了这个目的,波利克里特创立了相对姿势原理,静态的姿势是为了让人看到潜在的动态。

上文谈及的是一个很特殊的结构,即一个物体严密的形态(Formstrenge)与其对接性(Anschliessbarkeit)之间的相互关系。这种结构显得很新颖但是很容易理解,它适用于所有那些堪称典范因而成为经典的作品,如科雷利(Corelli)的三重奏奏鸣曲或者海顿(Haydn)的弦乐四重奏乐曲第33号作品(芬舍尔[L. Finscher] 1988)。正是因为有了古典主义那种模仿性(即 *mimesis*、*aemulatio* 和 *imitatio*)的复归(施密特[E. A. Schmidt] 1987,第252页),卡农这个原则此后成为一种完成文化记忆的形式,即为那些试图从过去寻找出路的人充当了遁点(Fluchtpunkt)。波利克里特被后人视为典范,因为他创造了样板。一部作品之所以被奉为典范,其原因绝不是后世接受过程中的随机和任意性,而是它本身所

---

① 参见奥佩尔1937,第48—50页。根据加伦(Galen),波利克里特把自己制作的雕像称为"卡农",意欲用这个模型来形象地说明自己提出的理论。根据普林尼(N. H. 34, 55),只是到了帝国时期,罗马艺术家们才把波利克里特的雕像《持长矛者》(*Doryphoros*)称为卡农,因为他们视这件雕像为值得模仿的优秀作品。
② 《艺术科学词典》(*Dictionnaire de l'académie des Beaux arts*),第三卷,第41页。
③ 请参看戴维斯(Wh. Davis)编写的专著(1989),其中附有详细的相关文献。

蕴含的潜力得到了充分的发展或者实现,而该作品的这种潜力来自其严密的形态和遵从准则的特质。①

几乎与波利克里特的著作《卡农》问世的同时,哲学家德谟克利特撰写了一部同名的书,伊壁鸠鲁又步其后尘(奥佩尔1937,第33—39页)。后两部书主要探讨认识的标准问题,即如何区别真理与谬误、认识与幻想。欧里庇得斯从伦理道德的层面使用"卡农"这个概念,用它区分"笔直"和"弯曲"(即道德上的正直和无耻)②,"尺"的原有具体含义在此显而易见。在智者派的修辞学(Stilistik)中,卡农这个词具有更加技术性的含义,他们用此概念来表示一种特定的句式,称其为Isokolie,即"字斟句酌的散文,前后对应的两个句子在结构和长度上相近"。③在毕达哥拉斯学派撰写的音乐理论中(他们所以也被称为"卡农学家"[Kanoniker]),一种被称为"和谐的卡农"(harmonischer Kanon)的定音器通过测量弦线的长度来确定音程(奥佩尔1937,第17—20页)。

无论是在技术领域还是在精神层面,希腊人使用卡农这个概念都是为了追求和强调准确(akribeia)。无论在认识活动中还是在创作和创造艺术品、音调、诗句以及特定的行为方面,他们把卡

---

① 我们应当区分"对接性"与"重复性"。古埃及艺术的基本原理是重复,因为它的功能就是帮助实现"仪式一致性",它并没有受到进行变更的压力。与其相反,西方艺术的基本原理是对接性,即在出现变更的前提下进行模仿。正是因为这个原因,西方经典之作不仅形态严密(formstreng),而且自律(formautonom)和自省(formreflexiv)。可以说,海顿的弦乐四重奏乐曲第33号作品与一篇详细论述作曲艺术的论文无异,而波利克里特的经典之作《持长矛者》与这样的一部论著同时诞生。
② 奥佩尔1937,第23—25页;《伊莱克特拉》(*Electra*),第50页以下("理性的卡农")。
③ 奥佩尔1937,第20—23页。可以参考阿里斯托芬的《蛙》中(第797行以下)对欧里庇得斯测量诗句的行为所进行的讽刺:
　　他们将拿出天平和测量单词的砝码
　　还有定型用的长方框,
　　还有尺子和圆规:因为欧里庇得斯发誓
　　要一个字一个字地比一比他们的戏剧。

农视为恰当的准则。追求这种准确性的最初场所是建筑艺术领域。它是卡农所指代的各种器具的诞生地和"用武之地"(Sitz im Leben),并且为其他所有引申意义的生成提供了基础(tertium comparationis)。"Akribeia"指精确地计划和计算并精确地实施该计划,在其过程中所借助的是尺度和形式,即数字、方向、绝对的笔直和精准的弧度。这里关系到秩序、纯正和和谐,关键在于消除偶然性和不可控制的偏差,避免对已有的准则采取"漫不经心"和自作主张的态度。

古希腊人在建筑活动中普遍使用校准木杆、铅垂、标尺和数字,借此避免疏漏和偶然(to eike kai hos etyche)潜入作品中(普鲁塔克,《论罗马人的命运》[De Fortuna],996)。

(b) 典范、榜样

把卡农这个概念作为"标尺",即在行为方面达到无可指摘的程度,来衡量一个人或一类人,最早见于亚里士多德探讨伦理的著作中。亚氏把"理智"(phronimos)称为"行为的卡农"(奥佩尔1937,第40页)。在西方现代语言中,这个词恰恰用在有关奥古斯都帝制时代崇尚复古的模仿理论之语境中,这一点值得特别注意。吕西亚斯(Lysias)被视为最纯正的阿提卡语言、法庭语言和秉笔直书(Dihegese)之语言的卡农,修昔底德成为历史书写的卡农,诸如此类,不一而足(奥佩尔1937,第44—47页)。在这个意义层面,后来又出现了两个相关的概念,即"界限"(horos)和"例子"(paradeigma)。典范规定了界限,即一个人在遵守有关类型或者伦理准则的前提下可以走多远。经典之作(klassische Werke)以其纯正的形式体现了永远有效的准则。正因为如此,它们构成了进行美学评价和艺术创作时应当遵循的标准和标示。

上述第一项(a)和第二项(b)的共同点在于,二者的基本含义均为尺寸,不过前者强调准确性,后者则着重规范性。我们今天使用卡农这个概念时也主要指具有典范意义的作者所创作的值得效仿的杰作。旨在进行规范的美学都把"伟大的"作品"指称为"完美这一理念的客体化。正因为此缘故,昆体良(Quintilian)把这样的作品比作索引(Index),即"指南"(Fingerzeiger)。请参见(d)。

(c) 规则、准则

如果在之前的(b)项增加一些抽象的成分,就会形成此项(c)的内容。典范意味着准则,有时这些准则可以或者需要通过规则或法律予以强化。在这个意义上法律被称颂为"卡农",即构成市民得以和平相处的有效和必需的基础,它不同于君主制和寡头制统治者的独断专行。[1] 费隆(Philon)和其他犹太作家也是在这个意义上称"十诫"为"卡农"。[2] 帕奈提奥斯(Panaitios)在讨论伦理问题时说到了"适中的规则"(*kanón tes mesótetos = regula mediocritatis*)(奥佩尔1937,第88页),他显然用"卡农"这个词指代规则和原则。早期教会使用该词的语境与此相关,教会用"真理的法则"(*kanón tes aletheías = regula veritatis, regula fidei*)来指代判定信仰问题的最终标准,即所有相关事项都以此为准绳。[3] 在此基础上,每次由教会会议作出的决定也成为卡农,尤其是教会确定的有关忏悔的规定,它们构成了"卡农式的法"(奥佩尔1937,第71页以下)。在以上所述的各个方面,卡农这个概念表示那些有效地规范人们生活的规则和准则,在罗马帝国时期,卡农这个词的意

---

[1] 比如埃斯基恩 I, 4,至于更多的例子,请见奥佩尔1937,第51—57页。
[2] 奥佩尔1937,第57—60页。费隆用"卡农"这个概念来指称十诫,而不是整个"托拉"。在有些地方,他把具体的法律条款称作"卡农"。
[3] 阿兰(K. Aland)1970,第145页以下;里特尔(A. M. Ritter)1987,第97页以下。

义进一步泛化,语法学家们用它来指代语法规则(奥佩尔1937,第64—66页)。

(d) 表格、目录

在罗马帝国时期,人们把天文学家用来计算时间的表格以及编年史家撰写历史时所依据的年表称作卡农。公元2世纪的数学家克劳狄乌斯·托勒密(Klaudios Ptolemaios)称自己计算时所用的表格为"实用表格"(prócheiroi kanónes)。与此属于同类的当属"国王卡农"(kanón baséleion),它是从巴比伦国王纳巴那沙(Nabonassar)在位时期开始逐渐形成的王表。这一语言习俗在英语和法语中一直保存至今,在这两种语言中,古代埃及和美索不达米亚的王表被称为"卡农"(Kanon)。在德语当中,卡农这个概念片面地强调必须的、有义务的和规范的等意义,表格之类的东西没有资格受到它的指称。在我们的语言中,至多可以见到诸如"专业卡农"(Fächerkanon)这样的称呼,意即大学或学院建制中必有的专业名单或总数。一旦没有规范的性质,德语就会采用单纯的"名单"(Liste)、"目录"(Katalog)、"清单"(Inventar)等称呼(比如王表[Königsliste]、语音目录[Phoneminventar]等;就拿上面提到的"专业卡农"来说,假如不是强调其必修的性质,而只是列举现有的专业,那么就会使用"专业目录"[Fächerkatalog]这样的称谓)。

在古典时期,那些被亚历山大的语文学家和罗马帝国时期的语法学家们奉为典范的诗人、演说家、历史学家、剧作家、哲学家们尚未被视为"卡农"。即使那些在早期教会关于何为神圣的辩论中被接纳①,并且在礼拜活动中被采用的作品②,也没有被称作卡

---

① 请参见克泽曼(H. Käsemann)1970。
② 比如在迄今为止保存下来的最早的卡农名单(即Fragment Muratori)中,人们把被奉为卡农的书描写为"在教区中被众人了解",即在礼拜过程中得到宣讲。

农（施密特1987）。我们由此可以确定，卡农这个概念的意义从古典时期开始经历了一个变化过程。

　　从以上所列举的来自古典时期的例子当中不难看出，卡农这个概念基本都表示一个具体的意思。确定这些略有差异的意思之间的共性可以说至关重要，它是理清每一个具体的卡农概念的前提。在我看来，卡农这个词最初所指的物的外部结构是后来所有引申意义的基础。卡农最初是用来指称一根标杆的名词，其在建筑范畴内最具决定性的意思就是笔直。在建造一堵墙的时候，人们借助这个校准木杆来保证所砌的砖墙垂直。一旦在这样笔直的杆上标注数字，它就变成了折尺，用来确定和展示尺寸。① 从这个意义上说，卡农首先是一个工具，它能够满足人们的一种需要。在古典时期使用卡农这个词的情况中，实用性是必不可少的含义。作为工具，卡农帮助使用者确定方向，使得人们达到精确，即让建筑物垂直和符合尺寸，由此得出的引申意义就是按照规则行事。一个卡农便是一件具有规范性的工具，它不仅标示出尺度，而且规定应当呈现的形状。在表示相关意思的德语词中，"Richt-"（直线）这一构词成分形象地表达了卡农这个概念所具有的"规范的"词义，比如 Richtscheit（校准木杆）、Richtlinie（校准线）、Richtschnur（铅垂线）。卡农一词回答"我们应当以什么为标准？"这样的问题。在建筑领域，卡农通过其笔直和标度的准确性来向人们提供依据。

　　显而易见，古典时期使用卡农这个概念的例子当中都具有"尺度"这一具体含义：

---

① 由此生成了比例尺（*kanon tes analogias*）这个概念。

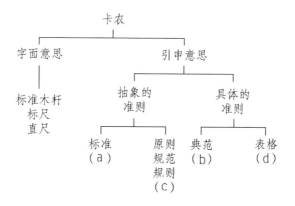

通过比喻的手法,卡农这个概念得以表达其与多种工具或仪器相关的意义。首先,它指代那些用来确定方向以及求得精确性、基准点、校准线的工具。事实上,卡农这个词的"表格"之意在古典时期占据次要地位,不过后来教会用这个概念来指称圣书的名录,由此,这个意思在现代卡农这个概念的意域当中占据核心位置。对天文学家和编年史家来说,表格无疑为他们在时间长河或时间海洋中辨别方向提供了工具,起到类似作用的还有创作音乐时使用的标有音程的尺度。表格相当于年代上的"刻度",表示天体运行的天文单位或者诸如历史上重复进行的竞赛、节庆、登基典礼等的时间单位。亚历山大的语文学家和罗马帝国时期的语法学家们制定的经典诗人、作家、演说家和哲学家的名录则没有这层充当工具的含义,很有可能正是出于这个原因,该名录当时也没有被称作卡农。不过,我们今天谈论这些经典之作时主要是指它们作为卡农的重要意义。这些名录本身并不具有卡农之意,即典范的、规范的作用。这些作品是以个体的形式成为卡农,即经典,而不是作为整体。当我们做演讲时,可能以吕西亚斯或者伊索克拉底为典范,而不可能是以上述名录中所列的阿提卡的十位演说家。希腊语当中称这个名录为"*choros*",拉丁语称其为"*ordo*,*numerus*,*in-*

dex"。在古典时期,这些表示一个群体的概念当中尚不存在排他的意思,因此,那些被排除在外的作品也绝不可能有"真实性可疑"之嫌。① 与此相反,我们今天用"卡农"一词来专指一个群体,或者是一组作品或者是一群作家,但是从来不指一个个体。正因为与古典时期的语言习惯不同,我们今天可以把古典时期的名录称为卡农,但是不会以此来称呼吕西亚斯或修昔底德。

2. 近代意义演变史

在由卡农这个词所表达的诸多意思当中,有一些从古典时期一直到现在少有变化,它们基本上表示专门的意思,比如(从波利克里特开始的)艺术科学中有关人体比例的卡农以及英语和法语当中表示王表之意的卡农。除此以外,卡农这个词趋向于表示多种引申的意思,其原因究竟在哪里呢?

卡农这个词之所以在词义上发生转向是因为教会开始使用这个概念。② 关于哪些作品应当被赋予神圣的意义,即被视为卡农,在这场持续两千多年的论战中,教会并没有使用卡农这个词。当教会使用卡农这个词的时候,主要是指上述(c)项中所描写的摩西律法,或者宗教会议所做出的具体的决定,或者涉及信仰、生活问题的重要原则(*kanón tes aletheías*, *regula veritatis*, *regula fidei*)。公元4世纪,随着宗教会议做出具有约束力的决议(Kanon),哪些作品拥有神圣性和权威性的问题也得到了解决。这些被选作品从此以后被称为卡农,而不是表格。即上述(c)项所说的有约束作用的、具有法律意义的宗教会议决议,而不是(d)项所讲的表格。从此时起,(c)和(d)两项中的意思融为一体,即一组列为表格的

---

① 施密特(E. A. Schmidt)1987,第247页着重强调了这一点。
② 奥佩尔1937,第69页;法伊弗(Pfeiffer)1970,第255页。第一个例证见于优西比乌(Eusebius),《教会史》(*Kirchengeschichte*)(hist. eccl. 6.25,3)。

作品,这些文本卡农(Textkanon)具有高度的约束性和规范性,构成人们在其生活中应当遵守的原则:

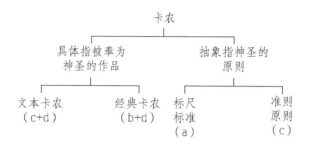

(a) 卡农与法则

从以上图示当中可以看出,卡农这个概念变得更加具体,即它具有更强的指向性和价值取向。我们今天一说起卡农就马上想到圣书或者具有高度约束性的准则,而不是校准木杆或者直尺。卡农这个词丧失了原来与定准和丈量等工具相关的意思,取而代之的是与标准的衡量、价值的判断和适用性的程度等范畴有关的意思。我们现在不会把天文、年代等表格称作卡农,也不会把语法规则称为卡农,因为它们不具有绝对性准则的意思,也不再意味着价值取向。它们只表示其所含内容,而不再指向其应当发挥的作用。正是因为这个原因,我们现在十分重视卡农与规则之间的差别,这种区分在古典时期尚未出现。人们之间的交往必须有一套规则,与此相关,建立任何一个社会形式、创建任何一种语义场都首先需要规则。只要有人生活的地方,规则便必不可少。这种规则后来被称为"法则"(Code)。不同于法则,卡农并不表示人类学意义上的普遍规律,而是指特例,即超出诸如语法规则这类单项法则之上的特殊情况,往往与原则、准则等价值判断联系在一起。除非所涉及的规则(Grammatik)具有极为强烈的规范作用,比如一个受制于美学或者意识形态的有关语言规范性的规则,我们不会称之为卡农。一个卡农绝对不可能是理所当然的规则(例如一种语言中约定俗成的规则),而是涉及特殊至善事宜的并非不言而喻的规则。因此说,卡农是另外一个层面上的法则。它生成的动因来自外部,或者说从"上"而来。换句话说,在有关社会交流和意义构成的规则体系(Regelsysteme)中,卡农表现为一个陌生的规则进入到固有的(即自然形成的、不言而喻的)规则体系当中。只有当一个原本在社会交流过程中表示意义的法则因为具有了价值取向而演变为另外一个法则的时候,我们才称其为卡农。

按照这种理解方式,民法典(bürgerliches Gesetzbuch)不能被称为卡农,但是基本法(Grundgesetz)则应当说是。基本法包括那些被视为不可放弃的,因此在一定程度上被奉为神圣的准则,其他法律都必须以它为基础。不过,基本法本身并不具有裁决权限,因为所有的裁决都以它为依据。康拉德(D. Conrad, 1987)因此把卡农定义为"第二等级的规则"(Norm zweiten Grades)。

(b) 神圣化的原理:一体化的公式还是固有的法则

所谓神圣化的原理就是规则中的规则,它是"标尺"这个概念最原始的抽象意义得到强化的结果。神圣化的原理顾名思义就是具有无限约束力,从而达到一致性。卡农这个词所具有的这层意思,即促成一致性的"规则、准则",究其源头属于教会语言习惯。教会最早以无可置疑的权威的身份登场,以为所有人都受其约束,认为其权威建立在真理之上,因此具有卡农般的色彩。在教会这一卡农的约束下,逐渐形成了单元的文化。这种文化的特征便是,它具有一个整体的定向,一个约束力极强的一体化公式;这个公式能够重塑和限制文化交流活动中的各种法则,它不留任何独立思维的空间,自主的讨论也就无从谈起。

在此,我们必须强调"标尺、标准"这些词所具有的不同的含义,与此相关,卡农这个概念在近代被用来表示相互矛盾的意义。它既可以指称一个制约文化的、凌驾于文化之上的一体化公式;反过来又指若干特定秩序的基础,这些特定的秩序源于一个国家进行重塑的权威,或者源于教会,或者源于传统。

在斯大林统治时期,代表国家权威的审查机关以卡农的名义,即斯大林所提出的社会主义现实主义,试图对艺术家进行改造①;同样是在卡农的名义之下,比如"纯粹理性卡农"的名义下,思维不再受国家和宗教的约束。② 这里显然涉及两种卡农,其中一个卡农构成文化他治(kulturelle Heteronomie)的原理,即文化实践的各个方面受制于至高无上的教条或意识形态,另外一个卡农就是文化自治(kulturelle Autonomie)的原理,它促进文化内部各领域的自由发展,使得诸多独具特色的讨论成为可能。在后一种卡农的作用下,文化自身的原理不再受到权威法令和政令的制约或保护,而是以自我调控的形式自由发展。我们把后一种情况中的准则称为卡农,其原因在于这些准则不许随意废除。不过,它们的权威性并不是借助权力,而是建立在事实、可控性和共识之上。

上面所论述的卡农概念后来变成了科学领域各个分支学科特有的公理,所有新兴学科也以此为其基本法则的依据。康德在哲学领域探讨了卡农,密尔(J. S. Mill)在逻辑领域讨论了卡农;在法学领域受到重视的是"四种阐释原则的卡农"(Kanon der vier Auslegungsregeln,康拉德1987,第51页)。波利克里特题名为《卡农》的著作主要针对的是艺术领域的同行,我们或许可以把它看做是艺术彰显其固有规律性的步骤,即文化中分门别类的开始。每当人们在哲学、伦理、逻辑、语文学、艺术等领域发现和运用新

---

① 京特(H. Günther)见于阿莱达·阿斯曼和扬·阿斯曼1987,第138—148页。
② 怀特(K. Wright)见于阿莱达·阿斯曼和扬·阿斯曼1987,第326—335页。

的、可以称得上是卡农的准则,相关文化的一致性就有所减弱,而在多样性和丰富性方面则有所收获。

近代有关卡农的概念出现了自相矛盾的情况,其原因在于,卡农既可以用来促进固有规律性,同时也可以用来调整整体的方向。在古典时期和近代,推崇启蒙的人士把真理当做卡农,并且依据它来因地制宜地制定法则,而中世纪的教会和近代集权主义则把权威视为卡农,并且依据这一原则强制推行一体化的法则。我们应当认清上述两个例子的共同点,那就是二者涉及的不是一般意义上的准则,而是准则之中的准则,即具有根本意义的、至关重要的和带有价值取向的准则,换言之,一个"神圣化的原理"(heiligendes Prinzip)。

(c) 被神圣化的部分:卡农和经典

公元 4 世纪,教会开始用卡农的概念来称呼那些被奉为神圣的文献,正是在这个时候,卡农这个词具有了一直保持至今的词义。如果追溯这个词的词义史,它的词义就是在此时发生了重大的转移。从此时起,卡农一词总是表达这样一个概念,即被冠以卡农的文献乃神圣的传统。说它神圣,一是因为它具有绝对的权威性和约束力,二是因为它绝不许触及,禁止任何人"添加一个字,减少一个字,更改一个字"。当然,那些被称作卡农的文献早于公元 4 世纪。早在公元 2 世纪,早期教会内部就因为什么是神圣文献的问题爆发了论战。需要指出的是,犹太教于公元 1 世纪和 2 世纪业已把希伯来《圣经》正典化,即已经完成了选择特定的文献并称它们为卡农的过程。没有来自犹太教的先例,基督教教会的上述论战就绝不可能发生。① 尽管如此,关于神圣文献所具有的

---

① 莱曼(Z. Leiman)1976;克吕泽曼(F. Crüsemann)1987。

约束力（Verbindlichkeit）和得到传承的合法性（Überliferungslegitimität）问题，犹太教和基督教的观念大相径庭。在犹太教具有决定性的标准是相关的文献是否通过神灵感应而来①，而在基督教则决定于所涉及的文献是否由使徒传承，即是否有见证人。对于犹太人来说，文献本身就是不折不扣的神启，不过对基督徒来说，文字只是接受神启的途径而已，因为在神启过程中，上帝是口头宣布福音的。在如何理解文献的约束力和传统的合法性（Traditionslegitimität）问题上，天主教神学和新教神学之间也存在着很大的差距。不过，神学和宗教学领域有关卡农的概念范围极广，因此不仅可以逾越这种差异，而且还可以用在其他神圣的文献上面，其唯一的前提是这些文献具有权威性和不可触犯性，此类例子有伊斯兰教的《古兰经》和(小乘佛教的)巴利文佛经。

卡农概念在近代演变的结果是，人们一旦在神学的范畴提到卡农就想到了那本具体的圣书，犹如古典时期的人一看到卡农这个字眼就联想到建筑师手里的校准木杆，因为它最为具体地、最为形象地表达了卡农这个词的概念，更何况这个词主要是用来作比喻。恰恰是因为这个原因，当我们谈到卡农的时候，眼前浮现的是神学家的《圣经》，即便是当我们从传统如何有选择地得到保护这个角度提及卡农。也就是说，这些传承下来的东西并不能被冠以神圣的称号，而只是具有"经典的"性质，因为它们能够起到典范的、预设的、规范的和教谕的作用。这类传统包括尊老等习俗，普遍见于亚洲，在古代埃及表现为祖先崇拜；在西方传统中，尊老和祖先崇拜同样源远流长，古典和现代作家们之间通过互文的形式

---

① 希伯来语中并没有"卡农"这个词，有的只是若干描写卡农类文献的词语。其中尤其重要且具有启发意义的是杰姆尼亚宗教会议曾经使用的表达形式，称卡农类的文献"会被手弄脏"，换句话说，那些被奉为卡农的文献如同圣器一样不可触碰。请参见哥德堡的文章，收入阿莱达·阿斯曼和扬·阿斯曼1987，第209页，注释4。

进行的交流便是最好的证据。假如我们把卡农与权威性的和不可触犯的传统这一概念联系在一起——这个传统或者由神圣的即宗教性的文献构成,或者由经典的即诗歌的、哲学的和科学的文献构成——那么此时经典性的卡农与宗教性的卡农在功能上并没有太大的差别。

需要指出的是,把经典的诗作、艺术品、哲学著作和科学专著称作卡农的习俗与神学中把特定的作品称为卡农源自两个完全不同的范畴。在把古典作品称为卡农的时候,我们的关注点与古典时期的卡农概念相一致,即在创作和评价艺术品时强调评判尺度和标准。换句话说,我们此时要回答的问题是:"我们应当以什么作为榜样?"一个卡农界定了有关何为美,何为伟大,何为重要等概念。不仅如此,卡农经常直接指称作品,因为这些作品典范性地体现了美、伟大、重要等价值。经典这个概念并不局限于以回顾的形式接受具有指导意义的传统,它也可以以前瞻的方式指向即将开启的视域,以便人们以此作为合法的支撑点。卡农这个词既包含"神圣的传统"之观念,也包含价值判断和主导性的价值取向,即"神圣化的原理":

经 典

被神圣化的传统:	神圣化的原理:
世俗的文本(作品)、经过筛选的汇编、具有高度约束力的传统之精华,有助于规范人们的生活并促进"民族性";	审美尺度和标准;创作和评价的准则;
示范性地体现了永恒的价值(绝不会过时且易于效仿)	一个专门领域的秩序所具有的系统的、固有的约束力

对传统采取的任何筛选,即接受传统的行为,意味着承认一个特定的价值秩序(Wertordnung)。接受(Rezeption)与珍视(Wertsetzung)互为前提。我们在一定程度上可以说卡农这个概念兼有接受和珍视的含义。这个术语的旺盛生命力便在于此。当指涉不可触犯的神圣文献的时候,卡农让人联想到相关文献规范人们的生活、指导他们和引导他们的力量;而当指涉艺术创作中的标准和价值义务时,它直接指代那些完美地体现这些价值(Werte)的作品(Werke)。

此外,因为卡农这个词正如上面所说具有双重意思,词义的模棱两可性便不可避免,而且其双重性不是自来就有,而是因为它被神学家们用来指代神圣文献而逐渐生成。因为这个缘故,我们可以区分广义的卡农与狭义的卡农。换句话说,我们可以把卡农这个概念所表示的不同的意思以递归的格式予以展示。从广义上说,卡农指向传统,而在狭义上,它指向经典:

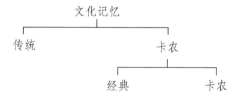

在涉及传统与卡农之间的区别时,最具决定性的标准是,是否排除了其他可能性,并且在被选者周围架起了篱笆;在涉及区分经典与卡农的时候,最具关键性的标准则是,被排除者仍然受到重视。也就是说,被排除在经典范围以外的作品并没有被冠以劣等、粗俗、"异端"等恶名。在衡量一部作品是否被称为经典的时候,主要关注点在于它是否具有权威性、仿效的价值和指导意义。尤其重要的是,在古典时期被奉为经典的作品并不具备绝对的约束力。不同的时代和不同的学派所选择的作品各有不同。古典时期以及古典主义期间产生的经典并非一成不变。每个时代拥有属于自己的卡农。① 这种变动之所以成为可能,其根本原因在于那些曾经被排除在经典范畴以外的作品仍然保存在文化记忆当中,没有被绝对排他的审查机构判处死刑。后一种情况出现在狭义的卡农范畴当中,因为在这里,所有被排除在外的东西遭到歧视。在这种狭义条件下的基督教传统中,仍有不少伪经(用叙利亚文、埃塞俄比亚文和斯拉夫文书写的伪启示作品以及遭到基督教早期神学家们严厉驳斥的异端邪说),不过需要同时提及的是,在犹太经师们保存下来的传统中,那些没有被纳入正典的作品被系统地遗忘了。

3. 总　结

卡农这个词因为被教会用在宗教领域而在词义上发生了重大的变化,但是还没有到其原始意思丧失殆尽的程度。卡农这个概念的意义史可以说为我们提供了一个绝好的例子,我们能够从中看到希腊—罗马文化与犹太—基督教文化重叠的情况。我们由此可以看出,在文化的评价体系中,实用的和普世的原则经历了怎样的演变。在这个普遍的趋势当中,又出现了一系列的加速和限速的情况,在此过程中,卡农这个词原来潜在的意义得到了彰显。

(1) 强化恒定性:从精确到神圣

在古典时期和近代许多使用卡农这个词的例子当中,我们可以发现一个共同点,即有关恒定的范畴。一部作品不管从哪个角度被视为卡农,它为相关的人群提供立足点,促进一致性、精确性和适应性,排除任意性、专断性和偶然性。达到恒定的途径有两个,既可以通过抽象的规则和准则,也可以借助具体的榜样(人、

---

① 施密特1987详细论述了这个问题。

艺术品、文本）。所谓恒定的东西可能涉及文化的部分内容，比如文学的不同体裁以及演说术和哲学，也可能涉及所有的"生活领域"，即法律或圣书对人们生活的约束力。

卡农这个词的历史能够展示历史发展中的一系列情境，我们从中看得出古典文化是如何"为了达到恒定性而运作的"。在这些情境中，该词经历了繁荣期。其中之一是公元前5世纪希腊启蒙时期，此时卡农被视为极有把握的准确性的化身，相对于它的则是基于神话的、不准确的思维以及同时期出现的民主；卡农代表了基于法律之上的连续性，与之相对立的是僭主和寡头的专断。其次是亚历山大的、特别是罗马帝国时期的古典主义，即把卡农视为具有典范性和规范性的传统之精华的化身。再次就是早期教会时期，此时基督教神学家们面临不断增多的、主要由诺斯替派编写的启示性文学，在经历了上百年的犹豫不定之后，教会不得不做出具有约束力的决定，确定神圣文献的范围，卡农在此代表了业已结束和不再发生变化的文献构成，它们具有至高无上的权威性和约束力，相比之下，传统则因为新的启示和认知而不断增长。

我们在此应当区分人们付出的两种努力，其一是通过精确性来达到恒定，另外一个则是通过固化来达到安全。在前一种情况下，相关的人应当借助建立在理性之上的标准，而在后一种情况下，相关的人被禁止采取这样的步骤。由权威人士或机构并非以理性为基础做出的决定（比如由一个委员会做出的约束性决议）只有在下列情况下才有可能保持其恒定性，即它所涉及的内容是禁忌，不可触犯，没有必要接受任何检验，也不再受进一步决定的限制。这种意义上的恒定性无异于被神化。卡农原有的关于正确的词义此时转化为不可亵渎的意思。此时的标准已经不可能接受理性的讨论,也不用得到公众的同意,它只受制于更高一级的权威。①

(2) 消除差异:基于理性的关联和约束力

一个卡农所回答的问题是:"我们应当以什么作为榜样?"如果对这个问题并没有现成的答案,而是需要依据具体情况予以回答,也就是说,假如此时面对的现实并非不言自明的情况,超出了以往积累起来的典型事例的范围,传承下来的"尺度"不再适用,那么此时需要给出的答案便事关重大。这类让人觉得无所适从的典型情境便是,给出不同答案的可能性急速增加。我们在上文中提到了一个类似的情况所引发的深远影响,那就是由原来的重复向变化过渡的时期,即由仪式一致性向文本一致性过渡。在书写文化的框架中,传统丧失了原先所拥有的无可替代性和理所当然性,因此它在原则上可以进行变动。这种情况当然不限于书写文化的范畴。假如由于影响深远的技术上的或者艺术领域的发明,或者从消极意义上说,因为传承下来的标准过时(比如音乐的调性)而使各种可能性突然出现,此时人们就表现出一种欲望,试图阻止"事态任其发展",他们担心无序(Entropie)会导致意义的丧失(Sinnverlust)。公元前5世纪,希腊在政治、技术、艺术、精神等多个层面经历了一系列影响深远的变革,由此产生了比以往复杂得多的局面。传统因此丧失了原来的承载能力,希腊人感受到了对"精确性"(akribeia)的需求,即通过归纳的方式"在确定意义过程中达到一般化,从而让同一个意义在不同的场合中适用,并且从此得出相同或相似的结论"(卢曼)。在希腊,脱离传统框架的人们在卡农的概念之下寻找普遍的、非具体情境的、具有一般意义的

---

① 在此区分合法性和权威性显得尤其重要,康拉德1987,第55页以下对此进行了透彻的分析。

规则、界限、准则,以便应对行为和期望的不确定性,其根源则是以往基于具体情境的决疑论不再有效。尤其是在艺术(波利克里特)①、伦理(欧里庇得斯)、真理认知(德谟克利特)和政治(阿尔基塔)等领域,他们试图通过确立一般的规则重建一个能够支撑互补性期望的基础,并最终借此赢得自信。这个过程在希腊表现为希腊人借助卡农这个概念建立新的学科,有关自身固有规律的讨论强化了文化的复杂性。因为使用了卡农这个概念,革新的动力突然增强,新的法则被发现,新的公理得以确立,与此相反,传统未能在此过程中得到促进,即以往的东西未能固化,传承下来的文化内容也没有被奉为神圣。

(3) 界限的强化:两极分化

卡农这个概念主要表达可以普及的、非限于具体情境的、可以进行归纳的标准,它在甲与非甲之间划上一条明确的界线。此乃卡农概念第一个同时最重要的辨认方向的功能。就一个具体的卡农概念来说,它在笔直与弯曲之间、符合尺寸与背离尺寸之间划界线。有关伦理的卡农在善与恶之间划界线,有关美学的卡农在美与丑之间划界线,有关逻辑的卡农在真理与谬误之间划界线,有关"政治"的卡农在公正与不公之间划界线。有关"界线"(horos)的理念强调的就是诸如此类的二元性,"这种二元论对可能的运算做了二价的预设"。奥佩尔把二元性视为卡农概念的核心,应当说他的观点很有道理。公元前5世纪的希腊人最普遍地把卡农这个概念作为引申用在有关二元的原理或"标准"上。

如同在精神领域,卡农在社会和历史领域也划上了明显的界线。卡农这个概念以及这个概念所指的历史现象——希伯来《圣

---

① 参见霍尔舍1988。

经》和巴利语佛经等——都出现在一个特定的时代,其特征是文化间和文化内部产生了冲突。按照霍尔舍的理解,对于卡农这个概念的创造者波利克里特来说,上面所说的冲突表现在新与旧之间,其根源在于,在公元前 5 世纪的希腊,传统出现了严重的断裂而革新的动力得到了空前的强化。卡农如何充当应对这种状况的工具,希伯来《圣经》可谓极好的例子。它被奉为卡农恰好是在发生极为显著和影响深远的文化冲突之时。首先是希腊文化(Hellenismus)与犹太教(Judentum)之间的冲突,它可以被上升到文化间冲突的层面,而且是此前已有的文化间冲突的持续,即以色列与埃及、亚述、巴比伦之间的冲突,换言之,"民族间"的冲突。犹太人的文献中记录了有关这些冲突的记忆。其次是文化内部的冲突,主要是在撒都该人与法利赛人之间,此外还有撒马利亚人、艾赛尼派、库姆兰会社,后来又有基督徒参与其中,法利赛人最后在冲突中胜出。类似因方向问题而进行的斗争之后不久出现在基督教教会内部。可见,文化内部诸如两个宗教派别之间的冲突和对立促成了卡农的诞生。

在上述冲突和对立中,卡农这个概念所具有的语义上的潜能得到了极大的释放,其后果可谓极其严重。我们能够而且必须追溯一个历史的线索,循着它我们得以看清楚,卡农这个概念原先在正经与伪经(此时只是一种价值判断,即重要与不重要)之间划界线,然后划分为正教与异教,不仅区分属于自己的与陌生的,而且分别冠以朋友和敌人的标签。卡农所表述的标准起初只用来衡量事物和事实情况,后来则被用来决定一个人的存在和不存在,即他的生死存亡问题。

(4) 价值成分的强化:促进身份认同

当一个文化内部的分化加剧,传统出现断裂的时候,其成员必须作出决定，即遵循怎样的秩序，此乃卡农形成的时机。在这些多种秩序和诉求互相竞争的情况下，卡农就会体现最优秀的传统或者唯一真实的传统。赞同这个传统的人群实际上等于归附它，意味着他们承认了这一具有规范作用的自我定义。换句话说，他们以符合相关戒律的方式确定自我身份，而所说的戒律可能建立在理性之上或者源于启示。"卡农"和"皈依"显现为两个相辅相成的现象。①

仅仅在甲与非甲之间划清界线尚不足以称得上卡农；只有当这个甲被赋予绝对值得追求的特质的时候，我们才称其为卡农。卡农为相关的人促成了一个动力结构（Motivationstruktur），以便他们以真理、公正、美、正直、集体、博爱（或者其他任何决定这个动力结构性质的因素）为追求的目标。假如没有这样一个促使人们为之努力的价值成分，没有人会屈从于一个特定的卡农的约束。如果把卡农仅仅与"我们应当以什么作为榜样？"这个问题联系在一起，我们显然片面地视它为减压的工具，即为提问者提供答案。应当说，卡农一词的概念中还有其他范畴，即苛求人的但却值得追求的意思。

卡农意味着循着"伟大的、无条件的和高难的方向努力"（格伦［Gehlen］1961，第60页）。卡农所具有的约束力和它的普遍性相关联。一个特定卡农一般化的程度越高，那么它所提出的要求与具体事件的偶然性之间的差距就越大。一个人听从于卡农，这意味着他由此放弃了因地制宜地依据决疑论行事的权利。

很自然，卡农所提出的要求越高，依从于它的人需要放弃的东西也越多，那么这个卡农所提供的动力结构的承载力就要越强，它

---

① 卢克曼（Th. Luckman）见于阿莱达·阿斯曼和扬·阿斯曼 1987，第 38—46 页。关于古典时期出现的此类情况，请见诺克（A. D. Nock）：《宗教归附》（*Conversion*），伦敦，1963 年。

所许诺的奖赏就要越高,以便那个做出牺牲的人得到相应的补偿。《申命记》当中的法律条款对犹太人的生活提出了精细之极的各种要求。它们如此规范犹太人的生活,不是为了让他们活得轻松,因为它们提出的要求只有付出巨大的努力才能实现。一个群体共同付出不懈的努力,其动因究竟在哪里呢?

戒烟意味着这个吸烟的人有所放弃,而他之所以做出这个举动纯粹是出于健康的考虑。他并没有因此而归附到非吸烟者这个集体,他也没有在此过程中宣称自己成为其成员。由此看来,卡农概念不限于纯粹的习惯、单纯的实用考量和特殊的癖好,除此之外还有价值因素。卡农的特别之处在于它能够促进身份认同。那些被神圣化的文本、规则、价值能够支撑和助长一个特定的(集体)身份。纵观卡农这个概念的词义史,起到决定性作用的事件就是身份认同这个范畴成为词义的一部分。不管怎么说,身份认同是动力结构当中的关键因素。如果某一个特定的传统被神圣化,其必然结果是相关群体也被推上神圣的地位。卡农原来是被用来确定方向的中性工具,而此时却变成了强化身份认同并显示其优越性的手段。犹太人忍受上述法律的苛刻,因为他们很清楚自己是"神圣的民族"。

因为以上所述原因,我们可以把卡农定义为促进和强化身份认同的原则。它同时也是个人身份得以确立的基础,它是一个人通过社会化来形成自我意识的媒介,一个人通过融入到"整个民族具有规范性的意识当中"(哈贝马斯)来实现自我。卡农在自我身份与集体身份之间架起了桥梁。它代表了一个社会的整体,同时也代表了解释系统和价值系统。每一个个体通过承认它来融入到社会中去,并且以其成员的名义确立自己的身份。

借助"卡农"这个原则,一种新的文化一致性便成为可能。这里所说的一致性既不同于无选择地受制于过去的传统,同时也有别于标榜独立理性的反传统主义,后者以为准则、规则和价值等都可以随意变动。卡农这个概念的演变过程中有一个事实值得注意,即把这个词用在比喻方面最早见于建筑领域。[①] 按照由卡农引申而来的比喻,世界的构成也犹如一座建筑,人是这个世界的建筑师,他构筑了其中的现实、文化和人自身。假如世界这座"房子"想存在下去,那么它就要遵循卡农所表述的具有至高无上权威性和规范性的原则。

  应当说,卡农这个概念的出现并不意味着书写文化发展的潜力已经穷尽。假如我们仍然局限在卡农的范围和轨迹进行思考和写作,我们就不可能以局外人的姿态探讨卡农的发展过程。事实上,卡农这个原则早已被其他文化记忆模式所取代。我们现在生活的年代竟然还存在类似埃及学这样的学科,它的存在需要一个很重要的前提,即我们的研究和教学活动未受制于那些具有奠基意义的文献,即这些文献没有对我们起到规范和定型的作用。这意味着我们今天的文化记忆并不再有泾渭分明的界线,而且新的领域在上述具有奠基意义的文本范畴以外开启。不可否认,现代人文学科是在不断解释这些文本的过程中诞生,而埃及学又是这些人文学科的衍生产品。人文科学家也是解读者,但是他们不再像从前的语文学家或经师那样只专注于维护那些奠基性文本的意思。按照维拉莫维茨(Wilamowitz)的观点,对于一个学者来说,小品词"án"应当与埃斯库罗斯的剧本同样重要。当然,这是一个比较极端的见解,而且引发了异议。从那些反对维拉莫维茨论点的言论中,我们可以看到上述奠基性文本起到了何种不容低估的规范性和定型性作用,它们即使在启蒙时期及历史主义盛行之时也扮演了重要的角色。反对历史主义的观点主要有三个,其一是认

[①] 韦伯(H. J. Weber) 1987 强调了这一点,显然是正确的。

为它有一种"毫无根据的相对主义"(吕斯托[A. Rüstow])的趋向。反对者以为这是很危险的,所以他们倡导一种新的、基于卡农基础上的立场,即强调价值取向和身份认同。耶格尔(Werner Jaeger)以及追随由他创立的学派的人属于这个反对阵营,他们提出了所谓的"第三种人文主义"(dritter Humanismus),明显与维拉莫维茨所推崇的历史实证主义针锋相对。① 按照第二种反对意见,历史主义犹如含铁质的矿泉浴,它反倒使文本中的真理(神学上称其为kerygma,布道)显得更加清晰("经得住历史主义批评的东西就是经典",伽达默尔1960,第271页)。伽达默尔的诠释学②,以及布尔特曼(R. Bultmann)主张的"去神学化"的工程应当属于此项。第三种即最新的反对意见的论据在于,历史主义本身就曾经推崇价值取向,不过遭到了失败。突出"异国色彩"实际上无异于强化自我身份认同,只不过是以相反的手段。③ 马克斯·韦伯所说的"无价值取向的"科学不太可能,事实证明他的这种科学确实也带有价值取向。在此,我们还应当提到抹平记忆与历史之间界线的倾向,其典型代表就是哈布瓦赫。④ 在20世纪,先后出现了多种不同的重新强调卡农的理论模式:在政治上确立卡农,其表现形式有民族主义和法西斯主义,强调同一性的马克思列宁主义,反共产主义,二战后诞生的西欧理念,即建设超越民族的欧洲;因为宗教(基督教、犹太教、伊斯兰教等)原因和世俗的习惯而产生的极端主义等等。当然还出现了反卡农的运动,参与者坚决抵制身份认同,同时也抵制历史,这些人受到了女权主义、"黑人文化

---

① 比如他于1930年在瑙姆堡(Naumburg)会议上宣读的论文《关于经典和古典时期的问题》。
② 伽达默尔1960,第269页以下。他在第270页及后谈到了耶格尔。
③ 参见克雷默(B. F. Kramer)1977;萨义德(E. Said)1978。
④ 请参看伯克(P. Burke)1991;诺拉(P. Nora)1990。

研究"以及相关思潮的影响。我们无法完全摆脱起到规范和定型作用的、具有价值取向的语境。因此,历史科学的任务不再是消除卡农的界线,更不是"弄乱"(伽达默尔)原有的界线,而是反思这些卡农,并且弄清楚它们规范性和定型性的结构。

第三章 文化认同和政治想象

一 认同、意识和反思性

认同是与意识相关的,即,它与对一个无意识的自我认知所进行的反思相关。这一点同时适用于个体和集体层面。① 我在何种程度上可以为"人",这首先取决于我是在何种程度上将自己视为"人",同样,对于一个被称为"部落""民族"或者"国家"的集体来说,它们在何种程度上作为一个集体而存在,也取决于它们如何理解、想象和展现这些概念。在下文中我们将考察集体在进行自我想象和自我展示时,都有哪些类型和形式。在考察过程中,我们更多地是从民族的而不是个体起源的角度来看问题,并研究文化回忆在这其中发挥的作用。

---

① 在 1980 年前后,"认同"作为跨学科的研究和反思对象得到了广泛关注。在此列出与此相关的一些出版物作为例证:列维·斯特劳斯(Cl. Lévi-Strauss)1977/1983;米肖(G. Michaud)1978;摩尔(H. Mol)1978;布夏(J. Beauchard)1979;马夸德/施蒂尔勒(O. Marquard/K. Stierle)1979;*L'identité* 1980;罗伯逊/霍尔茨纳(R. Robertson/B. Holzner)1980;*Identité et regions* 1981;雅各布森-维丁(A. Jacobson-Widding)1983。

1. 个人的认同和集体的认同

认同的这两个范畴之间存在着一种独特的、看起来带有悖论性的关系。我可以将此组织为两个貌似相互矛盾的观点：

（1）自我的形成是一个由外而内的过程。个体进入到他所属集体的互动和交往模式中、对集体的自我认知分而有之，由此，自我得以形成。也就是说，集体作为"我们"的认同先于个体作为"我"的认同而存在，换言之，认同是一种社会现象或者是"社会因性"（soziogen）。

（2）个体是集体或者"我们"的组成部分和载体，集体或者"我们"的认同不能独立于这样的个体之外而存在，而是与个体的知识和意识紧密联系在一起。①

第一个论点强调了整体相对于部分的优先权，而第二个论点则强调了部分对于整体的优先权。这里我们看到的是语言学里为人熟知的隶属性和建构性（Dependenz und Konstitution）或者向下的谱系与向上的谱系（Deszendenz und Aszendenz）之间的辩证法：部分依赖于整体，并且通过自己在整体中所扮演的角色来获得自己的认同；而整体同时也要通过所有部分的共同作用才得以形成。这两个论点综合起来就是"社会因性"这个说法的含义。我们说，个体的意识是与社会相依存的，不是仅从论点一出发，即，个体意识于个体的社会化过程中由外而内产生，而是也包括论点二中的含义：个体意识是集体的自我认知或"我们"这种意识的"载体"，在个体的基础上，一个共同体才得以形成。下面我们将要探讨在社会形成过程中发挥作用的因素，一个共同体，或者说，一个集体的、社会文化性的认同是如何被构建出来的？

---

① 这是一个"方法论上的个人主义"的观点。参见阿尔伯特（H. Albert）1990。

第三章　文化认同和政治想象

　　首先我们要将"'我'的认同"和"'我们'的认同"这个两分法通过一个三分法来代替,即,将"我"的认同又区分为"个体的"(individuell)认同和"个人的"(personal)认同：

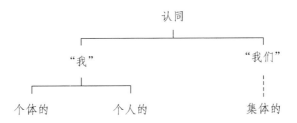

　　"个体的认同"指的是：每个人都具有一些可以将自身与那些("能指"意义上的)他者区分开来的个体特征,具有建立在身体基础上的对自我存在的不可或缺性、自身与他者的不可混同性及不可替代性的意识,在此基础上,人的意识中会形成和稳固一个对自我形象的认同,这种认同便是"个体的认同"。而"个人的认同"指的是：特定的社会结构会分配给每个人一些角色、性格和能力,它们的总和便是"个人的认同"。"个体的认同"涉及的是一个生命连同他从出生到死亡的所有"主要参数"的偶连性、人作为存在物的真实性和他的基本需求。而"个人的认同"所涉及的是社会对个体的认可以及个体对社会的适应能力。自我身份的两个方面,包括个体身份在内,都是"社会因性"和受文化决定的。个体化(Individuation)和社会化两个过程均沿着由文化预设的轨道进行。自我身份的两个方面属于意识范畴,而这个意识是由语言、想象世界以及一种文化或一个时代的价值和规范,以一个独特的方式促成和制约的。社会——正如论点一中所说的——并不是与个体相对的存在,而是构建着个体的元素之一。认同,也包括"我"的认同,总是社会建构的产物,因此,也总是一种文化意义上的认同。

因此,"我"的认同与"我们"的认同的区别,绝不是前者是"自然产生"的,而后者是文化建构的产物。"自然产生"的认同是不存在的。两者之间的差异或在于,集体的认同不像个体的认同那样,有一个明显可见的身体作为基础载体。集体的认同的可见性受到一个完全来自象征层面的表达方法所限。"社会的身体"从可见可把握的现实来看,是不存在的,它只是一个比喻的说法、一个想象物、一个社会建构物。但是,即使如此,它也是真实存在于现实之中的。

"集体"或者"我们"的认同指的是一个形象:集体构建了一种自我形象,其成员与这个形象进行身份认同。集体的认同是参与到集体之中的个人来进行身份认同的问题,它并不是"理所当然"地存在着的,而是取决于特定的个体在何种程度上承认它。它的强大与否,取决于它在集体成员的意识中的活跃程度以及它如何促成集体成员的思考和行为。

我们在这一研究框架内所要探讨的问题是:社会的自我形象和社会回忆之间的关系问题,即历史意识问题。集体的典型做法是,如民族学家吕迪格·肖特说所的那样,以发生在过去的事件作为自己的统一性和独特性的支撑点。社会需要"过去",首先是因为社会要借此来进行自我定义。一位当代的埃及作者①说:"只有使过去复活,一个民族才能存活"。因为正如德罗伊森(Droysen)所言,每个集体在他们的过去中,"同时找到了对自我的解释和意识——这是所有成员的共同财富,这财富越巨大,集体的概念就越

---

① 穆罕默德·侯赛因·海卡尔(Muhammad Husayn Haykal,1888—1965),转引自比特菲尔德(H. H. Biesterfeldt)1991,第 277 页。

稳固和深入人心。"①将民族作为一个集体的想象,依赖于对一种可以回溯到时间深处的连续性的想象。

2. 基本结构和升级形式

马克·布洛赫(M. Bloch)在1925年批判了涂尔干学派将"集体"这个形容词轻率地加在了"再现"(representation)、"意识"(conscience)、"心态"(mentalité)、"记忆"(mémoire)等一些个体心理学领域的术语前的做法。他认为,这种语言使用方式是"方便的,但是有一点虚构性"。"集体的认同"这一概念也受到了同样的批判。但是,实际上,布洛赫的批评涉及的是被他认作虚构物、社会想象的产物的东西。我们谈论集体的认同这个概念时,其虚构性或者比喻性在于:一方面,集体成员的"成员资格"完全是一种象征意义上的存在,另一方面,集体的认同并不具备一种不可或缺性。集体认同的继续存在可能受到外部强制力的干扰或者彻底阻碍,但抛去这些情况不谈,集体的认同在例如大规模移居和集体改变宗教信仰的情况下,仍可以被声明作废。集体的认同可以苍白到毫无内容的地步,人们的生活照样可以继续,而对于"我"的认同来说,受侵蚀、衰弱或者受到伤害都会直接导致某些病理上的后果。由此我们说,集体的认同属于社会"想象物"(Imaginäre)中的一个范畴(卡斯托里亚迪斯[Castoriadis]1975;巴茨柯[Baczko]1984;安德森[Anderson]1983;埃尔韦特[Elwert]1989)。

文化与社会是基本结构,即,它们是人类存在不可或缺的基本条件。如我们所认识的那样,人类只有在文化和社会的框架上才可存在。即使是那些拒绝了这两者的隐士,也要受到它们的影响,

---

① 参见德罗伊森:《史学原理》(*Historik*),载莱克(V. P. Leyk),斯图加特,1977年,第10页及第45页。

并且以一种否定("弃绝")的姿态参与到这两者中来。这两者作为基本结构,在这个层面上间接导致或者"生产"出了认同,这种认同一定是与个体相关的,但不一定与集体相关。每个个体在其自我意识中都要受到这两个基本结构的影响,但这并不意味着,个体对某个集体或文化的归属感(Zugehörigkeit)会自动转为一种成员式的同属感(Zusammengehörigkeit),即:一个"我们"的认同并不必然随之产生。相对于一个进入到个体意识中并成为其行为指导的"自我形象"来说,这种归属感更像是一种理所当然的东西,它要上升为一种"我们"的认同,需要经历一个转变:集体通过一些外部手段将这种归属感的存在植入到其成员的意识中去(Bewusstmachung)——例如通过一些倡议式的仪式;或者,集体成员自己意识到这种归属感的存在(Bewusstwerdung)——例如,当成员遭遇到不同类型的社会形态或者生活方式的时候。在我们看来,集体的认同就是经过反思后的社会归属性。与之相应地,文化的认同就是经过反思后形成的对某种文化的分而有之或对这种文化的信仰。

基本结构及对其进行反思后形成的升级形式之间存在何种差别,这一点我们可以以女权主义为例进行说明。从自然现实来看,每个人必然属于两种性别中的一种。但只有当这种纯粹分类意义上的归属感变成一种"我们"的认同之后,当个体将自己视为集体的一员、内心产生了一种团结一致和同属感并将其作为行为指导的时候,我们谈论"男性的/女性的认同"才变得有意义。女权主义就实现了这一点:它造就了一种女性集体的认同。同样,马克思在谈到社会阶级的时候,也提到了"集体主体"(Kollektivsubjekt)。通过一些外部手段使个体意识到他们所共同拥有的处境,使归属感上升为同属感,使一个人群(Masse)转化成一个基于集体的认同而在行动上团结一致的集体主体。这一点在上述两种情况中表现为集体成员在面对其他集体时所展示出的"对比性的"（kontrastiv）或者"对抗性（antagonistisch）的团结一致"，在女性主义那里是与男性群体相对的，在马克思主义那里是与统治阶层相对的。将基本结构作为反思对象（Reflexivwerdung）、基本结构的升级以及在此基础上建构集体的认同，必需的基本条件之一就是这种"对抗主义"（Antagonismus）。

个性的和个体的认同的形成和发展也是通过反思而完成的。但人在此所要经历的一个绝对必要且无可回避的过程，是与此人所处的社会文化范式共存的。我们将这种情况称为"人类学意义上的反思性"（anthropologische Reflexivität），它所指的是首先由乔治·赫伯特·米德（G. H. Mead）在其1934年出版、1968年被译为德文的著作中所描摹的一个过程，这是一个被托马斯·卢克曼（Th. Luckmann）称为"交互反射"（wechselseitige Spiegelung）的过程，即：个体在形成和巩固自己的认同的过程中，一方面与"重要他者"相认同，另一方面也与基于这些他者的反馈而形成的自我形象相认同（卢克曼，载：马夸德/施蒂尔勒［Marquard/Stierle］1979）。人对自我的经验（Selbst-Erfahrung）总是经由他人才获得的，而人直接获得的只可能是对他人的经验。正如若不借助镜子，我们就几乎无法观察自己的脸颊一样，若要观察藏于内部的自我，我们同样需要这样的镜子。这种反射和重新—投射（re-flexio）中包含着意识和反思的结构，所以，这并不是一个简单的文字游戏，与他人的交往同时就是与自身的交往。自我（Selbst）的形成，即个体的认同的形成，若不经过与他人的交往和互动，是不可能完成的。个体的认同是关于自己本身的意识，但同时也是关于他人的意识：他人对自己的期望及在此基础上产生的社会责任和法律责任。

一个人要在与他人的交往中构建个体的认同，就必须要和这些人共同生活在共同的"象征意义体系"（symbolische Sinnwelt）中。但是这并不意味着这种共同性也必然会展示出某种（集体的）认同——除非当这种共同性进入到个体的意识中并被有意识地坚持下来。而在文化的基本状态或者——如果我们可以使用这种悖论性的措辞——自然状态中，我们看到的恰恰是相反的情况：文化连同它所包含的所有规范、价值、机构、世界观和人生观被归化成了一种理所当然的存在，一种全然绝对的、没有其他变种的世俗秩序；文化的这种独特性和约定俗成性（Eigenart und Konventionalität）相对于个体而言就会变成隐藏不可见的东西。① 文化的这种彻底的理所当然性和含蓄性所导致的不可见性使其无法向个体传达一种关于"我们"的意识和认同。有一点是肯定的，即认同是"只能以复数形式出现的名词"，其存在的前提是其他的认同。没有多样性就没有统一性，没有差异性就没有独特性。文化形态（Kulturelle Formationen）所独有的特点是：一方面，它只可能以复数形式存在（直至今日仍是如此，现在谈论一个拥有世界性文化的世界性社会为时尚早）；另一方面，它在一般情况下却会（或者甚至是完全地）漠视这个事实而存在。正常情况下，没有人会认为自己是单独存在于这个世界上的，也没有人会无法认同周围的人具有与自己相同的地位和状态。但是对社会来说，这却是一种常态，民族对自我进行指称时，一个应用最广泛的原则便是：将原本意为"人"的词语作为本民族的名字（Ethnikon），如"Bantu"、"Inuit"和埃及语中的"remetj"。但这只是最显著和清晰的一种症状，在这背后是每种文化中都包含的强烈倾向：以其独特方式将是与非描绘成黑与白，这虽然是构建意义的基础，但这一图像却

---

① 参见霍夫施泰特尔（P. R. Hofstätter）1973，第 57—73 页。对文化的明确定义："我们将一个社会系统中所有理所当然地存在着的东西的总和称为这个社会系统的文化。"（第 93 页）

第三章　文化认同和政治想象

因被置于由很多隐而不显的规则和意义组成的"灰色区域"中,而变成了看不见摸不着的东西(玛丽·道格拉斯[Mary Douglas]1966;1970;1975)。如果生活在这其中的人意识到"现实"(Wirklichkeit)是一个"社会构建的产物",那么现实也将不能继续作为现实存在。

文化形态中这种与生俱来的倾向,将习俗性和偶连性(即:它也可以被构建为另外一种现实)遮蔽并代之以遗忘和理所当然性,实际上是由人对文化的天然依赖性决定的。即使如彼特拉克在一封信件里说的那样,人类将"从野性中挣脱并进入到人性中"视为自己的任务和上帝所赐予的机会(法伊弗[R. Pfeiffer]1982,第39—40页),但客观看来,人始终都不可能真的进入到那种状态。文化的对立面只存在两种情况:一种是孩童,他们是作为"小野蛮人"进入到文化中的,他们并不是真的"野蛮",而只是需要文化的教化;另一种是其他的文化体系,从文化中心主义的观点出发,其他文化的存在状态都是野蛮的。人并不是经过深思熟虑后,选择了文化摒弃了野蛮,而是,因为人是依赖于文化而存在的,所以文化便成了人的(第二)天性。但对动物来说,它们是跟随自己的本能来适应周遭(特定)的环境,人缺乏这样的本能,因此就需要去适应文化这样一个象征意义体系,世界被这个体系通过象征的方式传达给个人,并由此才变成了一个对人来说适于生存的世界。人对此别无选择,人并不是在做挣脱野性的工作,而是在弥补一种先天不足。人要学习的,是那些他所要依赖的东西以及那些由这种依赖性植入他体内的其他东西。

但是,文化在对自我进行阐释时,并不将自己的目标和作用与克服某种缺陷联系到一起,而是认为自己是克服了一种已经存在的野性。文化借助一些对"虚构的混沌"(Chaos-Fiktionen)来阐释自我(巴朗迪耶[G. Balandier]1988)。在原初的自然状态中,人与人自相残杀，强者统治弱者（即不受法律控制的），每个人都可以不受限制地根据自己的欲望和当下的观点来行事，于是文化就被视作对这种自然状态的超越和反叛。鉴于文化的这种自我阐释，对文化的适应就意味着与自然/天性①的渐行渐远。去适应文化所包含的象征意义体系及其附带的所有规范和禁忌、标准和机构、规则和意义，就会同时经历疏离的过程：相对于外部世界（Welt）的从外向内的疏离；相对于自我（Selbst）的从内向外的疏离。在自然状态中，人被与满足自我欲望的需求直接地、强制性地捆绑在一起，伴随着对文化中的机构的适应，人"疏离"了那种捆绑并通过这种延迟获得了"思考的空间"，在这个空间里，人可以决定自己如何行事，由此，认同的形成也才成为可能。阿比·瓦尔堡在其著作《记忆女神》（*Mnemosyne*）②（贡布里希［Gombrich］1984，第382页）的导论部分指出："有意识地在自我和外部世界之间制造距离，可以说是人类文明进程中的基本行为。"文化可以对这种距离进行机构化，它制造出了亲密感和信任感：对自己的信任、对外部世界的信任以及人与人之间的信任。通过这种方式，人在面对大量的外部刺激、必须做决定的压力和内心的不信任感时，可以被"减压"，由此就形成了一个人类所独有的自由空间（Frei-Raum）。③

对于个性的和个体的认同的形成来说，这种自由空间是其前提条件，因为它使人与他人间的互动和交往过程、"各个角度间的

---

① 此处的原文为Natur。Natur有"自然"和"天性"双重含义，根据上下文，此处同时包含这两重含义，因此译为自然/天性。——译注
② Mnemosyne本是古希腊记忆女神摩涅莫绪涅的名字，她是9位缪斯神的母亲。——译注
③ 此处参见卢曼（N. Luhmann）1973。另可参考古希腊的"信任"（pistis）概念，如克里斯特尔·迈埃尔（Christel Meier）所理解的那样，这是一种"期望和满足期望之间的自然而然的嵌合"。参见：马夸德/施蒂尔勒1979，第375页，此处作者还提到了彼得·施帕恩（P. Spahn）的著作《中间阶层和城邦制的建立》（*Mittelschicht und Polisbildung*）。

关联性"(普勒斯纳[H. Plessner])成为可能,而这是认同的建构、行事的自由和对自我的经验的基础。在行事的过程中发挥作用的,不光是人要拥有做决定的自由,同时也需要身处某个意义世界的地平线之内。这个地平线因为具有统一性和共同性,就使得行事在主体互动的层面上获得了意义,即将其转化为一种"互—动"。

但是因为在这种共有的、关于行事和经验(Erleben)的意义地平线上不仅要建构出一个"我"的认同,也要建构出一个"我们"的认同,因此,就要进一步引入意识的另一个维度。① 因为如果一个集体所共同拥有的象征意义体系对他们来说变成了僵化不变的理所当然性和蒙昧的民族中心主义,并被视为适用于整个人类及外部世界秩序的话,一种对集体的认同的意识便很难被与这个象征意义体系联系到一起。集体成员们会认为:我这样而不是那样行事,是因为"人类"都这样做,而不是因为"我们"都这样做。②

在下文中我们将试图通过列出几个典型条件的方式,来展示意义世界的视域的那些关键部分是如何得到了反思并由此成为人们可以加以考察的对象,进而变得清晰可见,变得不再是理所当然的东西,而是成为了"我们"的认同的象征性表达方式。

---

① 如果我们将人与外部世界的疏离视为第一阶段的疏离,那么,人与某个特定的象征意义体系的疏离就可被视为第二个阶段的疏离。前者是最初的疏离,而后者则必然已经包含了前者中的那种疏离。此处可参见迈埃尔,出处同上,第373页以下。在此书中,作者将古希腊在6世纪和7世纪所陷入的危机阐释为一种"信任危机",这就进一步导致了一种对"原有秩序的疏离"。
② 在于尔根·哈贝马斯(Jürgen Habermas)认同理论的术语中,这两种态度都属于"习俗性的认同"(konventionelle Identität)范畴。与之相对,"后习俗性"指的是按照理性的普遍规则行事。但是,这种行事是如何与认同联系到一起的,这一点尚不明朗。集体的认同中总是包含着一些非理性因素。参见哈贝马斯1976。

3. 认同、社会交往和文化

如果我们要将"社会交往"作为第二个方面来考察认同的问题，就要重新从关于人类存在的几个基本事实出发。亚里士多德将人定义为一种"政治动物"①：人是社会性的动物，他生活在政治秩序、共同体（Gemeinwesen）和集体中。人天生就是依赖于群体的，这个定义已经被人类行为学方面的研究证明无误。人对群居的倾向是人类的本能之一；组建社会的倾向和行为也是人类最重要的行为方式（艾布尔-艾贝斯费尔德[Eibl-Eibesfeldt]）之一。人对组建社会的倾向与某些群居动物具有共同之处，例如狼和蜜蜂等动物也会建立社会或者"国家"。根据亚里士多德的观点，人类与其他群居动物的区别在于，人还会使用语言。人是"zoon logon echon"，即拥有语言的动物。亚里士多德对人的这两个定义之间存在紧密联系：对于构建集体来说，语言是最重要的工具。集体是建立在一些社会交往形式上的，而语言使这些方式成为可能。

（a）认同的象征性形式

我们将关于社会归属性的意识称为"集体的认同"，它建立在成员分有共同的知识系统和共同记忆的基础之上，而这一点是通过使用同一种语言来实现的，或者概括地说：是通过使用共同的象征系统而被促成的。因为语言并非只是关涉到词语、句子和篇章，同时也关涉到了例如仪式和舞蹈、固定的图案和装饰品、服装和文身、饮食、历史遗迹、图画、景观、路标和界标等。所有这些都可以被转化成符号用以对一种共同性进行编码。在这个过程中起关键作用的不是媒介本身，而是其背后的象征性意义和符号系统。我

---

① 关于zoon politikon译为"政治动物"还是"社会动物"，学术界尚有争议。——译注

们可以将这种由象征意义促成的综合体称为"文化"或者更准确地说是"文化形态"。一种文化上的认同会符合、巩固而且最重要的是再生产一个文化形态。通过文化形态这一媒介，集体的认同得以构建并且世代相传。

人群居的基础和其中起决定性作用的因素都属于象征性层面而不是生理性层面，因此，群居的方式也极其丰富。对于一个人来说，他不但有能力生存在各种大小不同的"共同体"中，如从只有几百人的部落到拥有数百万甚至十几亿人口的国家，他也有能力同时属于不同群体，从家庭、党派、职场，再到宗教团体和国家。因此，文化形态也是种类繁多的，其中最主要的是，它们在状态上以及整体系统上都呈多元化（polymorph and polysystemisch）。文化作为一种宏观形态，还拥有着数量众多的文化亚形态。由此我们可以推断，一个部族社会的文化形态相对于一个后传统时代（posttraditional）的书写文化来说，形态要单调很多，或者说，更容易呈现出铁板一块的状态。一个文化中拥有的亚形态或曰亚系统越繁复，在这个文化内部所进行的转化和解读的作用及与其相关的机构就越显得必不可少。

(b) 循环

我们将文化定义为一个集体的免疫系统和认同系统之后，就要追问它的作用机制。我们惊诧地发现，它跟生理意义上的免疫系统存在类似之处：我们可以使用"循环"（Zirkulation）这个概念恰如其分地描述文化免疫系统的作用机制。就像身体各器官的细胞与在身体中流动存在的细胞之间会产生共同作用、它们之间会不间断地生产出无数的联系并由此产生关联和各器官间的互动，这样才构建并维系（以及再生产）了身体的认同一样，社会的认同也是通过互动来构建和再生产的。在这种互动中循环着的，是一种经过共同的语言、共同的知识和共同的回忆编码形成的"**文化意义**"(kultureller Sinn),即共同的价值、经验、期望和理解形成了一种积累(Vorrat),继而制造出了一个社会的"象征意义体系"和"世界观"。

共同拥有的文化意义的循环促生了一种"共识"(Gemeinsinn),即在集体的每个成员心目中都形成了一种整体高于一切的认知,而成员作为个体的愿望、欲望和目标都要服从于整体。在包括古埃及在内的所有人类文明最初的伦理观中,"贪婪"(Habgier)和通过牺牲他人利益来获取自身利益的做法,都是最严重的一种罪。我们如果从微生物学的角度来研究人的身体,就会发现这两者之间同样存在着令人惊异的相同之处。贪婪从某种程度上来说就是人类社会的"癌细胞"。我们可以随机摘录一段癌症研究方面的最新报告:"正常情况下,所有细胞都要严格服从整个身体的运行需要。对细胞来说,要擅自行动是很困难的,因为身体内有一个严格的控制系统网络,它会监督所有细胞都要和其他组织一起合作。"①这个控制网络在社会中也同样存在,它的作用是让"共识"来管理社会成员的"个人倾向"。

在一个相对简单的社会和"面对面交流"的情况下,意义循环的最重要方式就是与他人进行交谈。语言是建构社会现实最重要的工具,通过言谈,一个社会意义上的世界得以形成并且继续运转。② 但也不是所有意义循环所借助的媒介都是语言性质的,对于社会关系网的形成以及认同的建构来说,最原始和最有利的工

---

① 芭芭拉·霍博恩:《结肠癌———系列突变的结果》,载《法兰克福汇报》1990 年 2 月 14 日(Barbara Hobom, "Darmkrebs-Ende einer stufenweisen Erbänderung", in: FAZ vom 14. Februar 1990)。

② 此处参考维特根斯坦(Wittgenstein)的观点。关于由阿尔费雷德·许茨(Alfred Schütz)发展的关于语言的"社会建构者"的理论,可参见约翰·肖特尔(J. Shotter)1990 及其所附其他文献。

具是经济和亲属关系。关于商品交换在社会交往中的作用,马塞尔·莫斯(M. Mauss 1966)进行过论述,马歇尔·萨林斯(M. Sahlins 1972)对此问题有进一步阐述,根据他们的观点,商品交换的意义在于将人拉进了一个由社会依赖性、对他人的关照和责任所组成的系统中。列维-斯特劳斯(1948)发现了亲属系统及婚姻俗制的文化和社会意义。他指出,禁止乱伦是文化最重要的成绩,它遏制了小范围的自给自足制,进而促成了大范围的联盟和相互依存关系,这样,集体的认同就替代了小家庭,一种社会文化意义上的认同就形成了。进而,在集体内部循环着的共识也就被付诸实践。

我们在此用"共识"来概括的那些巩固着集体认同的知识包含了两个不同方面,一种是"智慧",另一种是"神话",它们分别对应着谚语和故事传说(Sprichwort und Erzählung)这两种常见形式。共识中的谚语首先与"共识"(Common Sense)有关。[①] 它们的主要作用是对团结一致性的练习,以使"每个细胞都与整个集体保持一致"。这里涉及的是价值和规范、使集体日常生活顺利进行的规则以及社会交往中那些不言自明的规则,我们将它们定义为**规范性**(das Normative)(文本)。**规范性文本**要回答的问题是"我们应该做什么?"它们教会人们如何判断是非、如何找到正确答案以及如何做决定。它们同时传承着如何找到未来方向的知识,指明了正确行事的道路。在埃及,这种人生指南类的文本通常被比喻成"生活之路";中国人的"道"也与"道路"有关;犹太教中的概念**"哈拉卡"**(Halakha)[②]列出了规范性原则、对如何正确行事作出了

---

① 参见格尔茨(Cl. Geertz)1983、朗(B. Lang)和松德迈尔(Th. Sundermeier)的论述,载阿莱达·阿斯曼 1991。
② 指犹太立法中最核心的部分。——译注

文字阐释和实际指导,这个概念也与 **halakh**(行走)有关。① 我们将巩固着集体认同的知识的另一重作用定义为**定型性**(das Formative)(文本),**定型性文本**包含着关于部落的神话、关于英雄的歌谣以及族谱等内容,它们要回答的问题是"我们是谁?"从而实现对自我的定义并校检认同。通过讲述共同拥有的故事,它们传播了巩固着集体认同的知识并且促成了集体行动的一致。② 这种发挥着巩固作用的故事会产生一定的推动力,我们将之称为"神话动力"。

(c)传统:典礼性社会交往和仪式性关联

神话是与认同联系在一起的,神话对"我们"是谁以及"我们"从哪里来和"我们"所处何处这些问题给出了答案。神话中保存和传承的神圣的内容,是一个集体用来建筑其统一性和独特性的基石(肖特[R. Schott]1968)。(规范性的)智慧影响并建构了生活**方式**(习俗习惯),而(定型性的)神话则影响和建构了对生活的**阐释**。但是,"智慧"和"神话"之间的明显差异,只有在考察它们的循环方式(Formen der Zirkulation)时,才变得清晰可见。智慧在日常社会交往的形式中循环,而神话则在典礼性社会交往的形式中循环。如何使那些定型性的、巩固集体认同的知识得到循环,完全是典礼性社会交往的任务。我们可以把典礼性社会交往的各种形式看作是这种循环的机构化。文化意义的循环和再生产必须要借助外力,即,它必须要进入循环并且被展演(inszenieren)。

---

① 参见亚述学家阿布施(T. Abush)在1977年于波士顿召开的AJS年会上的报告:《"行走"一词在巴比伦语言中的对应词》("A Babylonian Analogue of the Term Halakha")。另可参见菲什贝恩(M. Fishbane)1986,第91—280页。
② 鉴于定型性文本(特别是在其起源时期)所拥有的叙事特性,我们可以将它跟犹太教中的"哈加达"这种也是叙事性的阐释性文字放在一起考察。此处参见菲什贝恩1986,第281—442页。

第三章 文化认同和政治想象

因此,在此我们还要对仪式进行进一步考察。在前面的部分中我们已经涉及了对仪式的研究,如在关于回忆文化的部分中,我们研究了仪式作为文化记忆的媒介与作为交往记忆的媒介时存在的差异;在关于书写文化的部分中,我们研究了仪式性关联与文本性关联这两者之间的关系。仪式的作用是要使集体的认同体系保持活跃而不至于陷入停滞状态。仪式将那些与认同相关的知识传达给每个参与者。它们通过保持"世界"的活跃性的方式,构建和再生产了集体的认同,因为对于古代人来说,文化意义就是全部的现实和秩序。为了对抗日常生活中表现出来的无秩序性和可能发生蜕变的趋势,就必须要用仪式的方式使秩序保持在活跃状态并且得到再生产。秩序的产生不是自发的,而要通过仪式性的展演和神话传说的言说:神话将秩序言说出来,而仪式将它们生产出来(巴朗迪耶 1988)。秩序(即生活秩序及生活方式)经常被等同于世界秩序(Weltordnung)本身,它既融入现实世界中由共识生产并且规范着的日常生活层面,也融入了基于共同拥有的知识储备而进行的节日典礼层面,而这种知识,是与认同相关的、在典礼性社会交往中循环着的"文化记忆"。我们可以这么理解:在无文字社会中,仪式或者"典礼性社会交往"的任务便是,使那些巩固认同的知识得到循环和再生产。典礼性社会交往和认同之间存在着一种紧密的、系统化的联系。仪式是运河和"血管",巩固认同的意义流动其中,这些意义也是认同系统的基础设施。社会的认同是与一种被特意强调的、与日常生活拉开距离的、典礼性的社会交往联系在一起的。在无文字社会和那些基于"仪式性关联"建构起来的有文字社会(如古埃及)中,不管是从共时性还是历时性的角度来看,整个集体的关联都依赖于仪式的重复性原则。

二　民族的产生作为对集体认同的基本结构的升级

在本章的第一节中,我们看到认同是与知识、意识和反思相关的,我们还讨论了这种知识的内容指向问题,文化就是这种知识在内容和形式上的特殊外在表现。

在基本结构①这个层面上,社会(民族)、政治和文化形态之间存在着完全重合性。集体成员生活在一种面对面的社会交往模式中,只要这些成员的生活方式还是定居式的,他们就生活在一个定居集体中,他们的社会归属性依赖于其居住地的婚姻俗制。② 一个这样的集体,其成员数目一般都是受限的,基本不会超过几千人。在我们这个世界上,大多数的语言、文化和民族形态是呈这种"自然发展"(naturwüchsig)状态的。③ 所有超越了这一状态的,都可以被归作升级后的结果。这些升级后的状态,从根本上说是不稳定的,因此就产生了对其进行特别加固的需要。我们在下文中将更清楚地看到,这种需要是如何作为一种典型的发端,促成了集体认同的建构。总的来说,首先是民族、文化和政治形态之间的不一致性,诱发了反思,反思的结果是,起到凝聚和约束作用的文化意义的理所当然性被削弱并使人们对此有所警觉。在升级形式的层面上,民族、文化和政治形态的原初联合有一种自我分解和将自我问题化的趋势。上述的不一致性导致的问题主要有两类:融合

---

① 此处的"基本结构"指的是本章第一节的第二小节中所讲到的"文化与社会是基本结构,即,它们是人类存在不可或缺的基本条件"。——译注
② 克劳斯·米勒(1987)描述了这种社会的认同的"自然形式"。另可参见雷德菲尔德(R. Redfield) 1955 和滕布鲁克(F. H. Tenbruck) 1986,第253页及以下页(滕布鲁克在论述此形式时讲到了一种"本地原则")。
③ 当然,从人数上来看,目前世界上的大部分人口生活在高度文明的国家中,而不是部落中。但是,从文化形态本身的数量来看,部落文化形态远远多于国家文化形态。

一体化的问题和分化①的问题。

1. 民族融合和中心性

当数个族群的联合体要共同组成更大的民族政治意义上的共同体,或者要通过迁徙、兼并和征服加入其他民族政治意义上的联合体时,就会出现文化融合和文化适应(Akkulturation)的问题。强势的文化或者说强势民族的文化形态于是就拥有了跨民族的适用性并上升为标准文化(Hochkultur)②,这种文化使被其兼并的文化形态遭到了边缘化。早期标准文化的建立都是通过建立新的政治组织形式来实现的,其规模大大突破了人类社会在形成过程中所遵循的"自然状态下"的规模秩序。在以这种方式升级后的文化形态中,象征意义体系发挥的作用是:它不再仅仅局限于原初的、人类学意义上的作用,例如保证人们可以与日常生活和周围世界保持距离、人们之间可以进行社会交往和互动,而是被赋予了额外的任务,即要使高度不稳定的政治形态变得稳定,使多多少少存在差异的社会文化形态进行融合。这种文化的传播是更高级的、跨地域的、跨民族的,在结构上存在高低差异、在地位上有中心和边缘之分,在这样的文化中,人们的社会化之路是各有差异、纷繁多样的。管理和传递文化记忆的,不再是父母或者初级的社会建构物,而是社会组织机构(Institutionen),对文化记忆的获取也是艰难和费时费力的。现在,文化已经不再像社会心理学家彼得·R. 霍夫施泰特尔(Peter R. Hofstätter)所定义的那样,代表着理所

---

① Distinktion 含义既包括"区分、分化",也包括"特别高尚之物(人)"。此处根据上下文译为"分化",在本章的第二节中,作者还会进步一谈到这个词所包含的"高尚"的含义。——译者
② Hochkultur 在历史学中指发展程度高于其他文化的文化;在社会学中指与日常文化、民间文化或通俗文化相对的高雅文化。作者在此处分析的是在同一共同体中,几种文化之间的融合、趋同问题,因此译作"标准文化"。——译注

当然性，而是如社会人类学家阿诺尔德·盖伦（Arnold Gehlen）所理解的那样："可以被称作文化的东西，是经过了数百年乃至数千年漫长的实验过程而得出来的固定的、但始终仍是受到制约和阻碍的形式，如法律、所有制、一夫一妻式家庭、特定的劳动分工等，所有这些形式都将我们的冲动和意向进行向上的推压和培植，并使之成为高级的、经过精挑细选的要求。从这一点出发，这些组织机构如法律、一夫一妻式家庭、所有制都远不是自然生成的，也不是可以很快被摧毁的。关于我们的本能和意向的文化也同样远不是自然生成的，而更多是被那些社会组织机构从外而内构建、保持和提升的。一旦这些支持物被抽离，我们会很快回到蒙昧状态。"（盖伦 1961，第 59 页）

盖伦在这里所谈论的文化实际上并不是文化本身，而是融合升级之后的文化。融合升级之后的文化并不是简单的对依赖性的定型、对不足之处的补救，而是一种更高层次的文化，与之相比，原始文化形态实际上显露出"野性"并且必须要被抛弃。如盖伦所说，融合升级之后的文化是一种"向着规模巨大、要求极高和绝对明确"方向行进的运动，同时也始终是"强迫性的、艰难的和不可能的"。盖伦似乎并没有搞清楚，他并不是在谈论文化本身，而是在谈论处于某个特定历史阶段的文化，同时，他没有搞清楚的是：肩负着稳固文化之任的人类，其本能和意向本身就指向一种不稳定性，而且，承载着这种文化、同时又被这种文化所承载的政治组织形式也是不稳定的。但盖伦所描述的，基本精确反映了古埃及的文化概念，在古埃及的整个历史中，融合一体化都是一个核心问题（直到古希腊文化的入侵，分化问题才成为至少是同等重要的问题）。

由此，我们可以想到，融合升级之后的文化要求极高的特性及其"向着规模巨大、要求极高和绝对明确的运动"，反映在了古埃

第三章 文化认同和政治想象

及早期文明中规模巨大的象征性形式和这种文明的风格中。那些象征形式的规模超越人类极限,只有通过最卓绝努力和最高级的技术手段才可能实现,这一点精确符合了同样巨大、只有通过连续不断的努力才能保持住的政治形态的规模。这种"形成民族、建立国家和追求巨大性"综合症最令人印象深刻的例子是埃及第四王朝时期(约公元前2600年)所建造的金字塔。"在这里,信念真的将高山搬移",埃及学家沃尔夫冈·黑尔克(Wolfgang Helck)写道:"而这种信念同时也对埃及民族的形成提供了决定性的推动力。最终,在此刻,通过埃及王国中人们的共同劳作,才产生了一个有组织之物,在这里面每个人都获得了属于他自己的位置。"(黑尔克1986,第19页)

如果我们说,金字塔是一种政治认同(法老在世时是其活生生的形象体现)的总符号和象征,这听起来像是犯了年代错乱的错误。我们联想到了列宁的水晶棺,更联想到了北京的毛泽东纪念堂。来自中国各地约70万人参与了后者的建造:这是一种整合性的策略,为的是防止在毛去世后发生政局动荡(莱德罗泽[L. Ledderose]1988)。威廉·伍德(William Wood)曾在1800年呼吁在伦敦建造一座巨大的金字塔,"为的是通过感官这一媒介,使灵魂感到喜悦、惊愕、提升或者被统治。"只有一座超出一般规模的金字塔才可以刺激到不列颠民族的感官,让他们为自己的祖国效力,也就是说,"国家"作为一个集体的认同才可以通过"触动感官"的方式变得可见并具有持续性。① 而实际上,对早期古文明中巨大建筑物的类似解读在《圣经》中就已出现,这便是众所周知的建造巴别塔的故事(《创世纪》11):

---

① 参见伍德:《关于国家纪念碑和墓碑的随想》(*Essay on National and Sepulchral Monuments*)。转引自科泽勒克(*R. Koselleck*)1979,第261页。

> 来吧,我们要建造一座城和一座塔,
> 塔顶通天,
> 为要传扬我们的名,
> 免得我们分散在全地上。

"名"在此处若不是民族认同的缩影和核心象征,还能是什么?如果对"分散在全地上"的恐惧不是意味着融合(同时也深知其结构的不稳定性)的愿望,还能是什么?在这里,祈望求得的民族意义上的"大认同"(Groß-Identitiät),被外化表现在了一个巨大建筑物上。如故事所述,耶和华不光以摧毁巴别塔的方式阻碍了这种追求,更重要的是他还使这些人的语言发生了混乱。显而易见的是,此处涉及的问题用"身份认同"来概括是不恰当的,因为,"最终,"如社会语言学家乔舒亚·菲什曼(Joshua Fishman)恰如其分的疑问,"除了语言,我们还有哪种更优越的象征符号体系可以去构建和传递这样一种认同?"(菲什曼1983,第277页)虽然,菲什曼在此探讨的是"现代民族—文化认同",但这个问题本身并不是那么的"现代"。如亚里士多德早已指出的那样,语言从普遍意义上看,是人类群体得以形成的最原初媒介。

融合一体化、超越自然发展的人类社会形态而构建的民族政治意义上的"大认同"、将这种认同稳固下来形成更全面更具凝聚力和约束力的象征意义体系,这些活动必然导向对文化形态的反思。文化适应即使是从处于优势的"目标文化"出发进行的、被理解为是"对野蛮性的克服和对人性的植入"的活动,也意味着从一种文化到另一种文化的过渡。① 总之,一种文化多元性的形成推进了一种"文化意识"的产生,就如对多门语言的掌握会促成更为

---

① 彼特拉克在一封题词性质的书信中提到了"野蛮性"(feritas)和"人性"(humanitas)这两个概念。参见法伊弗(Pfeiffer)1982,第30—31页。

第三章　文化认同和政治想象

明确的语言意识一样。对文化的反思在一个宏大层面上成形,这种反思使得文化可以(被分门别类地)形成一个个主题并变得清楚可见。那些原本深藏不露的规范、价值体系和公理都暴露出来,变成了可以被编码的法律和生活准则。这并不仅仅是文字的发明带来的结果,也是因为要实现融合就必须使隐含的东西变得可见。这些知识在被外化和问题化之后,通过观察它们便可对它们进行改造和批判。这样,便产生了多元性和错综复杂性,其反面是一成不变的理所当然性。

但文化绝不是一直都起着融合和一体化的作用,它至少也会在同样程度上起到分层和分裂的作用,最明显的例子便是印度的种姓制度。种姓的分类标准完全是按照文化因素、依据特定职责范围而指定的。在一个共同的民族认同之内(外来家族被认为是没有种姓的),种姓制度制造了一种基于文化因素的不平等。实现基于文化因素的不平等的典型方式便是文字和对文字的掌握①,在古埃及和美索不达米亚文明这些人类早期文明中,会书写文字的人员属于特权阶层,他们手中掌握着认知、政治、经济、宗教、道德和司法等各项职权,书写和知识、书写和治理、书写和统治做到了珠联璧合。在进行着书写、治理和统治的精英阶层和进行着劳作和生产的人民大众之间,形成了不断扩大的鸿沟。有没有一种自我认知是涵盖了这两个阶层的?这两个阶层还将彼此视为同属一个集体的成员吗?文化越复杂,这条鸿沟在群体内部造成的撕裂就越巨大,因为懂得用这些专门知识去进行管理和实践的专职人员的比例会变得越来越小(格尔纳[E. Gellner]1983)。

文化的这种制造分层和不平等的潜力可以朝两个方向发展:在知识社会学方向里创造分化,将专家和专职人员与没有读写能

---

① 在印度,《吠陀》和婆罗门教(vedisch-brahmanisch)的记忆术发挥着文字的作用。

力的大众区分开来；在民族学方向中创造分化，将受过教育的上层社会的精致生活方式与大众"未经润饰"的生活方式区分开来。文化变成了一种属于上层社会的现象，但在这个过程中，文化通常并不认为自己是一种与大众文化相抵的精英文化，而是把自己当作绝对的文化，精英阶层只是能够比一般人更好地掌握和实现这种文化而已。于是，这部分人，即精英阶层，开始要求在群体整体范围内获取代表性。古埃及的官员们并不认为自己是一种特殊的官员文化的代表，即技术和某特定阶级的伦理的代表，而认为自己是普遍意义上的"文化"的承载者。承载"这整个"文化，是一件要求极高的工作，从根本上看这项工作只能由那些因掌握财富而衣食无忧的人来承担。在对文化的这一态度上，所有古代社会都是一致的。下等阶层参与到文化的方式是，文化将其作为一个问题来对待。对下层的善行恩惠和对贫苦人群的救济，向来都是古埃及或整个古老东方文明甚至《圣经》伦理中的核心要求（博尔克斯坦[H. Bolkestein] 1939）。群体要团结一致的观点，必须被灌输到每个成员的头脑当中，其中必然也要包括那些既不拥有财富也不拥有权利的人，用俗语来说，就是那些"孀妇和孤儿"。①

处于中心地带的文化作为帝国的文化，覆盖了那些处于边缘的文化，且总是以极少数精英作为其承载者，但它代表了整个社会的认同。通过学习（在古代的巴比伦、埃及和中国）以及通过国家考试（在古代中国），有些人获得了分有这种文化的机会。这种文化传递了一种"归属"意识，这种后天获得的、有意识去追求的归属感和另外一种与生俱来的、民族文化意义上的归属感意识结合到了一起。人们首先将这种文化作为获得更高阶层归属感的工

---

① 参见扬·阿斯曼1990 的参考文献。并参见哈维斯（H. K. Havice）：《古代中东对孀妇和无父儿童的关照：对旧约圣经伦理学的专题研究》（*The Concern for the Widow and the Fatherless in the Ancient Near East. A Case Study in O. T. Ethics.*），耶鲁大学博士论文，1978。

具,虽然这种关于认同的意识引发了社会分层的问题,但是从某种不那么严格的角度来看,我们也可以将其称为一种文化意义上的认同。

我们在此要对具有代表性的精英文化和上层社会的精英文化加以区分。一种上层社会的精英文化(exklusive Elitekultur),如欧洲18世纪那些讲法语的贵族的文化,从来不认为自己是在民族层面上具有代表性的。在任何时期,一位波兰贵族都会认为自己与法国贵族比与本族农民之间的联系更为紧密。这位波兰贵族有可能无法理解"民族共同体"这个概念的含义,因为波兰就是一个由贵族组成的国家。安东尼·史密斯(A. D. Smith)在与此类似的意义上区分了"横向"和"纵向族群"(Ethnie)。"横向族群"是贵族的族群,这种文化是会导致社会分层的,同时,精英文化向下层的渗透力很弱或者根本就没有得到传播。而"纵向族群"与之相反,它是"通俗的",在这样的族群中通行的是唯一的、适用于所有社会阶层的民族文化,虽然其涵盖范围可能会有所变化(1986,第76—79页)。我们所说的"具有代表性的文化"和"上层社会的文化"之间的重大差异在纵向族群中不被考虑在内,上述二分法在这里并不适用。所以,古埃及和古代美索不达米亚文明一方面虽然因其极突出的精英文化也属于"横向族群",但另一方面,这种精英文化又具有代表性,不能被认为是一种单纯的上层社会文化。另外,通过"纵向的团结一致"这种意识形态,文化试图越过由其自身导致的鸿沟而去实现一体化。①

融合升级之后的文化形态,对内通过其融合性力量将一个帝国黏合在一起,同时在对外时,它也致力于发展出一种强大的对他者进行同化的力量,经典范例是古代中国。外族入侵者不久之后

---

① 关于"纵向的团结一致"这个概念,参见扬·阿斯曼1990。

就会忘记自己的本源,作为中国的统治者,他们甚至要比中国人更像中国人,他们被"汉化"了。① 同样的过程出现在古巴比伦和古埃及。"只要是喝过尼罗河水的人,就会忘记自己的出身。"古代的此类著名例证包括亚述人被巴比伦文化的同化②,以及罗马人被古希腊文化所同化。在现代,直到最近法国还被认为是在文化上具有特殊同化力量的国家。为了发展这样的融合和同化力量,一种文化必须从已然陷入灰色地带的理所当然性中解脱,通过定型、展显、将其归入某种风格等形式,使文化变得具有特殊的可见性。在这种起到核心作用的、已被定型的可见性中,文化于是可以变成一个客体,供人们有意识地对其进行认同,并变为一个集体的同时也是"文化的"认同的象征。③

2. 分化与平等

将融合和分化作为文化基本结构进行升级时所面临的两个不同方向来加以区分,这似乎是个无意义的工作。但这两者难道不是同一个现象的不同方面? 当文化为了要发展其更高级的融合同化力量而将自己变得"可见"时,文化本身难道不是同时变得具有分化性了吗? 对文化的巩固如果不是将独特性和分化性变得可见,又能是什么? 认同难道不是始终都同时意味着统一性和独特性? 将更强调统一性的认同和更强调独特性的认同区别看待,这种工作是否有意义? 我们能不能只强调一个方面,而不需要同时也强调另一方面? 提出这样的异议是有根据的。当文化在内部生产出认同时,必然在外部生产出异己性(Fremdheit)。心理学家埃

---

① 鲍尔(S. W. Bauer)1980。
② 关于亚述人和巴比伦人的"文化战争",参见马西尼斯特(P. Machinist)1984/1985。
③ 阿莱达·阿斯曼(1986)把这里涉及的认同行为用"决定参与"(Opting In)概念来加以描述。

第三章 文化认同和政治想象

里克森(E. H. Erikson)将这个过程称为"伪物种形成"①,而民族学家艾布尔-艾贝斯费尔特(I. Eibl-Eibesfeldt)在这个过程中找到了人类好斗性的原因(1975;1976)。这种基于文化分类而产生的异己性可以升级为对异族的恐惧、民族仇恨和毁灭性战争。这种矛盾性也是文化记忆现象的一部分,热爱与憎恨,它们只是形成群体的那同一个基本功能的两个方面。②

升级后的内部统一性必然强化与外界的界限。对这一机制的生动表现便是实现了中国"大一统"的秦始皇命人修筑的长城。③ 在古埃及我们也发现了同一机制。最新的考古发掘证实,上埃及和下埃及的史前文明分别植根于地域更加广阔的文化背景中,上埃及的文化植根于非洲文化,而下埃及的植根于近东文化(J. Eiwanger 1983,第61—74页)。随着帝国的统一,即随着一个涵盖了尼罗河流域所有民族文化形态的新政治形态的出现,这些与更广阔地域的文化交叉便消失了。同样的情况出现在美索不达米亚文明中,在早期,它和近东文明一起成为一个文明中心,这个文明联合体的辐射范围西至安纳托利亚和埃及,东至印度河流域。

与此相对的是,升级后的对外分化性必然激发产生一种升级的对内统一性。与外界敌对环境的隔离比什么都更能将一个群体紧密联系在一起,对付内政危机的最好方式便是具有攻击性的外

---

① 埃里克森1966,第337—349页;洛伦茨(K. Lorenz)1977。
② 关于此民族学理论与公共法学家卡尔·施米特(Carl Schmitt)的政治理论之间并非全无危险的相似性,参见扬·阿斯曼1990。
③ 这里说的"长城"并不是今天仍可以见到其某些部分的长城,后者于公元15世纪早期修筑而成,但是两者的目的相同。参见弗兰克、特劳策特尔:《中华帝国》,《世界史》第19卷,菲舍尔出版社(H. Franke, R. Trauzettel, *Das chinesische Kaiserreich*, Fischer, *Weltgeschichte* 19),1968,第75页。有趣的是,中国第一座长城的建立和第一次帝国规模的政治大认同的建立,伴随着的是规模巨大的焚书坑儒,这与奥威尔在《一九八四》中描述的情景类似,秦始皇试图通过毁灭儒家教育来达到磨灭原有文化记忆的目的,从而为一种极新的东西的出现铺平道路。

交政策。① 我们不想否认这一关联,但我们仍然可以认为,根据促使升级的因素是倾向于融合还是分化来对文化形态的升级进行"融合性"和"分化型"的区分,是有意义的。对于埃及文化来说,其分化性是随着在其内部展开的融合力量同时出现的一种现象。对于犹太人来说,他们唯一的融合性力量便是维系对外的分化性力量。② 在上述两种情况中,一方都必须依赖于另一方才得以存在,但由于类型不同,它们分属于两种根本不同的文化升级形式。

与盖伦对一个融合升级之后的文化所做的归纳类似,民族学家威廉·E. 米尔曼(Wilhelm E. Mühlmann)在文化的分化升级形式中看到了文化的本质。为此他引入了一个概念"限定性结构":

> 显然是存在着一个界限的,但它并不一定(至少不是必须)要在"底端"被标记出来,而更多地是由作为"界标"承载者的人自己来设定的。标识界限的方式有:文身图案、体绘、身体变形、饰物、服饰、语言、菜系、生活态度等,总而言之:通过将"文化"当作实在之物、可传承之物、神话等,这种界限将自己标记出来。(我们想到了苏格兰格子,这也是克兰氏族的符号。)地席、纱笼的款式以及特定样式的武器,甚至是歌赋和舞蹈,都可以用来标记一种"界限"。所有这些不是简单地"在那儿",它也将"他者"隔离在外,是和具有标记性质的、关于优越性和杰出性的概念以及意识形态联系在一起的。界限对于自然状态下的民族来说,它所发挥的"标记"(Markierung,可与拉丁语中的 *margo* 一词对比)作用比立在土地上

---

① 参见施米特1986中《军事动员和民族意识》("Military mobilization and ethnic consciousness")一章,第73页及以下页。
② 韦伯已经指出,"选民"的思想产生于分化性原则中,而且会在同等条件下反复出现:"所有'民族'矛盾的背后都很自然地存在着这样或那样的'选民'的思想。"参见《经济与社会》,第221页。

的界碑更为重要,它**也**可以是现实在场的,但它更属于有概括性的、直击人类存在本质的范畴,是一个"限定性结构"……

限定性结构在典型范例中的表现是,它并不是将"文化"当作很多生活状况中的**一种**形式来区别于其他形式,也不承认其他形式是"文化",它将"文化"完全当作是自己独有的,即具有普遍意义的形式,其他"文化"从本质上看是适用于低级人种的。"其他文化"只是文化研究者的说法,他们可以对这些文化进行拓展性和决疑论式的俯瞰,但本文化中的原住民并不承认这点。只有通过循序渐进和艰难刻苦的学习,他们才能认识到,"他者"也是和自己一样的人类(1985,第19页)。

米尔曼也没有搞清楚,他所谈论的并不是普遍意义上的文化结构,而是一种特殊的升级形式。因此,他并没有认识到,升级后的分化性,一种"限定性结构"的出现,并非是将自己置于与蒙昧和适于低级人种的外部世界相对立的位置上,而是将自己置于与一种更占优势的文化相对立的位置上,这恰恰是"限定性结构"出现的典型场景。对此可以做出最好解释的范例是米尔曼所举的那个例子——苏格兰格子。如我们所知,这是一种起源不早于18世纪的"被发明出来的传统"(霍布斯鲍姆/兰杰1983),正如麦克弗森(Macpherson)的《莪相》(*Ossian*)一样,其意图是要提升被边缘化了的苏格兰文化,以对抗大英帝国的中心文化所带来的融合。分化性的升级并不是文化本质的标志,而是"认同系统适应与之对应的外部环境"(斯派赛[E. H. Spicer]1971)时的一种特定情况。如斯派赛所说,这种(集体性的)"认同系统"在创立阶段具有特殊的坚韧不拔性,且一直拥有一种反抗性和对立性原则。分化性升级后的认同是一种"对立—认同",是一种反抗运动。① 对立—认同的建立和维系,并不是通过对蒙昧的混沌状态的反抗,而是通过对占统治地位的文化的反抗才得以实现,少数民族便是典型例证。

> 对少数族裔的迫害(如犹太人、黑人等)导致了这些群体像爱护自己的宝贵生命一样爱护自己的身份认同。斯派赛举了西班牙的加泰罗尼亚人、巴斯克人和加里西亚人的例子。但是这种情况适用于世界各地,如生在加拿大但母语为法语的人,生在法国但母语是布列塔尼语的人等。个体和集体的身份认同的共同特点,通过这样一种对抗分化原则得到了体现。正如若没有他者的概念,便没有自我的概念一样,如果没有任何其他群体,也便不可能有一个"关于我们的意识"。②

艾伦·邓德斯(Alan Dundes)将民俗当作一种可以用来定义"对立—认同"的典型象征符号体系,这种做法是正确的。但我们认为,从严格意义上讲,民俗并不是普遍意义上的文化形态,它是一种身处边缘但和主流文化体系保持关联又形成反差的文化形态。民俗是一种属于亚文化的、具有地区性的文化形态,它与主流文化的关系正如口语化的日常语言和标准语言之间的关系。但因为邓德斯并没有认识到民俗和主流文化之间存在着重要差别,他也就犯了同样的错误:把特例当成了普遍情况。在遭到文化压迫、过多地受到外来文化的影响、被边缘化的情况下,民族风俗和文化传统等(它们在严格意义上可被称作"民俗")便会沉淀定型为对一个"对立认同"的象征表达方式,这个对立认同"能够适应(和抵制)

---

① 施米特将此称为"族群主义"(ethnicism),并将其定义为"一种抵抗和复辟运动",参见施米特1986,第50—58、92页。
② 艾伦·邓德斯,载雅各布森-维丁(A. Jacobson-Widding)1983,第239页。

与自我形成反差的环境",几乎所有欧洲民族的民俗传统都曾经历过这个过程。

文化形态可以通过构建一种"限定性结构"来实现分化性升级,这方面的另一范例出现在文化内部存在对抗性和二元性的情况下。我们可以在17和18世纪的俄国找到这样一个典型例证。①此时,如在所有其他欧洲国家的情况一样,在俄国发生的现代化进程使俄国文化具有了一种二元性,即出现了**旧**文化和**新**文化的对立,其中一方的符号体系被视为对另一方的否定和逆转。如此,一种从根本上实行分化(限定)的意义就产生了:人们以某一特定方式行事的最重要原因,是要让自己的做法区别于对方的做法,并以此来标记出自己与对方之间的界限。在当时的俄国,蓄须、迎着太阳行进(Gang gegen die Sonne)、用两个而不是三个手指划十字等,被旧教徒当作表明信仰的最高等级的符号而得到推崇,原因是那些新教徒的做法与此相反。启蒙带来的现代化进程在其所到之处都导致了新旧文化的对立。在这一点上,即使是在客居地"与自我形成反差的环境"中已然构建了自己"对立认同"的犹太人都无法幸免。②

分化性并不仅仅是自下而上、自边缘向中心进行的,有时也会以相反方向进行。"Distinktion"("distinction")一词中所包含的对"高尚"与"低下"的界定并不是个偶然现象。我们可以回到上文中已经简略提到的上层社会的(exklusiv)精英文化的例子。所有上层社会都特别注重要以可见的方式将自己的独特性表现出来,并因此而倾向于以特殊方式展露那些可以从根本上起到"限定

---

① 利特曼/乌斯宾斯基(J. Litman/B. Uspenskij)1977;拉赫曼(R. Lachmann)1987。
② 关于犹太教中传统主义与启蒙(haskalah)的矛盾,可参见菲什曼,载雅各布森-维丁1983,第263页及以下页。

性"作用的象征性意义。① 例如,古埃及"掌握文字的阶层"拥有雪白的衣袍和长长的发束;目前在东方的很多地区,锃亮的皮鞋、深色西装、雪白的袖扣和过长的指甲,都是属于上层社会的象征。"作为贵族的义务"(noblesse oblige)首先指的是:对生活方式进行并不令人感到舒适的高度风格化、对生活方式进行有意识的维护和展演。相对于"族群主义"以及"民族主义"这种横向分化,我们可以把上述形式的纵向分化称为"精英主义"。

处在分化性升级中或者"限定性构建"状态中的文化,必须要拥有一种特殊的归属感和同属感意识,即一种"关于'我们'的意识",以便通过和"他们"划清界限来强化这种意识,并在原初的"界定性"象征意义体系中找到自己的落脚点和表达方式。这里所说的"他们",指代的是上层社会或下层社会的代表、改革派或传统派、施行压迫者或邻村的居民。将群体的独特性加工成某种可被认知的风格,这个过程会面对多种挑战。但是,在此过程中必然还有一个"反风格化"(Gegenstilisierung)问题,即一种"反—分化",这具体是指文化所面对的并不是来自于混沌而是来自于其他文化的挑战。

正在构建着限定结构的文化,不再是形式松散的聚合物,而是变成了一种宗教信仰。这一点并不是针对精英主义的(尽管确实存在典型的上流社会专有宗教信仰)②,而是针对族群主义和民族主义的。分化升级后的认同中的宗教元素表现在其试图将一切涵盖在内的要求,伴随着这种要求,"关于'我们'的意识"获得了承认:**所有**事物、个体的**所有**方面都被涵盖在内。在**这种**起到决定作用的分化面前,所有其他区分都黯然失色:"我所认识的,只有德

---

① 参见布迪厄(P. Bourdieu)1979/1982;凡勃伦(Th. Veblen)1899。
② 参见安特斯/帕恩克(P. Anthes/D. Pahnke)1989。

国人。"关于这种限定性结构可能引来的危险,《圣经》中的约西亚改革(《列王纪下》)的故事是第一个同时也是最令人印象深刻的范例,对此我们会在第五章中进行进一步阐述。约西亚改革本身,特别是关于《申命记》的历史中对此事的回忆,可以被阐释为民族的革新:先是在依附于亚述的时代结束后,然后是在被掳到巴比伦以致传统遭到更为严重的断裂之后,一个民族就自己真正的身份认同进行着思考。① 我们今天可以将此称为一个民族的觉醒运动。这种觉醒是通过一本已被遗忘的书的突然出现而实现的,这里所说的遗忘以及遗失了的身份认同,究竟是什么样的?

当同时丧失了土地、圣殿和政治认同时,就如犹太王国在公元587年所遭遇的那样,通常会发生的情况是,民族认同会遭到损耗,正如在那些约140年前被亚述人带入的十个北方部族中所发生的那样。这些部族忘记了他们是谁或者曾经是谁,并逐步融入了其他部族(史密斯[A. D. Smith]1986)。这是古代的所有部族或早或晚都要经历的命运。犹太人是唯一可以在遗忘面前仍保有自己认同的民族。这一点要感谢那些身陷巴比伦王国的流亡者群体,这些人竭尽全力地用回忆保持了起到规范性和定型性作用的自我认知的轮廓,这种自我认知是他们从流传下来的文化中提取出来的,同时这些人也通过回忆保持了其民族认同的基石。

这种认同的特殊之处在于上帝与这个民族之间的约定。"今日立你做他的子民,他做你的神"(《申命记》29:13)。这种说法不

---

① 关于此事的记载被多次加工。我们选用的是流亡时代之后(nachexilisch)的版本,这个版本结合对灾难和流亡的体验,对此事进行了加工。具体参见施皮克曼(H. Spieckermann)1982。

断重复出现,并且构建了认同的核心部分。① 认同不是外部特征,而必须要变成意识、知觉、"心中之事"。约西亚让"所有的百姓,无论大小"都聚集到耶路撒冷,"王就把耶和华殿里所得的约书念给他们听。王站在柱旁,在耶和华面前立约,要尽心尽性地顺从耶和华,遵从他的诫命、法度、律例,成就这书上所记的约言。众民都服从这约。"这里提到的"尽心尽性"和"众民",都是关键词,它们展显了这是一个"唤醒运动"(Erweckungsbewegung),通过发动这样的运动,一种隐而不显或已被遗忘、但仍然可以起到规范性和定型性作用的自我认知发展成了一种新的自觉性。因此"尽心尽性"这种说法反复出现(《申命记》4:29;6:5;10:12;11:13;13:3;26:16;30:2;30:6;30:10)②,对这一要求最恰当的表述便是德语词"Er-innerung"③,这即是说,要将其内化、将其重新唤回到内心、使自己拥有自觉性。

宗教和族群认同感(Ethnizität)是联系在一起的两个概念。部族联合体升级变为"民族",民族进一步升级,变成"归耶和华的"民族(《申命记》26:19)或者"神圣的民族"(《出埃及记》19:6),并最终变成了可以"入耶和华的会"④的民族。每个个体都必须知

---

① 这种说法在《耶利米书》中出现的频率尤其高(11:4;24:7;30:22;31:33;32:38)。这种说法的语境大部分是同时关涉到对心灵的提升和"割礼"(《耶利米书》4:4 及《申命记》10:16;关于对心灵的提升重点参见《以西结书》11:19)。割礼是在伦理上对"katex-ochen"的认同,是与异教徒、多神教徒、拜偶像之人相区别的标志,与这些人之间的交往是绝对不允许的。
② 在隆重的宣誓即位仪式上,西拿基立面对臣民,发誓将对王位继承人以撒哈顿保持忠诚,也数次提到了"尽心尽性"(ina gummurti libbikunu),参见渡部博文(Watanabe)1987,第160—163页。亚述王国的领主封臣之约对以色列与神的约书所起到的示范作用是经常被探讨的问题,较新的参考文献:塔德莫尔/魏因费尔德(H. Tadmor/M. Weinfeld),载:坎福拉/利韦拉尼/祖卡尼尼(Canfora/Liverani/Zaccagnini)1990。
③ Erinnerung 的本意是"回忆",词根中的 innen 意为"在内部",因此,从 Er-innerung 中可引申出内化等含义。——译注
④ 《申命记》23:1—8 中确认,谁可以"入耶和华的会"。

道,而且一刻也不能忘记,自己属于一个民族,这种归属使他有义务保有一种严格("按照约定")规定好的、和其他民族都完全不同的生活方式。"犹太人"从一个对族群的称呼变成了一个"具有规范性的自我定义"(桑德斯[E. P. Sanders]1980及其后作)。这种对一个具有规范性和定型性的自我认知的承认,拥有极高的约束力,即使要用生命去捍卫它也在所不惜。

《申命记》是一个民族抵抗运动的宣言和宪章。这里被实践的模式,即通过"认同的神圣化"过程,将自己从他者中分化出来并进行对抗的模式,完全是一种典型模式,因为在埃及,一种基于分化的认同升级也是朝着这个方向发展起来的。在波斯王国统治埃及期间,身处异族统治之下的埃及首次在政治和文化上都受到外来影响的巨大压力,为了抵制这种影响,一种"民族的"与波斯文化相分离的运动开始兴起(劳埃德[A. B. Lloyd]1982)。内克塔内布法老的大兴土木之举就是在这种大背景下产生的,之后托勒密王朝延续了这一建筑计划。在我看来,这是一种以分化为标志的对认同的升级,从功能上来看,它与发生在以色列的事件完全相同,只是它又运用了完全不同的文化手段。因为在埃及,人们并没有构建出文字性的正典文本,而是建造了神庙。这神庙同时也可以被视为正典化的类型之一。它依据同一张平面图展开,被一层又一层的文字所覆盖,以纪念碑的形式将文化传承内容进行了编码。同时,神庙又通过高墙将自己与外部世界隔离开来,这种墙以巨大的感官冲击力将"铜墙铁壁"视觉化,这墙在犹太人那里,便是将他们环绕其中的律法。埃及的神庙之墙将神圣的仪式、图像、文字等包容在内,同时,它也将一种被矫正过的生活方式包容在内,在神庙中的生活是严格遵循那些关于纯洁的规范的。内克塔内布建造神庙的计划还为我们研究基于分化的升级以及神圣化的民族认同提供了另一个视角。对埃及的后世子孙来说,这座神庙变成了认同的象征,埃及将自己视为神圣的,即"神圣的国家"和"世界之神庙"。

犹太王国和古埃及的方式是:将文化记忆正典化。正典化的意思是:所有来自外部的、不相关的东西遭到清除;所有在规范性和定型性方面具有重要作用的东西都被神圣化,这些东西具有了极高约束力和不可侵犯性。

我们在这些极端个例中所要展示的是,民族认同及其稳固持久性是受制于文化记忆及其组织形式的。民族的消亡(除了印加帝国这种极特殊例子),不是有形物质的消失,而是在集体、文化层面上的遗忘。当我们对这种关联所产生的后续影响进行考察时,便会发现,文化记忆组织形式的变化,比如说编码领域的革新(文字)、流通领域的革新(印刷术、广播、电视)、传统领域的革新(正典化、去正典化)等,都会使集体的认同随之发生意义极为深远的革新。比如,基于历史事实,我们完全有理由将现代民族国家的建立这一现象和印刷术的发明联系在一起(安德森[B. Anderson] 1983)。我们注意到,集体的认同的明显升级在世界各地都是随着一定文化技术手段的产生而发生的,比如:在古代文明中文字的产生、在以色列和希腊文字和记忆术的产生、在婆罗门的印度记忆术的产生等。即使是在亚述人那里,在他们以军事而非文化上的功绩为世人所知的情况下,帝国的建立也是与一个文化机构有关的,这个文化机构可能是由亚述人发明的,这便是在文化方面发挥了不可小觑之作用的"宫廷图书馆"(今天我们可能会将它称作"国家图书馆"),在这所图书馆中,所有的、结晶为文字形式的亚述—巴比伦社会的文化记忆被搜集到一起;与之相连的是对传统所做的深刻彻底的编码,选取其中某些部分对其进行正典化和加注评论。从限定性结构和融合性结构来看,"国家图书馆"(不同于神庙、泥板石屋[Tafelhäuser]①或者古埃及的"生命之屋"[Lebenshäuser]②这种专属图书馆)使得文化记忆变成可以流通的东西。但是,在保持和稳固民族认同方面,作用最为强大的手段仍然是宗教。史密斯所分析的所有那些具有超常连续性的范例,从撒玛利亚人(Samaritaner)到巴斯克人,他们的民族认同都和某种特定的宗教融合在一起(史密斯1986,第105—125页)。

---

① "泥板书屋"指的是古代苏美尔人创立的学校。考古学家们在泥板书屋中找到的泥板或为教科书或为学生的作业。目前考古发现的最早的苏美尔学校建造于公元前3500年左右,办学目的主要是为统治阶级和神庙培养书吏或书记员。——译注
② 古埃及的图书馆分为两类:上帝之书屋和生命之屋,前者中收藏了与宗教有关的书籍,后者藏书范围不光涵盖宗教书籍,还包括与生活相关的书籍,如医学、星相学等。——译注

第二部分
个 案 研 究

绪　言

在古代文明中,希腊和以色列无疑是两个特殊的例子,因为它们的传统具有抵抗时间(zeitresistent)和释放能量(strahlkräftig)的特质,因此一直到今天都保持了各自的身份特征。上述两个文化的相互结合不仅奠定了基督教西方的基石,而且也构成了伊斯兰文化的前提。在西方,呈现为诗歌和哲学的希腊经典与希伯来《圣经》和《新约》成为文化回忆的核心;在伊斯兰文化中,希腊科学占据主导地位,而且《古兰经》发挥了相当于希伯来《圣经》的作用。值得强调的是,西方文化圈和伊斯兰文化圈实际上都以各自特殊的形式建构在希腊和以色列—犹太遗产之上。当然,这种遗产不仅以新旧文化之间的承接形式得以延续,而且也表现在"纯文化"方面,比如犹太教中的古代以色列传统和人文主义里的希腊精神。

上述情况是如何形成的呢?为什么偏偏是希腊和以色列两大文化源头没有随着古代世界的衰亡而断流,而巴比伦和埃及文化则遭遇了如此厄运?要想回答这样的问题,我们就应当追溯最初确认文化含义的过程,因为西方和伊斯兰文化的基石由这些含义构成。以色列和希腊几乎是同时且相对独立地完成了确定各自文化含义的两个决定性步骤,其一是从公元前8世纪至公元前5世纪创作具有奠基意义的作品(fundierende Texte),然后又把这些作品确立为典范(Kanonisierung),希腊化时期兴起的阐释文化(Auslegungskultur)在其中起到了关键性作用。两个文化都以一种决裂为特征:第二圣殿时期的犹太教视古代以色列为本源,而希腊化世界(包括罗马及所有随之而来的古典主义和人文主义思潮)都奉荷马和古典希腊为典范。在犹太教中,"经师"(sofer)们建立了一个机构,目的是把被选中的以往文献确定为正典(Kanon)[①];希腊化区域里与此相对应的是亚历山大的语文学(法伊弗[R. Pfeiffer]1978)。整理和阐释希腊传统的活动促成了西方"经典"的诞生,而犹太人建构和撰写历史的工作构成了犹太正典产生的基础,二者无论在时间上还是在地理上都相距不远,而且都与保证和保存民族的特殊性直接相关。在当时的地中海东部区域,许多民族都试图给自身的传统赋予法律的效力(kodifizieren)并将其系统化(systematisieren)。面对日渐扩张并带有一体化倾向的希腊—东方文化,每个受到影响和威胁的文化都试图通过反思自己的过去来确定和确保民族的认同感:在两河流域,公元前8世纪在位的新亚述君主们促使宫廷图书馆大量收集和整理以往的文献,在埃及出现了把《亡灵书》标准化的趋势,在波斯,人们开始把口头流传的《阿维斯陀》用文字形式记录下来。虽然上面提到的犹太正典和希腊经典有其特殊性,但是似乎可以把当时的地中海东部视为其产生的历史语境。本书的重点不是探讨这种比较是否具有历史的合理性,而是阐述何为"民族性的"文献,被犹太教奉为神圣的正典和成为经典的古希腊诗作都可以被视为此类作品。近来关于经典之作的讨论中,"民族性"概念的界定成为问题的核心。

---

① 请比较施塔德尔曼(H. Stadelmann)1980,以及朗(B. Lang)和泰森(G. Theissen)在阿莱达·阿斯曼1991中发表的论文。

绪　言

　　正典和经典如何产生,这个过程实际上已经被人们熟知,因此在这里没有详细论述的必要。相比之下更有意义的是,拿一个已经衰亡的文化与以色列和希腊传统作一个比较。巴比伦和埃及都构成很好的例子,这两个文化的书面记录比希腊和以色列早很多,一直延伸到公元前三千纪初,而且在希腊和以色列文化生成时期仍然主导着当时的政治和文化语境。① 此外,这两个文化都先是随着基督教然后是随着伊斯兰教的传播而灭亡。可以说,这两个文化均未能赋予自己的传统一种能够抵御时间侵蚀的特性。我想以埃及作为例子详细讨论这个问题。

　　在两河流域曾经出现过非常特别的情况。这里先后生成了两种各具特色的语言(苏美尔语和阿卡德语),朝代频繁更迭(由苏美尔人、阿卡德人、加喜特人、亚述人、巴比伦人、迦勒底人建立各自的王朝),而且文字、宗教和文化对周边的民族(如埃兰人、亚摩利人、胡里安人、赫梯人和迦南人)产生了很大的影响,这些与相对独立和自成一体的埃及文化和社会形成鲜明的对照。两河流域内部的这种多样性实际上为传统的确立提供了有利的先决条件。每当这个区域出现重大的政治动荡的时候,随之而来的是整理并保持自身传统的努力。这种努力的最早例子便是苏美尔人于公元前三千纪末编纂王表的举动,到了古巴比伦王朝(从公元前18至前17世纪)和加喜特人掌权时期(约公元前15世纪),出现了大规模地编辑和誊写苏美尔和阿卡德文献的趋势,而这个趋势的顶点则是公元前8至前7世纪的亚述君主们专门建造图书馆,保存那些刻写了以往各种文献的泥板(可参看兰伯特[Lambert]1957)。与此相关,两河流域很早就形成了关于文字、文章和书本的专门知识,并且后来融入到希腊和以色列—犹太传统中去,这使

----

① 有关古希腊的情况,可以参阅布尔克特(W. Burkert)1984。

得巴比伦文化在其后起到主导作用的传统中发挥了埃及文化完全无法比拟的作用。巴比伦之后的这些传统有一个共同的特点，那就是以"逻各斯为中心的方式"（logozentrische Engführung）来达到确定其文化意义的目的，即采用字句、文章、文字和书本的形式。我们无法设想，离开了语言传承的形式，什么东西能够像一个神圣的中心一样把传统紧紧地固定在自身的周围，而使得这种传统成为有机的整体的元素就是"文化记忆"。我们不得不说，古代埃及文化在这方面的确提供了最不同寻常的反面例证。如果我们探讨古代埃及文化曾经如何确定自身的意义，文化记忆又是借助什么样的媒介和机构来完成的话，我们就会发现一个与众不同的现象，即古代埃及社会中确定意义和文化记忆都是经由神庙来完成的。我们将在下文中阐述这样一个论点，即埃及人同希腊人和以色列人一样，大约在同一个时间，并且因为受到同样的历史环境的压力而试图借助"经典"或"正典"来保持传统，所不同的是，埃及人所借助的"经典"或"正典"不是表现为文献集的形式，而是呈现为一座神庙。

第四章 埃 及

一 埃及书写文化的基本特征

1. 一体化的神话动力

法老时期的埃及人根本没有撰写类似《旧约》里所展现的那种"民族的"历史。尝试编写这种历史的例子一直到托勒密时期(曼涅托[Manetho])才出现。之前长短不一的王表并不能被视为历史书写的手段,它们只是记录时间的工具(即所谓"冷"回忆)。当然这并不是说埃及人在展现自身形象方面未曾拥有任何行之有效的回忆或者重构模式。关键在于,古代埃及人采用了非同一般的形式,他们并没有使用我们所熟悉的叙述模式,而是借助象征手法。关于国家的统一,古代埃及人用如下的文字来表述,即"联合两部分土地",象形文字被拉丁化便成为 *zm3 t3wj*,因为古代埃及人通常用"两部分土地"这个名词来称呼自己的国家。所谓的两个部分分别是上埃及和下埃及,在埃及语里由两个截然不同的名词 *Schema*ᶜ 和 *Mehu* 表达,与此相关,古代埃及国王拥有分别与其国土的两个部分相关的两个头衔,即 *njswt* 和 *bjt*,它们翻译过来分别意为"上埃及国王"和"下埃及国王"。古代埃及国王的两个王冠分别象征他对上述两部分国土的统治权,两个女神分别充当两种王冠的保护神,而且两个王冠分别与两个神话(或许也是历史)中的早期国家的都城相关,而法老时期统一的国家就是联合这两个早期国家而形成的(奥托[E. Otto]1938)。这种富有政治意义的象征符号经常被刻画在御座的侧面。我们可以看到荷鲁斯和赛特两个神正在把象征上埃及和下埃及的两种植物捆扎在表示"联合"(发音为zm3)之意的象形符号上。换句话说,埃及国王所统治的国家是远古的荷鲁斯和赛特两个神和解和融合的结晶,而每个登基的国王充分行使其王权的最好表达方式就是统一国家的两个部分。①

有关荷鲁斯与赛特的神话实际上表达了古代埃及国家经过合二为一的步骤才诞生的象征意义。这一对表现为死对头的神不仅表达了古代埃及地理上划分为上埃及和下埃及的事实,而且蕴含了更多的连带意义:荷鲁斯代表了文明,而赛特则代表了野性;荷鲁斯与公正联系在一起,而赛特则与暴力联系在一起;荷鲁斯让人联想到秩序,而赛特则让人联想到混乱。② 统一只能在这两个死对头和解的情况下才有可能实现,而和解的前提是其中的一个向另外一个屈服。公正、文化和秩序有必要进行战斗并战胜其对手,因为它们并不是理所当然的东西。公正、文化和秩序无法轻松地取代不公、野蛮和混乱,它们需要制服后者。因而可以说,荷鲁斯和赛特的神话所描写的不是一种状态(Zustand),而是一项没有止境的工程(Projekt),即克服混乱状态并建立公正的秩序,而其手段就是联合,也就是"时代的秩序源于重生"(*ab integro nascitur ordo*)。

---

① 关于这个象征性的表达方式,请参阅法兰克福(H. Frankfort)1948;格里菲思(J. Gw. Griffiths)1960。坎普(B. Kemp)1989,第27—29页对此问题做了精辟的论述。
② 关于赛特这位反面神,请参阅费尔德(H. te Velde)1967;霍尔农(E. Hornung)1975;布伦纳(H. Brunner)1983。

第四章 埃 及

统一从来都是来之不易的东西,它绝非理所当然(gegeben),如果不持续地付出努力,它就会稍纵即逝(aufgegeben)。

古代埃及人讲述上面所提到的神话不是为了教育人,也不是为了娱乐。它的作用有两个:其一,它勾勒了一个一分为二的世界,而这个世界要想运转起来就必须合二为一,因为只有在这个合二为一的世界里,秩序得以战胜混乱,文化得以战胜野蛮,公正得以战胜暴力;其二,古代埃及人试图借助这个神话来获取完成统一和确保世界正常运转所需的力量。核心概念(Wesensformel)与回忆的形象(Erinnerungsfigur)通常具有感召的特征(Appell-Charakter),它们能够起到规范性和定型性的作用。正因为这些被回忆的形象具有自我成型和引导性的特性,我称它们为"神话动力"(Mythomotorik)①,目的是更好地表达这种象征性符号在确定文化本质方面所拥有的能量。有关荷鲁斯与赛特的神话讲述的是从前存在过的二分状态,而经过回忆这个模式,它促成了一种具有强大力量的意义,即促使人们不断付出努力,以便确立和确保统一状态的持续。或许可以说,古代埃及国家之所以拥有如此不可思议的稳定性,其秘密就在于这种神话动力之中。归根结底,这里所说的稳定不仅仅是时间长短的问题,更加重要的是,如何经过不断更新来保持自身的特征,而且通过自我调整结构来克服严重的危机。

古代埃及的神话功能显然服务于强化集体的身份归属感,根本目的是达到联合。它不是为了对外划清界限,而是为了在内部实现统一,为了把两部分合二为一。这个合二为一而后形成的整体,在古代埃及人的观念里意味着全部,他们并没有拿这个整体与其他某一个整体相对立。在他们看来,由上埃及和下埃及构成的国家就是全部有秩序的世界。对这两个部分的统治就是掌管整个

---

① 详见第一章第三节。

世界,埃及语把它表述为"一切的主宰"(nb tm),或者"唯一的主宰"(nb wᶜ)。这两个部分联合起来构成了世界,它们是由太阳神创造的,而且托付给埃及国王管理。

2. 宏大的表述:象征权力和永恒的文字

与两河流域有所不同的是,古代埃及的文字不是在经济领域里发展起来的,而是在政治制度的形成过程中成型。也就是说,古代埃及文字的诞生并不是为了进行经济活动,而是用来表达政治理念。最早的刻写着文字的文物相当于政治宣言,它们为刚刚形成的国家呐喊助威。它们可以被称为"前瞻性回忆"(prospektive Erinnerung)。它们把眼下当作"将来的过去"(zukünftige Vergangenheit),以便在之后的回忆中,这个眼下得以一直保存在文化记忆之中。为了达到这个目的,古代埃及人把所完成的伟业刻写在石头上,并且把这些石碑保存在神庙里,以便这些壮举所生成的结果永世长存,可以说收到了既让它们存留,又把它们展示给诸神的双重效果。此外,这些宏大的表述体起到了确定年代的作用,因为文书们经常以一年当中发生的主要事件为依据,把这一年称为"某事之年"。从这个意义上说,古代埃及人的宏大表述模式不仅是他们编年史和历史书写的肇始,而且也是所有超大规模的建筑和图画艺术的原动力,这些巨大的建筑和图画造就了一个稳定和向神界开放的结构,一个引人瞩目的永恒的神圣空间。象形文字的源头说来就在于此,而且这也是为什么象形文字一直保持其图画艺术特征的原因;因为早期的象形文字主要用在与神有关的神圣空间里,古代埃及人称象形文字为"记录神的话语的文字"。①

---

① 有关象形文字的早期生成过程,可参考施洛特(A. Schlott)1989,该作者列举了大量相关的文献。

第四章 埃 及

如果从上述的史实进一步分析,我们可以说古代埃及"宏大的表述"(monumentales Diskurs)起到了双重作用,一方面,国家借助这个手段展示自己,另一方面,这种描述形式同时表现了一个永恒的秩序。正因为古代埃及象形文字、艺术和建筑都具有这两种功能,埃及人的国家机器与"永恒"(Ewigkeit)(或者说,"不死"[Unsterblichkeit])有机地联系在一起。古代埃及国家的职能不仅在于保证和平、秩序和公正,它还承担了让人永生的任务,或者至少促使人死后复活。① 每一件刻写象形文字的纪念碑都清楚地展现了国家与永生之间的紧密关系。一个纪念碑旨在留存那个与该纪念碑相关的个人,而这个纪念碑能否生成和存在,其决定权完全掌握在国家手中。因为与文字和建筑相关的文书及其技艺在古代埃及都被国家所垄断,任何个人只有通过为王权效劳才有可能获得专门的人员,以便这些人为他建造永恒的神圣空间。从这个角度来看,古代埃及国家不仅控制了集体及至整个社会借以塑造和展示自己的媒介,而且有权决定一个个体死后能否在社会记忆中永存。因此,宏大的表述不仅仅是一种交往媒介(Kommunikationsmedium),而且还是一条获得永生的途径。宏大的表述为死者提供了与后世长期交流的机会,该死者就有可能借此永世长存,正如狄奥多罗斯恰如其分地称此为"因德行而永驻回忆之中"(auf Grund seiner Tugend in Erinnerung bleiben)。所谓宏大的表述所表达的是"德行"(埃及语称它为玛阿特,即公正、真理和秩序)、永生和政治上的归属。② 不难看出,宏大的表述构成了古代埃及社会中文化记忆得以实现的最为核心的机制。

毋庸置疑,古代埃及文字的功能并没有一直局限在起初所谓

---

① 参见扬·阿斯曼1990。
② 本人在其他著作中详细地阐述了纪念碑和象形文字所具备的这一功能,参见扬·阿斯曼1988和1991。

的"宏大的表述"框架中。在这个神圣的空间之外,古代埃及文字原有的"象形"特征丧失殆尽,几乎可以说埃及语处在一种语言两种文字的状态(Digraphie-Situation):在宏大的表述框架里,一直到法老文化的终结为止,埃及语的书写形式丝毫没有改变其起初所具备的图画特征;而在此外的应用范围里,象形文字逐渐被简化,原来的图画变成了类似字母的符号。由此演变成两种书写形式,一种就是象形文字(希腊人称它为圣书体),它被用在纪念碑上,另一种就是简化了的手写体。只有后一种才应当视为通常意义上的文字,它也是古代埃及学童们学习的字体,而圣书体则属于艺术的范畴。在古代埃及,只有一个成为"画工"——即在纪念碑平面上勾勒象形文字轮廓的人才有必要学会圣书体文字。因为圣书体文字是一种艺术,或者说是借以进行"宏大的表述"的媒介,这种书写形式有其特定的规则,这些显而易见和不同寻常的规则可以用"法则"(Kanon)这一概念来加以表达。由此说来,古代埃及也曾有过在文化记忆方面试图进行典范化的例子,所不同的是,古代埃及人不是把某个文本奉为"经典"或"正典",而是把文字的一种书写形式典范化。不难看出,埃及人也是为了"恒久不变的目的"(Option für Invarianz)。古希腊的柏拉图早已经注意到埃及象形文字的这一特点,而且学者们至今也承认这一点是古代埃及艺术独有的特征。"古代埃及图画艺术在视觉方面最明显的特征就是其相似性,一件作品或多或少与另外一件有相似之处。"(戴维斯[Davis]1989,第3页)

柏拉图在《法律篇》(656d—657a)中论述了古代埃及的神庙。他关于王朝后期埃及人的自我形象的论点很有见地并具有启发性,不过他误解了问题的实质。他在文中说,古代埃及人在神庙里摆放了用作模型的作品,即希腊语所谓的"样板"(Schemata),目的是以此来确定何为"美"并让美的东西永存。按照柏拉图的理

第四章　埃　及

解,古代埃及人"很早就意识到年轻人应当在平时的练习中体会到什么是优美的姿势,什么是悦耳的歌曲。这些原则确定下来之后,他们又在神庙里向人展示什么是美的,它们为何是美的。此外,不管一个画家或者其他什么人,他们在制作雕像等艺术品的时候都不允许作任何创新,也就是说不应当偏离由来已久的规则。并非只有神庙里的雕像保持不变,在所有艺术领域都是以守恒为宗旨。如果仔细观察,你会发现一万年前(我不是夸张,而是说分毫不差地是在一万年前)制作的画和雕像与当今的艺术品相比几乎如出一辙,既没有被美化,也没有被丑化,而是保持了原来的艺术完美性"(Leg. 656d-657a)。

柏拉图在上文中指的是古代埃及建筑和艺术中不同寻常地恒久的风格(Formensprache),不能不说他抓住了问题的实质。他的话尤其说中了王朝后期埃及人自我认知(Selbstbild)的根本特征。当然,并没有哪个第一王朝或者第四王朝的君主或其他什么人做出过任何规定,要求此后的艺术家不能偏离业已形成的艺术水准。相反,王朝后期的埃及人把以往时期的艺术奉为典范,竭尽全力避免偏离和偏差。他们临摹前朝墓室墙壁上的文字和图画,重新把久远的建筑式样作为蓝本。他们的仿制品与样品如此相像,结果,当代学者在确定古代埃及艺术品的年代时,1500年的浮动是常有的事情。

此外,在整个古代埃及艺术发展过程中,似乎还有一个原则发挥了作用,那就是雅各布·布克哈特所说的"神圣的终止"(hieratische Stillstellung)。[①] 布克哈特以后的学者们对这个原则做了许

[①] "艺术有其独特之处,虽然时间流逝,人们时常设法把它保持在一定的水准之上,不仅如此,有时人们还企图把它固定在一定的高度上,也就是说,通过人为的手段即'神圣的终止'来阻止它向纵深、向更高的方向发展,以便让一定时期取得的成就具有神圣的意义,这种情况在古代埃及文化的初期和后期以及拜占庭都曾经出现过。"雅各布·布克哈特1984,第195页。

多研究并撰写了众多的论著,只是这些学者使用了一个新的名词,即"埃及人的法则"(ägyptischer Kanon)。① 事实上,甚至到了希腊化时期,埃及艺术尚未摆脱这个原则的束缚(所以托勒密时期的埃及神庙建筑遵循了两千年前形成的原则,而与当时地中海区域受希腊影响而形成的文化共通语[Kultur-Koiné]没有多少相似之处)。最近的研究充分说明,由布克哈特引入的概念"大笔字"(Riesenschrift)非常直观地道出了古代埃及艺术的关键所在。埃及人的艺术与文字融合到了令人难以置信的程度,以至于我们无法说它们关系密切,而是应当把它们视为一个有机的整体(费舍尔1986,第24页)。如果说文字构成了一种艺术,那么艺术就可以被称作文字的延伸。正因为这个原因,古代埃及的圣书体在其存在过程中一直没有放弃细致和逼真的图画特征,就如同古代埃及艺术在类型和格式等方面自始至终遵守严格的法则一样。一言以蔽之,(宏大的即圣书体的)文字所具有的图画性能和艺术特征与艺术所具有的文字特征是相辅相成的。古代埃及艺术所受的这种限制说到底不是因为它自身缺乏创新和发展的机制,而是为了像语言符号一样保持其表音性和表意性的统一,埃及人担心没有这些限制的话这个整体就会瓦解,用拉康的话说,"这可能会减弱

---

① 学者们起初主要用"埃及人的法则"这一术语来指古代埃及人描画人体时所依据的固定比例,即整个人体和人体的各个部位在一个平面上占据固定数量的四方格子(可参考伊韦尔森[Iversen]1975)。近来,这个术语所包含的内容变得越来越多,它不仅指古代埃及艺术中各种各样的原理和规则,而且泛指古代埃及与这些原则相关的社会和经济结构(这方面的主要著作为戴维斯1989、1982a和1982b)。我本人曾经试图把古代埃及人所遵循的原则分为五大类:一、比例原则(Proportionsregeln,狭义上的法则);二、投影原则(Projektionsregeln,在二维平面上表现空间);三、表现原则(Darstellungsregeln,肖像的格式和习俗);四、省略原则(Ausschlussregeln,在表现手段上有意不予考虑,比如埃及图画的空间和时间抽象感);五、句法原则(syntaktische Regeln,指安排图画布局时各个部分之间的从属关系)(详见阿斯曼1986和1987)。

第四章 埃 及

艺术存在的根基"。①

那么上面所说的"神圣的终止",那个持续了"一万年"的恒定到底是怎样一回事,它为何给柏拉图留下了如此深刻的印象?至少在古代埃及王朝后期,圣书体文字系统的重要特征是它的开放性,其他文字系统很少有这种特征。说到终止和典范化,被终止和被典范化的不是符号的数量,而是这些符号的生成原则,即它们的图画原则,换句话说,书写符号要保持**图画**的特征。正因为圣书体文字系统具有开放性,新的符号和符号组合层出不穷,而这种开放性基于圣书体文字的图画性能,因为,即使我们搞不清楚一个象形符号与它所属的单词之间的关系以及它所拥有的音素,我们至少能够看到这个象形的符号本身所表示的事物是什么。一般来说,可以根据一个符号所代表的事物来判断它所具有的语意和语音。一旦圣书体文字系统停止其开放性,即不再接纳新的象形符号,那么这个文字系统就会逐渐丧失其图画的特征,也就是说放弃了它可供观赏的特性,成为理性的、可以阅读的文字系统。说到底,在圣书体文字中被终止的不是它的神圣性,而是试图把这种文字理性地系统化的趋势。

埃及人的圣书体是一个复杂的文字系统,它既是语言的表达,也是对周围世界的表现。换句话说,圣书体文字的各个组成部分一方面作为语言的符号表达语意和语音,另一方面又作为图画反映世界。后一种功能可以说与艺术毫无二致,因此柏拉图在谈及象形文字时提到了"样板"。这个样板之所以神圣是因为象形文字被认为是由诸神创造的,如同神庙的结构和仪式的步骤一样。王朝后期的神庙把保护和保存这些样板和格式视为己任。圣书体

---

① 埃及人甚至担心放松限制最后会导致整个社会的法律丧失有效性。在孔子看来,把圆的说成圆的,把方的说成方的,这涉及人类社会的根本。柏拉图赞成公元前5世纪的音乐家达蒙(Damon)所持的观点,即改变了原有的音调可能会损害国家法律的权威性。

文字拥有包罗万象的能力,因为它从理论上说能够容纳所有可以被描画的事物,它相当于一部图解百科全书,神庙墙壁上的圣书体文字以及以圣书体抄写在纸草上并保存在神庙里的文献无异于把世上万物都贮存在这个神圣的场所;因为所记录的内容是神圣的,所以形象地展现这些内容的文字也变得神圣。按照古代埃及人的理解,世上万物都是主司文字的神图特的造物,而这位创世神把自己想到的事物以固定的格式——即柏拉图所说的"样板"——说出口,使得思想变成了实实在在的物体。荣格(F. Junge)非常精辟地指出,古代埃及人的世界其实就是"由神创造的象形符号"(荣格1984,第272页)。

3. 法则与身份

应当承认,古代埃及人在文化上成功地确定了自己的身份,而且长期予以保持,这在古代世界可谓绝无仅有。尤其值得玩味的是,古代埃及人恰好采用我们称之为"法则"的方式把恒久加以制度化并禁止任何形式的变化,这个法则的作用就在于保证文化的持久性,而这个全新的、增强相互间关系的机制是以文字为其基础生成的。不过,在埃及这一边并不存在文本上的恒久,因为文字的存在并不意味着文本的恒定。文本的恒定伴随着阐释学的形成而来。这一点涉及古代埃及人与文字打交道时表现出来的一个令人惊讶的缺陷,他们抄写和改写文本,但是他们从不对文本进行真正意义上的阐释。

从非常一般的和人类学的角度来说,如同讲述、论证和描写等一样,解释同样属于人类语言习俗的基本形式。从这个一般的意义上说,古代埃及人的文献中也不乏解释的现象。这些解释集中在两个方面,其一是涉及宗教仪式的文献,其二则是医学文献。我们可以把上述两类分别称为"神圣的解释"(sakaramentale Ausdeutung,参见扬·阿斯曼1984)和"专业知识论述"(wissenschaftliche Fachprosa)。在对宗教文献进行解释的时候,至关重要的是意思的双重性,其情形类似讲述寓言。换言之,作解释的人讲解表面的文意和深邃的含义,因为这些文本既涉及举行仪式的现场,同时也与神的世界密切相关。在专业知识论述中,阐述者要着眼于精确性和完整性。在上面两种情况中,解释均融合在文本里,即文本和解释并非相互独立;解释性的文字随着文本的传承而逐渐增多,而且像寄生虫一样附着在文本身上,也就是说,文本无法获得前文所提到的"经典"或"正典"的地位,即不许作任何改动("不要添加任何东西,不要减少任何东西,不要改变任何东西")。传统与解释如此构成了不可分割的整体(关于古代以色列的情况,参看费什贝恩[Fishbane]1986)。独立的,即真正意义上的评注只有在一种情况下才有可能产生,那就是不管出于什么原因,一个文本在其规模和结构上固定不变,简言之,这样"伟大的文本"已经包含了所有可说的和应当知道的事情。一个文化的后期相当于"后历史"(posthistoire),它只能满足于阐释以往的"伟大的文本",从而避免与这些文本所拥有的智慧和真理分隔开来。不同的文化以各不相同的形式把某些文本确定为完整的成熟品。对亚历山大的学者们来说,荷马无疑是书中之书,那些经典构成了后世无法企及的榜样;在中国文人们的眼里,四书五经无所不包,而且正因为它们如此深奥,完全理解它们是根本不可能的事情;在阿威罗伊看来,亚里士多德在知识的地平线上显得如此高大,使得所有其他人变得极为渺小;这些与经典联系在一起的人变成了标志性的形象(Sinnfiguren),所以科耶夫(A. Kojève)使用了"后历史"这样的概念,因为在他看来,人类的思维活动在黑格尔那里达到了一个绝对的终点,此后在哲学领域里,除了对黑格尔的著作进行各种注释以外,很难想象还能做些什么。犹太人经常谈及"预言的终结"

(Ende der Prophetie),他们所指的是希伯来《圣经》(即《旧约》)相关篇章在这个方面所达到的登峰造极的程度,而穆斯林则用"关闭大门"(Schliessung des Tores)这样的表达法来暗指次经传统的界限。对一个文本进行评注实际上意味着对该文本的续写或补写成为不可能的事情。因为有了评注这个举动,所以相关的文本就变得最终有效(End-Gültigkeit)。一个文本只有在下列情况下才受到各种各样的评注,即它一方面具有持久的约束力,另一方面又无法通过编辑的手段使其与时偕行或者用新的文本取而代之。在语言学的行话里,"文本"为一个相对的概念,它与"评注"(Kommentar)构成对应词。从严格的语言学意义上说,一首诗、一条法律、一本专著等等,只有它们成为评注的对象的时候才有资格被称为文本。评注使得文字升格为文本。

古代埃及似乎未曾有过上述意义上的文本,或者顶多说有一个例外,即《亡灵书》第17篇。古代埃及人确实忠实地保存以往的文献,但是他们并没有认为其中的一些已经达到极点,而是不断地编写类似的文章。《普塔荷太普说教文》在一定程度上被视为"经典"(klassisch),但是到希腊化时期为止,同样体裁的说教文可谓层出不穷。同样,《亡灵书》到了王朝后期(可能晚至波斯王朝)才形成固定的格式,而在此之前,出现了与《亡灵书》相仿的《呼吸之书》《漫游永恒国之书》,实在不一而足。评注活动的开始标志着一道分水岭,一个特定的文献从此不会在传承的大河里有所增减,相反,该文献此后成为中心,而与它相关的文字都只是边角余料而已。在希腊化时期之前,古代埃及文化传统中尚未形成促使文本与评注构成相互关联却又各自独立的文字体的条件。①

---

① 关于这个问题,可参阅罗斯洛-克勒(U. Roessler-Koehler)和扬·阿斯曼的两篇论文,均收入由扬·阿斯曼和格拉迪高(B. Gladigow)编辑的论文集《文本与评注》(1995年),第93—140页。

综上所述,文字在古代埃及文化中起到了多方面的作用,不过,这个文化之所以表现出独一无二的连续性,与其说归功于其在文本方面行之有效的传承性,不如说是其恒久不变和仪式使然。在图画艺术方面规定严格的法则和一系列表现手法不是为了确立样板(即有限度的创新),而是为了很容易地进行重复。说起来,古代埃及文化是一个极为罕见的、以文字和文献为依托的仪式文化。认识到了这一点,我们就能够很容易理解下面这个一直困扰人的现象,即在波斯人和马其顿人统治下的历史晚期,当埃及人面临被掌握统治权的外来文化同化的危机时,他们没有像古代以色列人那样把一本书视为救星,而是把神庙当作救命稻草,因为属于自己的文化基于由来已久的仪式,而神庙则是保证仪式深根固蒂的庇护所。下面将对这个问题进行详细的论述。

二 充当"法则"的王朝后期神庙

1. 神庙与书

关于位于登德拉(Dendera)的哈托神庙,古代埃及有这样一段描写:"它(指神庙)的结构图同该城的财产清单一起被刻写在神庙的墙壁上,没有增加任何内容,也没有减少丝毫的细节,目的是让它符合先贤们的[智慧]。"① 位于艾德夫(Edfu)的荷鲁斯神庙也留传下来类似的描述,说它得到重建的时候,其平面图是由托勒密国王确定的,而他又是"依照祖上始建时的样子,根据书中所勾勒

---

① 见于马里埃特(A. Mariette):《登德拉》(Dendera)第 3 卷,1872 年版,图 77a 和 b;沙西纳(E. Chassinat)/多马(F. Daumas):《登德拉神庙》(Le temple de Dendérah)第 4 卷,第 152 页,第 1—3 段。感谢库尔特(D. Kurth)向我提供这条信息。事实上,莱波尔特(J. Leipoldt)/莫兰茨(S. Morenz)1953,第 56 页,第 12 条注释中已经提到了这个例证。

的结构图一样,而这本书是从天上掉下来,落在孟斐斯北部的一个地方"。① 不难看出,"书"和"神庙"这两个概念在古代埃及实际上并没有相距太远。神庙只不过在三维层面上,而且以宏大的形式把书中的内容加以表现,而这本书则具有以上所提到的"经典"或"正典"的所有特征:它(恰如《古兰经》)呈现为一项从天而降的"神启"(Offenbarung),而且人们对它"不添加任何东西,不减少任何东西"(就像《摩西五经》一样)。②

古代埃及王朝后期的文献经常提到上文所说的这样一本书,它的内容只能借助神庙得到展现。其中有一本书据称是由伊姆荷太普(Imhotep)撰写的,这个作者的不寻常之处在于,他生活在第三王朝并官至宰相,他还作为建筑大臣为国王左塞建造了梯形金字塔,因而不仅在同时期的文献中有所记载,更是被后世奉为智者和石头建筑的发明人,他长久地存留在人们的记忆里,甚至被奉为神灵(威尔东[Wildung]1977);另外有一本书据信是由图特神亲手撰写的,由希腊人比作赫耳墨斯的图特是古代埃及主司文字、算术和智慧的神。③ 这本书说起来与神庙相关,而且又同其他书一起被存放在属于神庙的图书馆中。无论如何,不能说书与神庙的关系不够密切和不够特别。

古代埃及王朝后期的神庙是一个独特的文化现象。如果我们考虑到这一点,那么上面所说的密切和特别的关系也就不足为奇。

---

① 沙西纳:《埃德夫神庙》(Le temple d'Edfou)第6卷,第6章,第4段,同时参看威尔东(D. Wildung)1977,第146页,第98段。
② 有关"经典"或"正典"何以形成的问题,请见第二章第二节。
③ 参见波耶兰(P. Boylan)1922,关于图特作为存放在神庙里的图书的撰写者,详见该书第88—91页。根据亚历山大的克雷芒(Clemens Alexandrinus):《杂记》(Stromata) VI, 4,第35—37页,古代埃及祭司在举行宗教仪式时举着"42本由赫耳墨斯撰写的、极其具有权威性的(pány anankaîai,可能意为'被奉为神圣的')的书",其中的一些书确实与建造神庙相关。关于克雷芒对埃及的描述,参见戴北(A. Deiber)1904。

第四章 埃及

具体说来,此时的神庙从四个方面与神圣的文献相关联,并且试图以三维的形式赋予这些文献固定的形态:

(1) 从建筑角度说,神庙无疑是把神圣文献实体化了的"平面图"(埃及语称其为 snt)。①

(2) 从铭文角度说,在神庙墙壁上刻写文字的诸多步骤类似于抄写"样板书"(埃及语称之为 sšm)。

(3) 从仪式角度说,神庙无异于一个舞台,神职人员在其中进行祭祀活动,完成了"守则"(在埃及语中被称为 sšm、tp-rd 或 nt-ᶜ)。②

(4) 从伦理角度说,神庙构成了祭司们生活并身体力行神圣法规的场所。③

既然古代埃及王朝后期的神庙具有如上诸多不同寻常的神圣关联,称它为独特的文化现象一点也不为过。从这个意义上说,王朝后期的神庙无疑是经历上千年点滴积淀起来的传统的最后一个层面。联系到我们正在探讨的有关文化记忆问题,我们没有任何理由说王朝后期的埃及神庙是一座简单的建筑物。

需要强调的是,即使从外部观看保存下来的王朝后期的神庙,我们也很容易看出它们在建筑形式上并不是完全因循守旧,而是有所创新。这句话的意思是,这些神庙把重心放在遵守这样一个原则,即把复杂的神庙建筑视为表达宗教理念的一个整体。与之前的年代相比,王朝后期的神庙在此方面绝对有过之而无不及。所有希腊—罗马时期的神庙可以归为一类,因为它们都是依照同

---

① 也就是克雷芒所说的十本用"圣书体"象形文字书写的书中与"建造神庙"相关的书。
② 指克雷芒提到的与"献祭技巧"(Opferkunst)相关的书。
③ 这里涉及的是克雷芒说起的有关"教育"的书,以及十本"用祭司体象形文字书写的、探讨法律、神和祭司培养问题的书"。卡热伯尔(J. Quaegebeur)1981/1982 认为在希腊语中经常出现的、意为"神圣法律"(hieratikos nomos, hieros nomos)的概念就是指这类法规。他的观点应当说很令人信服。

一个模型建造的,其中,艾德夫的荷鲁斯神庙是最完整和保存程度最佳的例证。这些神庙与之前的神圣建筑物相比最为根本的差别在于它们给人一种处在一个盒子里的感觉。在艾德夫神庙里,放置神像的神龛由五道围墙保护,墙与墙之间留有相当于缓冲带的空间。王朝后期的埃及神庙这种重视安全感的趋势还表现在其一道又一道的大门,从平面图上看,从入口到至圣所要穿过七道门。每道门实际上象征着横亘在外界与内部之间的隔离带。这种设计的用意不言而喻,那就是要竭尽全力保证神庙内部这块神圣之地免遭来自外部世俗世界的危害。这种建筑结构表达了一种强烈的危机感,即被玷污的担心,所以要采取严格的防范措施。与此相关联,此时的埃及人认为神庙包含了无法用言语表达的神圣意义,它的神圣绝不仅仅是由埃及宗教传统中神庙不容易接近和给人一种神秘感所促成的。王朝后期的埃及神庙处在浓重的安全与威胁、内部与外部、神圣与世俗之间的张力之中。

上述几种张力究其根源反映了王朝后期埃及人的心态,关于这一点,我们不仅拥有来自埃及的而且还有更多希腊人留下来的记述。首先值得提及的是,当时的埃及人具有极度的恐外症,说到底,他们因担心被世俗化而试图与世隔绝的心理即源于此。我们从《旧约》中有关约瑟的故事得知,埃及人不愿与外国人共餐:"他们(埃及人)就为约瑟单摆了一席,为那些人(约瑟的弟兄们)又摆了一席,也为和约瑟同吃饭的埃及人另摆了一席,因为埃及人不可和希伯来人一同吃饭;那原是埃及人所厌恶的。"(《创世记》43:32)①

---

① 在成文于古典后期的小说《约瑟与阿斯纳特》(*Joseph und Aseneth*)里,情况发生了根本性的变化:"约瑟没有同埃及人一同吃饭,因为这是他所憎恶的事情。"(7,1),可参见德林(G. Delling)1987,第12页。

第四章 埃 及

根据希罗多德，埃及人不愿接受希腊人或者其他外族的习俗。[①] 古典作家们都提到了埃及人自傲、冷淡和内向的性格。[②] 在埃及文献中，外国人被描写成不洁，他们因此不能踏入神庙或参与宗教活动。原先具有消极色彩的赛特后来变成了象征外国的神，埃及人富有敌意地称该神为"米底之神"，至此，赛特真正变成了一个反面神。不仅如此，信奉这个邪恶的神的外国人也就是"邪恶者"（布伦纳[H. Brunner]1983；黑尔克[W. Helck]1964）。赛特神的这个新绰号说明埃及人仇恨外国人的趋势在波斯人统治时期真正开始，来自其他方面的文献也基本强化这种解释。毫无疑问，埃及人原有的恐外症和神庙受到亵渎的担心在波斯人控制埃及期间被激化，使得他们对外族统治极端仇视。作为一种反应，埃及文化开始撤退到神庙里面，然后试图屏蔽一切外来的东西。我们可以从埃及文化在其后期的这个发展趋势觉察到一个具有深远影响的转折，即在确定身份认同方面由以往强调"融合"（integrativ）到注重"分化"（distinktiv）的过渡。在遭受外族统治的情况下，如同犹太人一样，埃及人也培育出了抵御外来因素的文化体系，我们可以称其为"民族主义"（Nationalismus）。[③]

假如我们仔细考察王朝后期的建筑风格和神庙墙壁上的铭文，那么在上面已经列举的这个时期神庙的四个特征的基础上，我们应当补加一条，而且它无疑是对我们所关心的文化记忆问题具有决定意义的一项：此时的神庙承担了表现过去和表达特定的历

---

① 希罗多德：《历史》II, 91，同时参看 II, 47; 79。我们应当从这个角度理解希罗多德关于古代埃及人的生活习俗的描写恰巧与所有其他民族相反（II, 35）。他的这一观点很显然不仅以他亲眼所见为基础，而且也反映了古代埃及人的自我认知，他们认为只有自己的才是对的，而且也是最好的，不过这种自我意识不久便烟消云散。
② 相关的描述请见福登（G. Fowden）1986，第15页及后。
③ 参见劳埃德（A. B. Lloyd）1982；麦克马伦（R. Macmullen）1964；格里菲思（J. Gw. Griffiths）1979。

史意识(spezifisches Geschichtsbewusstsein)的任务。从这个角度来说,王朝后期的埃及神庙无异于一种用石头构筑的回忆(gebaute Erinnerung)。这一点在希腊化时期尤其显眼,因为希腊艺术风格此时在整个地中海和近东地区扩张,而埃及呈现为独一无二固守自身由来已久之法则的特例。这一点如此引人注目的原因在于,这些法则具有视觉的意义,即通过图像来进行表述。比如,圆凸线脚(Rundstab)、凹弧饰(Hohlkehle)和斜面墙(geböschte Wand)实际上表现的是一座用石头建造的巨大的神庙,而它的前身就是原始的、用芦苇搭建的简易的圣所,在大小比例上前者是后者的五十倍。托勒密时期新建的神庙在外表上承袭了古老的埃及建筑风格,我们可以把这种改革称为重归本源(Rückkehr zum Ursprung)或者重树传统(Repristination der Tradition)。这无疑也是试图确定意义的一种活动,只是与确立"经典"或"正典"的方式有所不同。这些神庙上的铭文详细地说明了神庙的功能,只要阅读其中的若干,我们就会不可避免地得出这样的结论,即这些建筑表达了埃及人特殊的历史意识和身份感,简言之,它们就是用石头构筑的回忆。

  王朝后期的埃及神庙装饰异常丰富,这是此前的同类建筑所未曾有过的。不仅神庙墙壁,甚至顶棚和柱子也都布满了各种图文。也就是说,这个时期的埃及人在某种意义上把那些存放在神庙图书馆的书展现在神庙不同的平面上。应当承认,从古王国至王朝后期,神庙的装饰在品种和数量上日渐增多,但是王朝后期的装饰经历了一次质的飞跃,而其具体时间是在波斯人统治时期。此前,神庙装饰遵守一个基本的原则,即神庙内不同的结构如何装饰,决定性的因素是它的功能,换句话说,神庙内不同空间的文字和图画实际上描写和描画了宗教仪式的全过程。到了王朝后期,神庙的这种图文性装饰增加了一个项目,即对知识的编码(Kodifizierung von Wissen)。① 这个时期刻写和绘制在神庙墙壁上的文字和图画远远超出了仪式的范畴，它们涉及天文、地理、神学和神话，此外，墙壁上还刻写了神职人员应当遵守的教规，有关神庙财产的单子和列表，相关神庙以及其他神庙和所有诺姆颁布的各种法令，一句话，一个类似百科全书的信息汇编，这对以往的神庙来说绝对是不可想象的事情。此时的圣书体象形文字本身就显现出了百科全书的特征，因为象形符号的数量此时急速增多，用爆炸这个词一点不过分，确切一点说，从约 700 个达到了约 7000 个。每个神庙都发展出属于自己的书写系统，它们之所以能够这么做，原因在于象形文字圣书体所特有的以多种不同的形式反映周围世界的特性，而象形文字的简化形式即手写体就丧失了这种功能。正因为圣书体拥有图画性质，日益增多的象形符号以直观的形式表述了丰富的物质世界，换句话，世界的万事万物无异于圣书体文字中的象形符号。从这个关联性衍生出了另外一个联想，即象形文字犹如图解百科全书，它把整个世界载入自己的画册中，说得更直截了当，这个世界无非就是"神创造的象形文字"（荣格 1984，第 272 页）。因为古代埃及神庙包容了整个世界，所以它就构成了一个独立的世界。许多被奉为"经典"或"正典"的文本也被赋予了这种特性，就是说，它们正因为无所不包所以表现出强烈的排他性。

---

① 参见基斯（H. Kees）1941。基斯在该书第 416 页及后对这个问题做了非常有说服力的阐述："每当历史处在转折点的时候，人们就喜欢以汇集的形式对已有文献进行整理。此时，担心自己会遗失继承物的恐惧远远超过了有所创新的冲动。就古代埃及作为例子来论，最富创造性的古王国并没有留下很多文献。之后的埃及人把古王国视为黄金时代，因此试图收集这个时期创造的精神财富并奉其为至宝。王朝后期的埃及人在神庙图书馆和神庙墙壁等平面记述各类知识，其目的也在于此。这些描写仪式、庆典和诸神的文字本身就具有浓重的学究味道。"基斯在文中还提到了王朝后期的古代人所感受到的"遗忘恐惧症"（Angst des Vergessens，第 415 页）。不可否认，受外族统治的经历，尤其是希腊化时期出现的文化之间的碰撞使得埃及传统变得没有之前那样所当然，而是需要阐述和阐明。

对于犹太人、基督徒和穆斯林,《塔纳赫》《圣经》和《古兰经》提供了所有可知和应当了解的知识。

王朝后期的埃及神庙不仅以百科全书的形式包含了所有可知的东西,而且实实在在地包容了现实世界。从这个层面上说,埃及神庙供奉的不是一个独一无二的神,埃及人的这种信仰形式可以被称为"宇宙宗教"(Kosmotheismus)。① 按照维特根斯坦的解释,这种宗教完全从世界的内部找寻其意义,而不是在世界的外部。世界充满了意义,因而也是神圣的整体,王朝后期的埃及神庙试图把这个神圣的意义世界加以描画。神庙的基础象征原始混沌水,即世界的源头,支撑神庙的柱子被解释为从混沌之水(Urwasser)浮出水面的植物世界,而神庙的顶棚就犹如天空;壁画或浮雕上手捧供品的祭司或者那些与富饶和多产相关的"尼罗河神"(Nilgötter)象征着埃及各个诺姆,每个神庙都以这种方式转化为一个完整的世界(库尔特[D. Kurth]1983)。

上述神庙中与宇宙万物相关的空间上的展现当然也涉及时间维度,这一点对我们探讨文化记忆问题具有特殊的意义。埃及人想象中的宇宙不仅是一个空间,而且可以说首先是一个铺展在时间层面上的过程。神庙采用富有象征意义的建筑风格,同时借助一系列图像和图案,其目的归纳起来有两个,其一是表达"远古土丘"(Urhügel)从原始混沌之水浮出水面的过程;其二是表现太阳每日完成东升西落的循环,这个永无间断的运行被形容为脉搏的跳动,没有了它,神的世界和整个宇宙都将停止生命。因为这两个原因,古代埃及人把神庙视为"远古土丘",即创世神完成"开天辟地"(Erstes Mal)之壮举的地方,同时也把它理解成太阳升起和降落的"地平线"(Horizont)。神庙的顶棚一般描画太阳从地平线起

---

① 详见扬·阿斯曼1991,第241页及后。

落的景象，挑檐上方的雕带和柱顶过梁上刻画太阳的运行图，而神庙墙壁上的文字则极其详尽地描述世界是如何从那个"远古土丘"上形成的(雷蒙德[E. A. E. Reymond]1969；芬内施塔特[R. B. Finnestad]1985)。

  王朝后期的埃及神庙把各自神庙的诞生与宇宙的起源等同起来，这一点与古代埃及官方历史书写中把每个朝代的建立比作宇宙秩序重新确立的做法应当说异曲同工。值得注意的是，官方史观显然把政权说成古已有之，可谓与宇宙的起源同时。作为最初的统治者，创世神为自己所创造的世界确立了秩序，使得它宜于居住。随着政权的掌控者由神到半神半人，又从半人半神到人，原来以太阳为主的天体运行所具有的含义也发生了变化，即由原来的创造世界逐渐转化为保证世界的秩序；人类也参与维持这个秩序的活动，而地点就是神庙。应当说，古代埃及人在此表现出了一种不同寻常的历史意识，沃格林(Voegelin)把此类历史意识称为"历史的宇宙起源"(Historiogenesis)。顾名思义，宇宙起源与历史问题在这种历史意识中紧紧地联系在一起，换个说法，宇宙起源的进程在历史河道上延续。国王把自己视为创世神的继任、代理人和儿子。古代埃及人的创世并没有在七天之内一劳永逸地完成，因此创世与历史之间没有一道沟壑；相反，历史是另一种境况下的创世，即在堕落的世界(gefallene Welt)中。按照古代埃及人——其他古代民族也有相似的观念——的理解，所谓堕落是指天与地的分开、神与人的分离。① 这个过渡当然并没有像沃格林所说的那样不知不觉中完成，也无法用"线性的"和目标明确的历史观念(即历史哲学)来描写这个进程。沃格林认为埃及人的上述历史

---

① 卡科希(L. Kakosy)1981；施陶达赫尔(W. Staudacher)1942；费尔德(H. te Velde)1977。此外参见霍尔农(E. Hornung)1982。

观念与东方的即神话式的历史观念形成对比,不可忽视的是,"创始阶段"(kosmogonische Phase),即诸神亲自进行统治并与人类一起居住在地面上的那个时期在这种历史观念中占主导地位。在埃及人眼里,那一段时间才可以真正被视为充满了含义和具有意义的历史,它值得大书特书,神话的内容也与此相关,神庙的作用在于借助各种手段把它再现在眼前。如果说神庙是一种"用石头构筑的回忆",这个记忆的对象就是神话中的远古(mythische Urzeit)。

沃格林认为,埃及人和巴比伦人对神话中远古的理解有别于原始民,甚至也不同于希腊人。埃及人和巴比伦人借助王表来准确测算一个特定的现时与上述远古之间的距离,从而把这个远古也纳入历史的框架里(卢夫特[U. Luft]1987)。从形式上看,神话中的远古与历史中的今天并没有本质的差别,不过,王表和纪年并不是历史书写的结晶,它们只是帮助人确定时间方向的工具,它们所记录和测量的时间无法与神话中所讲述的宇宙起源的远古相比,因为后者具有无法比拟的重要意义。埃及人似乎能够把相距上千年的远古看得一清二楚,这是让人不可思议的事情。王朝后期神庙墙壁上的铭文偶尔极为详尽地描写第十八王朝或者第十二王朝的某个君主曾经在该神庙的位置上建造过圣所。尽管拥有这种真正意义上的历史意识,埃及人仍然把神话中的远古视为创造历史事实的阶段,人类的历史无非是这个阶段的重复,或者说人的历史旨在借助仪式延续远古的创始。在王朝后期的埃及神庙,这种以远古为支点、呈现环形的历史观念在建筑、图画、仪式和文字等多个层面得到了充分的反映。

如本节开头所说,埃及人把神庙理解为一本在人间展开的天书(himmlisches Buch):作为一座建筑物,它按照神的平面图建造;在装饰方面,它把可以装满一个图书馆的各类书的内容刻写在石头墙面上;在仪式方面,神庙里的宗教活动严格遵守神圣的法则;作为一种"用石头构筑的回忆",它显现了埃及人的历史意识,即把当下与神话中万物起源的远古密切相连。正因为神庙记录的是神的文字,所以它同时构成了一个"世界的模型"(Modell der Welt),说起来,外面的、大得多的世界也是按同样的原则建造的。我到现在一直没有谈及一个至关重要的问题,那就是神庙作为一个特殊的生活方式的载体。

2. 神庙的守则

"神庙的守则"(Nomos des Tempels)指的是神庙里的一种生活方式,它把宗教仪式方面的洁净与社会伦理道德融合在一起。涉及仪式的洁净包括种类繁多的、极度严格的规定,其中多数呈现为禁止,尤其是在饮食方面。① 每个神庙和每个诺姆所做的规定都不一样,各个诺姆都在饮食方面规定一系列的忌讳(蒙泰[P. Montet]1950),每个神庙又根据它所供奉的神的相关神学颁布了特殊的禁令,比如在欧西里斯神庙里禁止大声说话,在艾斯那(Esna)神庙象征远古土丘的地方,任何人都不许吹号,诸如此类,不一而足。不足为奇,一个人在成为祭司的那一天首先要发誓:"我绝不会吃不许祭司吃的东西。"

以下是用希腊文抄写的祭司誓言的节选,不难看出,绝大多数句子呈现为否定句,即表达禁止之意:

我绝不会剪断[……],

---

① 参看穆申斯基(M. Muszynski)1974;卡热伯尔 1980/81。来自希腊的文献经常提到"祭司守则"(hieratikos nomos)、"神圣守则"(hieros nomos),这些称谓很有可能就是祭司的行为准则汇编。这些以希腊文和埃及语大众体文字形式流传下来的残篇实际上属于那些在神庙里编辑、抄写和保存的"神圣书籍"(埃及语发音为 tm^c n ntr;希腊语音译为 Sem[e]nouthi)的一部分。

我绝不会把自己应做的事托付给其他[……]，
　　我未曾砍断任何生灵的头，
　　我未曾杀人，
　　我未曾猥亵男孩，
　　我未曾与有夫之妇通奸，
　　我绝不会吃喝被禁止的食物和那些作为忌讳列在书里的东西。
　　我绝不会偷窃。
　　我绝不会在打谷场上大斗进小斗出。
　　我绝不会在称量时做手脚。
　　我绝不会在丈量土地时挪动地界。
　　我绝不会踏入不洁的地方。
　　我绝不会触摸羊毛。
　　我到死为止绝不会接触刀。①

　　以上是一个新祭司在入庙时所做的表白和保证，它们与广为人知的《亡灵书》第125篇有惊人的相似之处。按照古代埃及人的来世观念，每个死者在进入来世之前必须接受审判，他要念诵由埃及学家称为"否定的罪过自白"（Negatives Sündenbekenntnis）的经文。在审判庭里，死者的心被放在天平的一边接受称量，另一边的秤盘上则放着象征真理的女神的小雕像；死者需要列举42宗罪状，同时声明他没有犯过这些罪。这个审判的关键在于，每当这个死者说谎，他的心就在天平上变得更重一些。这篇类似于罪行清单的经文在新王国时期（始于公元前15世纪）成文，而有关人死

---

① 默克尔巴赫（R. Merkelbach）1968，参见格里斯哈默（R. Grieshammer）1974。

后要接受审判的概念在更早的年代就已经形成。① 出于这个原因,以前的学者曾经认为,在王朝后期形成的"神庙守则"源于在时间上更早的"来世守则"(Nomos des Jenseits)。但是两者之间的相互关系应当说恰好相反:与丧葬相关的来世守则虽然成文时间更早,但是它们从观念上说是次生的,即原来植根于神庙宗教仪式中的禁忌和道德要求表现在来世方面,因为来世在古代埃及人观念里也是由神主宰的神圣世界的组成部分。② 正是因为这个原因,即使上述"否定的罪过自白"需要由非神职人员陈述,其中也包括了典型的与神庙相关的条款,比如:

> 我没有在属于神庙的草地上猎鸟,
> 也没有在归神庙所有的水池里捕鱼。
> 我没有在泛滥季节试图阻挡滚滚而来的水,
> 也没有用坝堤截留流动的水;
> 我没有在需要亮光的时候熄灭火苗。
> 我未曾遇节日而忘记奉献牺牲,
> 我未曾截留属于神庙的牲畜,
> 我也没有在神像被抬出神庙时阻碍其行程。③

除了与神庙中祭祀活动相关的内容之外,"否定的罪过自白"还涉及神庙财产的管理事项:

> 我没有加大或减小容器的容量,
> 我没有改变丈量土地的尺寸,

---

① 施皮格尔(J. Spiegel)1935;布兰登(S. G. F. Brandon)1967;约约特(J. Yoyotte)1961;格里斯哈默 1970。
② 格里斯哈默 1970;扬·阿斯曼 1983b,第 348—350 页。
③ 《亡灵书》第 125 篇,德文译文根据霍尔农:《古代埃及人的亡灵书》(*Das Totenbuch der Ägypter*,苏黎世,1979),第 235 页。

也没有挪动耕地上的地界。
我没有增加手秤秤砣的重量，
也没有挪动天平上的标度。

其中当然还包括一般性的过错，诸如：

我未曾行不义，
我未曾偷盗，
我未曾杀人，
我也未曾撒谎。
我未曾与有夫之妇通奸，
也未曾干其他不正当的勾当。
我未曾诋毁、伤害任何人，
也未曾偷听别人说话或者吓唬其他人。
我未曾与人吵架或者对人大发雷霆，
我未曾多说一句废话，也未曾大声说话，
我未曾对真言实语置若罔闻……①

祭司的宣誓中恰好也包含了上述三项内容。这些"神庙守则"除了被抄写在纸草等载体以外，我们还能够在它们最应当出现的地方读到它们，那就是在神庙侧门上，地位低下的祭司每天早晨由此进入神庙②：

不要把任何人引入歧途，
不要以不洁的状态进入神庙，
不要在那里说假话！

---

① 从霍尔农《古代埃及人的亡灵书》节选。
② 这就是所谓的"神庙入场铭文"（Tempeleinlasstexte），可参见格里斯哈默 1974 年，第 22 页及后（这类文献的清单见于第 22 页，注释 14）；阿里奥（M. Alliot）1949，第 142 页及后，第 181 页及后；费尔曼（H. W. Fairman）1958；扬·阿斯曼 1990，第 140—149 页。

不要贪得无厌,也不要诽谤任何人,
不要接受贿赂,
不要分别对待穷人和富人,
不要在称重和称量面积的仪器上做手脚,
不要加大或减少①容器的容量[……]②

不要发假誓,
说话时不要假话连篇!
千万不要在服侍神灵时做不应当做的事,
做礼拜时喋喋不休者必将受到惩罚。
不要在神庙里弹唱歌曲,尤其是在靠近至圣所的地方,
不要接近女人的住所[……]
举行礼拜仪式时不要擅作主张,
而是要查看神庙里的书并遵守其中的规定,
它们是你们应当传给你们的子孙后代的教规。③

在进入内殿的正门(作为国王代理人的高级祭司从此入内)旁边,我们能够读到如下的文字:

……
[我循着]神所指的道路行走,
我未曾以不公正的方式办理案件,
我未曾偏袒有势力和有财产的人
我未曾损害穷人的利益。

---

① 埃及语为"*jtj jnj*",这个表达法与上面提到的有关神庙建筑的规定完全一致,参见克莱尔(J. J. Clère)发表在《埃及考古杂志》第 54 期(1968 年)上的文章,第 140 页及后。
② 选自《埃德夫铭文》Ⅲ, 360—361 =《考姆翁布铭文》Ⅱ, 245。
③ 选自《埃德夫铭文》Ⅲ, 361—362。

> 我未曾偷盗，
> 我未曾缩小容器的规格，
> 我未曾在天平上做手脚，
> 我未曾改动任何量器的尺度。①

如果我们把上面的引文理解为一个祭司在神庙及相关活动中践行的守则，有一点不禁令我们感到意外，那就是这些守则实际上远远超出了直接与祭司职能相关的范畴，而是表述了一种生活方式的基本要素，可以称之为"祭司习俗汇集"。② 上面的守则所涉及的行为有很多并不局限于神庙中。一个进入神庙的人要处在洁净的状态，这一点毫无疑问。但是，洁净并不是只意味着在神庙中戒绝所有神所憎恶的东西，而是在神庙以外也远离它们。从这个意义上说，成为一个祭司意味着接受一种生活方式，那就是完全按照严格的行为准则(Orthopraxie)来过日子。

假如我们把上引文字理解为一般性的礼教习俗，那么它的惊人之处在于其宗教性，因为那些条款很显然是在有关神的禁忌(比如音乐和喧哗)的语境中产生的。从古代埃及流传下来众多的"说教文"(Lebenslehren)，但是我们在其中找不到类似的条款，经常被论及的主题为偏袒、受贿、容器和量器方面的作假、虚伪、贪婪、粗暴，这些都是古代埃及一个懂得人生智慧的人所要避免的(布伦纳[H. Brunner]1988)。不难看出，我们称为"神庙守则"的经文实际上是融合了有关洁净、职业和伦理等方面的守则逐渐形成。这些条款首次在《亡灵书》第 125 篇以文字形式出现，说明古代埃及人按照准则生活的理念由来已久。这些条款之后又出现在王朝后期的神庙墙壁上，这一点不仅道出了它们具有旺盛生命力

---

① 《艾德夫铭文》III, 78—79，参见阿里奥 1949，第 142 页及后；费尔曼 1958，第 91 页。
② 奥托(W. Otto)1908。他在该书的第 239 页首次用这一概念来概括上引铭文的特征。

之事实,而且说明它们沉淀为严格的行为准则。① 在谈及古代埃及人的风俗和法律的时候,希罗多德等古典作家主要指神庙守则。在王朝后期的埃及,这些守则并非对所有的人具有约束力,但是却构成了埃及人最具代表性的生活方式。在法老文明的早期,最能代表埃及文明的人群无疑是官吏们,但是到了王朝后期,祭司阶层取而代之。

3. 柏拉图与埃及神庙

古代埃及(王朝后期)的神庙构成了埃及人进行文化记忆的组织形式,其约束力和恒久性可谓独一无二。我们把具有如此功能的古代埃及神庙称为"法则"(Kanon),这一理解模式首先要归功于柏拉图。在柏拉图看来,古代埃及人是具有最长久记忆力的民族。在世界其他地方,周期性的灾难把传统破坏得支离破碎,唯有埃及人没有遭遇创伤性遗忘(traumatische Amnesie)。正因为此,古代埃及人对久远的事——比如亚特兰蒂斯——仍然记忆犹新,而那些受害者(其中包括雅典人)则缺失类似的记忆。柏拉图估计古代埃及人的记忆达一万年之久,这个数字与希罗多德的说法不谋而合,而希氏则又基于米利都的赫卡泰奥斯(Hekataios von Milet)的记述。赫卡泰奥斯叙述了一桩亲身经历。底比斯神庙的祭司让他看了摆放在院子中的 345 座雕像,并且介绍说那些雕像分别表现之前以世袭的形式担任过底比斯神庙最高祭司职务的人。这 345 代祭司家族实际上标志着埃及人记忆的源远流长,其悠久性与希腊人的记忆形成鲜明的对比,因为希腊贵族家庭(包括赫卡泰奥斯家族在内)的谱系追溯 16 代便已经与神或者英雄的

---

① 我在这里使用这个概念是为了让其与"正统观念"(Orthodoxie)形成对照。如果说正统观念强调的是其"学说"(Lehre)及其阐释中原则或法则的一致性,严格的行为准则注重的则是言行一致,即践行相关的守则。

事迹相关。① 赫卡泰奥斯讲述的这些逸闻趣事源于一种误解，那就是把神庙院子中的神像说成最高祭司们的塑像。但是不得不说的是，这一误解本身就已经具有埃及特色。王朝后期的埃及人确实把神庙视为保存和保养传统的机构，这一传统不仅包括基于确切年代的历史时间，而且延伸到史前甚至创世时期。我们能够想象，充满了神话历史意识（mythisches Geschichtsbewusstsein）的古代埃及人如何以极其自豪的口吻向希腊人讲解神庙和其他建筑。不过，至少这些建筑物本身记录的是他们真实的过去，因为埃及人非常重视这类文物的重要意义，因此他们不可能也没有必要编造传说，称哪个建筑由哪位神或者哪个传说人物所为。相反，那些建筑上的文字清晰可辨，其间流逝的时间详细记录在册，建筑和书写风格也不陌生。古代埃及人很清楚那些矗立在身边的巨大建筑见证了自身的过去，而且这个属于自己的过去长达数千年。目光敏锐的布克哈特早在1848年就写道："埃及人的建筑物是他们用巨型文字书写的有关他们历史的书籍。"②

柏拉图有关古代埃及神庙的论述事实上也源于一种误解，但是这个误解对我们正确理解王朝后期埃及人的自我形象塑造具有重要的启示作用。我们已经在前文对此做过详细的论述。按照俄国文化符号学（Kultursemiotik）的术语，我们可以把古代埃及王朝后期的神庙解释为"图像的文化语法学"（ikonische Kulturgrammatik），以此特指一系列的规则，古代埃及人遵守它们犹如对待语法规则。如同注重语法规则的人能够创造出优美的句子，古代埃及人则能够以图画的形式创造其文化中独特的身份、立场和内容。

---

① 请比较沙赫尔迈尔（F. Schachermeyr）1984。关于借助谱系形成的历史意识，可参看肖特（R. Schott）1968。
② 见库格勒（F. Kugler）：《艺术史手册》（*Handbuch der Kunstgeschichte*）两卷本，斯图加特，1848年，第39页。

第四章 埃 及

这些对古代埃及人来说如同神谕一样刻骨铭心的文化特征由来已久,而且对他们生活的方方面面影响深远,尤其需要强调的是,它们不是借助句子而是通过形状表现出来。尽管我们对这些形状在教育人的过程中发挥什么样的作用所知不多,但是不能不说它们是古代埃及文化至关重要的特性。关于图画在古代埃及神庙中的作用,普罗提诺(Plotin)表达了类似的看法:"在传授智慧的时候,埃及的圣哲们不是用文字表达学说,也不是把句子作为模仿声音和话语的工具,而是画画,即在神庙墙壁上借助图画表达思想。不知他们这样做是基于缜密的研究还是出于本能。一幅图画虽然不是分析和讨论,但是它等于一个知识和智慧的单位,相当于它所描画的物体,而且是完整地予以表现。埃及人能够从图画中归纳出意思,赋予这个特定的意思相关的词,并且能够说清楚为何应当进行那样的搭配。"①

我们可以从以上论述中总结两点:其一,在埃及充当文化记忆媒介的是**图画**,而不是讨论性的演说;其二,这些图画的位置即文化记忆的核心机构是神庙。这两点实际上也涉及古代埃及王朝后期神庙的基本理念,那就是通过神庙来表示世界由神创造并由神主宰和保持的现实,不是简单地予以描写,而是借助图画的形状,并且把这些形状奉为法则。

上述原则最清晰地体现在王朝后期的圣书体象形文字。这个时期的埃及人创造了许多象形符号,几乎可以说层出不穷。上文已经提到,象形符号由原来的约七百个增加到约七千个。促使象形符号不断诞生的原动力实际上也促成了王朝后期埃及神庙的深刻变化。每个神庙都想建立自己独特的书写系统,坚持使用属于

---

① 普罗提诺:《论精神之美》(*Über die geistige Schönheit*),V 8,6,根据泰希曼(F. Teichmann):《敏感的灵魂之文化:埃及文献和图画》(*Die Kultur der Empfindungsseele. Ägypten - Texte und Bilder*),第 184 页。

自己的符号和独具特色的意义。由此,圣书体象形文字变成了只有祭司们才能掌握的特殊本领,可以称其为**祭司文字**(Priesterschrift)。这种文字逐渐具有神秘的色彩,它所表达的知识则更是神秘莫测。

随着祭司成为埃及文化的承载者,这个文化逐步退守神庙,它的神圣化也就是不可避免的事情。文化的意义被赋予神圣的色彩,与之相适应,文化的形式也被封存起来,因为埃及人担心自己失去与源头的联系,担心丧失自我认同。基斯非常贴切地称这种担心为"遗忘恐惧症"(Angst vor Vergessen)。正是在这种情况下,埃及人开始反思传统,我们称为集体记忆的记忆形式也从此得到强化,换句话说,原来的"文化形态"(kulturelle Formationen)此时沉淀为"文化认同"(kulturelle Identitäten)。埃及人的文化从此丧失了其理所当然性,如同世界秩序一样,他们的文化不再是不可置疑的了。置于个人头上的约束和界限、法律和规则不再是"不言而喻的公理"(implizite Axiome,里奇尔[D. Ritschl]1985),它的效力不再因社会和宇宙中不言自明的语境而得到保障,到了此时,一切都需要明确的和外向的陈述。有关文化的元文本由此产生,"社会将其自身作为一个问题来看"(Selbstthematisierungen des Gesellschaftssystems,卢曼[N. Luhmann])。柏拉图恰好就是从这个角度解读了埃及的神庙:它沉淀了美好事物的一系列准则,因而象征着永远有效的社会和政治秩序。

我们把古代埃及王朝后期的神庙理解为元文本,与古代世界其他地方的元文本一样,它源于剧变的年代所施加的压力。在埃及以外的地方,对传统的反思促使人们以前所未有的深度和广度确立和强化文化身份,首先是以超乎寻常的强度整理和重塑自己的过去。在巴比伦,尤其是在亚述,规模巨大的宫廷图书馆应运而生;在以色列,这时诞生了伟大的法律和历史作品;此时,荷马史诗的固定文本开始在庇西特拉图掌权的雅典出现（赫尔舍［U. Hölscher］1987），历史书写也始于这一时期。① 在埃及，复古和复辟的趋势早就出现（扬·阿斯曼1985），但是在努比亚王朝和赛斯王朝（分别为第25和第26王朝，公元前8至前6世纪）达到了鼎盛，有些学者因而称这一时期为"赛斯复兴"（saitische Renaissance，布伦纳1970；纳吉1973）。事实上，这种复兴只有在王朝后期的神庙中才得到了集中和深刻的体现，形成了表现埃及文化的"法则"，可以被称为最具代表性的自我讨论的主题。在众多的表现手法当中，这个表现手法可谓能表达和表现一切与源头相关的东西。

神庙作为进行文化记忆的机构，有两点值得专门阐述。

（1）文化与宇宙的合一。

每个文化都趋于将自身的秩序等同于世界秩序。一般情况下，随着一种文化与他者接触的频率增加和程度加深，以民族中心主义为特征的世界观和自我意识有所减弱，取而代之的是对传统的反思和对往昔身份认同形式的审视与强化。由此生成的文化认同并不一定等同于世界秩序。埃及在这个方面构成一个例外。公元前一千纪，埃及人与众多外族之间发生形式不一的接触，但是他们始终坚守关于创世神赐予的秩序亘古不变的信念，不仅丝毫没有减弱，反而逐渐成为主宰他们所有认知活动的核心意识。此时的埃及人仍旧坚信，一旦他们的文化没落，即使整个世界不至于一同完结，世界秩序即世界原有的充满意义的结构（sinnhafter Aufbau）和生存坐标（Lebenszusammenhang）都将不复存在。"如同埃及国土的构成与众不同，埃及人的文化和社会生活总体来说也是独一无二。埃及人的心理状态有其不同寻常之处，那就是他们坚

---

① 在这方面极为重要的研究成果是塞特斯（J. van Seters）1983。

信,埃及的文化认同与宇宙的存亡密切相关,二者互为依托。"(福登[Fowden]1986,第14页)

埃及的神庙处在核心位置,世界得以运转的原动力源于此。保持埃及文化与维持世界运转事实上是同一回事,而这项任务的承担者是祭司,神庙则充当了完成这项任务的场所。神庙在规模上的宏大以及其墙壁上的丰富图文都雄辩地说明这一事实。

(2)用来表述文化的象征语言极其紧凑,使用的文字具有模棱两可性。

正当埃及人把神庙建成他们进行文化记忆的核心机构之时,在古代近东的其他中心,甚至远在印度和中国,与埃及类似的旨在强化自身文化意义的活动也进行得如火如荼。人们早在18世纪就发现了这种巧合,不过雅斯贝尔斯用一个专门的词来命名这一现象,即"轴心时代"(Achsenzeit)。"轴心时代文化"(Achsenzeit-Kulturen,艾森施塔特[S. N. Eisenstadt]1987)的共同特征是把辨别词汇当做文化记忆的关键组织形式。这些文化都完成了强化文化意义的过程,与此相关,相关的文化都重归以往伟大和具有奠基意义的文本,并且把文化教育(其作用就是维护文化意义)制度化,试图以此来恢复传统。这样做的目的是让那些在文本中结晶的现实想象(Wirklichkeitsvision)纵然时过境迁依然历历在目(gegenwärtig)并具有决定意义(massgeblich)。这一步骤在埃及未能实现,在这里,现实想象不是在文本中得到沉淀,至少可以说这种沉淀显得无足轻重。相反,埃及人的现实想象反映在文字和艺术的形式(即样板)、仪式和生活方式之中。王朝后期的埃及人借助神庙把他们独具特色的文化记忆奉为法则并加以制度化,埃及文化因此得以经受住当时出现的具有深远影响的文化断裂,并且像往昔文化时代的纪念碑一样在轴心时代之后的世界里存续很长一段时间。这里所说的文化断裂事实上早在波斯人统治时期就出现端倪,其诱因是古代近东兴起的希腊化浪潮。但是埃及文化未能培育出阐释文化的诸多形式,轴心时代文化恰好是借助这些卓有成效的手段把当时确定下来的文化意义一直保存到我们所生活的现代。

第五章　以色列与宗教的发明

一　作为抵抗手段的宗教

如果说埃及人的巨大成就是建立了国家,那么以色列人的杰作毫无疑问就是宗教。当然,只要世界上有人的地方就会不可避免地产生宗教,但是在这些地方,宗教只是文化的一个方面,宗教与文化一同形成,而且与文化同时衰亡。与之相反,以色列人在一种全新的语境中以孤注一掷的形式创建了其宗教,从这个角度来说,他们的宗教并不依附于通常所说的文化,不管文化怎么变化,不管如何受到异化和同化的威胁,宗教终究能劫后余生。对以色列民族来说,宗教成了一堵"铜墙铁壁"(eherne Mauer),他们正是借助这个崭新的宗教抵御周边被贴上他者之标签的文化。我们说宗教是古代以色列人孤注一掷的产物,但是这种说法并不完全适用于以色列人的早期宗教,因为这个时期的宗教与大卫王权的政治结构密切联系在一起,而且深深植根于国家产生之前的组织形式中。第二圣殿时期由流亡经历促成的宗教和之后结晶而成的犹太教则真正达到了自成一体和牢

第五章　以色列与宗教的发明

不可破的程度。① 对以色列人来说,宗教无异于抵御外来者的基石和工具,在他者的文化和政治结构面前,他们从所信奉的宗教中获得了独一无二的生存意义。

1. 建设"铜墙铁壁":以色列和埃及为了矫形而采取的隔离措施

在古代埃及王朝后期,埃及人为了矫形而赋予自己的国度以神圣性,他们把自己居住的土地视为"最神圣的地方"(*hierotáte chóra*)②和一个"神庙的世界"(*templum mundi*)。③ 埃及人有特殊的独一无二的意识,因为他们认为自己特别接近神,相信"整个埃及与神一起构成了生活共同体"。④ 第二圣殿时期的以色列也沿着这样的轨迹发展,以色列人为自己的生活添加了神圣的色彩(希伯来语称之为哈拉卡[Halakhah]),这一神圣性在《托拉》当中共计 613 项表示不许的禁令和表示必须的命令中表现得特别清楚,从中很容易感受到以色列人独一无二的自我意识。以色列人之所以感到与众不同也是因为他们相信与神之间具有特殊的关系,不过这一关系不是表现为"生活共同体"⑤,因为他们超验的神

---

① 这个解读模式源自考夫曼(Y. Kaufmann)的《流亡与他乡》(*Golah ve-Nekhar*)两卷本,特拉维夫 1929—1930 年版。我得以引用考夫曼的著作得益于埃夫拉伊姆松(C. W. Ephraimson)在考夫曼 1988 中部分地翻译了考夫曼的原著。"铜墙铁壁"这一概念在考夫曼的作品中具有核心意义。
② 福登(G. Fowden)1986,第 14 页引用了泰奥弗拉斯托斯(Theophrastus)的《论虔敬》(由珀奇[W. Pötscher]编辑,莱顿,1964)fr. 2,波菲里乌斯(Porphyrius)的《论节制》(由布法尔蒂格[J. Bouffartigue]和帕蒂隆[M. Patillon]编辑,巴黎,1977)II,5,1 以及凯撒利亚的优西比乌(Eusebius v. Cäsarea)的《基督教教会史》I,9,7。
③ 阿斯克勒庇俄斯(Asclepius)24;《纳格—哈马迪法典》II,5,22—23,参见贝特格(H. G. Bethge)1975。
④ 尤里安(Julian)III,433 b,希腊语为:*en koinonía mèn pros theoús Aigypto te páse*。
⑤ 当然,在《旧约》里经常可以看到诸如帐篷和神庙这类表达耶和华"住所"(mishkan)之意的词,例如《出埃及记》25:8:"让他们建造一座圣殿,以便我与他们同住。"埃及的情况也谈不上是神与人的生活共同体。有充分的证据说明,神与人组成的生活共同体(转下页)

不可能以这样的方式呈现,而是采取了遴选和盟约的形式。对于以色列人,矫形意味着顺从神。"你们应当神圣,因为我是神圣的。"(《利未记》17—26,有多处)。①矫形同时意味着与众不同、远离他者和独一无二,即超出通常意义的身份认同。遵照法规生活意味着"有意识地确认'具有规范作用的自我定义'"(normative Selbstdefinition,桑德斯[E. P. Sanders]1981)。从这个意义上说,波斯帝国时期的以色列和希腊化时期的埃及走过了一条相似的道路,不过前者借助这条路改变了世界历史,而后者走到尽头虽然没有被后世遗忘,却也沉入了逆历史潮流的暗流之中。

埃及王朝后期的神庙以其堡垒一样的外观非常深刻地表达了远离他者的概念,即借助高大的院墙与世俗的外界隔离开来的生活方式。说来奇怪,借助这个意象来阐明远离他者之意的却是一个犹太人:"因为拥有了神赐的无所不知的智慧,制定法律的人用不可摧毁的寨栅和铜墙铁壁把我们圈起来,以免我们与任何其他民族发生任何联系,以便我们的身体和灵魂保持纯洁,驱除任何妄想和邪念,敬拜唯一的、全能的和超然于所有造物的神……以便我们不受任何东西的污染,不与任何污浊的东西有接触。他在我们周身颁布了清规戒律,对饮食和视听方面的

(接上页)并非王朝后期的埃及人的现实,而是反映了远古一个业已逝去的黄金时代。埃及人此时的现状与这个从前的生活共同体形成鲜明的对比(关于这一点可以参考扬·阿斯曼1990,第6章)。按照古代埃及人的观念,原来生活共同体的终结和当下与往日之间的反差恰恰通过神庙这个象征性的中介和人世间表现神灵的各种形式得到了补偿,只不过《圣经》把这种做法斥为"偶像崇拜"。这是以色列与埃及之间非同小可的区别。耶和华的"同住"(shekhinah)绝不是象征性的,它是直接的,不需要任何中介,但是飘忽不定,人们无法掌握他,也不能靠近他。按照申命派的神学解释,不是神自己,而是他的名字存在于圣殿中(请参考魏因费尔德[Weinfeld]1972,第191—209页)。

① 雷文特洛(H. G. Reventlow)1961。

第五章　以色列与宗教的发明

准与不准都做了规定。"①

以上所引的文字是一位托勒密时期流亡到亚历山大的犹太人写下来的,文中使用了一个埃及人常用的意象。埃及人起初用"铜墙铁壁"这一意象来专指国王,描写他作为军队统帅保护自己的士兵和臣民的景象。② 一个公元前14世纪生活在迦南的君主在写给埃及国王的信中也使用了这个表述:

> 你是在我的头上升空的太阳,
> 你是特意为我而建的一堵铜墙铁壁,
> 我得以安然无恙全凭国王——我的主宰——的威力。③

几乎是同时,实行宗教改革的埃及国王阿肯那顿把自己奉为独一无二之神的阿顿称为"长达百万肘的铜墙铁壁"。④ 这一称谓在接下来的时间里不断出现,在现存于大英博物馆的源自公元前13世纪的一块书写板上⑤,书写者用如下的话颂扬阿蒙神:

---

① 亚里斯提阿斯(Aristeas)书信,第139和第142封,根据德林(G. Delling)1987,第9页。感谢《旧约》专家马霍尔茨(G. Chr. Macholz)向我提供了这一信息。
② 首先出现在图特摩斯三世时期,见黑尔克:《文献集》第四部分(Urk IV),第1233页;有关描写阿肯那顿的例子请参考桑德曼(M. Sandman):《来自阿肯那顿时期的文献》(*Texts from the Time of Akhenaten*),布鲁塞尔1938年版,第84页。关于与拉美西斯二世有关的例子,参见马里埃特(A. Mariette):《阿比多斯》(*Abydos*),第一卷,第52页以及马里埃特发表在《研究论文集》(*Recueil de Travaux*),第35期中的论文;有关第三中间期蒙迪斯(Mendes)的诸侯霍尔纳赫特(Hornacht)的例子,见阿尔特(A. Alt)发表在《德国东方学会杂志》(*Zeitschrift der Deutschen Morgenländischen Gesellschaft*),1932年第11期的文章。
③ 由推罗的君主阿比米尔吉(Abimilki)写给埃及国王的信,见克努德森(Knudtzon):《埃尔—阿玛纳泥板》(Die El-Amarna-Tafeln),1907—1915,第147篇,请参考奥尔布赖特(W. F. Albright):《阿比米尔吉与埃及的通信》("The Egyptian Correspondence of Abimilki"),《埃及考古杂志》(*Journal of Egyptian Archaeology*),1937年,第23期,第199页。
④ 桑德曼:《来自阿肯那顿时期的文献》,第111页。
⑤ 馆藏于大英博物馆的写字板,编号为BM 5656,请参考扬·阿斯曼:《古代埃及赞美诗和祈祷文》(*Ägyptische Hymnen und Gebete*),苏黎世,1975,第190篇,第18—19行。

> 你铸造了铜墙铁壁①,
> 得到你恩惠的人受到它的保护。

埃及博物馆里藏有一卷来自阿蒙祭司集团垄断权力时期(公元前11世纪)的纸草②,即开罗纸草第58033号。纸草上书写了被学者们认为包含阿蒙崇拜之信条的颂歌,其中有如下的两句话:

> 他(指阿蒙神)为顺从自己的人铸造了铜墙铁壁,
> 沿着他所指引的路行走的人不会遭受任何伤害。

上面的两句话道出了两个关键的概念,即铜墙铁壁和神指引的路。铜墙铁壁这个词在这里还没有排他和隔离的意思,它主要强调抵御各种邪恶力量侵害的意念。不过很容易看出一些迹象,即埃及文化在接下来由外族统治的几个世纪里躲避在神庙高大的墙壁后面的趋势。埃及人把类似于以色列人依从哈拉卡的生活方式视为神指引的路,试图以相似的方式来矫正自身并与外部不洁的世界隔绝。

犹太人借助哈拉卡矫正自身的路途不仅经过了由外族统治的年代,而且还或者说特别是经过了他们流亡即大流散的岁月。这条路程上的几个重要的站点分别是:

(1) 公元前722年,北部王国被灭,十个以色列部落被掳走;

(2) 随着来自亚述帝国的压力不断增强,犹大国内产生了预言灾祸的文学体裁和反王权的宗教势力,其顶点是公元前621年约西亚在位时期发现了圣书;

(3) 公元前587年,耶路撒冷圣殿被毁,犹太人被掳,沦为亡

---

① 在象形文字原文里,"铜墙铁壁"($sbtj$)一词被写成"门口"($sbḥt$),可能是抄写经文的书吏混淆了两个词。

② 迈尔(E. Meyer)1928,请参考扬·阿斯曼:《古代埃及赞美诗和祈祷文》,第312页上的第131篇。

国奴,公元前537年"流亡之子"(bene haggolah)得以回归;

（4）在波斯统治者的默许下,犹太人确立了具有《申命记》神学内容的宗教;

（5）抵制希腊化的斗争和马加比战争;

（6）抵抗罗马军队,公元70年第二圣殿被毁。

上面的一系列事件让我们清楚地看到究竟是什么促成了我们今天在犹太教中所看到的现象,即极力强调和强化传统和身份认同。有一点是确定无疑的,那就是犹太教所展示的并非一个文化正常发展的例子。应当承认,巴比伦文化和埃及文化也曾有过像以色列那样与外来文化交锋的痛苦经历,但是对以色列文化更加具有决定意义的是第二圣殿时期所出现的内部张力和分裂,而且这些迹象早在反对王权的先知运动中初现端倪。这种裂痕在巴比伦和埃及似乎未曾出现。

2. 出埃及作为回忆的形象

以色列人有关出埃及的历史,假如我们相信确有其事的话,从一开始就是接连不断的紧急情况的汇集。他们的历史以流亡(Exil)和流散(Diaspora)起始。由摩西率领的一群以色列人从埃及法老的奴役中挣脱出来,他们在荒野辗转了四十年以后接受了神的命令,并且与这位神签定了盟约关系。该盟约把这些以色列人置于神及其先知们的指挥之下,他们由此获得了政治上的解放。事实上,在这个以色列人最早确认身份的事件中,我们找得到他们后期历史中不同寻常地强调传统的原因。这些逃出埃及的以色列先民在埃及曾经是一群陌生人,他们遭受埃及人的压迫,同时面临被物质上优越的埃及文化同化的威胁,因为那里盛行多神崇拜、偶像崇拜、巫术、各种葬礼、君主崇拜。在所有以色列人借以强化身份的因素中,最为重要的莫过于"得救"(Befreiung)和"超地域性"

（Extraterritorialität）两个概念。就其起源的背景和特殊的生活方式而言，以色列人有着与埃及人截然不同的概念。埃及人想象中的起源主要基于原生的准则（Autochthonie）之上。① 按照埃及人的创世理念，他们的神庙建在一座从远古混沌之水中最先浮出水面的土丘上。这座建筑物是神的居所，而它的围墙则保护神及其信徒免受敌对和不洁的外界的干扰，在王朝后期，埃及人扩展了神庙这一概念，从而把整个埃及形容为诸神和虔诚的信徒所居住的家园。与此相反，以色列人把出埃及这一事件和西奈半岛上的神启视为民族起源的最为核心的意象，也就是说，基于超地域的原则。签定盟约的一方是一个超世的和陌生的神，他在地球上既没有属于自己的神庙，也没有祭拜中心；作为签定盟约的另一方，以色列人当时正置身于荒凉的无人境地，后面是埃及，前面则是迦南。签定盟约是以色列人获得领土的前提，这一点具有决定性的意义。既然盟约具有超地域性，它就不受地理限制。换言之，不管命运把以色列人带向何处，他们借助这个盟约在世界上任何地方都能够生存。

我们在上面所描述的出埃及的故事并非一个历史事件，而是一个回忆的形象。从这个意义上说，它与前文所列举的以色列历史上六个站点处在不同的平面上，因为后来发生的六个事件促成了法利赛（pharisaisch）和拉比（rabbinisch）的犹太教，而且这一传统结晶为法则的过程为希伯来《圣经》的形成奠定了基础。我们有必要把这六个事件作为历史前提予以考察。关于出埃及是否属实学界争论不休，埃及学对这个问题也提供不了任何有益的信息。② 在埃及文献里唯一一个提及以色列的例子中，以色列呈现

---

① 关于这一主题的广泛传播，请参考米勒1987。
② 恩格尔（H. Engel）1979对这个问题做了非常详细的学术史回顾。

为巴勒斯坦的一个部落，而不是迁徙到埃及的外来人。① 就我们所要讨论的问题而言，至关重要的不是出埃及这个故事的历史真实性，而是它在以色列人的回忆中所具有的重要意义，对这一重要性如何强调也不可能过分。耶和华把以色列人带出埃及这一事件归根结底是赋予以色列民族生命的创举，它不仅确立了以色列人的身份，同时而且更为重要的是确定了他们的神的身份。以色列人的神总是以一个要求对方顺从的盟主（即盟约的提议方）身份出现，他称自己是"把你（以色列人）从埃及拯救出来的恩主"。这就意味着，以色列民族从一开始就注定与出逃和隔离的命运联系在一起。

3．"唯耶和华独尊之运动"与以记忆为特征的回忆群体

依据哈布瓦赫有关记忆的理论，假如我们探讨哪些人把自我认知、自己的目标和希望建立在回忆之上，哪一个历史境况成为了构建过去时的核心因素，我们不可避免地会马上想到基于大流散的犹太教。"埃及"代表了陌生的文化，而这种陌生的文化包围了以色列人，因此，以色列人凭借神所赐予的法律赶往福地的路途始终呈现为摆脱奴役和迫害的过程。对于以色列这个被迫离散并遭受各种迫害和压迫的民族来说，还有什么故事能够比出埃及这一事件更恰到好处和更加意义深远地让他们保持求生的意志？毫无疑问，有关出埃及的传说作为回忆以色列民族诞生的核心故事，比他们真正遭受大流散的命运要早得多，甚至比他们流亡巴比伦早许多。以色列人经受住了巴比伦流亡的悲剧，在其过程中保持了自己的民族身份，我们有理由说，出埃及的传说在其中发挥了巨大

---

① 即源自埃及法老梅内普塔（Merenptah）统治时期的著名的"以色列石碑"（Israelstele，因为碑文中提到了以色列这个名字，故名。——译注），时间为公元前13世纪末期。在这篇历史上最早的有关以色列的文献中，梅内普塔讲述了他如何消灭了这个部落。

的作用。我们很难想象,大卫王当权时期的以色列人在确立自我身份时把出埃及和穿过西奈沙漠的传说赋予核心价值,因为他们的确没有这样做的必要。

近来,学术界对以色列人关于出埃及的传统是如何形成的问题有了新的解释。美国古代历史学家史密斯(M. Smith)于1971年撰文指出,唯耶和华独尊之运动(Jahwe-allein-Bewegung)的发起者即一神教的推动者不是国家,而是起初人数不多的持不同政见者。① 以色列人的早期历史,即从起始到公元前7世纪为止的这段时间,实际上是以多神崇拜为特征,而且明显带有国家宗教(Staats-Summodeismus)的色彩。② 耶和华说起来就是国神,如同亚述的亚述尔(Assur)、巴比伦的马尔杜克(Marduk)和埃及的阿蒙—拉(Amun-Re),他至高无上,但还没有达到绝无仅有的程度,显现为众神殿里的主宰。以色列人在文化上与周边的迦南有着诸多的交融,他们与米甸人(Midianiter)、摩押人(Moabiter)、吉比恩人(Gibeoniter),甚至与埃及人通婚(所罗门为其中一例),巴力神崇拜(Baalskult)遍布以色列各地。以色列人此时的宗教完全是古代近东居民共同的祭拜习俗和信仰的一个地方变种而已。

以色列人的宗教发生变化的最早迹象出现在公元前9世纪。国王亚撒(Asa,去世时间大约为公元前875年)在位期间,以色列人的宗教转向类似清教徒式的崇拜形式。亚撒的儿子约沙法(Jehoshaphat)即位之后,这一趋势更加明显。在先知以利亚(Elija)的鼓动下,亚撒开始迫害巴力神的祭司。我们可以从中看到"唯耶和华独尊之运动"的肇始。在接下来的几个世纪里,"唯耶和华独尊派"(Jahwe-allein-Partei)进行了不懈的努力,因为巴力崇拜没

---

① 史密斯(M. Smith)1971。很多学者对这一观点进行了评论和更加深入的研究,比如朗(B. Lang)1981、1983、1986;克吕泽曼(F. Crüsemann)1987;魏佩特(M. Weippert)1990。
② 这个概念源自沃格林(Voegelin)1956,他用它指称古代文明中得到全国性崇拜的神灵。

第五章 以色列与宗教的发明

有完全消失,有时甚至大有甚嚣尘上之势,与此相关联,多神崇拜仍旧存在。有关多神教及其势力的信息,我们只能从唯耶和华独尊派所发动的激烈的讨伐中感觉得到,因为他们取得胜利之后便设法消除对手们的痕迹。早期以色列历史中多神崇拜和不同信仰融合的开放性文化只是在唯耶和华独尊派所做的反面描述中有所反映(正如异教在早期教父们的批评性言语里有所表露一样,不过这些教父们的措辞要委婉得多)。《旧约》着重描写了以色列人叛离和忘记耶和华的趋向与耶和华要求他们信守诺言的规定之间的冲突,而在历史层面上,这一冲突表现为主张一神教的少数人与趋于多神崇拜和主张不同信仰相互融合的多数人之间的矛盾。值得强调的是,那些占多数的多神教崇拜者实际上也是耶和华的信徒。以国王为中心的王室无疑构成了耶和华崇拜的核心力量,但是在他们眼里,耶和华是最高神,但却不是独一无二的神。激进的先知们把这一行为斥责为叛教(Apostasie)。

我们将在本章的第二节从《申命记》的视角对上面提到的冲突做进一步的阐述。《申命记》是"唯耶和华独尊派"的核心文献。按照《申命记》的说法,情况看上去完全是另外一回事。不是耶和华信奉者们确定了正典,而是正典促成了唯耶和华独尊派脱颖而出。初看上去,正典构成了整个历史的源头,因为正典把一神崇拜视为其立足之本,冲突和分裂便成为不可避免之事。以色列人离开埃及以后便在西奈得到了耶和华的启示,并且与他在约旦河岸确立了盟约关系。以色列人此后所遭遇的所有灾难都源于他们忘记了耶和华一开始便对他们施加的约束和赐予的祝福。从巴比伦结束流亡回到耶路撒冷以后,回归者与留守者之间、犹太人与撒马利亚人之间、流亡巴比伦与流亡埃及群体之间以及后来接受希腊文化的犹太人与正统犹太人之间的矛盾都围绕是否承认正典并身体力行正典中各项规定的问题。

4. 用作抵抗手段的宗教和在反（自我）文化过程中形成的宗教

经历了上述持续上百年的较量之后，世界历史上全新的宗教在以色列社会中得以成形。从概念上说，这一宗教在价值、意义和行为等方面明显有别于文化和政治，因此可以在狭义上被称为宗教。只有当我们把这个明显的区别置于以色列人当时的社会现实中，并且把它理解为不同社会群体之间的差别的时候，这一区别才能够被解释得清楚。换句话说，这种区别之所以出现是因为有一群以色列人自动地从社会整体中分离出来。在这一过程中对我们眼下所探讨的问题具有决定性意义的因素便是，这群人把自己原来所属的社会培育出来的文化斥为"陌生的东西"。只有像他们一样把耶和华奉为唯一神的人才可以被称为"真正的以色列人"（Verus Israel）。正因为如此，以色列人的一神教是在文化的语境下，同时在与文化划清界限的前提下逐渐形成，而这个文化并非外来，而是他们自己的文化，只不过被他们冠以异化（entfremdet）、叛离（abtrünnig）和忘本（vergesslich）的恶名。

唯耶和华独尊派严格区分包容的和具有同化能力的"文化"与排他的和以纯洁作为其根本的宗教，我们可以形象地把这里所涉及的界限称为"铜墙铁壁"。这些人在自身和自己的传统周围构筑了一堵铜墙铁壁，只有他们自己才有资格被称为"真正的以色列人"（wahres Israel）。这种转变过程中有一个现象特别值得重视，因为这个现象在美索不达米亚、埃及和其他地方也都曾出现过，即面临明显带有优势并具有威胁性的文化的时候，受到威胁的人群通常在撰述自己的传统和确立自己的身份时围起一道栅栏。但是，无论在美索不达米亚还是在埃及，这道栅栏都没有导致社会内部的分化。此外，在划清外来文化与自身文化之间的界限时，宗教和文化总是构成一个不可分割的整体。在以色列情况则恰好相

第五章 以色列与宗教的发明

反,而且这种例子在当时来说前所未有。唯耶和华独尊派与自己曾经所属的文化划清界限,从而导致了宗教、文化和政治统治之间的分解。① 这一分解可谓至关重要,在有关出埃及事件的回忆中,这个分解过程被赋予了强烈的象征意义。离开埃及不仅是空间上的移动,更加重要的是,它意味着脱离了世俗的、不洁的、压迫人的、经过同化形成的、叛离独一无二之神的环境,甚至可以说由此干脆离开了"尘世"。从这个意义上说,以色列人的宗教从一开始就划清了"世俗的"(weltlich)与"宗教的"(geistlich)之间的界限,这个界限对以色列人全新的宗教具有决定性的意义。

在一个不知道如何区分"宗教"与"文化"的世界里,文化生活以我们难以想象的方式浸透了宗教的成分,以至于每一项交易、每一种交流都以直接或者间接的形式与主司相关领域的神灵相关联。正因为此,唯耶和华独尊派迟早会从信奉多神的整体中分离出去,并且形成一个独立的群体;成为这个群体的一员的方式也发生了根本的变化,即不再借助迁徙、通婚或者其他获得属性的形式,而是通过"改宗"(Konversion)。② "以色列啊,你要听!"(šema Jisra'el)成为确认和承认身份的表白,为了获得和保持这个身份可以献出生命。③ 在自身与其他人之间建构一堵铜墙铁壁的时

---

① 我们可以在这里提出这样的问题,阿肯那顿进行的一神教改革是否也是针对自己的文化,从而也导致了类似的社会格局。假如阿肯那顿的一神教在起到主导作用的王室以外赢得了信徒,而且这些信徒在恢复了旧的崇拜形式以后仍然以有别于其他人的形式推行"唯阿顿独尊之运动"的话,在埃及文化内部可能也形成了一个以宗教确定身份的群体,而且这群人逐渐走向他们原来所属的文化的反面。不过,这些情况都没有发生。
② 我用这几句话实际上是在解释史密斯1971,第30页上的一个观点:"任何人只要坚持不懈地信仰独一无二的神,他们会不可避免地成为一个独特的人群……而成为他们当中的一员涉及改宗,而不仅仅是信奉。"
③ 在犹太人的《圣经》和祈祷书里,"听"(šemaᶜ)和"一个人"(echad)两个词的最后一个字母用粗体字书写,而且两个字母结合起来构成的词意为"证人"(ᶜed),意即不惜为真理而死。请比较本章第二部分以及基彭贝格(H. G. Kippenberg)1986,"祖先的法律"(patrioi nomoi)一节。

候，唯耶和华独尊派正是借助改宗、表白（Bekenntnis）和殉教等形式与他者划清界线；同样是得益于这三种手段，唯耶和华独尊派的信仰逐渐成为一个具有全新意义的、有助于信徒们确定和保持身份的宗教。

假如上面所说的墙不是在自己的文化内部构筑的话，它或许不会如此高大和一目了然，其原因在于，在与自己的文化划清界限的过程中建构起来的生活方式必须有一种特殊的抵抗力，因为它必须抵制来自日常生活的侵蚀，而这一日常生活不久前曾被认为是理所当然的。也正是因为这个原因，唯耶和华独尊派的生活方式以极为详尽的法律为基础，在这些法规面前没有什么想当然的事情。依据这些法律生活的人始终记着他自己是谁，属于哪个群体。坚持这种生活方式并非易事，践行者必须不断地重温教规并进行反省。归根结底，这种生活方式类似于一种高度职业化的艺术，只有那些没有杂事并专注于本职的行家才有可能掌握这门艺术，即熟练地背诵和身体力行繁琐的祭司禁忌（priesterliche Tabus）和洁身条规（Reinheitsvorschriften）。这些禁忌和条规形成了约束人们日常生活的法律的核心部分。我们在其他地方，尤其是在埃及所看到的那种只适用于祭司的、确认特殊身份的方式在以色列被推而广之，被应用在整个"民族"身上："因为你归耶和华你神为圣洁的民，耶和华从地上的万民中，拣选你特作自己的子民。"①

因为流亡巴比伦，被掳的以色列人从原来的文化环境中分离出来，他们当中的许多人在逝去的几百年时间里曾经与这一文化一直处在激烈的冲突之中，而在巴比伦这个确实陌生的文化环境里，他们构成了寄人篱下的群体（Golah）。他们与家乡的王权和以

---

① 《申命记》14:2 和 14:21，同时也出现在与"神圣法律"相关的章节中，如《利未记》19 章中的许多段落以及《出埃及记》19:6 里。请参考霍斯费尔德（F. L. Hossfeld）发表在施赖纳（Schreiner）1987，第 123—142 页上的文章。

第五章　以色列与宗教的发明

祭祀为主体的信仰割断,因此不受任何宗教解释模式的挑战。正是在这样的群体中,"唯耶和华独尊之运动"很容易进行到底,因为发生的一系列事件完完全全地印证了运动倡议者们做出的有关灾难的预言。唯耶和华独尊派原来试图在自己的传统和身份周围所建构的隔离墙此时变成了保护墙,恰恰是借助这个保护墙,唯耶和华独尊派在众多被掳到亚述和巴比伦的囚徒中自成一体,在持续50多年的岁月里保持自己的身份,并且在公元前537年这一权力发生变更的时候得以回归巴勒斯坦。

5. 波斯人的文化政策:恢复传统

波斯人竭尽全力想充当所辖范围内各个地方传统的辩护人和卫士,试图借此来巩固对被征服地区的统治权。[①] 在埃及,波斯统治者授意成立了一个委员会,其任务便是"整理和编纂至阿玛西斯(Amasis)在位第44年为止有效的法律条款"。[②] 有一个名叫乌扎瑞斯内(Udjahorresne)的埃及祭司受委托整修被破坏的藏书室。被古代埃及人称为"生命之屋"(Lebenshäuser)的藏书室通常附设在神庙里,它是保存和保护传统的最重要机构(劳埃德[A. B. Lloyd]1982a)。大流士下令在哈里杰(Khargeh)绿洲建造一座神庙,它的装饰不仅与即将在内部举行的仪式相关,而且把重要的神话、仪式、政治等方面的知识刻写在墙壁上,成为限定和确认传统和身份的极

---

① 基彭贝格把这种做法称为推行帝国政策者必然会采取的措施:"假如殖民者想在被占领地建立一个帝国的话,他们必须扮演被征服民族传统的保护者甚至发明者的角色。"见基彭贝格1986,第51页,他还引述了由格雷韦迈尔(J. H. Grevemeyer)主编的书《传统社会与欧洲殖民主义》(*Traditionale Gesellschaften und europäischer Kolonialismus*),法兰克福,1981,第16—46页中的内容,并且提到了勒克莱尔(G. Leclerc)的著作《人类学与殖民主义》(*Anthropologie und Kolonialismus*),慕尼黑,1973。请参考弗赖(P. Frei)/科赫(K. Koch)1984。

② 施皮格尔贝格(W. Spiegelberg)1914,第30—32页;迈尔1915,第304页及后。

为形象的表达形式。可以说,哈里杰神庙成为这类新型宗教建筑的典范。波斯人的统治对埃及来说无异于一次恢复传统并把这个传统奉为法宝的过程。弄清楚了这一点,我们便很容易理解为何《亡灵书》在此时才开始形成固定的格式,无论它的篇幅还是里面章节的顺序都遵循同样的模式。在此之前,《亡灵书》只不过是杂乱的经文集,不同的书吏根据自己的需求从中选取不同的和数量不一的篇章。埃及学界通常把王朝后期格式相对固定的《亡灵书》称为"赛斯整理本"(意即在赛斯王朝编纂而成。——译注)。事实上,统一的《亡灵书》抄写本到了波斯人统治时期才开始出现,换句话说,这时的《亡灵书》具有了类似正典(Kanon)的性质。

同一个时期在巴勒斯坦开始诞生希伯来正典,此事不仅获得了波斯人的许可,而且是遵照他们的旨意。根据哲学家和宗教学家陶贝斯(J. Taubes)的观点,"律法书"(Gesetzbuch)(确切一点说可能就是《申命记》)应当被视为以斯拉借助波斯人的权力从巴比伦带回耶路撒冷的宗教文献①,经过补编之后成为正典。预言的终结是正典产生的先决条件。② 如果引用伊斯兰教的表达法,为了让正典诞生,必须"关闭大门"③,不然的话,具有约束力的意义会随时溜进来。犹太人居住的地方沦为波斯帝国境内巴比伦行省的一部分,在这个丧失了所有政治权的地方,预言实在是无用武之地。原来的先知们受耶和华的委托向国王和民众发布预言,而如今,行省的总督身在遥远的巴比伦,波斯国王则远在天边。取代原来先知的是能读会写的书吏,现在轮到他们整理、编纂和解释流

---

① 以斯拉的波斯语头衔为"抄写天神之法律的书吏"。参见舍德尔(H. H. Schaeder)1930,该学者甚至认为,以斯拉原先是波斯宫廷里的一位大臣,后来被任命为掌管犹太人事务的特使。
② 请参看布伦金索普(J. Blenkinsopp)1977;朗 1986;莱曼 1976。
③ 在伊斯兰教中,不是预言的大门,而是自主地寻找和做出决断的大门被关闭,请见纳格尔(T. Nagel)1988,第9页及后。

传下来的文献。

在那些被称为"祭司文献"(Priesterschrift)的篇章中,我们能够最清楚地领会到犹大这个地方去政治化以后的精神气候。在先知和具有《申命记》神学思想的文献中,有关合法的国王和期待弥赛亚的主题占据核心位置,而在祭司文献中,它们几乎完全不见了踪影。[①] "唯耶和华独尊之运动"所创建的一神教在流亡巴比伦之前表现为一种对立的文化(Gegen-Kultur),而在民族成分复杂的波斯帝国境内,它成为"内部文化"(Binnenkultur),其主要任务是保证生活、学说和阐释的纯洁性,而世俗的事务则由波斯驻军来处理。

在波斯人统治时期,犹太人公共生活领域的去政治化过程基本完成。在埃及和巴比伦,文化经历了"祭司化"(Klerikalisierung)过程,承载文化的担子从书吏(Schreiber-Beamter)的手中转移到掌握知识的祭司(Schreiber-Priester)肩上;在以色列,经师(Schriftgelehrter)取代先知(Prophet)成为承载文化的中流砥柱。有所不同的是,只有在以色列,宗教真正立稳了脚跟并与文化和政治划清界限,从而为犹太人集体身份的确立提供了基础。只有在以色列,一个全新意义上的"民族"获得了生命,如此诞生的民族当然也需要对外划清界限和在内团结一致,但是这里所说的外部和内部与政治和领土方面的所属关系完全无关,相反,起到决定作用的是他们是否依从"法律和先知"。[②]

上面所说的去政治化的气候后来也发生了变化,就是说唯耶和

[①] 我的这一理解得益于《旧约》专家马霍尔茨,感谢他不吝赐教。
[②] 他们对外划清界限不是根据疆界,而是依据一个成员的生活方式和行为方式是否符合起到限制作用的信条。这些信条使得成员们很难与非成员进行接触(守安息日、禁止族外婚、禁止共餐等);至于内部团结主要是通过强调相同的成员资格,这一点从结束流亡生活的犹太人众多的自称中可见一斑,诸如"被掳归回的人"(bene haggolah)、"存活的人"、"见证盟约者"、"听众"(qahal)、"全体教徒"(jahad)、会堂等。请参考桑德斯(E. P. Sanders)1981;施赖纳 1987。

华独尊派也提出了政治主张,这种情况总是出现在掌握政治主宰权的人试图干预这些自称是上帝选民的宗教生活的时候。第一个引起轰动的事件当然是马加比战争,它的起因是安条克四世(Antiochus IV Epiphanes)试图扩大希腊文化领域(主要是在耶路撒冷建造竞技场)。在这场文化间的冲突中,犹太教与希腊文化在几个层面上针锋相对(《马加比下》,2:21,参见威尔/奥里厄[E. Will/C. Orieux]1986)。在这场斗争中,犹太人第一次清楚地意识到自己基于宗教的生活方式①,而不同于犹太教的希腊人的生活方式则被冠以"异教"(Heidentum)之名。② 受罗马人统治时期,犹太人与压迫者再一次发生武力冲突,他们原先那种渗透了神话动力的政治抱负逐渐转化为对天启和弥赛亚的期盼。③ 公元70年,位于耶路撒冷的耶和华圣殿被毁,尤其是在哈德良统治下的公元135年,巴尔·库克巴(Bar-Kochbah)起义被血腥镇压,在此过程中,以拉比为代表的不问政治的和反宗教狂热的宗教理念占据了主导地位。

以上所勾勒的宗教演变过程促成了两个重要的结果,其一是希伯来《圣经》中的正典得以确定,其二是由拉比所主导的犹太教从此确立。当然,这个过程充满了各种各样的冲突,这些冲突作为回忆的形象沉淀在有关出埃及的传统之中:

冲突中的回忆形象

埃及	以色列 在摩西的领导下,上帝的选民诞生
金牛犊崇拜者	利未人(《出埃及记》32)

---

① 请参考恩格尔1973第二版,1976。米勒(F. Millar)1978对此持不同的观点。
② 关于犹太教与其他信仰之间的对立,请参阅科尔佩1986和德林1987。
③ 斯通(M. Stone)1984;黑尔霍尔姆(D. Hellholm)1983。关于这种宗教心态的政治层面,请参考维达尔-纳凯(P. Vidal-Naquet)1981,第17—42页。

第五章 以色列与宗教的发明

原住民	迁徙民:不许与任何人立约(《出埃及记》34) 不许通婚(Amixie)①
历史上的冲突	
趋向于同化的王权,主张融合的崇拜方式	先知,"唯耶和华独尊之运动"倡导的"清教徒"式的宗教改革(内部对立)
来自亚述的同化的压力	以色列人抵抗(与外界的对立)
巴比伦陌生的文化	流亡社区
留住者	被掳归回的人
撒马利亚人②	犹太人
流亡埃及者	流亡巴比伦者③
希腊信仰	犹太信仰
撒都该人	法利赛人④,尤其是有"清教徒"趋向的团体(艾赛尼派)、狂热分子⑤
交替的外来文化	流亡犹太人的信仰

---

① 这个概念主要由古典作家们记述,请见德林的上引书,第 15 页及后。在《摩西五经》中,禁止以色列人与当地居民通婚是因为主忌恨这种事情。古典作家把犹太人坚决拒绝通婚之态度说成是他们憎恶人类(菲隆[Philon]:《论德性》141;狄奥多罗斯[Diodor]:《历史集成》34,1,2 和 40,3,4;约瑟夫斯:《反阿皮翁》2,291,参见德林上引书,第 15—18 页以及斯文斯特[J. N. Sevenster]1975)。

② 撒马利亚人(希伯来文为 kuttim)相信自己是北部以色列部落的后裔。他们只认为《托拉》是圣书,而不承认《先知书》和《圣徒传记》也具有这种地位,因此,他们被视为异教徒。

③ 关于流亡埃及的犹太人与流亡巴比伦的犹太人之间的冲突,迪博纳(B. J. Diebner)1991,第 130 页及后有非常详细的论述。

④ 撒都该人与法利赛人之间的冲突实际上主要表现为有权势的职业经师与普通教徒之间的矛盾,后者主张一种严格遵循《托拉》诸项法律的生活方式。此外,法利赛人不仅认为《托拉》的权威性来自上帝,而且相信由自己所保持的、阐述《托拉》的传统同样具有神圣性。他们如同回顾家谱一样追溯这一阐释传统,最远回溯到西奈半岛上的神启。与此相关,在后来的拉比犹太教中,口传《托拉》被视为源自西奈并在近千年的时间长河中逐渐展现的神启。撒都该人则否认口述传统的权威性。请比较劳特巴赫(J. Lauterbach)1913。

⑤ 关于古典时期犹太教内部的政治派别,请参看维达尔-纳凯 1981,第 17—72 页。

在上述一系列冲突中恒定的和决定性的因素是内部的矛盾与外部的矛盾之间的密切关系。这一点在有关出埃及的传统中非常清楚,随着上帝子民之概念的确立,不仅有无数的埃及人遭受十灾而丧命,以色列人当中也有一部分因为反复犯错和拒绝改错而遭受惩罚。这一点从一开始就很清楚,成为上帝子民的一员不是借助血缘关系,它既不是遗传的,也不是世袭的。种族属性与宗教属性之间有一条严格的界限,也就是说,并非所有的以色列人都是真正的以色列人。出埃及的传统表现为对一个以往冲突的回忆,这一回忆模式也被用在犹太人与诸多外来文化如亚述、巴比伦、波斯、希腊和罗马文化之间的冲突,以及犹太人内部少数正统派与主张同化的多数之间的冲突上面。

出于保持洁净的目的,以色列人不仅与同族的人划清界限,而且不惜把矛头对准自己的灵魂。事实上,以色列人如此三令五申不许与当地居民通婚和接触,反复强调驱逐和斩尽杀绝当地人的必要性,其原因在于他们自己就是这些可恨的迦南人。这种划清界限和排除异己的意识形态在有关婚姻、通奸和诱奸的隐喻中表现得无以复加。说起来,叛教与接受诱惑没有本质上的区别,正是因为担心发生诱惑,所以才想方设法进行隔离。同样,正因为担心自己受到诱惑,所以才出现了"嫉妒心"(Eifersucht)极强的耶和华,这个神竭尽全力禁闭和保护自己的子民,如同一个东方的丈夫对待自己的妻子。在以上的回忆形象中,潜在的武力倾向是显而易见的,但是需要特别强调的是,在以色列人创建一神教和犹太教形成的过程中,这种武力倾向未曾成为事实;不过,这种倾向在分裂、解放、尤其是在争夺土地的运动中发挥了作用。在很久以后的年月中,移居到北美洲的清教徒和南非的布尔人(Buren)还试图用上面的回忆形象来塑造自己并且从中找寻自身行为的合法性。

二 起到回忆作用的宗教：
《申命记》作为文化记忆术的范例

在下面探讨文化记忆的篇章中，我想提出一个比较大胆的观点，因此需要首先做一些必要的解释。我想以纯粹文化理论而非宗教史和神学的视角来审视《申命记》这一犹太教和基督教的核心文本。我把构成《摩西五经》中第五卷的《申命记》看做集体记忆模式的核心文本。这类文献的出现在当时来说是前所未有的事情，它意味着一种新型宗教的诞生，同时为崭新的文化记忆和身份认同模式的形成奠定了基础。从文化记忆的理论考量，这个新的宗教的全新之处不在于它的内容（一神教、反偶像），而在于它的构成形式。它拥有无所不包的框架，这使得集体记忆和文化记忆原来所必需的"自然"框架在极端情况下可有可无。这里所说的自然框架包括王权、圣殿、疆域等。它们在通常情况下构成集体记忆得以形成的机构和代表，因而会"自然而然"地强化集体记忆，它们是记忆发生的处所也是记忆的支撑点。所有这些场所随着一种新的记忆模式的产生而从外部转移到内部，即转化为想象的和精神的东西，换句话说，取而代之的是一个精神层面的"以色列"。哪里有人借助研读神圣的文献来确保记忆鲜活，哪里就存在这个新型的以色列。在前面的一节中，我们从文献如何形成，这些文献又如何被奉为正典的角度，详细地论述了犹太教逐步注重精神和沉思默想的过程，而且试图用历史重塑的手段来复原以色列人的政治和社会史。《圣经》所收纳的文献从内部展示了这个过程是如何进行的，而其中最为典型的篇章莫过于《申命记》。《申命记》发展出了一种记忆艺术，而这一艺术的基础是身份与疆域脱离干系。《申命记》提出了一个很高的要求，那就是在当下的疆域中回忆那些在遥远的地方订立的盟约,即在国土外发生的事情:埃及—西奈—荒漠—摩押。真正起到奠基作用的"记忆之所"(lieux de mémoire)实际上位于应许之地以外。这就是说,在以色列以外的任何地方都可以和能够回忆以色列,如果把这一格式置于历史语境中的话:虽然流亡在巴比伦,但是不能忘记耶路撒冷(可以比较《诗篇》137:5)。假如一个人能够在以色列想起埃及、西奈和在荒漠辗转的经历,那么他就能够在巴比伦时刻不忘以色列。

研究《旧约》的学者们一致认为,《申命记》实际上是一群人、"一场运动"或"一个学派"发布的声明(魏因费尔德1972),其核心内容是主张一种全新的、注重精神和沉思默想的身份认同。这里所推崇的身份认同完全基于《托拉》,因为《托拉》对以色列人来说承担了其他社会中疆域、社会制度、权力机构和公共设施等联合起来才能承担的任务,正如海因里希·海涅(他对此一定深有体会)称《托拉》为"随身携带的祖国"(portatives Vaterland)(参见克吕泽曼1987)。由此,家乡与他乡之间的界限不是存在于地理的空间,而是铭刻在"精神的空间"中。霍夫曼斯塔尔(H. von Hofmannsthal)在1927年的一次演讲中用精神的空间来指代一个民族所拥有的文献。他在演讲的开头说了如下的话:"我们之所以属于同一个团体,不是因为我们居住在家乡的土地上,也不是因为我们通过贸易往来与家乡有接触,而主要是因为在精神上依附于她。"可以说,以色列人发现和发明了这种精神上的依附性,而他们的文献使之成为可能。在许多学者参与的有关"书写文化的结果"(Folgen der Schriftkultur)的讨论中,最受重视的问题莫过于如何借助文字和文献在严格意义上的疆域之外开辟精神家园。《申命记》正是从内部阐明和论证了这样一个过程。《申命记》的编写者们创造了一种全新的记忆术。有了这样的记忆术,不管上文提到的、在一般情况下必需的"自然的"框架是否存在,以色列人所有关键的责任与义务都能够被保存在集体记忆里,并且不断地得到回忆。

我在这里极力强调"自然的"这一概念。在哈布瓦赫所分析和描写的自然形成的集体记忆中,记忆术(Mnemotechnik)起到至关重要的作用,正如古典时期的"记忆术"(ars memoriae)作用于自然的个体记忆一样。在《申命记》里,宗教无异于人为地强化"集体记忆"(mémoire collective)的一种手段。[①] 在希望之乡忘记荒漠,在巴比伦忘掉耶路撒冷,这应当说是再自然不过的事了。《申命记》所提出来的进行回忆的要求因此可以说是反自然的,有悖于常理,只有借助每天的训练和集中精力才有可能做到。

1. 遗忘的恐怖:文化记忆术中关于民族诞生的传说[②]

关于西方的记忆术[③],有一个传说描述了它所诞生的原始场景。这就是流传很广的有关诗人西摩尼德斯(Simonides)的经历。根据西塞罗的记述,故事大致如下:在一次大厅坍塌的灾难中,除了西摩尼德斯侥幸生还以外,其他参加宴会的客人全部被砸死,他们的尸体到了无法被辨认的程度。多亏这位诗人记住了客人们的座次,所以他能够凭记忆辨认死难者。这个事件的特殊之处在于记忆所借助的空间性。主人公在进行回忆时把所有的信息在他所想象的空间中进行排列,并且借助如此形成的空间图来唤回

---

① 我在这里使用"人为地"一词并没有贬低的意思,这一点不应当多作说明。犹太人经常被指责"无根"和"无家可归",因为对民族主义者来说,他们自己既不能也不愿脱离地域的范畴来设想身份和归属感问题。
② 本节的内容曾经以略微扩展的形式收录在阿莱达·阿斯曼/哈特(D. Harth)1991,第337—355页。
③ 请参考叶茨(F. Yates)1968;哈韦尔坎普(A. Haverkamp)/拉赫曼(R. Lachmann)1991。

信息。①

对于犹太教—基督教的"回忆文化"(Erinnerungskultur)来说②,同样有一个传说描写它的生成经过,即写有《申命记》的书卷如何被找到,当时在位的约西亚如何借助它进行了宗教改革。与西摩尼德斯的经历类似,约西亚宗教改革的诱因也是一场灾难和它所引发的忘掉身份的危机。有所不同的是,在后一个传说里面临灭顶之灾的是整个民族,而且这场灾难并不是导致遗忘的原因,而是遗忘所造成的后果。

根据《列王纪下》22:2—13 的描写,在对耶路撒冷圣殿进行维修的时候,最高祭司希勒家(Hilkia)发现了一本显然被人们遗忘了的书。据称这本书的书名为《托拉之书》(Buch der Torah)或《盟约之书》(Buch des Bündnisvertrags)。当手下人把此书念给约西亚的时候,这位国王惊恐万状,以至于撕碎了自己的衣服,因为这本书不仅详细记录了神与以色列所签订盟约中的"命令、证据和法规",而且还附录了违犯它们的人会遭受的可悲下场。很显然,以色列人业已经历并正在忍受的苦难和厄运都是神施行惩罚的结果,因为国内宗教和政治现实与盟约中所要求的大相径庭。

《申命记》中的历史书写实际上是把回忆中的事奉为法宝的过程,而在其中起到主导作用的是有关罪责的原理(Prinzip der Schuld)。在这里起到至关重要作用的是,当下的灾难被说成是耶和华进行惩罚的结果,因此理应承受(见拉德[G. v. Rad]1958)。在接下来的第六章里,我们将详细地论述罪过、记忆与历史书写之

---

① 西塞罗:《论演说家》II 86, 352—87, 355,由默克林(W. Merklin)翻译和编辑的德文本出版于 1976 年,拉赫曼 1990,第 18—27 页提供了原文、翻译和详细的注释。关于空间在记忆术中的作用,请比较本书第一章第三节。

② 关于"回忆文化"这一术语以及它与"记忆术"(Gedächtniskunst)之间的区别,请参看本书第一章序言。

第五章 以色列与宗教的发明

间的相互关系(关于《申命记》的历史书写请见第六章第二节)。

因为我们把有关约西亚改革的记述视为具有开天辟地之意义的传说①,所以没有必要在这里赘述它的历史性问题。《耶利米书》和《以西结书》都没有具体提到约西亚改革,这无疑极大地减弱了它的史实成分,尽管如此,它作为一个记忆的形象具有不容忽视的意义。对我们目前所探讨问题来说,它有三点具有决定性意义:

(1) 有意与传统决裂:所有的祭祀活动从此以后都成为耶路撒冷的专利,这意味着改变整个国家由来已久的宗教生活,其严酷程度和影响范围难以估量②;

(2) 与传统决裂的行为得到合法化,而为决裂者正名的是一本不期而遇的书,即被人们遗忘的真理;

(3) 与此相关联,记忆这个题目获得了戏剧性的效果。

在上面所描述的故事里,突然出现的一本书起到的作用犹如另一个故事中西摩尼德斯所扮演的角色。在灾难和全然忘却的情况下,它构成了被忘怀了和被模糊了的身份的唯一的见证。无论是传统还是研究的结果都把这里所说的书认作《摩西五经》中的第五卷,即《申命记》。③ 如果仔细审读这本书的话,我们会很容易发现,遗忘和记忆的主题在其中的的确确构成了主旋律。④

---

① 有关约西亚改革的描述显然经历了多次修改,施皮克曼(H. Spieckermann)1982 对这个问题进行了详尽的分析。
② 阿玛纳宗教改革可以被视为与此类似的事件,其间,都城阿玛纳以外的神庙被强行关闭,宗教生活全部集中在首都。
③ 有几位教父以及霍布斯(Hobbes)和莱辛(Lessing)很早就意识到了约西亚所说的书可能就是《申命记》。不过,真正从历史和学术批评的角度论证这一点还要等到韦特(von de Wette)于 1806 年出版《旧约导论》(*Beiträge zur Einleitung in das Alte Testament*)第一卷。此后,有关这一主题的研究成果可谓汗牛充栋。
④ 可以参考肖特洛夫(W. Schottroff)1964,特别是第 117 页及后。关于《申命记》中的"回忆"(*zkr*)一词,请见蔡尔兹(B. S. Childs)1962。

这卷书的内容包括摩西的遗嘱,而且一开头便说明了事件发生的地点和时间。具体来说,场景设在约旦河东岸,时间是准备渡过约旦河进入应许之地之际。眼前的边界,即将开始的跨界行动,四十年漫长的迁徙接近尾声,所有这些主题都意义深远。首先,四十年标志着可以作为见证人的一代人已经不复存在,也就是说那些出埃及时年仅20至30岁的人已经相继作古,而随着他们的死,原来有关离开埃及,在西奈签订盟约和辗转于荒漠的鲜活的记忆行将湮灭。

在《申命记》中,针对这些见证人的警醒随处可见:"耶和华因巴力毗珥的事所行的,你们亲眼看见了。"(4:3)①"你亲眼看见了耶和华你神向这二王所行的。"(3:21)这些警告的最终目标只有一个,那就是"免得忘记你亲眼所看见的事"(4:9)。"我不是和你们的儿女说话,因为他们不知道,也没有看见耶和华你们神的管教、威严、大能的手,和伸出来的膀臂,并他在埃及向埃及王法老和其全地所行的神迹奇事。也没能看见他怎样待埃及的军兵,车马,他们追赶你们的时候,耶和华怎样使红海的水淹没他们,将他们灭绝,直到今日,并他在旷野怎样待你们,以至于你们来到这地方……惟有你们亲眼看见耶和华所作的所有大事。所以,你们要守我今日所吩咐的一切诫命。"(11:2—8)

在《申命记》里,耶和华的话语针对那些可以充当见证人的以色列人,正是他们亲眼目睹了出埃及过程中耶和华所行的奇迹,他们亲身体验了神的威力,在自己的人生中意识到了神的存在。他们应当将所见所闻保存并传给后代,他们有充当证人的义务。正因为如此,《列王纪下》23:3 中不仅谈到了"命令法规",也涉及"证据"。正是出于这个原因,在犹太《圣经》和祷告书里,劝人倾听

---

① 可以比较《民数记》25:3:"以色列人与巴力毗珥联合,耶和华的怒气就向以色列人发作。"

第五章　以色列与宗教的发明

的祷文中表示"证人"的单词被大写。文中多次告诫那些亲历出埃及事件的最后见证者们,绝不应当忘记他们曾经亲眼所见的事情:"以色列啊,你要听!耶和华我们神是独一的主。"(《申命记》6:5)

对于集体回忆来说,四十年标志着一个节点,即一次危机。如果一种回忆不想随着时间消逝,那么它必须由自传性的回忆(biographische Erinnerung)转化为文化回忆(kulturelle Erinnerung),其手段便是集体记忆术。《申命记》论及了不下八种形式各异的借助文化而完成的回忆:

(1)记住——铭刻在心上:"我今日所吩咐你的话都要写在心上。"(《申命记》6:6)①(可以比较《申命记》11:18:"你们要将我这话存在心内,留在意中。")

(2)教育——通过交流和传播让下一代了解,《申命记》中相关的段落不胜枚举:"你也要殷勤教训你的儿女,无论你坐在家里,行在路上,躺下,起来,都要谈论。"(《申命记》6:7,请比较《申命记》11:20)②

(3)让人看得见——额头上的警示(身体上的标记):"你也要系在手上为记号,戴在额上为经文。"(《申命记》6:8,可以比较《申命记》11:18)

(4)限制性的语境——书写在门框上的文字(属于自己的范围):"你又要写在你房屋的门框上,并你的城门上。"(《申命记》6:9,可以比较《申命记》11:21)

---

① 在相关的希伯来文段落里,并没有"书写"一词。《耶利米书》31:33确实使用了"书写"这个词:"我要将我的律法放在他们里面,写在他们心上。"
② 可以比较摩西死后耶和华告诫约书亚的话:"这律法书不可离开你的口,总要昼夜思想。"律法不仅要记在心上,而且还要留在口中。米德尔顿(D. Middleton)/爱德华兹(D. Edwards)1990,第23—45页从心理学角度探讨了"交流记忆"。肖特(Shotter)在米德尔顿/爱德华兹1990,第120—138页阐述了话语在建构共同回忆的过程中所发挥的作用。

(5) 保存和公开——刻写在石头上的文字:"你们过约旦河,到了耶和华你神所赐给你的地,当天要立起几块大石头,墁上石灰,把这律法的一切话写在石头上。……你们过了约旦河,就要在以巴路山上照我今日所吩咐的,将这些石头立起来,墁上石灰。……你要讲这律法的一切话,明明地写在石头上。"(《申命记》27:2—8)①

以巴路山是"诅咒之山"(Fluchberg,见《申命记》27:13)。在这座山上,以色列人对其敌人发出了诅咒,因为他们手中的律法对这些人奈何不得。写着盟约内容的石头被竖立在那个地方,见证着被遗忘了的来自耶和华的戒律。②

(6) 进行集体回忆的节日——有三个重要的集会和朝觐的节日,届时,所有以色列人都有机会面对主③:

逾越节——纪念出埃及的节日("要叫你一生一世记念你从埃及地出来的日子"《申命记》16:3)④;

七七节——回忆在埃及寄人篱下之岁月的节日。("你也要记念你在埃及作过奴仆。你要谨守遵行这些律例。"《申命记》16:12)⑤

---

① 《约书亚记》8:30—35 描写了以色列人如何完成耶和华的这项命令。
② 关于证物对文字内容有效性的辅助作用,请见《约书亚记》24:26 及后:"约书亚将这些话都写在神的律法书上,又将一块大石头立在橡树下耶和华的圣所旁边。约书亚对百姓说:'看哪,这石头可以向我们作见证,因为是听见了耶和华所吩咐我们的一切话,倘或你们背弃你们的神,这石头就可以向你们作见证。'"
③ 这三个节日起初都源于庆祝丰收的活动(收获大麦、收获小麦及收割结束以及采摘果实)。学者们认为,以色列人丧失国土以后流亡在异国他乡,他们的传统节日与农事之间原有的密切关系被解除,遂变成纯回忆性的节日。在我看来,回忆的主题在有关农事的文献中如此重要,这一点应当予以特别的重视。
④ 关于逾越节的纪念作用,可以比较《出埃及记》12:14;《利未记》23:24。有关这一主题的文献,见钱奇克/莫尔 1990,脚注 73—77。
⑤ 七七节也被视为以色列人纪念西奈神启和摩西接受十诫之事的节日,请参阅迪内曼(M. Dienemann):《七七节》(Schawuot),载蒂伯格(F. Thieberger)1979,第 280—287 页。

第五章 以色列与宗教的发明

住棚节——每隔七年,以色列人在住棚节期间要通读一遍《申命记》(请看第八项)。在此期间,以色列人要为主奉上初熟的土产,同时向耶和华表忠诚(《申命记》26)。拉德把《申命记》中的表白称为"简短的历史信经"(kleine geschichtliche Credo),这一段实际上是对出埃及经历的一种概述或总结,其核心是以色列人的谱系和耶和华向他们许诺福地(《申命记》26:5—9)。

(7) 口述传统,即利用诗艺来进行历史回忆:《申命记》以一首宏伟的诗篇作为结尾,以富有韵律的语言重申背叛和遗忘可能会带来的可怕后果。这首歌应当在民间传唱,以便民众能够随时回忆起自身的义务:"现在你要写一首歌,教导以色列人,传给他们,使这歌见证他们的不是,因为我将他们领进我向他们列祖起誓应许那流奶与蜜之地,他们在那里吃得饱足,身体肥胖,就必偏向别神侍奉他们,藐视我,背弃我的约。那时,许多祸患灾难临到他们,这歌必在他们面前作证,他们后裔的口中必念念不忘。"(《申命记》31:19—21)

(8) 把盟约的内容奉为正典(《托拉》)并严格遵守:"摩西将这律法写出来……吩咐他们说:'每逢七年的末一年,就在豁免年的定期住棚节的时候,以色列众人来到耶和华你神所选择的地方朝见他。那时,你要在以色列众人面前将这律法念给他们听。'"(《申命记》31:9—11)①关于一字不差地执行耶和华的命令,《申

---

① 在赫梯条约中,有一个条款专门要求相关的人每隔一定的时间念诵条约的内容,见科罗舍茨(V. Korošec)1931,第101页及后;门登霍尔(G. E. Mendenhall)1955,第34页;巴尔策(K. Baltzer)1964,第91页及后。关于亚述人的类似习俗,见魏德纳(E. Weidner)1954—56。据称以斯拉从住棚节的第一天至最后一天每天都向民众朗读《托拉》(《尼希米记》8:1和18,请参考巴尔策1964,第91—93页)。赫梯国王哈吐什里(Hattušiliš)一世(公元前16世纪)的"遗嘱"在结尾处有如下的话:"……你(王位继承人)应当每月朗诵石碑上的文字,你会因此牢记我的话和我的智慧"(拉罗什[Laroche]:《赫梯文献集》[Cataloge des texts Hittites],第6篇,转引自钱奇克/莫尔1990,第314页)。

命记》多次使用了"不可加添,也不可删减"这种句式来加以说明(《申命记》4:2;12:32)。①

从上文所说的定期念诵盟约内容这一习俗形成了后期在犹太会堂诵读《托拉》的宗教仪式,一般情况下,在一年的时间内通读一遍所有《托拉》的篇章。基督教礼拜仪式中念诵经文的传统也可以追溯到早期的宗教集会,其目的同样也是进行集体回忆。②

在以上所列举的八项记忆术中,第八项具有决定性的意义。它意味着对传统进行一种干预,让许许多多处在不断变化中的传统接受严格的筛选,被选中的内容从此被固定下来并取得神圣的意义,即它获得了无可置疑的最高约束力,而且从此以后在传统的长河中绝对保持不变,不得添加任何内容,也不许删减任何内容,由条约生成了正典。③

正因为我们在交往记忆(kommunikative Gedächtnis)和文化记忆(kulturelle Gedächtnis)之间做了区别,使我们能够对《申命记》所反映的根本问题进行非常深入的探讨。事实上,《申命记》展现的是交往记忆(有关亲历的和见证者讲述的事情)向文化记忆(借

---

① 关于正典的格式及其不尽相同的行文,请见第二章第二节。《申命记》要求以色列人绝对遵守其中的条约和律法,这种遵守确实是字面意义上的一字不差。之所以有如此严格的要求,其原因在于传统本身也具有了类似条约的法律性质,这个条约由作者与抄写者签订。遵守条约同时也意味着保持条约文本的原样,经常可以在条约末尾见得到的诅咒不仅是为了保证条约的条款得到执行,而且也是为了保持条约的文字原样。在巴比伦用楔形文字书写的泥板文书中,文末署名处也经常出现咒语,与《申命记》一样,这种格式显然是对抄写人员的一种警告。请见奥夫纳(Offner)1950;钱奇克1970,第85页及后;菲什贝恩1972。
② 巴尔策1964,第91页及后,还可以参看拉德1947,第36页及后。拉德把《申命记》称为"涉及律法的布道"(Gesetzespredigt)。
③ 见阿莱达·阿斯曼和扬·阿斯曼1987。关于希伯来正典的诞生以及《申命记》作为希伯来正典形成过程中的核心,参见克吕泽曼发表在阿莱达·阿斯曼和扬·阿斯曼1987中的文章;关于"正典"所具有的重要意义,参看科尔佩以及阿莱达·阿斯曼和扬·阿斯曼发表在阿莱达·阿斯曼和扬·阿斯曼1987中的文章。

助机构完成和保持的记忆)的转变,因此构成了文化记忆术(kulturelle Mnemotechinik)。一种回忆如果不再被人们的交往记忆重温和体现,那么它势必不可避免地与不断变化的当下形成对照,可以说它"与现实对立"。

2. 回忆受到的威胁和遗忘的社会前提

熟悉童话的人不会不知道,当中的主人公警告对方无论如何不能忘记某事时,一定料到了对方可能会忘记。在很多情况下,发出警告的人想劝阻对方跨越界限,比如不希望相关的人踏入一个陌生的空间。因为,陌生的环境,尤其是吃喝来历不明的食物会促使人遗忘。

由于环境的变化而导致遗忘的最早的例子或者场景就是到陌生的地方游历,即跨越了界限。在这种情况下,一个孩子忘记自己的父母,一个信使忘记自己的任务,一个王子忘记自己高贵的身份,魂灵忘记他们的出生地在天国,因为在他们所处的新的环境里,没有任何东西支持和支撑他们的回忆。回忆丧失了其坐标系,因此成为不真实的东西,直至消失。

《申命记》产生的前提正是上面所说的遗忘的威胁。《申命记》就是在跨越界限之际神对以色列人说的"话"(《申命记》正文中的第一个字是"话",因此这卷书的希伯来名称就是"话")。对即将结束远征的以色列人来说,他们此时所面临的环境的变化可谓空前绝后。与此相关联,他们的回忆也面临巨大的威胁。一旦他们跨过约旦河,开始享用那个"流着奶和蜜的国土"上的食物,他们就会忘记自己的身份以及他们从神那里接受的任务。

如果我们仔细阅读《申命记》,一个挥之不去的感受便是,一个人很容易记住印象深刻并带有各种明显标志的往事,同样,一个人势必会忘记他四十年来的经历。《申命记》怀疑往事和集体记忆存续的可能性,这种悲观的态度源于何处?文中反复列举了两个原因:反差和诱惑。在之前迁徙的过程中,以色列人置身于完全不同的环境之中,他们即将迁入的国土能够提供全新的生活条件:

> 那地有河、有泉、有源,从山谷中流出水来。那地有小麦、大麦、葡萄树、无花果树、石榴树、橄榄树和蜜。你在那地不缺食物,一无所缺。那地的石头是铁,山内可以挖铜。你吃得饱足,就要称颂耶和华你的神,因他将那美地赐给你了。你要谨慎,免得忘记耶和华你的神,不守他的诫命、典章、律例,就是我今日所吩咐你的。恐怕你吃得饱足,建造美好的房屋居住,你的牛羊加多,你的金银增添,并你所有的全都加增,你就心高气傲,忘记耶和华你的神,就是将你从埃及地为奴之家领出来的,引你经过那大而可怕的旷野……恐怕你心里说:"这货财是我力量、我能力得来的。"你要记念耶和华你的神。……你若忘记耶和华你的神,随从别神……,你们必定灭亡。这是我今日警戒你们的。(《申命记》8:7—19)

> 耶和华你的神,领你进……应许给你的地,那里有城邑,又大又美,非你所建造的;有房屋,装满各样美物,非你所装满的;有凿成的水井,非你所凿成的;还有葡萄园、橄榄园,非你所栽种的,你吃了而且饱足。那时你要谨慎,免得你忘记将你从埃及地为奴之家领出来的耶和华。(《申命记》6:10—12)

框架的变换即生活条件和社会关系的彻底变化势必导致遗忘。在促使往事被遗忘的全新的现实当中,最具代表意义的标志和概念就是饮食。关于以色列人在荒漠上辗转四十年的经历,《申命记》称人并非单纯靠面包为生。这一令人惊讶的认知出现在如下的语境中:"他苦练你,任你饥饿,将你和你列祖所不认识的吗哪赐给你吃,使你知道人活着不是单靠食物,乃是靠耶和华口里所出的一切话。"(《申命记》8:3)当一个人的现世环境发生变化,以往在旧的环境中有效的东西必然会被遗忘,因为它们与外围情况格格不入,等于丧失了其依靠物和支撑点。

回忆不仅需要依靠物和支撑点这类框架条件,它还受到属于意识形态范畴的破坏性影响。《申命记》不厌其烦地提及"陷阱"(Fallstricken)和"诱惑"(Verführungen)。以色列人即将进入的土地对他们来说充满了诱惑,正因为如此,至关重要的是不要与当地人发生任何接触,要在自身与他者之间建立不可逾越的屏障。

> 不可与他们立约,也不可怜恤他们;不可与他们结亲,不可将你的女儿嫁他们的儿子;也不可叫你的儿子娶他们的女儿。因为他们必使你儿子转离不跟从主,去侍奉别神。……你们却要这样待他们:拆毁他们的祭坛,打碎他们的柱像,砍下他们的木偶,用火焚烧他们雕刻的偶像。(《申命记》7:2—5)

> 你眼不可顾惜他们,你也不可侍奉他们的神,因这必成为你的罗网。(《申命记》7:16)

以色列人不应遗忘,他们也不应招架不住诱惑。"那些国民所行可憎恶的事,你不可学着行。"(《申命记》18:9)以色列人可能受到的诱惑其实就是约旦河西岸居民的宗教习俗,具体说来就是多神教和偶像崇拜。这些习俗与《申命记》所主张的生活方式构成不可调和的对立:除耶和华以外不信奉任何神、不崇拜神像、除耶路撒冷圣殿以外不朝觐其他神庙、不占卜、不观兆、不算命、不搞神谕、不信魔法、不问巫术、不兴神娼,总而言之[①],只要是当地的常规和习俗,就要坚决抵制,因为这些是耶和华所憎恶的事。[②]

[①] 参见《申命记》18:9 以及《利未记》18:3;18:21;19:26;19:31;20:27。
[②] 关于一神教与多神教在以色列的冲突,请参看新近出版的魏佩特1990。

即使进入了应许之地之后生活变得安逸,以色列人也不应忘记他们与耶和华在荒漠订立的盟约。在以色列人的历史中,过去与未来显现为沙漠与沃土、野蛮与文明。今天并非昨天的继续,恰恰相反,昨天与今天之间有一条明显的界限。尽管如此,以色列人必须保持住昨天的一切。为此,他们必须学会回忆这门艺术,这门艺术事实上无法得到眼下现世的支撑。换句话说,虽然他们即将进入属于自己的土地,但是他们仍将是陌生人,无论是空间还是时间,对他们来说都是陌生的。适应现状便意味着遗忘。如果我们相信《列王纪下》22—23 中有关《申命记》如何被发现的描述,我们便不难理解问题的根源在哪里。这卷书订立的各种规章制度实际上反映了以色列人的宗教习俗,而在这块应许之地上大行其道的崇拜形式被《申命记》列为受耶和华憎恶之事,因此有必要在全国范围内以前所未有的坚决和彻底的手段清除和销毁那些牛鬼蛇神。回忆不仅要让以色列人有所警醒,而且要对现状起到毁灭性的作用。

约西亚改革看上去如同一场由上而下的革命。发动这场革命的原因是因为以色列人忘记了真理。《申命记》这部法律集失而复得,震惊了以色列人,这些律法被付诸实施。在集体层面上说,这次回忆是一次不自主的行为。与传统不同,这一被遗忘的真理在时间长河中没有被篡改,因此能够发挥其革命性的威力。以历史学家的眼光审视,其中所隐含的策略显而易见,这种策略是许多发动改革的人常用的手法:一种新的主张被说成是重回源头。我们在前文谈到了由史密斯提出的学说,而且认为此说很具说服力。按照史密斯的观点,约西亚的改革就是"唯耶和华独尊之运动"胜出。此次运动由先知和少数民众推行,其主旨是抵制官方所推行的政治和王室所遵行的信仰(史密斯 1987,第 11—42 页)。依据此说,一神教的主张并非来自过去,而是从当时的秘密活动逐渐成为主流,而原来土生土长、源远流长的习俗则被定为"堕落"和"忘本"的行为。根据《圣经》的描写,王权统治之前的以色列人信仰纯粹的一神教,可惜在王国时期由于适应周围的文化环境而异化,最终被遗忘。值得庆幸的是,民众灵魂深处曾经打下的一神教的烙印没有被彻底消除,因而在政治局势渐趋紧张的时候浮出脑海①,而且转化为一场影响深远的、表现为"废除"和"清扫"的宗教改革(《何西阿书》20:36—38)。② 在《圣经》所重构的画面中,宗教史以回忆所面临的危机形式展现,完全符合弗洛伊德所勾勒出来的宗教史理论。这场改革的口号是不忘记出埃及的经历,而它之所以在一定程度上获得成功,其原因确实是以色列人的回忆遭遇了危机,即有关出埃及、西奈和应许之地的回忆打动了人心。

犹太人回忆术的萌芽在他们流亡巴比伦的艰难岁月中孕育,这一点在人类历史上可以说绝无仅有。犹太人这一回忆术的特别、人为之处在于,他们所坚持的这种回忆在他们当下的现实中不仅很难得到确认,反而显得格格不入:一边是沙漠,另一边是应许之地;一边是耶路撒冷,另一边是巴比伦。正因为有了这样的回忆术,在后来两千多年的漫长岁月中,无论犹太人分散在世界何处,他们都能够回忆起一方国土和一种生活方式,也正因为这方国土和这种生活方式与他们当下的现实之间存在巨大的反差,他们得以坚守希望:"眼下是奴仆,明年便成为自由人;眼下寄人篱下,明天一定会重返耶路撒冷。"借用泰森(G. Theissen 1988)非常贴切的表达法,我们把这种在现实生活中找不到任何依靠物和支撑点的、乌托邦

---

① 约西亚统治时期,亚述帝国正在急速解体。亚述人曾经在一个世纪前灭掉北部的以色列王国并迫使南部的犹大王国在政治和文化上沦为亚述的附庸。亚述人的控制逐渐减弱,从而为犹大国争取更多独立提供了空间。这一追求独立的运动集中体现在《申命记》中。关于这场运动的历史背景,参见施皮克曼1982,第227页。
② 见沃尔泽(M. Walzer)1988,第68页。

式回忆术的特征概括为"与现实对立"(kontrapräsentisch)。

　　《申命记》所展示的回忆术可谓不同寻常，它源于以色列当时的特殊历史条件。虽然它构成一个特例，但是它所体现的、与现实对立的回忆原则有其普遍意义。在犹太教里，很多东西都被发展到极致的程度。事实上，每个社会都有"与时代不共时的结构"（埃德海姆 1988），只不过这些结构随着社会的进步逐渐被遗忘和遗失。宗教是与时代不共时的结构当中最为典型的例子。每个当下的文化当中都不可避免地含有属于过去的成分，它们就是相关文化不能忘记的因素。宗教的"作用在于通过回忆、现时化和重复等手段把并非共时的东西引入当下"（钱奇克/莫尔1990，第311页）。追根溯源、回忆和行之有效的纪念构成宗教最原始的活动。①《申命记》以极其详尽的笔触描述了与时代不共时的结构，使之成为令人难忘的回忆形象。生活并非完全在今天开花结果，正如人活着不是"单靠食物"（《申命记》8:3）。《申命记》所勾勒的宗教要求其信徒坚守盟约，尽管这一盟约在完全不同的、极端的条件下签订，即便这一盟约在当下的情境中得不到丝毫的确认。从此以后，能否坚守那些显得不合时宜的盟约成为衡量一个宗教的标准。

---

① 关于宗教一词的词源，参见齐尔克（H. Zirker）1986（它来源于"religere"，意为"谨守"，或者由"re-ligari"一词演化而来，表示"重新承担"）。上面两个词中起到关键作用的成分均为前缀"re"，表示"回归"之意。参看法布里（H. J. Fabry）1988。

第六章　法律精神促成历史的诞生

一　表现为惩罚与拯救的历史

在我们探讨文化记忆问题的时候,古代以色列在两个非常重要的方面堪称范例,其一是对传统的潮流进行筛选以便由此产生正典,其二是开始书写历史,两个现象之间有着密切的关系,而二者共同的生成时间均为以色列民族形成时期。在此过程中,集体身份的核心成分得到强化,其手段便是把身份建立在固化为正典的传统之上。由此确立身份之后,以色列人得以从他们铭刻心中的历史中获取神话动力。我们从神学的角度解读以色列历史符合古代人对此的看法,因为古代人就把正典与历史紧密联系在一起。比如约瑟夫斯对此做了如下的评论:"我们只有二十二卷正典,但是它们囊括了有关所有年代的记述。其中五卷构成《摩西五经》,包括人类诞生之初至立法者摩西逝世为止的所有法律和历史。十三卷《先知书》则记录了从摩西至阿尔塔薛西斯为止的历史。其余的四卷容纳了献给神的赞歌和有关日常生活的规章。"(第七章第二节将对此做更为详细的论述)从上可以看出,约瑟夫斯把《圣经》《托拉》和《先知书》最核心的部分视为历史书写。由此说来,对传统进行筛选然后把被选取的东西奉为正典借助两个手段,其一是通过历史书写,其二则是通过维持独一无二和有约束力的回忆。这种回忆的承载者是先知,因此随着先知时代结束,历史书写也断了线。与先知有关的历史从摩西开始一直延续到尼希米,这些先知的回忆见于十三卷《先知书》中。以色列人相信自己有进行回忆的义务,而且这一义务带有法律的色彩,因为它来源于他们与耶和华签订的盟约。任何签订条约的人都应当有一个好记性:他应当能够回忆其中的每一个细节,保持和执行其中的各项条款。随意删减、添加或者改变其中内容的人必将受到相应的惩罚。正典中的许多格式以及"回忆并记住!"这样的命令句都还保留着起初的法律意义。①

我在上一章分析了正典形成的历史条件,本章的重点是探讨以色列人历史演变与其历史书写诞生的外围条件。我试图阐述的观点是,古代近东的历史与历史书写都与法律机制的成型密不可分。

我想首先对"历史"这一概念做一个界定。我以前曾经使用过如下的定义:"历史是行动和回忆的结晶。没有回忆,我们就不可能有历史;没有行动,发生的事情就得不到回忆。"②要想行动,首先要有一个由义务和自由构筑起来因此具有法律意义的行为空间。每个行动有其特定的、受到法律保护和限制的空间。在遥远的年代,苏美尔城邦之间通过法律建立了国与国之间交往的一套规则,随着使用楔形文字的共同文化在两河流域南部形成,历史空间(Geschichtsraum)也逐渐扩大,其范围早在公元前三千纪就已经越出美索不达米亚地理范围,在铜器时代晚期扩展到埃及和爱琴

---

① 请参看第二章第二节和本节接下来的内容。
② 参见扬·阿斯曼1988,第105页。关于历史概念与行动概念之间的关系,参见布勃纳(R. Bubner)1984。

海,形成一个巨大的统一空间。① 这一历史事实很有启发意义,但是超出了本书的谈论范围。我主要是想借此说明,在古代世界形成的共同的历史空间改变了相关国家的外交格局②,因此,不仅它们的行动空间,而且其回忆方式也发生了变化。这里所指的回忆主要与条约和法律相关,即接受长期有效的联盟关系的约束,遵守严格的条约和法律。随着以国家形式组织起来的共同体(Gemeinwesen)的形成,人们要接受来自外部和内部的约束,其回报就是有一个可期盼的未来。同时,在那个渐趋成熟的"世界"(Welt)性的施展空间里,人们以社会的尺度衡量时间,被回忆起来的历史(erinnerte Geschichte)也随之诞生。③

根据目前所掌握的文献判断,在重构古代社会之间互动的结构(konnektive Struktur)的时候,有理由把法制置于其核心位置。本书的主题就是探讨古代文化和社会的互动结构,而在我们所关注的古代文化中,有多个词从不同的角度表述互动结构,比如法制、法律、公正、忠诚、真诚。④ 正因为各种关系受到法律的保护,人们才可能对周围的世界有所信任,反过来,这种起到"化繁为简"(Reduktion von Komplexität)作用的信任使得行动和记忆成为可能(卢曼1973)。

---

① 在这方面重要的著作首先是阿奇(P. Artzi)1969、1984以及芒恩-兰金(J. Munn-Rankin)1956。
② 沃格林用"世界"(Ökumene)一词来形容波斯帝国至罗马帝国衰亡的那一段时间。这个词并不强调政治上的统一,关键是人们意识到在自己的秩序之外还有他人的秩序。他们不仅知道在那个共同的世界生活着在语言、习俗和法律方面各不相同的民族,而且也知道文化之间可以进行交流。由此产生了一个崭新的理念,即把"有人居住的地球"视为人类共同的和多元的历史空间。
③ 根据滕布鲁克(F. H. Tenbruck)1989,第436页。波利比乌早已在其著作的导言中指出了这一广大区域内日益加强的纵横、交叉联系和互动关系,同时强调了"人世"与"历史"之间的关系。
④ 扬·阿斯曼1990详细论述了古埃及人对这些概念的理解。

文化记忆

我把本章的题目拟为"法律精神促成历史的诞生",这样做并非为了勉强借用尼采的观点。事实上,尼采《道德的谱系》一书的核心就是法精神如何促成回忆的问题。我想在此处对尼采的这一主题做进一步的阐述,不过把重心从道德和个体义务的层面转移到历史和集体义务的层面。在以色列,"你不应忘记!"这个属于文化范畴的命令或禁令针对的是集体。说到法制与回忆之间关系,曾经使用楔形文字的美索不达米亚诸文化能够提供很多信息,不过我到现在为止很少谈及,此处应被视为予以补充的好机会。

1. 互动的公正

对于我们人类来说,所发生的事情的意义在于,行为与结果之间存在着联系(Nexus)。这种联系通常被称为因果律。但是,这个称谓未能考虑到古代社会在许多概念上的独特性。因果律暗示诸多事件的发生其实都是自然而然的,古代文献中所说的行为与结果之间的关系却没有这种自动的意思。这些文献强调了权力、主管当局和其他机构的决定性作用,因为它们保证了行为与结果之间发生必然的联系。换句话说,没有它们的监督和干预,善不会得到报偿,恶也不会遭受惩罚。古代文献中涉及的是回报,而不是因果律。① 关于回报这个原则如何运作,古代文献做了多种多样的探索。

需要进一步说明的是,古代文献一般不使用"回报"这个词,取而代之的是"公正"(Gerechtigkeit)。② 公正可以说是一个核心

---

① 在此起作用的是人为建构起来的关联(konstruierte Zusammenhänge),借用海登·怀特的说法就是"诗艺"(Poesie)。在探讨历史事件的关系时,格泽(H. Gese)试图确定"前后顺序"(Sequenz)和"必然结果"(Konsequenz)之间的区别。必然结果这个概念也不是很贴切,因为,如果说"因果律"过分强调了自然法则,"必然结果"这个词暗示逻辑上的自发性,这并不符合古代人的思维。凯尔森(H. Kelsen)1947对此问题进行了论证。
② 关于这个概念,可以参考施密德(H. H. Schmid)1968和扬·阿斯曼1990a,第203—224页。

概念,它连接了法律、宗教和伦理几个方面。公正的原则指导法官的判决,指引国王的行为,引导民众走正路。一句话,公正原则把行为与结果联系在一起。有了公正原则,所有的事情都有了意义,意义与公正因此是一回事。在一个公正的世界,善会得到报偿,恶也会遭受惩罚,这一点是古代东方社会智慧的核心。因为这个原则的有效性,人们不敢凭借自己的力量报私仇,也不敢不管不顾地谋取私利。我想使用"互动的公正"(konnektive Gerechtigkeit)这一概念来表达古代文献中行为与结果之间的关系。这个概念很好地表达了古代人公正原则所具有的约束力和所发挥的连接作用:

(1)公正把人们联系起来,因为它促成了社会的凝聚力(Kohäsion)和互助性(Solidarität)。

(2)正因为有了公正原则,有所作为的人获得成功,犯下罪过的人也会受到惩罚。所有的事情都有其意义和相关性,不然的话,发生的事情纯属偶然,相互之间没有关联。

上面两点分别指出了互动的公正原则的社会维度和时间维度,两个维度从不同的角度强调了这条原则的有效性。它既可以在确定的未来发生效力,也能够在不确定的未来奏效,从而把人限定在一定的时间里。

由上可知,公正原则能够促成回忆的空间(Raum der Erinnerung)。在这个空间里,昨天有效的东西今天依然有效,而且到了明天仍将有效。在这个空间里起到至关重要作用的法则为:"你不要忘记!"回忆的最强和最原始的动力来源于此。

我们可以从四个方面解释互动的公正:

(a)关于行为与结果之间相互关系的最简单和最常见的理解方式无非就是,相信善有善报,恶有恶报。这一"固有的巧合"

（immanente Providenz）①,不是以神力,也不是以国家政权为其前提,而是建立在日常生活中人与人之间和睦相处的经验之上。在此起作用的是善与恶各有其所对应的回报的理念。这种理念的最抽象表达法就是所谓的"黄金原则"②,如果以最为具体的因果律谚语加以表达便成为"谎言腿短"（如同东升的太阳带来白昼）。在古代东方社会的语境中,这个简单的智慧还可以用以下三种形式进一步说明。

（b）在社会公正（soziale Gerechtigkeit）的语境中,人与人之间互助和互惠,行为与结果之间的关系变得不言而喻。不是一切从自身的利益出发,而是从"替人着想"（Aneinander-Denken）和"礼尚往来"（Füreinander-Handeln）（这两点构成古代埃及社会公正的最基本内容）。因为恶有恶报,善有善报,人与人之间互相记着对方的恩情,自私的忘恩负义没有了立足之地,社会才有了应有的意义。古代埃及人创造了"玛阿特"概念,这一表示公正原则的概念强调了互助在维持和维护社会秩序中发挥的作用。阿拉伯历史学家伊本-卡尔敦（Ibn Haldun）试图用"休戚相关"（*asabiyya*）一词来表示同样的概念,不过他使用的这个词更多地指向情感方面。③民族学家福特斯（M. Fortes 1978）则试图用"和睦"（amity）一词来加以表达。

（c）在政治公正（politische Gerechtigkeit）的语境中,行为与结果之间的原则能否正常运转要依靠国家。这种解读模式的最佳例子无疑是古代埃及和印度。在古代埃及,社会公正特别明显地表现为政治公正。按照这样的公正原则,一旦国家衰亡,社会便不可避免地陷入混乱,原有的意义和秩序也不复存在。其后果是,善得

---

① 关于这个概念可参看阿莱达·阿斯曼1991,第19页。
② 迪勒（A. Dihle）1962。
③ 参见比斯特费尔德（H. H. Biesterfeldt）1991,第284页及后。

不到回报,恶也不会受到惩罚;强者欺凌弱者,儿子甚至会杀死亲生父亲。

(d)在宗教公正(religiöse Gerechtigkeit)的语境中,行为与结果之间的关联性能否得到保障全凭诸神如何行事。报偿和惩罚不再是行为的自然或必然的结果,而是神进行干预的结果,其前提条件是"意志神学"(Theologie des Willens),即神的意志决定尘世所有人的命运。

互动的公正之学说在上面第四种语境中才真正起到了促进人们回忆的作用。一方面,众神主持公道,另一方面,每个人都要对自己的行为负责,因此,所发生的一切都有其意义。一个人能否有所作为,首先要意识到神无形中主宰一切这个道理。我们可以把这种借神的意志解释世界变化的模式称为"通过神学化达到的符号指称"(Semiotisierung durch Theologisierung)。

美索不达米亚可谓是上述意志神学的发源地。从这里流传下来的文献最早把所发生的事件解释为神意的表现形式。阿尔布雷克特松(B. Albretson 1967)很有说服力地证明了美索不达米亚的神有意并有计划地干预人世的事务,并且强调这种特征与《旧约》所展现的耶和华的形象几无二致。不过他忽视了所引用的文献都属于法律范畴这一事实,即它们都是契约类的文献,其中明确规定了违反相关条款的人会受到神的惩罚。文中的咒语让我们清楚地看到,在人们的想象中神究竟起到什么作用,那就是由神来保证互动公正原则的有效性。① 上述文献都把未来托付给神,因为神具

---

① 诅咒表现为保证行为与结果相互关系的最有力的形式。当社会和政治机构变得形同虚设的时候,唯有诅咒有可能让作恶者遭到应受的惩罚。与诅咒一样,祝福和祝愿要想成为现实,受宗教维护的公正原则是必不可少的前提条件,因为没有神或者诸神的干预,诅咒和祝福只能停留在字面上。遗憾的是迄今没有系统研究古典时代咒语的专著,就《圣经》和古代近东领域来说,肖特洛夫(W. Schottroff)1969仍不失为权威之作。

有决定是非的权力,而且由他们督促人们不践踏法律,违法者必将遭受惩罚。曾经被竖立在拉加什与乌玛两个城邦交界处的界碑可以被视为此类文献的最早例证。碑文中称,至于那个违反碑上条款的人,恩利尔和宁吉尔苏(Ningirsu)两位神会让他倒霉,具体地说就是他的臣民会造反并置他于死地。

因为对正义与不义有一个标准,人们的行为就要受到相关规则的约束,即使一个国家的君主也不能凌驾于其上。如同民众受到君主的控制,国君处在众神的掌控之下,一个违反规则的国王当然也会相应地遭遇不幸。对这些曾经的不幸进行回忆是为了强化人们要遵守的规则。美索不达米亚有两种文学体裁探讨善有善报和恶有恶报的主题,其中一个被学者们称为控诉性文学(Klage-Literatur),另一个则是带有说教性质的有关国君的传说(moralisierende Königslegende,纳拉姆辛是常被提及的主人公)。有一篇控诉题为《对阿卡德的诅咒》,其中叙述了纳拉姆辛国王如何毁坏了位于尼普尔的恩利尔神庙,作为一种惩罚方式,恩利尔让库提人入侵阿卡德:

> 他(恩利尔)让他们(库提人)从遥远的山区涌来,
> 这些与众不同的人,
> 他们不属于我们周围众多的民族。
> 不同于一个懂法的民族,
> 这些被叫做库提的人不晓得什么叫做约束,
> 他们的长相虽然像人,
> 但是他们的语言犹如一条狗发出的声音。
> 恩利尔把他们从山上引下来,
> 他们像蝗虫一样盖住了平原。①

---

① 法尔肯施泰因(A. Falkenstein)1965,第70页;阿尔布雷克特松1967,第25页及后。

第六章　法律精神促成历史的诞生

这段文字并非对历史事件的真实描写,而是高度诗化的表述形式,其目的就是达到一种符号指称的效果,其前提是互动的公正,这一公正原则由神,尤其是人们发誓时被指名道姓的神保护和监督,由此产生了受到法律保护的空间,有罪者必将受到应有的惩罚。①

2. 公元前1300年前后赫梯人的历史书写

在赫梯人的历史作品中,罪过、法律和公正之间的相互联系也显而易见。受到神的惩罚的各种罪过中,最为典型的莫过于作假誓、违背誓言、毁约。在所谓苏皮鲁里乌玛(Suppiluliuma)事件中,这种关联所受的重视到了无以复加的程度,因此在下文中将对此做比较详细的论述。苏皮鲁里乌玛此前询问了神谕,然后在两块泥板上书写了具有很强约束力的条款,其中一块泥板上的文字涉及献给幼发拉底河的祭品,而另外一块泥板上则刻写着苏皮鲁里乌玛与埃及国王签订的条约,它显然比前者更为重要。苏皮鲁里乌玛的继任穆尔西里(Muršiliš)在谈到与埃及签订的条约时说了如下的话:"至于这块泥板上的文字,我未曾添加一个字,也没有从中删减任何一个字。看吧,众神,我的主人!我不知道在我之前是否有人往里添加任何字,或者从中删减哪个字,我确实不知道是否发生过这样的事,也未曾对此进行过调查。"②

钱奇克(1970,第85页及后)把上面的引文称为人类历史上最早提及"忠于原文"之要求(不删减、不添加)的文字。需要指出的是,这里所说的一字不差不是指原原本本地传承文本,而是指不

---

① 关于这个题目有很多古代东方和古希腊文献流传下来,其中包括各种契约和咒语,它们被收集在坎福拉(Canfora)/利韦拉尼(Liverani)/祖卡尼尼(Zuccagnini)1990中。我在海德堡的同事德勒(K. Deller)向我提供了这一信息,在此表示感谢。
② 拉罗什:《赫梯文献集》,第379篇,请参见聚伦哈根(D. Sürenhagen)1985,第11页。

差分毫地执行条约的内容。① 令人惊讶的是,这种忠实原文的要求与《申命记》4:2中的说法不谋而合。事实上,有关忠实原文的表达法在时间上更早的《汉谟拉比法典》的结束语中已经出现。钱奇克对这段文字的理解有误,因为该法典中的此项要求并不是关于法典条款在文字上得到如实的传承,而是涉及执行那些条款时要分毫不差。在来自古代埃及的类似文献中,着重点同样在于如实照办,而并非字面上的原封照抄(学者们迄今尚未意识到这一点)。当古代埃及官吏们在自传中声称,未曾在合同上做任何删减或增添,他们并不是说在抄写文本时一字不差,而是想强调他们在完成合同中的款项时达到了完全彻底的程度。②

编年史(Annalistik)和王表(Königslisten)构成了古代社会借以掌握时间并调整自身的工具(关于古代埃及见雷福德[D. B. Redford]1986),我们称此类文献为"冷"记忆。除此之外,在古代近东社会还生成了不属于严格意义上的历史书写,但毕竟含有历史成分的文献,即美索不达米亚的国王功绩录(也被称为"国王的故事"[Königsnovelle])和埃及的王室铭文(赫尔曼[A. Hermann]1938),从时间上说,美索不达米亚人创作此类作品要早于埃及。无论是国王功绩录还是王室铭文,它们的主旨不是追溯过去,而是把当下的事记录下来,以便后世能够进行回忆。在美索不达米亚,出于这样的目的而编写的文献还有很多,比如界碑(楔形文字称其为"库杜鲁"[kudurru,参看施泰因梅策[Steinmetzer]1922)、卜辞(Omina)、假石碑(Pseudostelen)、神的书信(Gottes-

---

① 在古代东方人的思维中,"一字不差地执行(条款)"和"忠实地传承(文本)"构成两个关系非常密切的概念。
② 除了法律领域以外,上文所说的分毫不差的表达法还经常出现在与度量衡相关的语境中,比如警告相关官吏们不要短斤少两的句子:"不要有任何删减,也不要有任何增添!"(可比较《亡灵书》第125篇以及扬·阿斯曼1990,第五章)

第六章　法律精神促成历史的诞生

briefe)、奠基铭文(Bauinschriften)等,其种类繁多确实让埃及人望尘莫及。在对待历史经验和历史编纂问题的时候,美索不达米亚与埃及的不同之处在于,前者具有很强烈的占卜文化(Divinationskultur)特征,而后者则不然。我在下文中将对两个文明之间这种差异所产生的影响做进一步阐释。可以肯定的是,美索不达米亚在历史领域创造出几种可以称作历史书写雏形的表述形式,显然领先于埃及,但同时要说明的是,仅仅是雏形而已。

在古代近东范围内,公元前两千纪后半叶,即铜器时代末期无疑是关键时段。此时文献开始增多,内容也较前丰富许多,涉及遥远的从前,不仅描写细致,而且关注大跨度时间范围内的前后关联。赫梯人在此领域可谓独领风骚,他们创作了多篇堪称杰作的作品,其中最值得一提的当属三篇在时间上相距不远的作品:《苏皮鲁里乌玛事迹》(*Taten des Šuppiluliuma*)、《十年史记》(*Zehnjahresannalen*)和《穆尔西里编年史》(*Grosse Annalen des Muršiliš*)。在上述三篇成文于公元前1320年前后的作品中,穆尔西里二世不仅对自己的统治进行了一番总结,而且对其父王苏皮鲁里乌玛在位时期也做了回顾。这一点确实值得我们多费笔墨,因为它们第一次把过去当做历史书写的对象。① 许多学者对赫梯历史书写不以为然,认为赫梯人不是"为了写史而写史"(Geschichte um ihrer selbst willen;history for its own sake),称他们的"目的是利用过去,而不是记录过去"(塞特斯1983,第122页)。在我看来,回忆历史

---

① 钱奇克称这些文献是"不带任何直接的政治目的而进行的历史回顾"。格雷森(A. K. Grayson)和塞特斯(J. van Seters)也特别强调上述作品中的"无目的性"(Zweckfreiheit)。在我看来,这种看法不免有失偏颇。我们在谈论古希腊人完全出于好奇心而在理论上从事研究的时候才赐予他们这一带有人文主义色彩的荣誉称号,无直接目的实际上是一种理想,而绝大多数历史书写形式却不是为了追求这一理想。在此使用文化记忆这个概念显得更为合适,因为这个概念恰好强调了人们在追溯过去时所使用的手段与动机和目的之间的关系。

就是为了使用它,而不是为了单纯记录它。赫梯人叙述过去时明确区分了他们周边的人和他们自己的祖先,他们因此对过去有一个比较清晰的视域,也能够从过去获取更多有意义的东西。相对于美索不达米亚和埃及所拥有的王表和编年史这类单纯提供年代方位的"冷"记忆①,赫梯人展现在我们眼前的是有目的的回忆,即"热"记忆。为了更好地理解当下,他们需要过去。《苏皮鲁里乌玛事迹》毫无疑问构成了赫梯历史书写的顶点,而其中第七块泥板上的文字不愧为特别引人注目的亮点②:

> 在卡赫美士(Kargamiš,即 Carchemish——译注)停留的时候,我的父亲派遣鲁帕奇(Lupakki)和塔尔胡塔—扎尔马(Tarhunta-zalma)去攻打阿姆卡(Amka)。鲁帕奇和塔尔胡塔—扎尔马袭击了阿姆卡,为我父亲带来了俘虏以及很多牛和羊。当埃及人听说阿姆卡遭受袭击以后,他们陷入了恐慌之中。其间,埃及国王庇弗鲁利扎斯(Piphururijas,即阿肯那顿——译注)驾崩,王后塔哈姆恩祖(Tahamunzu,即奈费尔提提——译注)派一个使者来拜见我父亲,他随身带来了一封内容如下的信:"我的丈夫驾崩,他没有留下儿子。听说你有好几个儿子。假如你派遣一个儿子到我这里来,他就可以做我的夫君。我绝不会让一个曾经的臣下成为丈夫。"得知这

---

① 说到这里,另外一个事实也应当予以关注,即赫梯人并没有编写任何王表。在塞特斯眼里,这也是赫梯人的缺点,他说:"没有编年史怎么可能会产生真正的历史书写呢?"(塞特斯,第113页)。我们不禁要反问,修昔底德撰写他的历史著作时有什么王表可以作为依据吗?
② 事实上,赫梯历史书写中的许多特征在美索不达米亚文献中也有所体现(塞特斯引用的例证在时间上相对晚,如成文于公元前13世纪后半叶的《图库尔提—宁努尔塔史诗》[*Tukulti-Ninurta Epik*],马尼斯特[Machinist]1976)和萨尔贡二世写给神的信。到了铜器时代末期,整个环地中海区域出现了历史书写的趋势。虽然赫梯人在这方面遥遥领先,美索不达米亚也完全参与到这一潮流中。我们不得不说,逐渐扩展的历史思维先后波及赫梯、埃及、美索不达米亚、以色列和希腊(希罗多德)。

第六章 法律精神促成历史的诞生

个信息以后,我父亲召集大臣们进行商议,他说:"我从来没有遇到过这样的事情!"他派人叫来宫廷总管哈图—吉提斯(Hattu-zitis),吩咐后者:"你去把事实真相弄清楚!他们或许想欺骗我。说不准他们有王子,你必须给我带来准确的消息!"……

埃及的信使,那个尊贵的哈尼斯(Hanis)来到了我父亲的住地,而此时,父亲已经派哈图—吉提斯去往埃及并对他说:"说不准他们有王子,他们或许想欺骗我,根本就没有想让我的儿子成为他们的国君。"在那位信使带来的信中,埃及王后说:"你为什么说:他们或许想欺骗我?假如我真的有儿子,难道我会给一个陌生的国家写这样一封让我自己和我的国家屈尊的信吗?你竟然不相信我,而且说出这样的话。我的丈夫驾崩,而我又没有儿子。难道我应当让曾经的臣下成为我的丈夫吗?我没有给别的国家写信,我只给你写了信。听说你有好几个儿子,送一个给我,他就是我的丈夫,也是埃及的国王。"

(泥板上写着这一段文字处破损,大致意思为:苏皮鲁里乌玛大惑不解,为什么埃及人如此强烈地要求他派一个儿子过去。他对埃及信使说,埃及人有可能把他的儿子当做人质。埃及信使安慰苏皮鲁里乌玛,绝不会有这种事。)

我父亲仔细考虑了向埃及派去一个王子的可能性。许久之后,我父亲令人拿来之前赫梯与埃及签订的条约文本,其中记录着以下内容:赫梯风暴神曾经派一个来自库鲁斯塔玛(Kurustama)的人带着众人去埃及,并且让他们原来受赫梯控制的国土转入埃及的势力范围,为此,赫梯风暴神促使埃及与赫梯签订一份条约,此后两个国家长期相安无事;条约上的条款被宣读给在场的人听。我父亲对大臣们说:"赫梯与埃及自古以来关系友好。现在我们之间出现了如此难得的机会。赫梯与埃及将永远保持友好关系。"①

上面的文字确确实实属于历史书写,不仅充满了细节,而且语气和情感变化的细微之处也都跃然纸上,着实让同时期埃及和近东地区的相关文献相形见绌。尤其值得关注的是其中所讲述的许多事件之间的复杂关系:

(1) 苏皮鲁里乌玛身处卡赫美士。

(2) 他让两个将领率领一支部队攻打属于埃及势力范围的阿姆卡,这可谓是故事中的故事。

(3) 埃及人陷入恐慌,何况他们的国王(阿肯那顿)刚去世不久。

(4) 埃及王后请求赫梯国王派去一个王子,以便这个王子继承埃及王位。

(5) 赫梯国王慎重考量,做多方面的了解,写信并派遣使者。为了说服赫梯国王,埃及信使可能提到了埃及与赫梯从前签订的条约(这一段文字有破损)。

(6) 把从前与埃及签订的条约拿来做参考。②

(7) 参考了曾经签订的条约之后,苏皮鲁里乌玛终于同意派一个王子去埃及。

以上来自赫梯的信息为我们理解埃及方面事件发展的情况提供了宝贵的线索。从古代埃及没有留传下来任何与埃及王后信件

---

① 关于这篇文献也可参考扬·阿斯曼1996,第278—301页。
② 参见聚伦哈根1985。这里应当简单提一下赫梯人对待往事时的一个特别之处。在最终决定是否与埃及进行联姻之前,苏皮鲁里乌玛回顾了赫梯与埃及以往的关系,并且得出了过去的友好关系能够支撑两国间联姻的结论。因为这样的原因,赫梯条约文本的引言部分经常包括长短不一的历史背景介绍,缔约双方以往的友好关系构成了共同未来的可靠保障。

第六章 法律精神促成历史的诞生

相关的文献。一个埃及王后向一个外国的王子求婚,让一个赫梯人登上埃及王座,这简直是不可思议的事情,它唯独在阿玛纳末期那个不同寻常的年月才可能发生。①

埃及王后求婚事件有几个引人深思的地方。首先,赫梯人对过去的事如此感兴趣,其动机何在呢?我们应当在穆尔西里统治时期诞生的另一篇作品中寻找这个问题的答案。在这篇作品中,穆尔西里也提到了埃及王后求婚的事,但是他的动机完全不同。穆尔西里在文中向赫梯风暴神祈祷,希望该神把横行赫梯国家达数年之久的霍乱驱除。灾难夺走了大量赫梯人的性命。穆尔西里询问神谕,神谕提到了两块很久以前的泥板。其中一块泥板上的文字涉及应当为幼发拉底河举行的祭祀活动,因为霍乱,这些祭祀活动受到了忽略。另外一块泥板上的文字涉及库鲁斯塔玛条约:

> 赫梯风暴神把库鲁斯塔玛的居民带到埃及,并且就有关他们的事情签订了条约,赫梯人从此受该条约的限制。尽管赫梯人和埃及人都向赫梯风暴神发誓,赫梯人却未能守约。他们违背了受到神的保护的誓言。我父亲派遣步兵和战车攻打隶属于埃及的阿姆卡。埃及人陷入恐慌之中,他们急忙请求赫梯国王,希望他派一个王子去埃及继承王位。我父亲派遣了一个王子,但是他到达埃及以后遭到埃及人的杀害。我父亲无比地气愤,他向埃及人宣战并率领军队进攻埃及。他打败了埃及步兵和战车。赫梯人带着埃及俘虏凯旋,可是不久就爆发了霍乱,许多赫梯人在霍乱中丧命。
>
> 当赫梯人把埃及俘虏带入赫梯国境的时候,这些俘虏在赫梯国土上传播了霍乱。从那一天开始,赫梯人接连死去。我找到了写着与埃及所签订的条约的泥板,然后就此事询问

---

① 请参看克劳斯(R. Krauss)1979。

了神谕:"这份条约由赫梯风暴神签订,埃及人和赫梯人都发誓遵守条约的规定。不过赫梯人不久就违背了条约。我的主,这是促使赫梯风暴神发怒的原因吗?"神谕证实了这个疑问。①

这篇作品同样提到了赫梯人毁约的事情,不过同时点明了前一篇作品中并未曾涉及的赫梯人违背神意的后果:

(8)赫梯国王苏皮鲁里乌玛派遣王子去埃及,但是后者在途中被杀。

(9)苏皮鲁里乌玛向埃及开战并在战役中获胜。

(10)埃及俘虏把霍乱带入赫梯。这一灾祸在赫梯持续了二十年,夺走了许多赫梯人的生命,甚至国王苏皮鲁里乌玛及其继承人阿尔努完达斯(Arnuwandas)也未能幸免于难。

这篇作品不仅对事件的后果,而且对其前因也做了至关重要的补充,那就是很久以前赫梯就库鲁斯塔玛的归属问题曾经与埃及签订了条约。所有发生的事情都由此展开,因为在签订这份条约的时候,赫梯人向神发了誓,但是他们突袭阿姆卡的行为显然违背了誓言。

赫梯人回忆这些往事是因为他们遭受了痛苦并意识到了负罪感。对赫梯人来说,并非埃及提出的联姻建议有什么值得纪念之处,相反,长达二十年的苦难促使他们建构了线性的历史。这场霍乱使他们认识到行为与结果之间的必然关系,有罪者势必会遭遇不幸。行为与结果之间的节点掌握在神的手中,神奖励行善者,同时惩罚作恶者。②

---

① 见格策(A. Goetze)收于《古代近东文献》(Ancient Near Eastern Texts)第 395 页的译文。
② 参见马拉马特(A. Malamat)1955。按照我的理解,在这种语境中使用因果律这样的概念只能导致歧义的产生。请比较以上第六章第一节。

第六章 法律精神促成历史的诞生

我们应当把穆尔西里因霍乱而向神做的祈祷置于神圣法律的语境中，它与俄狄浦斯传说有相似之处。整个国家陷入灾难之中，霍乱、干旱、饥荒等等，这些只能被解释为发怒的神进行惩罚的结果。国王通过询问神谕找到了罪过在哪里，这项罪过触怒了神，它同时也是平息神的怒火的起点。赎罪需要三个步骤：丰盛的供品、公开承认罪过、赞颂被激怒的神。在以往奖励善行和惩罚恶行的过程中，相关神的威力得到了无数次证明。无独有偶，正如博恩卡姆（G. Bornkamm 1964）所论证，希伯来语中的"todah"一词恰好有三层意思，即赞颂（Lobpreis）、表白（Bekenntnis）和供品（Opfer）。三层意思体现了有罪过的人试图赎罪时需要举行的仪式。①

因为涉及罪过，历史变得清晰可见。也就是说，历史充满了意义，它通过符号指称能够读得懂，或者说不再是陈词滥调。这意味着，原来如同纹饰一样单调的时间，未曾间断且永远循环的老生常谈业已成为过去；从此以后，时间中充满了非连续性、断裂、骤变，它表现为时时变化着的一条线，一个由无数事件交织而成的线条。这些交织在一起的事件并不是受到抽象的历史因果律的支配，而是被激怒的神干预的结果，针对每一个事件，发怒的神都发出一个令人惊恐的信号。这件事什么时候开始的？起因是什么？如何演变为一场灾难？谁的过错？激怒了哪位神？如何才能让他息怒？人们通过回忆对过去的事加以重构，他们不是出于"历史的"，而是出于法律和神学的兴趣。

人们试图找出罪过在哪里，公开认错并进行忏悔。因此，可以说罪过构成了促使人们回忆和自省的动因。这种理念首先在美索不达米亚形成，然后向近东其他地区以及埃及传播，最远达罗马，

---

① 从另一位赫梯国王哈吐什里为自己所写的辩词中，我们也可以看出类似仪式的痕迹（格泽：《哈吐什里》，第22—23页）："那个神圣的城市萨姆哈斯（Samuhas）也充满了邪恶。从埃及返回以后，我马上赶去为神献供品，为神举行了相应的仪式。"

文化记忆

不过在位于小亚细亚的赫梯扎下了特别深的根系。① 在一个如此广泛的区域里,苦难基本上被理解为受惩罚的结果,消除苦难的方法就是设法与被激怒的神和解并公开认罪。

3. 救赎成为历史得以展现的符号

在促发人们进行回忆、重构过去、自省和书写历史等方面,罪过虽然不是唯一的但却是特别强有力的动因。这种动因源于人们对苦难的经历。在两种前提下,经历苦难的人会变得麻木:其一,所受的苦难纯属偶然,其二,这一苦难周期性地如期而至。苦难一方面可以被视为一个信号,另一方面表现为一种例外情况。一旦苦难被符号指称,从前所表现的循环性和历史所展现的偶然性均被打破。

各种事件只不过是神的力量的表现形式而已。但是,神对人世的干预不仅在于惩罚,同时也在于拯救。神的拯救行动也促使人进行回忆,也促发他们认罪和忏悔,其结果是许多公开进行自我反省的文献,《哈吐什里辩词》也应当属于这一范畴。正如他因为霍乱在赫梯横行而向神发出祈祷一样,哈吐什里在下面所引的辩词中同样把过去发生的事解释为神作用的结果,不过,神之所以采取行动不是出于愤怒或者为了进行惩罚,而是为了表现慈悲和赐福。

这是赫梯伟大的国王哈吐什里所说的话,

---

① 弗里施(P. Frisch)1983 中有如下的一段话:"以色列人和巴比伦人的赞美诗,埃及人和萨巴人载有忏悔性文字的石碑都生动地说明,在公开的场合并以文字的形式认罪在古代近东成为极为普遍的现象。(……)奥古斯丁在其《忏悔录》中把此前广泛流传的宗教忏悔的习俗转化为文学形式。"(文末附有很多参考文献)请参见佩茨尔(G. Petzl)1988,我在海德堡的同事沙尼奥提斯(A. Chaniotis)向我提供了这一信息,在此表示感谢。施泰因莱特纳(F. Steinleitner)1913 收集了吕底亚人和弗里吉亚人的赎罪铭文(这个文献集亟待补充),施泰因莱特纳认为中世纪的赎罪习俗与这些铭文有内在的联系。

第六章 法律精神促成历史的诞生

他是赫梯伟大的国王穆尔西里的儿子,
赫梯伟大的国王苏皮鲁里乌玛的孙子,
库沙尔(Kussar)的国王哈吐什里的后嗣。

我在此记述的是伊什塔(Ištar)的威力,
所有人都应了解此事。
从今往后在所有我的神当中,
伊什塔最应受到所有我的儿子、孙子和后嗣的崇拜。
……

孩提时候我并不聪明,
我的主伊什塔出现在我哥哥穆瓦塔里(Muwatallis)的梦中,
让他转告我的父亲穆尔西里如下的话:
"可供哈吐什里支配的年头并不多,
他的身体有问题,
所以把他交给我
他应当充当我的祭司,
他会因此变得健康。"
父亲把我交给了神以便我服侍该神。
我担任了神职并为神献祭。
我从此认识到处在伊什塔威力之下的好处,
我的主伊什塔把我放在她的手中受她的保护。
(根据格泽 1967,第 7—9 页)

在接下来的段落中,哈吐什里以极其扣人心弦和生动的笔触讲述了他的父亲穆尔西里去世以后,他的哥哥穆瓦塔里接替王位,而自己则被任命为军队统帅。哈吐什里事事顺利,由此招致了嫉妒。有人向国王进谗言,而国王听信谗言以后决定对哈吐什里提起诉讼。在开庭前一天晚上,伊什塔出现在哈吐什里的梦里,并且对他进行鼓励。哈吐什里果真赢得了诉讼并继续指挥军队。每次出兵,伊什塔都会让哈吐什里大获全胜,每遇危险,她都提供保护。穆瓦塔里死以后,哈吐什里亲自把侄子乌尔黑泰苏颇(Urhi-Tesup)扶上了王位,而后者出于嫉妒心压制自己叔叔达七年之久。最终,哈吐什里与侄子决裂并与他在神主持的法庭上对簿公堂。

哈吐什里的叙述实际上可以被归在"颂歌"的体裁下,这里所说的颂歌一般讲述一个神为了进行惩罚或者施救而行的奇迹。古代埃及人把这一体裁称为"宣扬神威"(Verkündung der Machterweise,象形文字发音为 $sdd\ b3w$)。这类作品出现在拉美西斯时代,年代与穆尔西里二世和哈吐什里三世统治时期相当。从埃及流传下来的讲述神迹的文献中,既有来自王室的,也有一些出自官吏们的手。

在埃及,很久以来就一直存在两种特征鲜明且相互之间区别明显的用来进行宏大自述的形式,其一是国王对自己丰功伟绩的记录,其二是官吏们刻写在墓碑或墓壁上的自传。官吏们在自传中很少讲述生前具体的行为,而国王们则绝不对生平做全面的总结。这种差别在公元前1300年前后突然消失,上面引述的赫梯文献也恰好是在这个时间段产生。从此时开始,官吏们在自传中不再对生前的职业生涯和道德操守进行概述,而是详述一件超乎寻常的事,并且把它解释为神进行干预的结果。正因为在神的干预下发生,这个事件有别于日常生活的平淡无奇,值得大书特书。

这些官吏们的自传提到了神进行干预的两种主要形式,一是通过惩罚的手段,另一个则是借助拯救的手段进行干预。他们把讲述神迹的文字书写在石碑上,然后把石碑放置在相关神的庙宇中,这一点与上文论述过的穆尔西里把有关霍乱的情况记录在泥

第六章　法律精神促成历史的诞生

板上有相似之处。换句话说,如果一个人经历过诸如疾病、不孕或不育的困境,或者体验过获救的惊喜,并且把这些理解为神进行干预的结果,那么他或她就会去神庙,献上供品,立起一块石碑,以表示赎罪或者感恩的形式把亲身经历的神威公布于众。埃及人把此类文献称作"宣扬神威"。

埃及王室文献中并没有提及惩罚与拯救,更不会像赫梯国王穆尔西里一样承认父亲犯过的错误并且替他赎罪,这对埃及君主来说不可想象。不过,原来涉及国王的文献基本上以歌颂他自己的丰功伟绩为主题,此时则热衷于描写神如何助国王一臂之力或者转化为献给神的赞歌。不仅如此,王室文献使用的语词以及国王对神灵谦卑的态度都很难与官吏们区别开来。这说明,公元前1300年左右在埃及出现的这些现象并非民间的宗教虔诚,而是标志着涉及社会各个阶层及至王室成员的深刻思想变化。① 这方面最令人称奇的是拉美西斯二世关于卡迭什(Qadesh)战役的叙述和拉美西斯三世献给阿蒙神的颂歌(扬·阿斯曼《古代埃及赞美诗和祈祷文》第196篇)。②

众所周知,在卡迭什战场上,拉美西斯二世陷入了赫梯人布下的埋伏。当一部分埃及军队仍在赶往卡迭什的途中的时候,他所率领的一支小部队遭到赫梯军队的突袭,更加糟糕的是,有些士兵仓皇逃命。拉美西斯二世与少得可怜的将士被赫梯军队包围,突围看上去绝无可能。恰在这危急关头,一支执行其他任务的埃及精锐部队在附近路过,因此得以赶来援助。拉美西斯二世事后试图以图文并茂的形式极其详细地描画战事的发展过程,以往的王室文献中未曾出现过这种类似日志的叙述手法。尤其不同寻常的

---

① 有关此类文献的汇编,请见扬·阿斯曼:《古代埃及赞美诗和祈祷文》,第147—200篇。
② 关于卡迭什战役的最新研究,现在可以参考扬·阿斯曼1996,第278—301页。

是，拉美西斯二世几乎用了一整卷纸草来描写他如何得到阿蒙神的救助，他以史诗的形式诉说神的恩德，向世人宣传神的威力。这篇诗文的高潮无疑是陷入绝境的拉美西斯向阿蒙发出的急切的呼叫，他恳求身在遥远家乡的神倾听自己的呼唤：

> 我的父亲阿蒙，是我在向你呼救，
> 我被无数我不认识的人团团包围。
> 埃及以外所有国家的人联合起来攻打我，
> 我孤身一人，我陷入了孤立无援的境地。
>
> 我发现阿蒙听到呼声以后赶来相助，
> 他向我伸出了援手，我禁不住欢呼。

"我向神呼救，我发现神应声而来"这类说法在官吏们的自传中实属老生常谈：

> 我向我的女神呼救，
> 我发现她带着沁人心脾的生命之息走来。①

神应声赶来标志着让人喜出望外的拯救，一次峰回路转的经历，意味着被拯救者经历（或者说发现）他与神之间在空间上和情感上的近距离接触。我们可以对官吏们与国王们文献之间上述相似性做深入和更加广泛的探讨。不过就目前我所关注的问题而言，关键在于，官吏们的自传性文字也好，叙述国王宏伟业绩的诗文也罢，神的威力并不会有什么区别，就是说，无论是一个官吏人生路上的一个转折还是攸关整个国家和民族生死的关键时刻，神作用的方式是一样的，神的干预无时不在、无处不在。

---

① 阿斯曼：《古代埃及赞美诗和祈祷文》，第149篇。

二 以意志神学为标志的历史被神学化：
从"超凡的事件"到"超凡的历史"

1. 预兆和奇迹：超凡的事件作为历史被神学化的第一步

因为人的命运和政治史均落入神的意志所支配的范畴之内，神进行干预的方式发生了转变。为了更好地解释这一结构性的变化，我想以事件的定义作为例证。历史事件与神话事件之间存在区别，区分二者的标志是历史事件的不同寻常性甚至唯一性。神话事件实际上是一个基本模式，有规律地重复的仪式和节日都是它的表现形式。历史事件的有效性无论从时间层面还是从地理方位来说都有其定点，所以它不可能重复。相反，因为神话事件周期性地重复，它能够不停地体验时间，重新组织时间，或者对时间"加以修饰"（扬·阿斯曼1983）。历史事件组织时间的方式有所不同，它必须首先嵌入循环往复的时间的某一个节点，然后把时间分为之前和之后。神话事件所承载的时间显现为环形，承载历史事件的时间则显现为线形。神话事件是重复的，所以相关的人群必须庆祝（begehen）、展演（inszenieren）和展现（aktualisieren）神话事件。历史事件是现时的，所以相关的人必须把它公布于众，使之永不被遗忘，要纪念它、回忆它。正因为如此，只有历史事件才促使人们进行回忆、获得历史意识、开展历史书写。

历史的神学化首先始于历史事件。与自然界不同，神的意志介入人的行为和经历并不意味着连续，人们把神的干预理解为中断。这是人类早期历史神学的一个原则。阿尔布雷克特松（1967）把这个原则描述为"作为神圣表象的历史事件"（Historical Events as Divine Manifestations），并且把这一纲领性的表述作为其著作的副标题。他在书中证明,历史的演变和人生的起落都离不开神的作用,这一信念不仅主宰了以色列人,而且主宰了整个古代近东先民的历史观。在英语世界,人们认为此书反驳了以往视历史的神学化(比如神圣历史、作为神启的历史)为以色列人宗教观和历史观所独有的观点。不过,"神的干预"(Divine Intervention)与"神圣历史"(Sacred History)之间存在着重大的差别。为了有别于阿尔布雷克特松①,我想在这里严格区分三个概念:

(1)"超凡的事件"(charismatisches Ereignis):它因神的干预而发生,它介入由无数事件构成的河流中。这条河的表层由例外的情况即事件构成,因此被符号指称,而表层下面则是由平凡的、没有被符号指称的平常事构成的底层。在这里,并没有在历史事件与自然发生的事件之间加以区分。

(2)"超凡的历史"(charismatische Geschichte):它之所以出现是因为一个民族与某个特定神结成同盟。在这里,整条由事件构成的河显现为这个同盟的历史;该民族所经历的一切都与他们对其神圣盟友忠诚或者不忠相关。在此起到决定作用的不是神的计划,而是同盟的两个盟友是否互相尽到相应的义务。订立盟约相当于为将来开具一张支票,而盟约双方所体验的"历史"则是兑现诺言的过程。

(3)"时间与历史"(Zeit und Geschichte):二者均源于一个特定神的意志,该神运筹帷幄,重复不变的或异乎寻常的事件都受他的主宰。(基督教)有关救赎史(Heilsgeschichte)的概念恰好诞生

---

① 阿尔布雷克特松(1967)在其著作的第五章(历史中的神圣计划)讨论了"神圣历史"这一概念,他在其中强调了三点:其一,《旧约》很少提及耶和华的计划(^{c}sh 意为计划、决定、意图);其二,使用这个概念的时候,以色列人想着重指神的行为充满了计划和意图,而不是指独一无二的"神圣计划";其三,在美索不达米亚许多涉及神的计划的例证中,使用者同样是想着重指神的行为充满了意图。这三层意思实际上都包括在我所使用的"意志神学"这一概念之中,而且都属于美索不达米亚宗教的特征。

第六章 法律精神促成历史的诞生

于这一语境中。

对美索不达米亚的先民来说,许多事情都可以被理解为超凡的事件。其最有说服力的证据便是他们从很早的年月开始发展起来的极为细致和相当复杂的占卜活动。借助楔形文字,占卜技艺向西传播到小亚细亚,然后又由伊鲁特里亚人(Etrusker)传到罗马。[①] 占卜的前提便是,人们相信事件与神的意志分不开,而且有可能通过影响神的意志来促使一件事发生或者阻止它发生。埃及则处在美索不达米亚占卜文化的对立面。神的意志在埃及主要关注于世界的正常运转,因此与有规律的和重复出现的事情相关。"发生(的事件,即与众不同的事情)"这个概念在古代埃及具有否定的含义,表达混乱、无意义、不幸等贬义。埃及人不善于占卜,但是他们大兴巫术,即各种仪式。根据《马里卡瑞说教文》,创世神把巫术赐予人类,"目的是让他们借此抵御事件的发生"(参见扬·阿斯曼1989,第77页及后)。简言之,埃及人用符号指称规律性的东西,而美索不达米亚居民则用符号指称不同寻常的东西。这句话无疑道出了埃及与美索不达米亚之间的差别,当然,这种差异背后复杂的历史演变过程也应当予以考虑。

在新王国时期,埃及人也经历了意志神学的兴起,其结果就是历史的神学化。[②] 发生的事件不再被解释为出现混乱的前兆,也并非借助仪式所能阻挡和消除,而是被视为神的干预(如上文[1]所说),在更高一层的神学意义上说,这些事件被理解为创世神意志的表现形式,因为造物主不仅创造了时间,同时也促成了其中所

[①] 博泰罗(J. Bottero)1974。
[②] 参见扬·阿斯曼1989关于这一过程的详细描写,也可参考扬·阿斯曼1975,第49—69页。

有的事件:"你潜在的力量就是所发生的一切。"①

神有计划的意志促成了世界上所有发生的事情(如上文[2]所说),表现为人们所经历的幸运和不幸,前者源于神的恩宠(埃及人称其为 hzwt),而后者则由神的愤怒导致(b3w)。神当然不是随意地表现出恩宠和愤怒,不然的话,人世上就没有罪过可言。罪过这个概念的形成以正义和法律为前提,人一旦违反了它们就会招致神的愤怒。我们在下文中将对此做进一步的阐述。

2. 超凡的历史作为历史被神学化的第二步

一旦人们从罪过的视角系统地审视过去,也就是说,他们根据国王的行为是否正当和其臣民的生活是否幸福来评判以往的政权并编写合乎常规的"历史著作",他们就已经达到了历史叙述的第二步。

我们同样是在赫梯人的文献即被学者们称为《铁列平的辩词》(Apologie des Telepinuš)的作品中首先看到上述原则。在这份成文于约公元前1500年的政令中,赫梯国王铁列平首先回顾了遥远的过去,囊括了七位前任的统治岁月。起初是三个贤明的君主在位,他们分别是拉巴尔那(Labarnas)、哈吐什里一世和穆尔西里一世,他们的统治以国家的统一和繁荣为标志,接下来则是四个昏君,国内充斥了阴谋和谋杀,因此频繁遭受失败。铁列平试图为自己篡位的行为辩护,称其为一个转折,说国家由此转危为安,回到了开国君主们统治时的幸福年月。铁列平重构了两种过去,他要与其中一个划清界限,与另外一个则要建立联系。从铁列平的辩词中,我们可以看出罪过与记忆之间关系的双层含义:至于篡位者

---

① 选自底比斯第23号官吏墓墙壁上的颂歌,参见阿斯曼《底比斯墓里的太阳颂歌》(Sonnenhymnen in thebanischen Gräbern),第17篇,第18—23页。更多类似的颂歌见于阿斯曼1975,第61—69页。

第六章 法律精神促成历史的诞生

的罪过,他有正当的理由进行辩解,而那些昏君的罪过则恰好使得篡位者看似不妥的步骤具有了正当性。① 两种情况都涉及罪过,但是铁列平并没有以神学的角度对此加以说明。文中没有明确地说那些昏君违背了神的规定,同样,篡位者是否顺应了神的意愿也不得而知。这些在时间上很早的文献尚属于历史被神学化过程的初期,只有到了铜器时代晚期,历史被神学化才真正成为时代的特征。

新巴比伦时期成文的被学者们称为《魏德纳编年史》的文献可谓最早以历史的视角并从神学的角度审视过去。编年史回顾了遥远的过去,把从前那些国君的成功归结于他们与位于巴比伦的马尔杜克神庙之间的良好关系。② 编年史中有多处把朝代更迭的原因说成是"君主所犯下的罪过",乌尔王朝之所以没落,其原因同样也是国王舒尔吉所犯的过错(威尔克 1988,第 133 页)。正因为人们想到了罪过,所以过去才变得有意义,国王们接替王位以及他们在位时间长短并不只是顺序问题,而是意味着他们统治方式的必然结果。因为有了罪过这个概念,历史发展过程中的断裂、转变和骤变显得异常引人注目,而且也很容易得到解释。

从埃及流传下来的文献中,《大众体编年史》(Demotische Chronik)可以成为一个例子,不过它的生成年代要晚许多(约公元前 3 世纪)。这部编年史以预言的形式评论第二十八至第三十王

---

① 之前提到的《哈吐什里辩词》在时间上比《铁列平辩词》晚近三百年,不过属于同一性质的文献。哈吐什里说起来也是一个篡位者,所以他也以前任的罪过来为自己的篡权行为辩护。有所不同的是,哈吐什里并未追溯历史,而是一开始便叙述自己童年时患病以及如何得到伊什塔的挑选和拯救。这种把历史神学化的趋势在后来的年代中渐趋增强,学者们提出了诸多新的解读模式。比如,《撒母耳记》容纳了许多记述大卫统治时期的文献,其中就包括大卫为自己篡夺扫罗的王位而进行的辩护。这是一个很吸引人和很有见地的观点,请参见赫夫纳(H. A. Hoffner)1975。
② 参见格雷森 1970,第 19 篇。塞特斯在其著作的第 85 页提到了这篇作品,但是他似乎没有意识到这篇与《申命记》之间的相似性。

朝九位国王对法律的虔诚和忠诚，同时把他们在统治时期遭遇的不幸归因于不信神。① 在中国，每当旧的朝代没落，新朝代的君主便命令史官编纂前朝的历史，此为确立自身合法性的一种习俗。在如此编写的历史中，前朝统治者起初受天之委托行使权力并圆满完成统治任务，但是逐渐滥用权力，政权的更替变得不可避免，天神便授权新的统治者建立另一个朝代取代前朝。可见，中国人也从罪过的角度解读过去。天神授予君主的统治权被赋予了道德的色彩，以往发生的事情因此具有了意义，尤其是过去与当下之间有着内在的联系。

《申命记》把统治者是否忠于律法当做主导性的评判标准。《申命记》所记录的实际上也是以色列人从前的罪过，只不过这部作品叙述这些罪过并不是为了替新的朝代辩护，也没有描写新的政权如何忠于律法并赢得了神的赐福。《申命记》的主要目的在于，把当下的灾难也解释成耶和华作用的结果，认为以色列人应当承受这样的惩罚（拉德［G. v. Rad］1958）。按照罪过这根标尺，发生的一系列事件构成了一部历史，而且这部历史不可避免地向灾难推进。如果仔细阅读《列王纪》，可以发现其中的历史因罪过而生成，而罪过则因律法而产生。《托拉》所收集的众多法律条款可以被视为神的意志的最后一次且一劳永逸的启示，由此，所有的预

---

① 参见约翰逊（J. H. Johnson）1974 以及他发表在《吕德肯斯纪念文集》（*Festschrift Lüddeckens*）中的论文《〈大众体编年史〉是一篇反希腊的作品吗？》（"*Is the Demotic Chronicle an anti-Greek text?*"），第107—124页。早在 1915 年，迈尔就注意到了这部作品与《申命记》之间的关联。他使用了"宗教的伦理化"（Ethisierung der Religion）这样一个表述，认为这一趋势于公元前一千纪中叶席卷了整个近东地区。奥托（E. Otto）在其著作《埃及——法老国家的历程》（*Ägypten. Der Weg des Pharaonenreichs*）第 249 页写道："随着人们相信国王应受到伦理准则的约束，原来有关国王为权力拥有者的概念减退，他的成功和失败从此以后都被理解为他是遵从还是违反了神意。依据埃及早期的王权观念，国王的成功完全凭借他自身的神性，到了王朝后期，埃及人从王朝的衰败中找到了当权者'不信神'的证据。"

第六章　法律精神促成历史的诞生

言和占星等手法已经变得多余了。

持续二十年的霍乱促使穆尔西里二世试图在文献中寻找答案,他回顾了历史,对自己和父亲的行为做了一次总结。与此相类似,公元前722年亚述灭掉北部的以色列王国,公元前586年巴比伦灭掉南部的犹大王国并掳大批人到巴比伦,这些灾难促使犹太人进行回忆,追溯的视线不仅包含出埃及之壮举,而且一直到创世之初,而视点始终落在同盟与忠诚、法律与顺从、罪过与责任之间的关系问题。开天辟地第一个人就因为违背神的禁令而获罪。这个原罪开启了历史(Geschichte)的篇章,而在天堂发生的事则是史前史(Vor-Geschichte)。

超凡的历史是耶和华及其子民之间的历史。神与以色列人签订盟约促成了这部历史。正是从盟约的角度,这部有关耶和华与以色列人的历史才值得回忆、值得讲述和值得引用。每当涉及盟约及其签订和更新的时候,追溯耶和华与以色列人之间的关系史便不可或缺,如《约书亚记》24:2—13;《申命记》1:6—3:17(18—29);《申命记》29:1—7;《尼希米记》9 等。巴尔策收集了这些段落并做了详细的论述(1964,第29—70页),这部历史(不同于救赎史)有其起点和结尾。起初,耶和华作为盟约的伙伴如同历史人物一样扮演积极的角色,而到了末尾,耶和华虽然仍旧决定事件发展的轨迹,但不再直接采取行动。《以斯帖记》涉及超凡的历史结束以后发生的事件,这在《圣经》诸多正典中独一无二。除此之外,希伯来《圣经》一般被定义为一部叙述超凡历史的书,其时间跨度"从摩西至阿尔塔薛西斯"。[①]

以色列人通过周期性地宣读来回忆盟约的内容。世俗的条约

[①] 比如约瑟夫斯:《反阿皮翁》,参见以上第六章第一节。关于这种历史理解模式,见耶路撒尔米(Y. H. Yerushalmi)1982。

一般也要求签约者经常性地宣读条约中的款项（巴尔策 1964，第 91 页及后；钱奇克 1978）。正是基于世俗的这条常规，《申命记》要求以色列人每隔七年要在公共场合宣读《托拉》（《申命记》31：9 及后）。以斯拉在住棚节期间向民众宣读了《托拉》，每天如此，从头一直读到尾（《尼希米记》8：1—18；参见巴尔策 1964，第 91—93 页）。犹太会堂中宣读《托拉》的习俗便由此而来，只不过犹太教徒每年要读一遍《托拉》。在诵读经文的过程中，犹太教徒还要回忆盟约双方的共同史，即神的拯救行动和以色列人的过错。这部历史的背景已经不再是事件和干预，因此，它完全变成了"超凡的历史"。在《库姆兰经卷》（Qumran-Texte）中，学者们发现了与耶稣同时的一个宗教团体曾经举行仪式，它与犹太人通常的仪式和基督徒遵行的仪式并无很大差别。按照巴尔策的解释，这种仪式与重新确立盟约关系时所举行的仪式相吻合。祭司用如下的话总结耶和华的救赎史："祭司历数神在行使其权力时的公正以及他对以色列人的慈悲和不离不弃。然后，利未人列举以色列人犯下的罪过，以及他们在彼勒（Belial）统治下犯的过错和造的孽。"回顾了这段历史以后，以色列人与耶和华重新签订盟约。（巴尔策 1964，第 171—173 页）。

3. 罪过的谱系

我在本章中试图证明的观点是，在古代东方兴起的历史回忆与罪过和负罪感密切相关，如同在违背誓言和撕毁合同时出现的情况一样。因为誓言是特别神圣的，所以历史也具有了神圣性，而正是这种神圣性要求相关的人时时回忆它。

誓言和合同特别的神圣性何在呢？它们之所以神圣是因为发誓和签约时神也在场。这使得誓言和条约具有绝对的效力，相关的人不许抗拒它们的约束力。神的作用就是保证它们得到尊重和执行。一旦有人违背誓言或者毁约,神便以惩罚的方式进行干预。神之所以进行干预完全是因为相关的人在起誓和立约时求助了神,换句话说,原来是人把神引入到历史中来,这是神进行干预的另一面。

需要说明的是,公元前两千纪后半期在近东和地中海区域出现的把历史神学化的过程与当时盛行的外交准则有直接的关系。在那个时期,国家不管大小,相互间的交往日益频繁,各种交流基本上受到条约的保护。我们在上文已经提到这种关系的最早例证,那就是乌玛与拉加什两个城邦之间的界碑,在此后约一千年的时间里,借助条约确立和保证相互间关系的做法遍及环地中海地区。所有的条约只有在发誓以后才生效,条约中被提及的神则应当充当保护神(魏因费尔德1967;塔德莫尔[Tadmor]1982)。由各个国家的神共同组成的神界构成了类似国际法庭的机构,他们联合起来保证相关的国家履行各自的义务。这当中关系到相当高的外交艺术,因为这个众神殿中包括许多不同国家的神,他们之间必须能够相互交流和理解,当然,其中也有神学的一面。在这种情况下,宗教的宽容性非常重要,因为极端的宗教甚至否认其他神的存在。

上述国家在外交活动中遵循有关双边或多边关系的规章,而随着它们之间交往的增多,相关的神介入历史的程度也加剧。在这个关系网中,认真执行条约中款项的君主是正义的,而撕毁条约的君主显然是非正义的。毁约构成了犯罪的原始模型。

以色列人不仅把耶和华当做上述政治盟约的保护神,而且干脆与他订立一个类似的盟约关系,仿佛耶和华就是埃及或者亚述伟大的国王。① 不难看出,以色列人在何种程度上对历史进行了

---

① 古代近东国家之间在外交往来中奉行同盟原则,这一风气影响了以色列人基于盟约的神学。关于这个论点,门登霍尔(G. E. Mendenhall)、麦卡锡(D. J. McCarthy)和巴尔策都做了令人信服的论证。

神学化:耶和华被视为历史的主宰者,而以色列民族则成了历史的主体。这样签订的盟约不可能有时间限制;不言而喻,这种盟约的有效性始于远古并止于未知的未来。① 在以色列人这种全新的神权政治的语境中,逐渐形成了救赎史的概念,原来的"互动的公正"如今转变为神的公正。②

美索不达米亚居民对历史的理解与《圣经》的解读模式毫无二致,表现为神正论,所不同的是,美索不达米亚人完全根据所发生的事件来解释过去。因为这个原因,在美索不达米亚人眼里,神只是偶尔作用于历史。在《圣经》传统中,个别事件逐渐失去它们各自的轮廓,取而代之的是一部"世界历史"(Welt-geschichte)③;在美索不达米亚历史观中,平安与不幸、宽恕与愤怒相互关联的机制仍未失效。相反,在《圣经》所表现出来的历史观中,人世的历史日益成为耶和华愤怒的表现形式,因此,《圣经》提出了一种彻底得到救赎的方案,即反历史(Antigeschichte)的上帝之国(Reich Gottes)。

如果概括以上的论述,历史就是"互动的公正"发挥作用的过程。只有在相互之间的关系以及相应的义务都不言而喻,并且在

---

① 在时间上更早的赫梯与其他国家以平等的原则签订的条约中,有专门的条款注明该条约永远有效,参见科罗舍茨(Korošec):《赫梯国际条约》(*Hethitische Staatsverträge*),第106页及后。
② 见克拉绍韦茨(V. Krašovec)1988。在希伯来语中,神的"救赎"在字面上表示"公正"或"主持公正原则"之意,即"*sedaqot*",其复数形式为"*sedaqah*"。救赎史就是一部与神的公正相关的历史。
③ 《约伯记》专门探讨了"互动的公正"以及该公正原则的神学化问题。约伯的朋友们坚持由来已久的观念,认为所有的痛苦由罪而导致,因此建议约伯,通过回忆把自己所犯的过错找出来,并以此得到神的宽恕。但是约伯自己却很清楚,他已经陷入了一个痛苦与罪过并没有必然联系的境地。他所受的痛苦是毫无意义的,至少无法纳入原先那个"互动的公正"范畴中。在《约伯记》的结尾,耶和华承认约伯没有罪。在这个世界上,并非所有的不幸都源自神的惩罚之手。反过来,神的意志并非完全表现在个别的事件中,而是整个世界充满了神的意志。这也是神的意志由偶然向常态转化的步骤之一。

第六章　法律精神促成历史的诞生

时间层面和社会维度确保秩序、意义和内在联系的时候,对过去的重构才成为可能,而没有这种重构,记忆和历史都无从谈起。人们回忆什么呢？他们当然回忆与自己有关系和对自己至关重要的事情,即回忆那些不应当忘记的东西。我们人类回忆过去并非出于任何冲动,也不是因为什么天生的兴趣,而是基于一种义务,这种义务是我们所应培育的文化的组成部分。只有在建构于文化基础上的"互动的公正"原则之下,"你应当回忆过去！你不应当忘记！"这类督促人纪念的要求才显得必不可少。正是在回忆过去的过程中,不同的文化和属于其中的每一个人都以各自独特的形式获取历史意义。

第七章　希腊与思维的规训

一　希腊与书写文化的结果

1. 字母书写系统

希腊无疑是书写文化的典范。杰克·古迪和瓦特(I. Watt)写道:"有理由真正被称为有文字的社会一直到公元前6世纪和前5世纪才在希腊和爱奥尼亚的诸城邦中形成。"① 假如我们想了解"书写文化所带来的结果"或者后果的话,我们必须审视古希腊文化。根据格尔布(I. J. Gelb)把腓尼基文字视为音节文字的理论,古希腊字母应当被视为最早表达语言中单个发音的符号系统(Zeichensystem)。② 这个进步不仅意味着对文字进行了巨大的简化,因为字母文字以前所未有的方式让广大的人群学会读写的技巧,而闪米特语系的音节文字以及埃及和中国的表意文字只能被少数精英人士所掌握。除此之外,字母文字对人类精神产生了完全出人意料的重大影响。随着字母文字的出现,原来已经借助文

---

① 古迪/瓦特/高夫(K. Gough)1986,第83页。
② 格尔布1952,第166页。

第七章　希腊与思维的规训

字进行的"精神的驯化"(古迪 1977)过程有了一次飞跃。并非一般意义上的文字,而是字母文字才意味着精神的"规训"(Diszi-plinierung),哈夫洛克(E. Havelock)极具说服力地把这一规范过程描写为"借助文字的气息诞生了哲学"。①

在哈夫洛克眼里,希腊字母文字的特殊之处在于其抽象性。根据口头语言发音的单位,字母文字可以借助辅音和元音轻而易举地把说出来的话分解为相应的单元,有了字母,再复杂的发音和声音组合都能够易如反掌地被标注出来。当具有表意和表音双重功能的字母文字对语言进行分解的时候,它们能够最大限度地接近说出来的话,这是任何其他形式的文字都不可企及的。唯独希腊字母才有能力把口头语言原原本本地转化为文字,因此在哈夫洛克看来,希腊字母忠实地保持了希腊人的口音。

哈夫洛克试图举一个例子来进一步说明希腊字母文字不同寻常的能力②,他把《吉尔伽美什史诗》当中描写大洪水的文字与《伊利亚特》所涉及的相似的主题(XII, 17—33)进行了比较。他一开始便认为,两段文字"都使用了口头语言的表达形式,所以充满套话并总是重复,有别于书面语言"。即便它们原始的表达形式均为口头语言,二者之间仍然存在重大的差别。哈夫洛克认为,这一差别的根本原因就是它们不同的书写系统。哈夫洛克把两段文字分别使用的词汇做一统计,然后得出了重复出现的词与总词汇之间的比例:吉尔伽美什23.3%,荷马14%。

接下来,哈夫洛克考察了意思重复(平行结构)的情况,发现

---

① 哈夫洛克1963、1976、1982。哈夫洛克1982的德译本为《文字性:具有文化革命意义的希腊字母》(*Schriftlichkeit. Das griechische Alphabet als kulturelle Revolution*, Weinheim 1990)。这本在德语世界受到极大重视的著作由阿莱达·阿斯曼和扬·阿斯曼作序。书末参考文献中列举了哈夫洛克、翁奇(W. Ong)和古迪等人的论著以及与文字相关的一般性文献。下面的文字中有一部分即来自该书的序言。关于哲学的文字性,请见斯莱扎克(Szlezák)1983。
② 哈夫洛克/赫什贝尔(Hershbell)(主编)1978,第3—21页。

《吉尔伽美什史诗》几乎随处可见。他因此得出结论:"这段文字(《吉尔伽美什史诗》)的重复性显然很强,充其量可以被称为仪式性文字。"荷马史诗中有关洪水的描写是借助字母被转化为文字形式的,所以它"没有楔形文字那样同义反复,也没有那样仪式化"(第8页)。根据哈夫洛克的研究,希腊字母文字优越于巴比伦楔形文字。没有第二个书写系统能够把希腊人如此丰富多彩的口头文学转化为书面形式。荷马史诗在人类历史上第一次"把原来口头流传的文学作品完整地、不加删减地保存下来"。"如果不是用字母文字而是用音节文字加以书写的话,荷马史诗中有关洪水的描写会是什么样子呢?"如此说来,希腊人的成就不在于创造出如此独一无二的作品,而是在于发明了"能够非常流利地把口头叙述完整地加以复述的"文字系统。

从哈夫洛克所列举的例子中不难看出,他的论证模式无疑有可取之处,其弱点也显而易见。可取之处就是他研究了词句重复的情况,从而强调了文本的表达能力,而弱点之一便是他把媒介问题绝对化而且对其有所扭曲。

说到哈夫洛克把媒介问题绝对化,他轻视、否认和忽略了一个文本形成时起作用的其他形式和规则。事实上,东方文献使用一个完全不同的诗艺,那就是被称为"对句"(Parallelismus membrorum)的结构,它是为了完整地表达意思和追求韵律而常被使用的手法,哈夫洛克把这一事实干脆置于脑后。荷马究竟是直接以文字形式创作了他的作品,还是借助文字把口头流传的故事加工成文学作品,哈夫洛克对此未置可否。① 哈夫洛克同样忽略了荷马

---

① 赫尔舍(U. Hölscher)最近对《奥德赛》所进行的研究表明,荷马史诗的书写性达到了非常高的程度,因此,称荷马史诗和《吉尔伽美什史诗》为"文学作品"时,文学这个概念具有完全不同的含义。参见赫尔舍1988。拉塔斯(J. Latacz)1985以及霍伊贝克(A. Heubeck)1984、1979也得出了同样的结论,即荷马史诗一开始就是以文字形式出现的。我们可以认为,这个观点至少已经在德国学界成为共识。

第七章　希腊与思维的规训

史诗和《吉尔伽美什史诗》可能属于两个完全不同的文学体裁（Gattungen）的可能性。我们使用"史诗"这个词来称呼《伊利亚特》和《吉尔伽美什史诗》两部作品，但是这种不加区别的称呼恰好掩盖了如下的事实，即两个作品在各自的社会里借助完全不同的功能成文。① 事实上，至今尚未有人比较《伊利亚特》和《吉尔伽美什史诗》所反映的政治和社会意义。② 一旦过分强调媒介，那么我们观察问题时的视角就不可避免地受到限制。说起来，与语言相关的各种形式和传统为我们提供了广阔的视域。

说到哈夫洛克扭曲了我们所要探讨的问题，他在研究字母文字的时候不免被希腊人的成就冲昏了头脑，这一点是显而易见的。他惊叹希腊字母文字的独一无二性，但是低估了周边的国家在文化领域所取得的成就。（这当然并不是哈夫洛克一个人的问题，西方研究文字史的学者们基本上都持此观点。）哈夫洛克对埃及象形文字的看法以及他对这种书写形式的表达能力的估计完全基于严重的误解。他首先认为，埃及社会"无法把象形文字用在书面交流的领

---

① 哈夫洛克引用了格雷塞特（G. K. Gresseth）1975，后者确实认为两个作品属于同一种文学类型。
② 两部作品尤其是荷马史诗所呈现的艺术形式需要一定的前提，没有这些前提，如此高超的艺术形式根本无从谈起。我们可以把这一艺术形式称为"有关英雄的"（Heroische）。与英雄相关的内容不可避免地涉及回忆，那就是一个在遥远的过去存在过的"英雄时代"（Heroisches Zeitalter）。史诗是把这个以往的时代现时化的形式和媒介。事实上，克雷默（S. N. Kramer）谈到了"美索不达米亚的英雄时代"（Heroisches Zeitalter Mesopotamiens），这个英雄时代与苏美尔人在美索不达米亚南部的冲积平原定居活动相关，如同荷马史诗所回忆的迈锡尼文化以及《梨俱吠陀》所记录的有关雅利安人迁徙并形成种姓社会的过程（克雷默1956，第227页及后）。从美索不达米亚流传下来的文献能否证实这种观点（可能性并不大），这并不是我们所要关注的要点。更为重要的是，"史诗"这一文学类型所描写的并不是元历史的共相（metahistorische Universalien），而是与特定的社会和政治因素相关联。

域，因为它根本无法起到传达意义的作用"。① 他认为埃及象形文字就是"图画文字"（Piktogramme）。毫无疑问，除了时间上稍晚的闪米特字母文字以外，东方文字——尤其是埃及象形文字和美索不达米亚楔形文字——学起来很困难，而且使用时也很繁琐，很难与希腊字母文字相比。② 但是需要说明的是，这些并没有影响上述两种文字在重现话语时的效力。我们应当着重强调，一种语言当中没有哪个音、哪个词、哪个句子、哪个概念不能够用它所属的文字加以表达。③ 哈夫洛克有关非字母文字不仅使用起来笨拙，而且在表达意义方面极为低效的观点纯粹是因为他的无知。④

---

① 哈夫洛克1986，第65页。哈夫洛克在这里表现了无以复加的种族中心主义倾向。在哈夫洛克看来不容置疑的是，现代西方人"继承了具有2500年历史的文字传统"，因为这个文字于公元前500年被创造出来（哈夫洛克1978，第4页）。应当说，早在公元前500年，埃及人和巴比伦人就可以回顾长达2500年与文字打交道的历史。其他西方学者也经常落入低估东方文字的效力同时夸大这些文字的图画特征的俗套，比如安德森（O. Andersen）1987，第33页称只有希腊人做到了"把所闻和所思全部记录下来"。安德森所以区分了"接近话语的"（redenah）文字和"类似谜语的"（rebusartig）文字。
② 哈夫洛克只承认希腊文字以及由此演变的文字才是字母文字。在他眼里，希伯来语和阿拉伯语并非"字母"（non-alphabetic）文字，因为这些语言在转化为文字时不是书写音位（Phoneme），而是书写音节（Silben），而且在书写音节时又不考虑元音（哈夫洛克在此问题上依从格尔布而不是迪林格［Diringer］的观点）。
③ 比如在新王国时期（公元前15至前11世纪）的叙述文学中，埃及人明确划分了"话语"（Rede）和"叙述"（Erzählung）。文中的直接引语无论在词汇的使用上，还是在句法上都与其前面和后面的叙述部分有区别。如此组织文字的目的显然是为了尽可能真实地表达口头说出来的话，参见欣策（F. Hintze）1953。应用在商业贸易领域的新埃及语在惯用语使用方面与同时期的文学作品有很大的差别，因为它更加接近口语。到了第三中间期，诸如《阿蒙内摩普说教文》这样的文学作品完全用口语形式书写，而且与借助希腊语转写的科普特语没有太大差别。
④ 哈夫洛克说，"非字母"文字读起来犹如读天书，读者在阅读中碰到不知道的词便一筹莫展。因此，东方文学时至今日仍主要借助老生常谈和俗套，因为这些表达法能够把真实生活中复杂的东西转化为能够被读懂的文字形式。在哈夫洛克眼里，字母文字不可比拟的优点在于它把元音也一起书写出来。除了希腊字母文字，其他文字在进行书写时必须考虑上下文。哈夫洛克的这一发现无疑是正确的，比如对只书写辅音的希伯来语和阿拉伯语来说，阅读相关文献的人必须从上下文中确定其元音。至于用字母书写的希腊词，没有上下文也能够读出音来，甚至不懂这个语言的人照样也能知道词（转下页）

第七章　希腊与思维的规训

许多学者相信,希腊字母文字具有抽象的特性,所以唯独希腊文字促进了逻辑和抽象思维的发展。从研究东方文化的学者们看来,这种观点同样也站不住脚。从某种意义上说,书写抽象的音位,而不是具体的发音(如音节)或者发音组合(几个词),构成了走向抽象和理性的最重要一步。但是,埃及语和闪米特语只书写辅音而不反映元音的原则实际上正是进行抽象化的结果。我们对这些语言无法做出正确的估计,其原因在于我们对其内部结构所知不多。在闪米特语中,语意决定于一个词的词根,而多数词根由三个辅音构成。作为词汇单位,这些词根事实上与音位一样具有抽象的特性,只有当使用了前缀、中缀和后缀且发音也确定了的时候,它们才拥有具体性,这时它们才形成动词并相应地变位,或者形成名词并相应地变格。在表达口头话语的时候,闪米特文字的外部结构把重点放在其词汇的词根上,借此在表意成分与变位或变格成分之间做了区分,帮助读者辨认语义上的关联。这种通过连接"意义核心"而形成的思维在闪米特语极为重要的"对句"中也有所体现。忽略元音的书写方式起源于埃及语,然后被古迦南语、腓尼基语和希伯来语采纳。犹太教经师对《圣经》的阐释方式和以神秘教义的角度阐释《圣经》的方式极大地开阔了我们理解像希伯来语这种语言的视野,正因为它只书写元音,它具有很强的进行抽象推论的空间,甚至达到了文字玄学(Schriftmetaphysik)的程度,其意义只有站在德里达文字哲学(Schriftphilosophie)的立场上才有可能略见一斑。相反,哈夫洛克从希伯来语等语言只书写

(接上页)语的发音。由此不难看出,字母文字的效力完全在另外一个领域。在表达属于自己的语言的时候,只使用辅音的闪米特文字毫不逊于希腊字母文字。因为闪米特书写系统与其特殊的语言结构密切相连,所以不适于表达陌生语言的音素。一种书写系统之所以发生变化,其中最为根本的动机就是其使用者想把它传播到自己的语言区以外的地方。从这一点上说,从事航海的腓尼基和希腊商人成为传播文字的先驱绝非偶然。

辅音的现象中仅仅看到了它影响交流的一面,而没有发现这些语言独特的构造具有很强的抽象性。

2. 文字系统和书写文化

把文字系统和书写文化两个概念并列在一起,似乎它们表示相同的意思,而事实上,即便它们之间存在着显而易见的关联,二者之间的差别不容忽视。"文字系统"(Schriftsystem)主要指一个特定文字的结构、内部构造和运作模式,如这一文字是表意性的还是表音性的,是音节文字还是字母文字,只使用于一种语言还是能够用来表达其他语言的音/词汇/句子。在"书写文化"(Schriftkultur)这一概念之下,我们关注的是与书写相关的机构和传统、文献的处理问题以及文字和文字材料在社会中的渗透情况。[①] 显而易见,文字会有什么样的结果,关键在于它是如何渗透到社会中去的,即形成什么样的书写文化。

一个社会如何评价文字和书写也属于书写文化范畴。文字和书写在希腊只是扮演了从属的角色,这是众所周知的事情。在这方面非常具有启发性的是,哲学家们如何看待文字,比如柏拉图在《斐德若》(Phaidros)和《第七封信》(Siebenter Brief)当中所做的著名评断,还有亚里士多德对此的描写。按照亚里士多德的观点,语言反映了精神中的东西(das in der Seele),而文字则反映了声音里的东西(das in der Stimme)。文字的外在性是双重的,它的内容与语言的表述层面相关联。依据这一理论,文字与世界之间的距离增加了三倍:概念与世界相关;语言与概念相关;文字与语言相关,

---

① 参见埃尔韦特(G. Elwert)1987。类似的区分还有诸如(一个社会或一个国家的)"政治系统"(politisches System)与"政治文化"(politische Kultur)、"法制"(Rechtssystem)与"法治文化"(Rechtskultur)。在这两种语境中,文化这一概念分别涉及政治和法律的机制化以及如何应对政治和法律。

但不是在概念层面,而是在发音层面。与此恰好形成对立的是埃及象形文字,因为这种文字具有图画特征,所以直接指涉世界,而且象形文字中的表音符号和表意符号分别指涉语言的发音层面和意义层面。因此可以说,象形文字不仅反映了声音里的东西,而且也反映了精神中的东西,此外还反映了存在于世界的东西。当然,象形文字这一书写系统没有希腊字母文字那样简便,正因为如此,它还有其他功能,而且相应地拥有更高的声望。从意义的含量来说,一个说出来的词根本无法与该词的象形文字表达形式相比拟。象形文字从多个方面并有针对性地反映了现实世界,而说出来的话就绝没有这样的能力。相比之下,字母文字是用来表达声音的抽象的媒介,使用字母文字的语言只好借助声音来表达自己的存在和现实。在希腊,书写文化(Schriftkultur)是借助了词文化(Wortkultur)而后才形成的,相反,在埃及同时诞生了图画文化,因此埃及的书写文化具有更加深远的意义。在走向文字的路途上,埃及人不仅借助语言,而且也通过图解的形式塑造世界并将其融为自身的一部分。在埃及,文字被视为最高同时最神圣的表达意义的形式。

  虽然以色列人与图画分道扬镳,然后发展了特征鲜明的词文化,但是,文化在以色列社会受到尊重,文字在其中扮演了非常大的作用。在这里,书写者是上帝。摩西在西奈得到了写着十诫的石板,其作者和抄写者均为上帝。此外,关于人的行为,上帝记了一本详细的账。[①] 如同在埃及,文字在以色列也成为理解世界的一把钥匙。我们因此不得不提出疑问,一个社会读写能力的提高可以被用作衡量其是否书写文化的唯一或者决定性的标准吗?一

---

① 此处可比较"宙斯之板"(Tafeln des Zeus),上面记录着人的行为,参见法伊弗1978,第44—45页。

个社会使用文字（Literalität）对其民众的世界观和认知观念所产生的影响难道不是同样重要吗？尽管这个社会中只有一小部分人掌握了书写的艺术，但是正因为如此，该社会极力推崇这一艺术并把它供奉在社会的核心位置。

我们所要探讨的核心问题是传统与身份之间的关系以及文化记忆的组织形式。关于此，希腊社会有一个现象令人深思。与以色列相同但是不同于埃及，希腊人也创作了"伟大的文本"，而且它们构成了文化回忆的基石；不同的是，在希腊起到奠基作用的文献原来都是口头流传的作品，如荷马史诗、阿提卡的悲剧（西加尔[Ch. Segal]1982）以及柏拉图的对话（斯勒查克1985）。我当然不想否认，这些伟大的文本之所以能够诞生并得以保存，文字的作用至关重要。我想在此强调的是，上面所提到的文本并没有显示——或者更确切一点地说——炫耀其文字性（Schriftlichkeit）[①]，而所强调的是这些文本来自同时又能够回到身体的、活生生的声音，以及文字与言语之间的相互作用。不同于埃及和以色列，文字在希腊似乎并不代表永恒的、不可变化的和神圣的东西，文字并没有与变化无常和稍纵即逝的话语形成对立的世界。我们可以由此归纳希腊书写文化的三个特点：

（1）它对口头文化相对开放，并没有把后者排挤到次文化的地步，而是采纳其形式，在此基础上推陈出新并达到完善。[②]

[①] 在历史书写方面，希腊人则着重强调了文字在其过程中的作用。历史书写（Geschichtsschreibung）一词在希腊语中的意思为"编写"（syn-graphé）或者"编辑"（ana-graphé）。在修昔底德看来，因为有了文字才有可能产生"永恒之作"（ktêma eis aeí）。

[②] 并非所有的社会都把其口头传统用文字形式固定下来，应当说在例外情况下才会发生此事。在通常的情况下，口头和书面传统先是并行不悖，一直到书面传统胜出，而前者则降格为民间传说或迷信。在这方面，最早的希腊文学展现了其独一无二之处，那就是它忠实地再现了口头传统，这无疑是希腊文化的一大特征。希腊人在创造文学作品的时候没有对他们从前文化中魔术的、"类似萨满教的"、纵欲的和非理性的成分另眼相待，使之成为无法登大雅之堂的次文化（如基督教中原来取自异教因而被视为（转下页）

（2）因为文字在希腊并没有促成神圣的空间，所以没有神圣的文献；在希腊人那里——正如凯尔特人、信仰袄教的波斯人，尤其是吠陀时期的印度人的情况——被奉为神圣的恰好不是书面而是口头保存的传统（科尔佩［C. Colpe］1988；基彭贝格［H. G. Kippenberg］1987）。

（3）因为文字在希腊并没有开辟官方的空间，使用它无需特别的授权。与埃及相比，西塞罗曾经就罗马人发表的评论显然也适用于希腊人：他们全然不知"受官方委托而公开进行的回忆"。①

希腊书写文化中含有很多口头或者古风时期的成分，其原因可能不在希腊书写系统的特殊性。在我看来，应当在希腊人当时的社会和政治独特性中寻找其原因。东方社会常见的文字合法性（Schrift-Gesetzmässigkeit）的概念对希腊人来说完全陌生。我们在此无法详细论述促成这种局面的诸多原因。在东方社会里，文字是作为政治表达（politische Repräsentation）和经济组织（wirtschaftliche Organisation）的工具发展起来的，它与管理制度有着千丝万缕的联系，因为官吏们借助它管理广大的权力区域（关于美索不达米亚，参见兰伯特［M. Lambert］1960）。书写意味着整理、计划、安排。文字在这里首先被用来克服社会组织过程中出现的困难，同时用在统治者进行的宣传中。文字所表达的内容首先与权力、官方的身份、法律、政令、文件、仪式、供品捐赠等相关。书写意味着规定、保护、收集，意味着管理、统治、清理、颁布法律。如果借用福柯的话，文字首先是"权力的决定"，同时也是发布命令

（接上页）不妥的内容在中世纪宗教较量中并没有受到丝毫的损伤），而是卓有成效地把其中重要的、具有审美价值的、真实的东西纳入艺术和科学讨论的理性形式中去。关于这个问题，详见阿莱达·阿斯曼和扬·阿斯曼1983，第267页。

① 西塞罗：《论法律》3，20，46。

的喉舌。书写下来的东西具有不可置疑的约束力。① 对如此书写下来的文献,上面所说的"口头传统"以及严格意义上可以被称为"文学"的东西很难进行渗透。埃及和美索不达米亚书吏(Schreiber-Beamte,即由文书变来的官吏)与希腊吟游诗人(Sänger-Dichter)之间存在着天壤之别,巨大的差别主要不是书写技术,而是书写文化造成的。这里所说的书写文化包括社会环境、政治气候、听众构成以及一个社会的成员在所属的文化中各自体验和相互交流的经历。②

在以色列,使用文字的情况又与众不同。与周边几个大国的书吏阶层相比,以色列社会中的祭司和先知生活在相当自由的气氛中。周边国家的书吏们忙于管理和组织,而以色列祭司和先知们则关注完全不同的事情。他们需要把法律即"命令"(torah)书写下来,因为它们是由上帝赐给以色列民族的,不管遇到什么艰难险阻都要遵守它们。在以色列社会,文字与约束力、阅读与顺从之间也存在内在的联系,但是保证这种关联性的不是世俗的权力机器。文字在以色列经历了去政治化的过程,从而变成了最为重要的神权的决定。

希腊文化经历了别具一格的发展过程,原因不仅在于其书写系统,而是由多种因素综合所致。问题的关键在于,发出指令的机

---

① 参见古迪1986。如果没有文字,巴比伦人和埃及人在科学领域获得的成就(及其局限性)是不可想象的。不过,这些成就不是归功于"文字的精神"(Geist der Schrift),而是多亏了"官僚精神"(Geist der Bürokratie)。正是这些官吏们以编制目录和整理等形式对周围的世界进行了系统的研究。关于这个问题特别要参考古迪1977。在希腊并不存在这样一个借以获取知识、加工知识和传播知识的社会框架。取而代之的是人们出于竞争意识而进行的具有雄辩性质的交流,参见于尔斯(F. Jürss)1982。关于埃及,请参考施洛特(A. Schlott)1989。

② 埃尔韦特1987,第239页:"促成社会变化的因素不是文字本身,而是特定的社会机制(权力关系、生产和交换关系),正是这些机制借助文字推动社会发展。"他的论点无疑很有道理。

制集中在哪里，这些指令的约束力如何保证，它们又是如何被执行的。希腊的特殊之处在于，文字被应用在社会政治领域中，这个通常被人们认为具有消极作用的领域为希腊人提供了自由的空间，那里既没有发号施令的君主，也没有约法三章的神。在希腊社会中存在的这一权力真空为口头文化渗透到书写文化提供了便利。

因为以上的原因，希腊文化的文字性与埃及、以色列或者中国相比不可同日而语。关于这种差别，博尔夏特（R. Borchardt）在一篇短文里做了如下的评述："希腊人从他们的祖先那里继承了类似'梵文'的、神圣的基本语（Grundsprache），但是这个语言并没有像印度、古代以色列、古代中国和古代伊朗的语言那样黏附在宗教文献上。只有在东方的社会格局中，语言作为无时间维度的容器必须承载其民族的永恒性，而这个永恒性由法律、教谕和历史融为一体后构成。西方的民族性文献就是诗歌以及与此相关的精神世界，在这个精神世界里，受过诗艺训练的个体创造文学作品、进行研究。荷马史诗被希腊化时代的假希腊人奉为"圣经"，这种危险未曾存在过。是什么促使希腊人成为一个民族，这的确是无法用原始的东西比如一两本书（此处指荷马的两部史诗——译注）解释清楚的秘密，而且就构成这个秘密的语言而言，它也无法用远古的那种语言加以解释。"（博尔夏特1973，第67页）

假如我们能够暂时把上面引文中令人无法忍受的极其片面的价值取向放在一边，把关注的重点放在博尔夏特得出的结论，那么我们无法完全否认他的观点具有一定的道理。法伊弗更加简明扼要地表述了同样的论题："不同于东方社会和中世纪，在希腊人的世界里，始终无法形成'书的专制'（Tyrannei des Buches）。"（法伊弗1978，第52页）

如果拿一个正好从相反的价值取向来探讨东方文字的论点与上面提到的两位学者的观点进行对比，应当说是很有意义的做法。

我这里指的是犹太历史学家约瑟夫斯(Josephus),他生活在距离上述希腊书写文化不太远的时代。在《反阿皮翁》(Contra Apionem)这部作于公元1世纪末期的书里,约瑟夫斯对比了犹太和希腊历史书写:"在我们那里,并非所有人都可以撰写历史,因为这个原因,我们的文献当中没有相互矛盾的地方。只有先知们才有这一特权,他们受到神的启示,所以知道远古的事情,而且能够把他们所生活时期发生的事件写得一清二楚。我们一共只有二十二卷书,人们相信它们,而且我认为不无道理。这些书涉及了从古至今的年月。其中有五卷书是摩西之书,它们涵盖律法和从人类起源至法律颁布者逝世为止的时段留传下来的历史。先知们用十三卷书叙述了从摩西至阿尔塔薛西斯统治时期的历史。其余四卷书包括颂歌和规范人们生活的规章。从阿尔塔薛西斯一直到我们今天这个年代也产生了传统,但是这些传统无法受到同样的重视,因为先知的行列没有再延续。只有那些先知留下来的,才被我们尊奉为自己的文献。尽管业已经年累月,没有哪个人胆敢在其中增添、删减或者改动一个音节。"(《反阿皮翁》I,§§38—41)

相比之下,希腊人可以说拥有数量无限的书,而且这些书可谓相互矛盾。此外,希腊人的传说也没有那样古老:"正如早已承认的那样,希腊人没有比荷马的诗作更早的文字。荷马生活的时代显然比那些在特洛伊周围发生的事情还要晚。据说,荷马并没有以文字形式留下自己的诗作,它们只是由后人根据记忆从(流传的)诗歌编辑而成,因此,其中存有许多前后不一的地方。"(《反阿皮翁》I,§§12)[①]

约瑟夫斯对希腊书写文化的批评主要涉及其结构上的口头性

---

① 根据钱奇克1986。我关于约瑟夫斯的评述也主要依据钱奇克的这篇论文。

质。数不清的书,随处可见的矛盾之处,还有好争论的特征和撒谎;各种文献中充斥着辩论性的文字,其目的不是为了真理,而是为了修辞和政治影响。(我们在下文还将论述这一点,这个在东方观察者看来充满矛盾和意见不一的状况正是希腊书写文化的一大成就。)对犹太人或者对整个东方来说,文字的空间是神圣的,因此,只有那些被授权的人才有资格进入这个神圣之地。这些人就是祭司,他们"拥有最古老的和最可信的借助回忆流传下来的东西(*parádosis*),他们像传统中所讲述的上帝一样坚定、不为情所动和恒定不变"。① 关于真理,犹太人的那些书"意见一致"(*symphonoi*)。人们口径一致,没有人受权对字句做丝毫的改动。约瑟夫斯对希腊书写文化的批评暗示,只有以色列人的书写文化才值得称道,这一成就是东方优于希腊人的地方。

毋庸讳言,约瑟夫斯的上述批评有失偏颇甚至含有一定的恶意,与新人文主义者谴责"东方的命运安排"(morgenländische Fügung)和"书的专制"如出一辙。② 同样不可否认的是,上面两种均带有意识形态倾向的论点都触及何为真正回忆的问题,正是因为东方和希腊社会存在不同的回忆模式,使用文字所带来的结果也各不相同。在以色列,文字使得传统固化为一块坚硬的石头,而在希腊,正因为有了文字,传统的流动性增强了,所以更容易受到质疑,进而出现了多样性。无论是以色列书写文化中"一致"(Einklang)的原则,还是希腊书写文化中的"对立"(Widerspruch)原则,均与口头传统的结构相去甚远。

另外,约瑟夫斯对比希腊人和犹太人回忆模式的做法在很多方面与柏拉图对比希腊和埃及艺术的手法有不谋而合之处。引起

---

① 钱奇克1986,第53页。本段是对《反阿皮翁》I,§§ 153,169,189,167 的意译。
② 请参见钱奇克对约瑟夫斯上述论点所做的有理有据的修正。

柏拉图关注的同样也是多变与不变之间的天差地别,一边是以个体永无间断的、追求美学效果的革新为特征的文化,而在另一个文化中,神权和王权结合把现有的艺术固封为真理。柏拉图(《法律篇》656/657)把埃及当做一个典范展示给希腊人,在他看来,埃及人以负责任的态度对待传统,他们把传统视为已经装满已知真理的容器,所以不许任何人增添内容或者进行改动。柏拉图认为希腊恰好构成了埃及的反面,正如约瑟夫斯强调犹太人的独一无二,在柏拉图眼里,埃及所表现出来的特征的确绝无仅有,因为"在世界所有其他地方",艺术家有权利根据自己的喜好发明新的东西。这里表现出来的差别确实引人注目,但是这种差别不是在于传统本身(约瑟夫斯看待问题的视角与柏拉图并不一样,他可能也不知道柏拉图的上述观点),而是因为不同的社会与其传统之间的关系大为不同,也就是说,希腊人、犹太人及埃及人的文化记忆各不一样。

二 荷马与希腊民族的形成

1. 英雄时代作为荷马的回忆

关于犹太传统的真实性和希腊传统的不可信,约瑟夫斯提出来的最为有力的观点便是,犹太人可以为他们的圣书而死,而没有哪个希腊人会为希罗多德而死。[1] 在这个问题上,约瑟夫斯显然错了。恰好是希罗多德记述了雅典人为了他们的文化(Griechentum)不惜一死的信仰。在有关这一信仰的故事中,我们可以看出仔细安排的场景和精确地估计到的政治影响。希波战争末期,马

---

[1] 《反阿皮翁》I,§§ 42—45;钱奇克上引文章,第59页。

其顿的亚历山德罗(Alexandros)作为调停者来到了雅典,他试图说服雅典人与波斯国王结成同盟。雅典人推迟了谈判的时间,"因为他们知道,斯巴达人会得知波斯使者的到来,因此他们会火速派使者来。雅典人因此故意等候,以便让斯巴达人了解他们自己真实的信念。"他们首先坚决拒绝了亚历山德罗的提议,然后给斯巴达人上了一课。"此时起作用的是希腊文化(tò Hellenikón),即相同的血缘和语言(homaimón te kaì homóglosson)、共同的神殿和仪式以及内涵一致的习俗(étheá te homótropa)。"①有了这一同属感作为保障,"只要有一个雅典人还活着,与波斯人和解是万万不可能的事情"。一句话:宁愿为希腊文化去死。

对于希腊这个"民族"(Volk)来说,上文所显现出来的泛希腊意识绝不是理所当然的事。希腊人几乎不具有形成政治同一性的基础,他们分属不同的政权,因此在对外关系问题上相互独立,正因为如此,雅典人才如此费尽心思地宣传泛希腊属性。这一共同的属性主要归功于一部文字形式的作品及其传播,这部作品就是《伊利亚特》。"希腊人把《伊利亚特》当做自己所拥有的无价之宝,虽然他们分属不同的氏族和阶层,而且他们所处的政治和社会环境不断变化,正是在这部史诗的基础上,所有的希腊人开始把自己视为一个整体。"②

我们在探讨以色列书写文化时碰到的现象同样存在于希腊书写文化中:与以色列民族一样,希腊民族在一部具有奠基意义的作品基础上逐步形成。虽然这一可比性不言而喻,更加具有启发意

---

① 希罗多德:《历史》VIII,144,参见芬利(Finley)1975,第120—133页。
② 法伊弗 1978,第21页。在我们上面引述的段落中,博尔夏特认为(是什么)促使"希腊人成为一个民族,这的确是无法用原始的东西比如一两本书解释清楚的秘密",他的这一观点显然站不住脚。《伊利亚特》在希腊民族形成过程中扮演了至关重要的角色,如果我们转用博尔夏特的话,说《伊利亚特》"是促使希腊人成为一个民族的秘密",再恰当不过了。

义的是二者之间的差别。在以色列,一群不满于传统宗教的人发动分裂性的运动,与当时盛行的宗教习俗分道扬镳,把《托拉》作为安身立命的根本。在以色列人进行回忆的时候,被回忆的核心是出埃及的故事,奉耶和华为独尊的过程以及在异国他乡如何得到拯救。在希腊,可供分散在四面八方的希腊人共同回忆的内容集中在《伊利亚特》,这部史诗展现了他们曾经如何组成一个整体。与此相关,希腊人回忆的核心内容是所有的希腊人为了一个来自东方的敌人而结成联盟,即一个泛希腊同盟。

这个现象有两个让人惊讶不已的地方,因此需要从两个方面进行阐述。首先,我们应当审视具有奠基性意义的文本及其产生的历史条件,然后,我们有必要探讨相关人群进行回忆的全部过程。这两个方面对我们所要论述的文化记忆的形式和功能具有很大的启发性。就第一个方面所涉及的具有奠基性意义的文本的诞生而言,我们不是指诸如神话和叙述奇闻异事的作品,而是被奉为法宝的回忆。我们可以提出如下具体的问题:为什么公元前8世纪的希腊人要进行回忆,而且是以史诗的形式叙述五百年之前发生的事情?我们可以用如下的论据予以回答:迈锡尼时期与古风时期的社会之间出现了深深的断裂,这使得那个过去的年月以英雄时代的形式延续下来。过去(Vergangenheit)的本质就是业已逝去(vergangen),意味着她无法继续。不过,这个过去为公元前9世纪和前8世纪的贵族阶层提供了脚本,他们借助它重新体验和庆祝这段历史。他们把这段历史"收养"为自己的过去,并且把自己的谱系一直追溯到特洛伊传说里的传奇人物及其事迹。一方面,这段属于迈锡尼人的过去充满了他者的与众不同和英雄式的超凡脱俗,所以令"当下的凡夫俗子"(Sterbliche dieser Tage)望洋兴叹,另一方面,这段历史经过回忆成为了这些贵族自己的历史,构成了他们以谱系的角度和贵族的身份进行自我刻画和自我定义

第七章　希腊与思维的规训

的前提。这是跨过断裂来重构连续性的典型例子。①

有人可能会存有疑问,为什么偏偏是公元前8世纪的希腊人进行这种回忆呢？要知道,希腊人在此试图用虚构的连续予以拼接的断裂长达1200年。难道荷马所生活的年代也是一个充满危机和变革的世纪吗？首先要确定的是,荷马史诗把英雄故事的结尾强调为活生生的口述传统的终结。我们不禁要做一种推测,是不是这里所说的口述传统本身已经处在史诗所描述的那种生活方式和世界形势终了之时,而非其鼎盛时期。在一个特定的社会形式的框架下,英雄史诗不失为一个用来进行文化记忆的首选文学类型。这个社会形式的特征是骑士的、贵族的、好斗的,带有强烈的个人主义的色彩。不管在世界什么地方,骑士阶层的特点都是优越感以及特殊的和因人而异的自信心。这样的优越感和自信心首先与他们因饲养马匹而拥有土地以及借助马匹所达到的超人的速度有关。②

骑士一般拥有封地,而且骑士拥有土地的这一特殊情况促成了他们独具个人特征的生活方式,一般被形容为"松散的社会"(loose society)③,这些特征包括：要求自由、自主性、进取心、独立性、"荣誉感"等。荷马可能生活在他所描写的那个时代的末期,他借助自己的诗作为那个时代立了一块纪念碑。他确立了一个(口述)传统,而这一传统的社会框架条件已经开始消失。口述英雄史诗的全盛期不是在迈锡尼人生活的时代,而是在古风时期之初。正是在那个年代,传说起到了尤为重要的作用,因为迈锡尼文化的废墟和残垣断壁随处可见。多种迹象说明,荷马生活在一个变革时期,即"松散的社会"向"紧密的社会"(tight society)过渡时

---

① 参见赫尔舍1984。
② 黑尔克(W. Helck)1969,第290页及后对此做了非常透彻的论述。
③ 佩尔托(P. Pelto)1968以及贝里(J. W. Berry)1977。

期。其中最为重要的证据无疑是希腊人开始向外殖民,说明本土的人口压力逐渐加大。以城邦为单位的社会显然是"紧密的社会"的一个典型例子,而且在许多方面与荷马社会形成鲜明的对比。从这个意义上说,我们今天所看到的荷马史诗已经与文化记忆这一组织形式有关联,它构成了对过去的重构,因为一个特定的人群需要借助它确立自己的形象。具体一点地说,荷马史诗构成了文化记忆这个组织形式的结尾和高潮,因为在他所描写的社会没落前不久,荷马以全新体裁的作品把许多传统收纳进来。这些作品此后可以独立于曾经支撑它们的回忆集体继续存在,并且得以成为新的回忆的起点。

前一段说到了荷马史诗成为新的回忆的起点,我们可以由此转向上文提到的第二个方面,即后世对荷马的回忆以及荷马史诗的传承和传播。首先需要说明的是,荷马史诗的传承与传播不是借助书籍文化(Buchkultur)和阅读文化(Lesekultur),而是借助隆重的朗诵文化(Rezitationskultur)来完成。希腊人开始有组织地传承和传播荷马史诗是在公元前6世纪后半叶,与希腊史诗富有创造性的时期的终结同时。① 这一巧合实际上并非偶然。在以色列,"预言的终结"预示着确立正典的时刻即将到来。公元前6世纪的诵诗人(Rhapsoden)是"职业的朗诵者,他们朗诵固定的诗作,这些诗作被认为是由荷马所作"(法伊弗)。这些人从一开始就集传承(Überlieferung,涉及行文)、解释(Auslegung,涉及意义)和传授(Vermittlung)于一身,说明不只是单纯地让人消遣和为人助兴,而是同时充当了语文学家和教育家。此外,荷马史诗还起到了"行为百科全书"(encyclopaedias of conduct)的作用。② 正如同

---

① 此处和下文主要依据法伊弗1978和赫尔舍1987的研究成果。
② 哈夫洛克1978a。

样身为诵诗人的色诺芬曾经断言,"所有的人都从荷马那里学到了东西"(B 10)。① 以竞赛的形式朗诵荷马史诗的机制始于泛雅典娜节的竞赛(panathenäische Spiele),然后又波及所有泛希腊的节日(panhellenische Feste)。在这些起初为进行文化记忆而在泛希腊层面上形成的机制和组织起到了向荷马诗作注入民族精神的作用,因为接受这两部诗作的形式和过程具有鲜明的节日、仪式、地方的色彩,有助于共同体的形成。荷马史诗流传时所借助的方式就是典型的"借助仪式进行的交流",它们与泛希腊节日密切联系在一起,为一个民族在政治领域以外诞生(或者说不依赖政治身份)这样一个伟大的工程奠定了基础。荷马史诗升华为"大传统"(Grosse Tradition),同印度的情况一样,它们使得希腊人始终意识到相互之间虽然相距很远但是却息息相关。② 小规模的战斗、战争、边界冲突及其他纠纷都没有影响他们的同属感,这类小打小闹的矛盾在印度也是司空见惯的事情。泛希腊赛会(panhellenische Spiele)和荷马史诗融合了各种促进一体化的力量,犹如后来狄奥尼索斯节和悲剧在阿提卡民主时代所发挥的作用,雅典公民阶层的集体身份正是借助狄奥尼索斯节和悲剧得以确立。③

2. 对荷马的回忆:经典与古典主义

希腊人有关文化记忆的组织活动在亚历山大进入了第二阶段。引发这些活动的起因是当时出现的巨大的断裂。原先由诵诗人所主导的朗诵文化已经不再,取而代之的是书籍文化和阅读文化。更为重要的是,希腊人的时间意识和历史意识已经发生了翻

---

① 关于荷马的"希腊之师"(praeceptor Graecia)身份,可比较柏拉图:《普罗泰戈拉篇》339 A 和《政治家篇》606 E。
② 雷德菲尔德(R. Redfield)1956,第 67 页及后;奥贝塞克(G. Obeyesekere)1963。
③ 请参考迈尔(Chr. Meier)1989。

天覆地的变化，他们把传统视为那个业已终结了的时代的产物，而且这个时代已经无法再延续。公元前4世纪，在整个地中海区域发生了文化变迁，把这个现象称为"希腊主义"(Hellenismus)或者"希腊化"(Hellenisierung)有误导性。这些概念暗示其时普遍地唯希腊文化之马首是瞻，似乎在此过程中其他文化都在变化，唯独希腊文化保持不变。实际上，一种统一的文化(Einheitskultur)在公元前4世纪的地中海世界传播开来，该文化既具有希腊特征，同时也包含东方的因素，因此它在希腊诸城邦引发了影响深远的变化，其程度绝不亚于在希腊以外发生的变化。上述变化涉及社会的各个领域，比如君主制度、官吏制度、管理系统、军队、知识领域，具体来说出现了把君主奉为神、把法律条款编纂成法典、把政治职业化、个体去政治化等现象。上述现象事实上与希腊关系不大，应当说它们主要是受到了来自波斯的影响（史密斯1971，第77页及后）。我们因此不得不发问，产生在亚历山大的古典主义是否也含有东方书写文化的成分，即"东方的命运安排"？东方的书写文化基于文字的神圣性和字母的不可移动性[①]，来自东方的影响不是表现在文本中，而是表现在人们如何对待文本。

  因为以上原因，我探讨经典也不是追问它们是如何形成的，而是关注后世为何和如何回忆它们。希腊文化向希腊化文化过渡，从两者与经典之间的相互关系来说，前者构成了经典得以产生的历史条件，而后者则构成了对经典进行回忆的历史条件。虽然希

[①] 如果我们从这个角度进行审视的话，西塞罗（《论演说家》III 137）和其他古典作家记述的一件事就无疑具有了新的分量。据说，像萨摩斯的波利克拉特斯(Polykrates)一样，庇西特拉图(Peisistratos)充当僭主时期在雅典建造了"图书馆"，与此相关联，荷马史诗的文本也在这时第一次出现并被固定下来。法伊弗认为，之所以产生这样的传说，原因在于上述相关作者把托勒密时期才出现的情况移植到了古风时期的雅典。不过，我们同样可以从这个传说中看出僭主们实行"东方化"的倾向，他们试图像东方的君主一样收集书籍。参见史密斯1971，第139页及后。

腊语成为一种通用的语言,但是业已出现的巨大断裂显而易见。从根本上说,希腊化文化是人们从亚历山大追溯希腊文化的过程中逐步形成的一种崭新的文化,它的两大特征是创新和回顾。文学世界分成"旧的"(*hoi palaioi*, *antiqui*)和"新的"(*hoi neoteroi*, *moderni*)两种,而且正是人们变革的要求催生了"古文化"(Altertum),因为,并不是连续性而是断裂性把"旧的东西"(das Alte)捧上高台,令后人无法企及。① 不过,这里所说的断裂不应是彻底的断裂。经典的形成需要两个条件,一方面,因为出现了断裂,无法延续下去的传统便沉淀为古文化;另一方面,应当借助身份认同跨越已经出现的裂痕,从此以后,拥有新身份的群体在业已逝去的过去看到了自己,从古文化当中找到了大师(Meister)。过去已经过去,但是它绝不能成为陌生的东西。②

在亚历山大出现了在荷马时代曾经有过的情况,人们此时也感觉到了把回忆上升到法律地位的必要性,以便通过指称过去来构建一种连续,目的就是借助它跨越已经出现的断裂。正因为如此,"在回忆女神的女儿们的保护下,新的文学作品宣告诞生,同时,旧的杰作重新被唤醒"(法伊弗,第125页)。托勒密一世在亚历山大建了专门献给缪斯女神的"缪斯之殿",目的就是要借助这个特别机构来促进文学和自然科学。亚历山大的希腊人对待传统的形式是以前所未有的精细的手法和职业化的方式对文本进行校勘(Textkritik)、解释和传授。这些学者收集文本,对其进行编目(*pinakes*),然后再进行对比;他们编制词目、编写说明,后来由此衍

---

① 参见施密特(E. A. Schmidt)1987。类似的情况曾在拉美西斯时期的埃及出现过,见阿斯曼1985,第484页及后。
② 正如穆卡洛夫斯基(Mukarovsky)所说,"如果民众对一部作品感到陌生,那么它不可能是一件艺术品",见韦勒克(R. Wellek):《划分界限:论文学批评》(*Grenzziehungen. Beiträge zur Literaturkritik*),斯图加特,1972,第137页。

生出评注。他们研究作家们以及各个时代所使用的词汇,以便在此基础上进行勘正并确定文本的归属。因为需要整理的文献太多,这些学者们不得不进行选择。他们对所有的文献进行评估,对所有被审评过的作家进行排序,以便决定哪些作家成为候选人,哪些作家被放弃。经过了持续几百年时间的选拔过程,"经典作家"便宣告诞生。①

经过以上的步骤,强化文化意义的目的已经达到,由此获得的文化意义所具备的抵御时间冲蚀的能力并不亚于希伯来正典。以上所说的经典构成了支撑文化的核心文献,它们终于促成了"大传统"(Grosse Tradtion)。在以口述为主导的希腊城邦社会里,"借助仪式进行的交流"使得传统延续下去,而在世界性的希腊化时代,支撑上述大传统的是有教养的社会(Bildungsgesellschaft),这种社会提供了全新的机构性框架。由此产生的文化完全把自身的一致性和连续性建立在文本以及对文本的解释之上。对文本进行解释的机构保证了文化的连续性,因此,起初的"语文学家"(Philologoi)经过中世纪的修道士,最后变成了人文主义者。

借助限定、确保和确定以及传承等手段,犹太教经师完成了确定正典的过程,先后产生了二十四本正典,而在亚历山大,语文学家们确定了经典。上面这两个过程不仅在时间上几乎同时,而且

---

① 希腊人并没有使用"正典"(Kanon)这个概念,他们既没有用这个词来指被选中的作品的名单(拉丁语中倒有两个词,分别为"numerus"和"ordo"),也没有用它来指被视为经典的作家及其作品。参见以上第二章、第二节。相比之下,"古典作家"(Klassiker)这个词来自史源学领域,它是罗马人在接受亚历山大学者们整理古希腊文献史的时候才使用的。在拉丁语中,"Classci"表示纳税的上层社会(classis)的一员。由此可见,罗马人用这个词来比喻希腊人眼中"被选中的"作品,很让人深思。关于这些问题的细节,请参考法伊弗 1978 和施密特 1987。

相互之间发生过许多联系。① 在正典和经典产生的过程中,《托拉》在希伯来所有正典中地位显著,可以被称为书中之书或者晶核,犹如荷马相对于其他希腊经典作家。在希腊,荷马史诗传承的过程就是希腊民族形成的过程,正如《托拉》的传承与以色列民族的诞生同时,因为文本的确立与民族同属感的增强相辅相成。上面所说的两个过程在波斯帝国时期已经结束。此后,文化变迁浪潮席卷整个地中海世界,在此过程中,希腊进入了以书籍文化和阅读文化为特征的社会发展阶段,而在第二圣殿时期的以色列,犹太教经师成为保护传统和支撑文化记忆的中坚力量。这些人把先知们生活的那个年月视为一个终结了的、无法再延续的时代,正如亚历山大的语文学家们把经典产生的岁月当做业已结束且无法延续的时代。在以色列,那个业已终结且无法再延续的时代始于摩西并止于阿尔塔薛西斯(以斯拉和尼希米生活的时代)②,而在希腊,这个时代始于荷马并止于欧里庇得斯(Euripides)。

在上述两个过程中,文化意义得到了强化,由此生成的文化意义不仅能够抵御时间的冲蚀,而且在世界上任何地方都很容易进行接合。不仅西方的文化记忆建立在希腊经典的基础之上,如今,在中国和非洲也诞生了古典语文学。同样,基督徒和穆斯林的圣书在以色列人的正典基础上形成,没有希伯来《圣经》,《古兰经》也无从谈起。

---

① 佛教的经典和儒教的经典从生成时间来说相差不多,但是它们之间在形成过程中未曾有过接触。这个问题超出了我所要讨论的范围。与《吠陀》一样,祆教的圣书也被禁止书写成文,因此到了公元3世纪才被转化为文字形式。关于佛教正典的产生及其对东方世界其他正典的影响,参看科尔佩1987。
② 这个观点来自约瑟夫斯,参见莱曼(Z. Leiman)1976。

三　接合性:希腊的书写文化与思想进化

在几百年的时间里,西方理性主义具有奠基性意义的文本、传统和思维方式基本成形。人们普遍认为,这功归于一次独一无二的思想进化(Ideenevolution)①,其所指就是书写文化,更确切一点地说就是希腊书写文化。如果我们把(严格意义上的)宗教和国家视为以色列或者埃及书写文化所取得的独特的成就,那么哲学与科学无疑是希腊所取得的成就。哲学与科学标志了人们在寻求真理的讨论中所遵循的逻辑原则不断地发展,从这个意义上说,希腊走上了一条"特殊的路"(Sonderweg)。

希腊书写文化具有两个特点。第一个特点是,如上文已经提到过,它不是躲避或者逃避口述传统,而是竭尽全力把这一传统收纳并加以发扬。按照我的理解,它的另外一个特点是发展出了文字间相互关联的新形式。从此以后,不是言者对言者做出反应,而是文本对文本做出回应。书写下来的文字不仅仅是以提供信息、发出指令、给出确证的形式对文字外面的空间产生影响(这个空间充满了社会的、经济的和政治的相互影响),恰恰相反,在产生上述作用的时候,它同时还提供有关作者以及其他文字或文本的信息。得益于此,一种新型的文化连续性和一致性从此诞生。换句话说,在提及或涉及过去的文本时,出现的变化要得到控制,我称此为"接合性"(Hypolepse)。我必须同时予以承认,这里所说的接合性并不是指文字使用方面,而是很接近亚里士多德所用的"自我增长"(*epidosis eis hauto*)这一概念。亚氏用这个概念描述

---

① 此概念来自卢曼(N. Luhmann),而且本章在很多方面得益于他的论著。卢曼多次强调了书写文化与思想进化之间的关系,并且在这个方面向德国读者引介了美国古典语文学家哈夫洛克的著作。参见卢曼 1980,第 17 页及后、第 45—71 页;1984,第 212—241 页。

人的世界与动物和植物世界之间的不同,并强调人所特有的"分享永恒和神圣的"形式(《动物学》II. 4. 2)。德罗伊森在题为《史学》(Historik)的著作中使用了亚里士多德的分类法,目的是区分"历史与自然"。自然的连续性源于它不断地重复。"播种到泥土里的小麦粒经过抽芽、开花、接穗,重新又成为同样的麦粒。动物也是一样,地球上的所有生命都是如此,整个宇宙的本质就是有规律地兴起和没落。对我们来说,时间在这里构成次要的因素,无尽的时间分解并融入到世界万物之中,表现为代数学所称的、相同和周而复始的圆周或循环期。"与之相反,文化的连续性表现为一个递进的变化(progressive Variation)。"在这样的连续性中,所有以往的东西都借助后来的东西扩大并得到补充(epidosis eis hauto);在这样的连续性中,所有成熟的东西不断地向最后的结果积累,而且每个成熟的东西构成总和的一部分。在这个没有间歇的交替过程中,在这个不断递进的连续中,时间拥有了具体的内容,那就是一连串连续完成的生成(Werden)。把所有这些出现过的生成和进展加以展示,我们称此为历史。"① 我在前文第二章的第一节曾经建议,不应当像德氏那样简单地区分自然和历史,而是使用一种递归的形式。这样,可以根据重复和(递进的)变化之标准对历史进一步加以区分,由此可以得出狭义的历史概念,我建议把它称为"接合性":

---

① 德罗伊森 1972/1857,第 11 页及后。莱贝尔(W. Raible)向我提供了有关德罗伊森的信息,在此表示感谢。

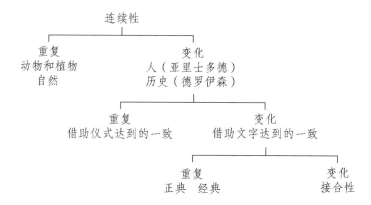

1. 话语组织形式

"接合"(hypólepsis)这个词在希腊语中用在两种很特殊的语境中,我也想采用这两种用法。第一个语境就是诵诗竞赛,"接合"在此指第二个诵诗人必须接续第一个诵诗人在朗诵荷马史诗的时候停下来的那个地方。① 第二个语境是雄辩术,在这里,"接合性"指后来的说话者要接着前一个说话者的话语进行谈论。② 在以上两种语境中,"接合性"这个词均表示这样一个原则,那就是不要重新从头开始,而是紧接前一个朗诵人或说话者,以便朗诵或者交流构成一个连续的过程。我们可以把依据这个原则完成的交流过程称为"接合性视域"(hypoleptischer Horizont)。诵诗竞赛是现实生活中举行的一次真实的活动,而雄辩术涉及的是正在进行的交涉,前一个为民众集会,后一个为诉讼,两者都呈现为互动

---

① 这个原则也可以被描写为"按部就班"(ex hypólepseos ephexês),柏拉图:《智者篇》228 B;第欧根尼·拉尔修(Diogenes Laërtius) I, 57 称此原则为"按照固定的秩序"(ex hypobolês),参见法伊弗 1978,第 24 页。
② 比恩(G. Bien):《接合性》(Hypolepsis),见于里特尔(J. Ritter)1969,尤其是第 64 页和第 66 页。

第七章 希腊与思维的规训

的事件,其空间和时间的界限受制于人与人之间相互作用的可能性(指集会和诉讼中当事方都在场——译注)。我想在这里强调的是"接合性视域的延伸",这一视域不是局限在人与人之间相互作用的范畴,而是进入了不存在相互作用(interaktionsfrei)的交流之中。① 换句话说,在这里生成了一个关联的空间,因为有了这种关联,"前一个说话者所说的话"距离后者可以超过两千年。

那么关联空间产生的前提条件是什么呢？只有这一空间成为可能,上面所说的接合性视域才能够存在。三个因素共同促成关联空间,它们分别是**文字**、**框架**和**真理**。以下对三者分别加以解释。

关于**文字**,实际上不需要说很多,因为在一个人与人之间不存在相互作用的空间里,它是必不可少的。要想让"前一个说话者所说的话"即便在说话者不在场的情况下依然存在,以便后人能够接上他的话头(这里绝不是指字面意义上的接话),这些话必须固定下来,而文字是达到这个目的的唯一媒介。在口述传统中,有些很久以前说过的话原原本本地保存下来,似乎几百年以后仍然能够被接合,比如"这话已经对你们说过……""我现在对你们说……"在口述语境中,用这样的形式把从前说过的话固定下来的情况并不多见。事实上,记忆在这里起到了文字的作用。问题的关键不在于文字作为媒介的功能,而是它跨越空间的距离把从前所说的话固定为文本,重要的是它的文本性(Textualität)。我们真正能够接合文本,但是无法接合原先在相互作用下发生的事件本身。② 一般情况下,一旦所说的话与其原有的语境脱节(离开了说话者与相关的人相互作用的社会文化环境),文本性就会出

---

① 卢曼1980、1984。卢曼在后一部著作中区分了"相互作用"与"(不存在相互作用的)交流"。
② 关于此处所采用的文本定义,参见埃利希(K. Ehlich)1983。

现,就是说文本具有了独立性。文字能够把话语固定下来,但是,即便此处涉及的文字是字母文字,我们这个阶段还不能使用"接合性"这个概念①,因为文字只是必要的条件之一。

现在我们着手讨论第二个必要条件——**框架**。我们在上文说过,作为复杂的相互作用过程的语言因素,"所说的话"从它具体的、情境框架(situativer Rahmen)当中"被挖出来",而且要作为文本自成一体,以便促成它生成的具体情境消失以后仍然存在下去,并且供后来的人对其重新进行接受和吸收。如果此时不立即创造一个延伸的环境,即为"所说的话"配置一个新的情境框架,它就会失去意义,因为它已经脱离了旧的情境框架。这个框架能够组织和控制人们如何传承已经说的话,即他们如何以接合的形式接受和吸收所说的话。② 脱离了原有情境的文本等于失去了保护,它可能任意被误解,也可能无端地被拒绝。③ 为了补充文本不再承受的情境限制(situative Determination),有必要为它设置一个新的。"当一种交流逾越了在场的人的圈子,相互理解就变得越来越困难,拒绝反而变得愈发容易,因为此时缺少了进行解释时所必需的坐标和迫使人接受对方的具体的相互作用机制。"(卢曼

---

① 卢曼似乎持同样的观点,他把文本之间的关系即我们称为"接合性"的现象归因于字母文字的出现。卢曼在阐述这个问题时特别提到了哈夫洛克的著作:"有了字母文字以后,人们可以在时间和空间上超出相关的人的范围进行交流。这样一来,人们无法再相信口述者富有鼓动性的说话方式,而是尽量就事论事。'哲学'的源头似乎就在此。作为智慧的化身,哲学命中注定要确保人们在全新的环境中进行交流,因为借助了字母文字,这种交流变得严肃起来,不仅能长时间保存,而且能够跨越时间和空间的巨大距离。"(卢曼1984,第219页及后)卢曼在文中所说的这些现象在近东并没有出现,而这正是哈夫洛克为何在探讨文字的时候局限于字母文字的原因。不过,我们可以拿中国作为例证反驳他的观点。中国的文字属于相当复杂的、表意性的书写系统,但是在那里诞生了并不亚于希腊的哲学,而且这样的哲学在探讨问题时同样使用接合性的话语。

② 关于"过度膨胀的局面"(zerdehnte Situation)这一概念,参见埃利希1983,特别是第32页,以及阿斯曼1990b,第3—5页。(也参见本书导论,第13页。——译者)

③ 可以比较柏拉图在《斐德若》和《第七封信》中对文字所采取的保留态度。

第七章　希腊与思维的规训

1984,第219页)上述情况在文学和科学范畴内尤为严重。就文学而言,文本不仅是独立的,而且它的情境框架就在文本当中。因为这个原因,我们从荷马史诗当中能够了解许多关于希腊人吟唱英雄诗歌的情况,也能够获取他们表演英雄史诗的信息,或者从阿尔凯奥斯(Alkaios)那里知道酒会构成了表演抒情诗的背景。至于科学,它所属的社会应当促使这样一个框架环境形成。在这种环境中,"没有相互作用的交流"(卢曼)成为可能。这种交流环境不仅要确保"所说的话"保持现有的文本形式并能够被人理解,而且要确定"重新进行讨论时应遵守的原则"(Regeln der Wiederaufnahme);在古典时期充满节日气氛的诵诗竞赛和法庭或者政治辩论中,相互作用的框架同样也确立了相应的原则,那就是后面的朗诵者或者讲演者应当接着前面的人的话头说下去。一言以蔽之,如果想以文本的形式进行原先口头辩论那样的讨论,必须有相关的"机制"提供必要的保障。

柏拉图的学园和亚里士多德的逍遥派都可以被视为上述机制的表现形式。假如它们未曾存在过,西方哲学"接合性的视域"也就根本无从谈起,这种看法丝毫没有夸大的成分。我们今天把柏拉图和亚里士多德同笛卡儿、康德和黑格尔一起看做曾经为西方文明做开场白的人,完全是情理之中的事。更确切一点地说,我们应当把柏拉图和亚里士多德的作品称为经典(Klassik),而不是经典性的文本,称其为典范(Kanon),而不是典范性的文本。那么接合性的原则在其中究竟起到了什么作用呢?有人称柏拉图和亚里士多德为"经典作家"(Klassiker),这些人所强调的是柏拉图和亚里士多德令人无法企及的示范作用。他们的作品为后人进行哲学思维确立了标准,正如荷马为史诗性的作品确立了标准。有人把柏拉图和亚里士多德的作品称为"典范性"的著作,这些人所强调的则是这些著作的权威性。事实上,人们在中世纪采取了第二种态度。不过,上面两种对柏拉图和亚里士多德作品的态度显然不是深思熟虑地对待文本时所应采取的方式。我的意思是应当考虑另外一种对待以往文本的方式,其特征是严格区分经典和典范,尽管两个概念之间存在着诸多联系。

2. 接合性的过程:权威和批评被机制化

我在上文提到过,接合性原则生成的三个先决条件中,**真理**是第三项。真理一词也可以用信息(Information)或者内容(Sache)来替换。正如卢曼曾经强调,交流的前提是意识到消息(Mitteilung)与信息之间的差异。在口头的对话中,这种差异很少能够被觉察到。文字出现以后,确定消息与信息之间的差异显得不可避免。"文字和印刷术促成了这样一个交流过程,它不是对消息和信息的一致性做出反应,而是恰恰对它们之间的差异做出反应,这是一个查验真实性并提出质疑的过程。[1] 因为文字和印刷术为人们发现差异提供了条件,交流便变得必不可少。从这个意义上说,交流不仅意味着对话,而且更多地指向交锋。相比之下,这在口头上的交谈中完全不可能。"[2]

接合性原则所涉及的正是上面所说的查验真实性并提出质疑的过程,而这样一种过程成为必然是因为消息与信息之间存在着差异。接合性原则具有争论的、竞争的色彩。它规定了就有关文本进行论战的前提条件。正因为此,美国古典语文学家施塔登使用了"竞争性质的互文性"(agonistische Intertextualität)这样一个

---

[1] 就更为详细和清晰的解释,可参考卢曼1980,第47页:"对于说过的话或者正在说出的话所含的意义而言,倾听说话者的描述主导了交流活动,至于书面上的东西,读者似乎有义务采取挑剔的态度。"

[2] 卢曼:《社会系统》(*Soziale Systeme*),第223页及后。

概念。① 在接合性交流的条件下,书写文化演变为充满冲突的文化(Kultur des Konflikts)。②

约瑟夫斯诉病希腊书写文化,其中重要的一点就是该文化中竞争和矛盾的成分。犹太人的传统完全基于一部圣书之上,相反,希腊人拥有无数的书,而且这些书相互矛盾。约瑟夫斯忽视了一个事实,希腊文学中不和谐的多声(dissonante Vielstimmigkeit)恰恰是其书写文化独一无二的成就。相对于希腊的多声,约瑟夫斯所指的《圣经》中的单声(Einstimmigkeit)源于以色列人关于真理的绝对可靠性原则。一部文献集之所以被奉为正典,那是因为信奉它的人坚信其中的内容是终极真理,想超过它、想更改它都是枉然。相比之下,接合性原则以真理的不确定性为出发点,认为人只能接近却无法完全拥有它。接合的过程就是接近真理的过程。因为意识到个体的知识并不全面,而且他之前的知识已浩如烟海,所以希腊人很清楚要利用他人的知识。接合性的根本原则是,人只能一点一点地接近真理。除非那个人是疯子,以为自己可以全部从头来,不然的话,他就应当知道他只能加入到已经持续了许久的讨论之中,看到讨论发展的方向;他因此也能够在一定的知识基础上以批判的态度对待以前的人说过的话,即使科学上的革命也需要借助接合的原则利用新知识。作为有组织地寻求真理的学问,科学容纳了自古以来的知识,一种见解是否具有重要意义,关键在于它在原有的知识基础上有了什么突破。

根据接合原则组织起来的文本都有三种指称,其一是指称早先的文本;其二是指称内涵;其三是指称标准。正是根据这些标准,文本的真实性以及消息与信息之间的差异才能够被查验。不

---

① 施塔登(H. v. Staden)的书还没有出版,我是通过与他口头交流获得以上信息的。
② 在阐述其交流理论的时候,卢曼把希腊书写文化的这一因素作为核心论点之一。这个因素从机制上消除了在交流中完全占据主导地位的可能性。

同于文学领域,这里所说的一致性并非单纯地指互文性。在按照接合性原则组织起来的讨论中,一致性是由受到真理标准监督的作者、之前的作者和内涵三重因素共同促成的。内涵实际上完全属于我们在上文论及的延伸的视域环境。因为为了保证恒定性而事先采取了预防措施,文本的特定内涵在后来人的意识中保存下来,不然的话,原来的内涵时隔几百年已无法确定。这里所说的预防措施就是跨语境确定意义。单纯地把所说的话以文字形式书写下来还远远不够;单纯地把内涵纳入视野之内还不够,应当同时把握住内涵所具有的意义。这个内涵为什么重要?为什么能够在这个内涵当中找寻到真理?如果从语义学角度衡量"延伸的环境"的话,这个延伸的环境确定了"主题场"(Themenfeld)。①

　　为了保证内涵及其主题时过境迁之后仍能够保存下来,以便之后的作者们能够了解它们,即阅读支撑它们的文本,这些内涵及主题通常呈现为"问题"。在接合性讨论当中,问题起到承前启后的作用,扮演了组织者的角色。② 问题对科学的重要性相当于记忆术对整个社会起到的作用。每个问题其实都包含了极具动能和令人不安的因素。一方面,找到真理似乎是成问题的,但是在另一方面它毕竟从理论上说是可以被获取的。有关神话的讨论中并没有上述不安定因素,因为在这里看不到任何矛盾,而且所有的说法和图画具有同样的权利。有关正典的讨论中也没有不安定因素,因为这里根本不允许出现异议。相反,接合性讨论则充满了矛盾,这种讨论的基础在于,在保持被批判的立场的同时,以敏锐的眼光

---

① 参看马尔科维奇(J. Markowitsch)1979,第 115 页;卢曼 1984,第 213 页及后。
② 见卢曼 1980,第 47 页。卢曼认为,"认知上的不一致性和问题,尤其是无法得到解决的问题",它们构成了促成差异的"一种补充机制"。"如果想确保思想进化,而且加快这种进化,决定因素是问题,因为通过不断地提问题,知识不仅得到了系统化,而且保持其自成一体的状态。"

发现矛盾即接受批评。

如果一个人习惯于科学思维中的接合性原则,他通常容易低估我们在日常生活中对矛盾的容忍性。说起来,我们的日常生活充满了矛盾,绝对不是我们在理论意识中所能想象得到的。这一说法尤其适用于以往的时代和那些"野性的"文化。列维-斯特劳斯为此使用了一个专门的概念"野性的思维"。野性的思维对待传统的方式是"拼装"(Basteln),恰好与接合性原则形成对立。所谓"拼装"就是借助现有的材料制作一个新的器物,而那些材料则在换型过程中失去了各自的身份甚至消失。"接合"虽然也涉及如何对待已有的材料,但是它们不会失去身份,更不会消失,而是在共同运作的框架中发挥作用。

3. 思想有历史吗?作为接合过程的思想史

按照特定的规则重回文本,这一活动为"思想进化"创造了条件。需要再一次强调的是,单纯依靠文字——包括字母文字——绝不可能完成思想的进化。当然,并非只有希腊人获得了这一成就。同样是通过接合原则,以孔子为代表的中国人在哲学领域独放异彩。依据具有奠基意义的文本,接受和吸收前人所说的话,遵循真理或者可信性的原则,关注问题的相关性,因为做到了以上这些,被卢曼称为"思想进化"的进步才成为可能,随之而来的是,思想有了历史。只有全面考察这一历史是如何演变的,才有可能撰写一部思想史。① 这一点尤其对试图把思想史的写作范围扩大到那些未曾发展出接合结构的文化中去的人不言而喻。拿古代埃及作为例子,在其传统当中只是偶尔出现接合性讨论的雏形,那就是

---

① 关于思想的历史维度及其历史书写,参见罗蒂(R. Rorty)/施内温德(J. B. Schneewind)/斯金纳(Q. Skinner)1984。

探讨生活智慧的说教文①,还有新王国时期涉及神学问题的赞美诗。② 说教文之间明显地相互指称,但是相关的文本并没有明确这一点。在上面两种体裁的文献中,很容易辨认出接合性讨论生成的历史和社会框架条件。这些讨论同样与特定的机构分不开,说教文所依靠的是学校,而赞美诗则借助神庙。这些讨论同时与"主题场"有直接的关联,所谓主题就是被当时的社会视为具有中心意义的问题,比如神学讨论中有关神的同一性问题③,以及说教文讨论中有关社会秩序和公正问题。不过,如果我们通观古代埃及书写文化,类似的接合性讨论只是宽广的传统流当中一两个孤岛而已。来自埃及的例外情况恰好证明了一条规律,那就是埃及的书写文化仍然受到追求仪式一致性的神庙等机构的控制,这些机构遵循的原则便是重复,而不是"受控的差异"(disziplinierte Variation)。④

在我看来,上面所得出的结论的意义在于,它为雅斯贝尔斯称为"轴心时代"的现象提供了充分的解释。雅斯贝尔斯虽然使用了轴心时代这一著名的概念,但是,与其说他说明了轴心时代,不如说他为这个时代披上了神秘的外衣。按照雅氏的观点,在轴心时代"不同寻常的事集中发生。在这个时期的中国生活着孔子和老子,中国哲学的各个流派都在此时发端,其代表人物有墨子、庄子、列子等人。在印度,《奥义书》诞生了,佛陀也生活在那个年代,如同在中国,哲学上的各种可能性,从怀疑论到唯物论都被探讨。在伊朗,查拉图斯特拉传授富有挑战性的世界观,认为世界上

---

① 参见布伦纳(H. Brunner)1979。我在扬·阿斯曼1990的第二章中尝试着重构了古代埃及说教文之间的互文性历史。
② 扬·阿斯曼 1983a 以及 1984,第 192—285 页。
③ 参见扬·阿斯曼 1986a。
④ 见扬·阿斯曼 1986a。

第七章　希腊与思维的规训

善恶两种力量在交战。在巴勒斯坦,涌现了许多先知,从以利亚到以赛亚,从耶利米到以赛亚第二。希腊则造就了荷马,巴门尼德、赫拉克利特、柏拉图等哲学家,悲剧家,修昔底德和阿基米德。在几个世纪内,与这些名字相关的一切几乎同时在中国、印度和西方这三个互不知晓的地方发展起来"。①

如果我们让阿肯那顿和穆罕默德也加入到上述伟人的行列中(他们明显当之无愧),那么,雅斯贝尔斯所强调的共时性不过是一种视觉上的错觉而已。学者们如今把琐罗亚斯德生活的年代向前推了许多(约公元前1000年)。如此一来,可以被称为轴心时代的时间段从公元前14世纪至公元7世纪,从而不再具有任何特别的意义。对上述现象来说,时间并不是决定因素。我们应当意识到,只要一种文化发展到一定阶段,类似轴心时代的突变就不可避免。只有相当成熟的书写文化、文本文化和解释文化提供相应的框架条件,一个文化意义深远的大变革才有可能成功。在这方面,阿肯那顿的例子极具启发意义。他有关神的同一性的幻想无疑是一神教革命当中最为激进的。他以文字的形式表达了宗教理念,而且如果不是这个新的宗教只是成为一个插曲,那些宗教文献可能也会变成具有奠基意义的文本。这些文献后来完全被忘记,只是到了上个世纪才被发现,令埃及学家们惊叹不已。

这里所涉及的不是一个时代交替的节点,而只是文化的转变。文化的转变时有发生,只不过在公元前一千纪显得更加频繁。在雅斯贝尔斯眼里,一个精神的世界在我们今天所生活的地球的不同地方几乎同时出现。如果更加具体地对此加以描写的话,实际发生的事件是由原来借助仪式达到一致过渡到借助文本达到一

---

① 雅斯贝尔斯(K. Jaspers)1949,汉堡,1955,第14页及后。请参看阿莱达·阿斯曼1988对此段文字所做的批判性分析。

致。随着书写文化的发展,几个相互之间关系并不密切的文化在公元前一千纪大约相同的时间借助文本达到了文化的一致性。恰好在这个时间,不仅产生了具有奠基意义的文本,而且出现了相关的文化机构,这些机构确保了文本的规范性和定型性动力。虽然语言、社会制度、政治秩序和现实结构不断地变化,具有规范性和定型性作用的文本为人们能够与绵延上千年的传统进行对话提供了框架条件。奇怪的是,关于机构和技术的框架条件对精神发展所产生的影响,雅斯贝尔斯只字不提,他在建构轴心时代的时候也忽视了文字所发挥的作用。哈夫洛克、古迪和卢曼等人则过分强调了文字所起的作用。考量文字的时候应当关注以下几个方面,书写在一个社会中的位置和作用,人们如何对待文本和借助文字固定下来的意义,以及人们接受和吸收具有奠基意义的文本的艺术。这几个要点不属于文字使用的范畴,而是关系到文化记忆术问题。

关于文化记忆术的重要性,我们能够最为清楚地从这样一个事实中看到,即"轴心时代"文明的特征为什么也会消失。就是说,这些特征并不是进化的成果,因而不能算是一劳永逸的成就,并非如雅斯贝尔斯所说"这一点已经实现了,而且也不可能被取消"。① 实际上,上述文本解释的机构随时都可能消失,具有奠基意义的文本随时都有可能陷入无法被人理解的境地,或者失去它们原有的权威性,文化记忆术随时都有可能消失,结果,一个文化也随时都有可能重新借助仪式达到一致性。② 雅斯贝尔斯所描写

---

① 雅斯贝尔斯1973,第832页,引自阿莱达·阿斯曼1988,第192页。
② 在由塞利格曼(A. B. Seligman)于1989年主编的文集中,作者们使用了诸如"去轴心化"(De-axialisation)和"重新轴心化"(Re-axialisation)的概念。另外,越来越多的人试图通过使用重新口头化(Re-Oralisierung)和去轴心化等说法来解释我们今天的后现代时代。

的是文化记忆的一种组织形式,它既可以促成非同寻常的思想进化,也能够创造可供人们进行回忆的时间视域,在这个视域中,公元前一千纪产生的具有奠基意义的文本仍然对我们发生作用。

思想有没有历史？有,其前提条件是我们用接合性原则所描写的文化记忆。在这个文化框架中,历史得以展开其篇章,而它的源头就在雅斯贝尔斯所说的"轴心时代"。

结语　文化记忆理论概述

以上从理论和实证两个方面对文化记忆做了阐述,我现在应当用很短的篇幅概括一下,关于社会互动结构的变化以及"文化记忆"能够做出怎样的回答。我首先从归纳历史上的例证着手。

王朝后期的埃及可谓经历正典化过程的一个特殊例子,因为这里的正典并非一个文本。这个正典化过程的最后结果是希腊和罗马时期的神庙,这些神庙绝非单纯的建筑。每座神庙都遵循极为复杂和严格的、被奉为正典的平面布置图。神庙的墙壁上写满了文字,因为建造神庙不只是为了举行仪式。按照埃及人的观念,宇宙和人世的生命都依赖于神庙,而且我们对古代埃及文化中"互动的结构"的分析也完全印证了这一点。不仅如此,埃及神庙构成了一种遵循严格规章制度的生活方式,已经具有了马克斯·韦伯所说的"有条不紊的生活"(methodische Lebensführung)的所有特征。柏拉图就已经清楚地意识到,埃及神庙把文化的核心以法律的形式确定为正典,所有的行动和举止以及所有的艺术创作都必须永远受到它的规范。在埃及人眼里,神庙显现了两个重要的、属于正典的主题,其中一个是神启,另一个是排外性。神庙的平面布置和装饰依据从天而降的书,因此在这个神圣的结构中不得增添或者减少任何一个环节。

如果我们询问是什么样的历史框架条件促成了这样的发展轨

迹，我们很有可能想到埃及遭受外族统治的状况。传统在政治层面上的断裂迫使埃及人对文化记忆进行彻底的改革。根据古典作家的记述和埃及人的理解，国家是一个救世机构（Heilsinstitut），它通过实现"玛阿特"（秩序—真理—公正）不仅使世界正常运转，而且确保个体享受今生以后又获得再生。原来这一为了民众的福祉而促使世界保持运转的功能此时落在神庙的肩膀上。王朝后期的埃及文学当中有很大一部分收集了与仪式相关的知识，不过，此时的埃及文化当中的核心是仪式本身而不是文本。在神庙中借助仪式所展现的一切都属于非现时的回忆，比如埃及人相信很久以前曾经存在过黄金时代，那时公正原则在人世普及，刺不扎人，墙也不会坍塌下来砸到人。这个黄金时代一去不复返，但是埃及人仍然能够回忆它，回忆的方式是为曾经在那时主宰埃及的神献祭，同时在神庙里借助仪式再现已经在人世不复存在的玛阿特。

通过把以色列作为一个例子，我们可以深入研究什么是文本正典（Textkanon），追溯以色列人又是如何借助语言限定文化意义，把这些文化意义加以编纂并赋予它们正典的性质。我们在这里也能看得到在政治层面上表现出的传统的断裂，首先，以色列人沦为周边强国的附庸，然后竟然遭受了被掳的厄运。在当时的世界，遭受流放意味着集体身份的终结。失去家园以后，支撑集体记忆的必要框架全部倒塌，文化的互动结构也崩溃，被掳的人群在异国他乡全新的环境中被同化得无影无踪。北部王国于公元前722年被亚述灭掉以后，其居民就遭受了这一厄运。耶路撒冷的以色列人似乎吸取了这一血的教训。那么，公元前587年遭到流放的时候，这些人是否已经拥有了《申命记》？如果答案是肯定的，这本书无疑成为他们文化记忆术和非现时性回忆的基础，因为该书以极具戏剧性的手法描写了社会框架条件的变化如何导致遗忘并教育人们把思想的界限置于国界之外。《申命记》告诫以色列人，虽然身处耶路撒冷但是不能忘记出埃及的经历,这一点无疑让流亡在巴比伦的以色列人身怀重返耶路撒冷的希望。非现时性的回忆能够想象和建构其他地点,以便让当下的落脚点变得相对。我在这里并不想介入《旧约》专家们关于《申命记》的年代以及约西亚改革的真实性之争,而只是想说明正典与流亡相辅相成,不仅如此,正典的权威性越强,流亡的危机就越容易度过,反过来,流亡的经历越刻骨铭心,正典的权威性就越发得到强化。不管《申命记》这部正典起初呈现为什么样子,假如没有它,很难想象被掳者能够在保全身份的情况下结束流亡生活,反过来,假如未曾有流亡这回事,以色列人的传统也不可能固化为《托拉》,并且在后来的年月中构成《圣经》的核心内容。身处家乡耶路撒冷的时候,以色列人要用心和用力回忆历史,为的是不再回到受埃及法老奴役的境地;在巴比伦寄人篱下的时候,他们依然要回忆历史,目的是有朝一日重回耶路撒冷。

上面说到正典与流亡在以色列文化中相辅相成,而且正典帮助以色列人度过了流亡的艰难岁月,这一点非常清晰地体现在以色列历史的另外一个因素中,即国内始终存在着对立面。如果从《圣经》的内部结构来进行考察的话,似乎正典先于这些矛盾,并且引发了它们,因为它要求民众做出决断,要么顺从正典中确定下来的规则(相信其中的预言),要么屈服于外来的压力。如果我们从历史重构的外部视角来审视的话,情况则完全不同:正是国内接连不断地出现独立、对立、敌对和分裂的倾向,促使文化意义变得越来越细致和清楚,被视为不得变动和不容置疑的传统,最后成为高高在上的正典。

我们在上文曾经提到,正典的主题在埃及有两个,即神启和排外性。在以色列则出现了另外一个主题,那就是解释。当文化从仪式的一致性向文本的一致性过渡的时候,对正典进行解释成为必不可少的环节。一旦文化连续性的重担完全落在具有奠基意义的文本之上,相关的人群必须想方设法让这个文本保持鲜活的状态,尽一切可能克服文本与现实之间不断加大的距离。这种解释首先在文本的行文当中进行,主要步骤是改写和补写,借助编辑的手段让文本适应变化了的阅读语境。等到这个文本上升为正典,即对它的行文和篇幅不许进行任何变动,文本与现实之间的距离只能借助超文本(Metatext)来逾越,这个超文本就是对元文本所做的注解。在此处应当说明的是,从阅读史的角度判断,我们现在出于理解的目的而进行的阅读在时间上相对较晚。在古代,旨在记忆的阅读是主要的阅读方式,即借助阅读来记住文本的内容,另外一种就是在老师的指导下阅读,由老师讲解文字的含义。一个文本的正典性质越强,那么就越发显出一个指导老师存在的必要性。菲利普斯(Philippus)问来自埃塞俄比亚的克梅雷尔(Kämmerer):"你明白你所阅读的内容吗?"后者回答说:"如果没有人给我指路,我怎么能明白?"(Apg. 8.27)这一发展的结果便是,阅读时所进行的解释具有了同文本一样的神圣性,由此,先后进行解释的人构成了一个谱系,他们的解释与文本相互平行并留传下自身的意义。犹太教经师所说的"口传托拉"(mündliche Torah)就是由此而来。

  因为文本被奉为正典,相关的人群就有义务回忆它。文化记忆术构成了宗教的基石;原来的献祭仪式转化为祈祷礼拜。"你们要回忆!"这个命令涉及两个层面,一是与盟约相关的法律,以色列人在任何情况下都要丝毫不差地遵守这些法律,另一个则是以色列人要回忆自己的历史,因为这段历史是所有那些法律的基石并说明他们为何绝不能脱离它们。法律借助这个历史获得其意义。只有以色列人不忘记出埃及的历史,他们才能意识到这些法律意味着自由,只有记住这段历史,他们才有可能遵守这些法律。

这无疑是指称过去的一种全新的形式。所有的群体都遵循具有奠基意义的历史之轨迹生活，他们所有行为的秩序和方向都决定于此。我们把这个原理称为神话动力。所有的历史都能够为当下投射出光线，其光亮延伸到了未来的空间，人们能够借此确定未来行动的方向并知道可以胸怀怎样的期盼。在以色列发挥作用的历史是一种崭新的神话。这个神话在时间上有其固定的位置，而且一直延续到当下。这个神话中的事件不仅仅支撑当下所发生的事件，这种作用是所有神话所共有的。以色列的神话主要是与历史相关，而当下也是这个历史的组成部分。这种历史与近东、埃及和希腊那种涉及众神殿的神话已经没有任何的关联。这种全新的回忆形式，这种对过去的指称形式，这样的神话动力究竟从何而来？

来自楔形文字文化的文献能够回答上述问题。这些文献告诉我们，以色列人的历史和回忆概念源于法律范畴。因为以色列人与神之间的关系呈政治—法律的模式，所说的历史和回忆概念逐渐演变为特殊的历史书写形式，最为明显的例子就是《申命记》。以这种形式书写的历史表现为以集体的形式反思自身的历史。因此，这个历史具有陈述的特征。它总结了以色列民族所犯的过错，目的是在当下的困境中明了受难的意义。灾难是上帝进行惩罚的结果，这就是困境所传递的意义。当下面临的灾难越严重，越看不到光亮，对历史的回忆就越具有拯救的意义，历史所展现的逻辑向黑暗投入了光线。把当下的困境理解为被触怒的神以惩罚的手段所进行的干预，这种解读模式首先出现在美索不达米亚的文献中。在涉及具有法律效应的誓约时，美索不达米亚居民让神监督人们的行为和举止，神由此成为历史的守护人。如果一个君主违背政治誓言，即撕毁了与其他国家签订的条约，他的所有臣民就会因此而遭遇不幸。美索不达米亚人从这种关联中演绎出了我们称为"历史的符号化"（Semiotisierung der Geschichte）的原理。因为他们把神视作证人,相信神会确保法律的效力并监督相关的人履行义务,神便成为追究责任的当权者。每个人都要向神负责。在这样的因果关系网络中,人世发生的一切都可以被理解为赐福的神或者进行惩罚的神发出的信号,历史从此充满了意义和重要性。这里所说的历史不是神话式的远古历史,它的基本模式支撑着世界的秩序;我指的是关于日常生活的历史,它在时间层面上线性发展,这一历史的核心命题是不能忘记从前做出的承诺。可见,互动的结构在这里具有了法律的色彩,人世的意义表现为行为与结果之间的相互关系。

我在书中讨论了一组来自公元前13世纪的赫梯文献,从赫梯人回顾历史的形式中,可以看出他们把历史符号化的明显特征。我最为关注的问题是,借助回忆展现过去并非一个普遍现象,也就是说,并不是所有的民族都在过去的事中看出"历史意义",赫梯人回忆过去发生的事情有其特殊的动机。他们只是根据具体的需要进行回忆,只有那些在他们看来具有意义的事件才被回忆,换句话说,他们给这些事件把脉。过去发生的特定的事件之所以具有意义,主要是因为相关的人从中看到了行为与结果之间的相互关系,我把这个原理称为"互动的公正"。

公正这个关键词与文字和文字性这一主题密切相关。公正是古代东方和埃及书写文化的中心议题。在埃及占据重要地位的智慧文学中,有多篇专门探讨公正问题;在巴比伦,公正问题不仅是智慧文学而且也是法律文献所关注的对象。智慧文学的兴起和法律的系统化均与书吏阶层的形成分不开,因此二者构成有机的整体。毫无疑问,来自"泥板之屋"(巴比伦)和"生命之屋"(埃及)的书吏构成了"互动的公正原则"的承载者。我们完全有理由以同样的视角看待《申命记》。这卷书主要涉及回忆文化和政治想象,它为以色列人完善文化记忆术和进行非现时性回忆奠定了基础,它可以被视为以色列人历经亚述人几百年的压迫以后撰写的关于民族苏醒的宣言。从传媒史角度来说,我们同样有理由把它视为一个具有划时代意义的里程碑。研究《旧约》的学者们很久以来达成了这样一个共识,《申命记》由一群"有见识的书吏"(sôferîm hakhamîm)编写而成。与埃及和美索不达米亚一样,以色列的书吏也担负了保持传统的任务,这些传统当中包括被视为人生智慧的互动的公正思想和行为与结果相互关联的道理。《申命记》是一部法律和智慧书,从这个意义上说,它是书写文化高度发展阶段的产物。① 《申命记》第一次以不容置疑的笔触在纸草卷上专门书写了原先散落在日常生活、祭祀和仪式、口头传统中的知识,这些知识从分散和不明确转化为集中和明白无误。可以说,《申命记》包含了教育以色列人的希望和计划,使得整个民族"有智慧、有聪明"(《申命记》4:6),而达到这个目的的具体方法就是借助文字完成的教育,把社会的互动结构建立在通过文本达到的一致性上,从而借助文字确保社会的互动结构。这样说来,改革祭祀习俗意味着终止并改革原来那种借助仪式达到的一致性。《申命记》标志着书吏和智者成为以色列的代言人,他们是后期犹太教经师的先驱。耶利米说如下的话时显然是在指他们:

> 你们怎么说:"我们有智慧,
> 耶和华的律法在我们这里"?
> 看哪,文士(即书吏——译注)的假笔舞弄虚假,
> 智慧人惭愧,惊慌,被擒拿。(《耶利米书》8:8)②

---

① 关于书吏作为《申命记》的编写者,主要参看魏因费尔德(M. Weinfeld)1972,第158页及后。
② 译文根据菲什贝恩(M. Fishbane)。关于"耶和华的律法"即为《申命记》的观点,参见菲什贝恩1986,第34页。

耶利米在文中抨击的是书吏们那种天真的想法，以为对文本的维护等于对意义的维护，以为他们把相关的内容转化为书本形式就意味着掌握了文本所表达的智慧和公正。耶利米的这一谴责对《申命记》来说是无的放矢，因为《申命记》所推崇的记忆术的目的就是让人们把律法牢记心上，对其沉思默想，以便把它们化为自己灵魂的一部分。不过，耶利米所批评的恶习确实是知识阶层形成时的伴随现象，当时起主导作用的知识精英可能引发了社会的紧张关系。在以斯拉的领导下，从流亡地回归的犹太人发起了强化民族身份、回顾历史和改革祭祀习俗的运动，有意思的是，以斯拉本人就是书吏。类似的由知识精英倡导的活动在希腊罗马时期屡见不鲜。

我在上文比较详细地重述了书写文化发展时的一些特征，其原因是在讨论以色列的相关章节中，我未能专门论及这个问题。在讨论以色列这个例子的时候，我着重阐述了以色列社会中回忆与身份之间的相互关系。关于书写文化对社会发展的促进作用，我主要以希腊作为例证做了说明。

在希腊，我们看到与以色列同样（埃及略有不同）的局面：与希波战争相关，民族（泛希腊）身份逐步确立；开始出现历史书写，标志着回忆文化发生了变化；进行了政治改革，互动的结构从此完全建立在文字基础上。希腊的历史书写并没有美索不达米亚那种犹如集体忏悔的特征，当然更无法与以色列相比。在赋予文化意义方面，罪过这个概念在希腊并没有扮演核心角色。当然，并不是说这些因素在希腊社会中根本就不存在。在希罗多德的著作中，"互动的公正"这一属于古代东方智慧范畴的内容随处可见。不过，他所收集材料远远超出了民族的界限，并非东方视域中"作为民族传统的历史"（"History as National Tradition"，塞特斯1989）所能容纳。

我试图以希腊作为例子说明，希腊书写文化当中两个特殊的发展结果一直到今天仍然影响着我们自己文化中的互动结构以及我们西方世界的文化记忆，我用经典和接合性原则两个关键词来表述它们。要想解释经典和接合性原则，延伸的环境这个概念可谓很好的出发点，因为，经典和接合性原则都与机构性的框架相关，这个框架为互文性关系空间的形成提供了条件，我们直到今天仍然在这样的空间进行文化记忆。我们从希腊的例子中可以无比清楚地看到一部作品是如何一步一步地转化为文字形式的。表示元音的希腊字母文字这个全新的媒介在这个过程中发挥了一定的作用，原因在于，它比其他文字系统更适于记录复杂的口述传统。不过在我看来，哈夫洛克夸大了希腊字母文字的这一作用，或者说他低估了东方文字系统记录口述传统的能力。我认为应当考虑到多重原因，而不是采用单一的因果解释模式。文字在希腊与其他因素一起构成了互为条件和相互促进的有机整体。这些因素一方面是希腊政治结构极其明显的多元和多中心的特征，另一方面则是希腊"松散的社会"之特点和希腊人趋于争斗和竞争的基本态度以及松散的社会向城邦政治这种紧密社会过渡时期所伴随的张力和断裂。"荷马"编纂的史诗回忆了铜器时代晚期迈锡尼人的生活方式，实际上是试图在传统中业已出现的裂痕上架起一座桥，因此具有奠基意义和与现实对立的作用。后来的希腊人把荷马史诗当做传统进行回忆，他们想逾越传统裂痕的意愿无以复加。在城邦社会阶段把荷马史诗视为具有奠基意义的文本，这意味着在两个世界或者说两个时代同时生活。在希腊由此也形成了一种"值得援引的生活"（zitathaftes Leben），如同在以色列，它随后逐渐演化为阐释文化。

此外，在走向文字化的路途中，希腊人完成了另外一项被他们称为哲学的工程，它展现为一种全新的互文性。所谓互文性就是

结语 文化记忆理论概述

书写文字本身所具备的原动力。早在公元前两千纪后半期,一个埃及作家就已经用极为动人的文字描写了文字的这种动力。与口头的传述人(Tradent)不同,使用文字的作者必须对面前如山的文献负责,就是说,他要用新的、自己的、未曾被人说过的话来证明自己的合理性。这种做法在埃及传统中还相当少见,上面所提到的那位作家可谓凤毛麟角,而在希腊则蔚然成风,生成了一种极具批判色彩的互文性。互文性原则就是批判地对待以往的文本,它最终构成了进行文化记忆和从事科学所依据的框架。类似的情况在埃及和美索不达米亚并没有出现,甚至在以色列也无从寻找,而在中国和印度则不然。因此,我们无法赞同哈夫洛克和古迪的见解,两个人都把互文性的形成归结到字母文字促成的书写文化。如果没有文字,互文性就无从谈起,这一点是确定无疑的。书写文化所促成的结果是多方面的,而且在不同的社会中发展的轨迹也明显有别。但是在此过程中,书写系统的结构,即它们是表意的还是表音的、字母的还是音节的、辅音的还是元音的,只是起到了次要的作用。关键是多种因素综合产生影响,在特定的文化或者时间段促成独特的局面。我在本书中把文化记忆理论作为研究框架,对传统如何形成、如何指称过去、书写文化如何发展和身份如何得到确立这四个概念及其相关的领域做了全面的讨论。

参考文献

Abadal i de Vinyals, Ramon d' (1958), „A propos du Legs Visigothique en Espagne", in: *Settimane di Studio del Centro Italiano di Studi sull' Alt.Medioevo* 2, 541–85.

Adamiak, Richard (1982), *Justice and History in the Old Testament. The Evolution of divine Retribution in the Historiographies of the Wilderness Generation*, Cleveland.

ANET = Pritchard, J. B., *Ancient Near Eastern Texts Relating to the Old Testament*, Princeton 1955.

Aland, K. (1970), „Das Problem des neutestamentlichen Kanons", in: Käsemann 1970, 134–158.

Albert, H. (1990), „Methodologischer Individualismus und historische Analyse", in: K. Acham/W. Schulze (Hrsg.), *Teil und Ganzes* (Theorie der Geschichte, Beiträge zur Historik 6), München, 219–39.

Albrektson, B. (1967), *History and the Gods. An Essay on the Idea of Historical Events as Divine Manifestations in the ancient Near East and in Israel*, Lund.

Alliot, M. (1949), *Le culte d'Horus à Edfou au temps des Ptolemées*, Bibl. d'Etud. 20, Kairo.

Andersen, O. (1987), „Mündlichkeit und Schriftlichkeit im frühen Griechentum", in: *Antike und Abendland* 33, 29–44.

Anderson, B. (1983), *Imagined Communities: Reflections on the origin and spread of nationalism*, London.

ÄHG = Assmann, J., *Ägyptische Hymnen und Gebete*, Zürich und München 1975.

Anthes, P./Pahnke, D. (Hrsg.) (1989), *Die Religion von Oberschichten*, Marburg.

Appadurai, A. (Hrsg.) (1986), *The Social Life of Things. Commodities in Cultural Perspective*, Cambridge.

Armstrong, J. (1983), *Nations before Nationalism*, Chapel Hill.

Artzi, P. (1969), „The birth of the Middle East", in: *Proceedings of the 5th World Congreß of Jewish Studies*, Jerusalem, 120–124.

Artzi, P. (1984), „Ideas and Practices of International Co-existence in the 3rd mill. BCE", in: *Bar Ilan Studies in History* 2, 25–39.

Assmann, A. (1986), „Opting In und Opting Out", in: H. U. Gumbrecht/K. L. Pfeiffer (Hrsg.), *Stil. Geschichten und Funktionen eines kulturwissenschaftlichen Diskurselements*, Frankfurt, 127–143.

Assmann, A. (1988), „Jaspers' Achsenzeit, oder Schwierigkeiten mit der Zentralperspektive in der Geschichte", in: D. Harth (Hrsg.), *Karl Jaspers. Denken zwischen Wissenschaft, Politik und Philosophie*, Stuttgart, 187–205.

Assmann, A. (1989), „Fiktion als Differenz", in: *Poetica* 21, 239–60.

Assmann, A. (Ms.), *Erinnerungsräume. Zur Kulturellen Konstruktion von Zeit und Identität,* Habil. Schr. Heidelberg.
Assmann, A. (Hrsg.) (1991), *Weisheit. Archäologie der Literarischen Kommunikation III,* München 1991.
Assmann, A. (1991 a), „Zur Metaphorik der Erinnerung", in: A. Assmann/D. Harth 1991, 13–35.
Assmann, A. (1991 b), „Kultur als Lebenswelt und Monument", in: A. Assmann/D. Harth (Hrsg.) 1991 a, 11–25.
Assmann, A. (1991 c), „Was ist Weisheit: Wegmarken in einem weiten Feld", in: A. Assmann 1991, 15–44.
Assmann, A. u. J./Hardmeier, Chr. (Hrsg.) (1983), *Schrift und Gedächtnis,* München.
Assmann, A. u. J. (Hrsg.) (1987), *Kanon und Zensur,* München.
Assmann, A. u. J. (1988), „Schrift, Tradition und Kultur", in: W. Raible (Hrsg.), *Zwischen Festtag und Alltag,* Tübingen, 25–50.
Assmann, A. u. J. (1990), „Kultur und Konflikt. Aspekte einer Theorie des unkommunikativen Handelns", in: J. Assmann/D. Harth (Hrsg.), *Kultur und Konflikt,* Frankfurt, 11–48.
Assmann, A. u. J. (1991), „Das Gestern im Heute. Medien des sozialen Gedächtnisses", Studienbegleitbrief zur Studieneinheit 11 des Funkkollegs *Medien und Kommunikation,* Weinheim.
Assmann, A./D. Harth (Hrsg.) (1991), *Mnemosyne,* Frankfurt.
Assmann, A./D. Harth (Hrsg.) (1991 a), *Kultur als Lebenswelt und Monument,* Frankfurt.
Assmann, J. (1975), *Zeit und Ewigkeit im Alten Ägypten,* Heidelberg.
Assmann, J. (1977), „Die Verborgenheit des Mythos in Ägypten", in: *Göttinger Miszellen* 25, 1–25.
Assmann, J. (1983), „Das Doppelgesicht der Zeit im altägyptischen Denken", in: A. Peisl/A. Mohler (Hrsg.), *Die Zeit,* München.
Assmann, J. (1983 a), *Re und Amun. Zur Krise des polytheistischen Weltbilds im Ägypten der 18.-20. Dynastie,* OBO 51, Fribourg.
Assmann, J. (1983 b), „Tod und Initiation im altägyptischen Totenglauben", in: H. P. Duerr (Hrsg.), *Sehnsucht nach dem Ursprung. Zu Mircea Eliade,* Frankfurt, 336–59.
Assmann, J. (1984), *Ägypten – Theologie und Frömmigkeit einer frühen Hochkultur,* Stuttgart, 192–285.
Assmann, J. (1985), „Die Entdeckung der Vergangenheit. Innovation und Restauration in der ägyptischen Literaturgeschichte", in: H. U. Gumbrecht/U. Link-Heer, *Epochenschwellen und Epochenstrukturen im Diskurs der Literatur- und Sprachhistorie,* Frankfurt, 484–499.
Assmann, J. (1986), „Viel Stil am Nil? Ägypten und das Problem des Kulturstils, in: H. U. Gumbrecht/K. L. Pfeiffer (Hrsg.), *Stil. Geschichten und Funktionen eines kulturwissenschaftlichen Diskurselements,* Frankfurt, 522–524.
Assmann, J. (1986 a), „Arbeit am Polytheismus. Die Idee der Einheit Gottes und die Entfaltung des theologischen Diskurses in Ägypten", in: H. v. Stietencron, *Theologen und Theologien in verschiedenen Kulturkreisen,* Düsseldorf 1986, 46–69.

Assmann, J. (1987), „Sepulkrale Selbstthematisierung im Alten Ägypten", in: A. Hahn/V. Kapp (Hrsg.), *Selbstthematisierung und Selbstzeugnis: Bekenntnis und Geständnis*, Frankfurt, 208–232.
Assmann, J. (1987 a), „Hierotaxis. Textkonstitution und Bildkomposition in der ägyptischen Kunst und Literatur", in: J. Osing/G. Dreyer (Hrsg.), *Form und Mass. Beiträge zu Sprache, Literatur und Kunst des alten Ägypten* (Fs. Gerhard Fecht), Wiesbaden, 18–42.
Assmann, J. (1988), „Stein und Zeit. Das monumentale Gedächtnis der altägypt. Kultur", in: J. Assmann/T. Hölscher 1988, 87–114.
Assmann, J. (1988 a), „Kollektives Gedächtnis und kulturelle Identität", in: J. Assmann/T. Hölscher 1988, 9–19.
Assmann, J. (1989), „State and Religion in the New Kingdom", in: W. K. Simpson (Hrsg.), *Religion and Philosophy in Ancient Egypt*, New Haven, 55–88.
Assmann, J. (1990), *Ma'at: Gerechtigkeit und Unsterblichkeit im alten Ägypten*, München.
Assmann, J. (1990 a), „Der leidende Gerechte im alten Ägypten. Zum Konfliktpotential der ägyptischen Religion", in: C. Elsas/H. G. Kippenberg (Hrsg.), *Loyalitätskonflikte in der Religionsgeschichte*, Würzburg 1990, 203–224.
Assmann, J. (1990 b), „Die Macht der Bilder. Rahmenbedingungen ikonischen Handelns im alten Ägypten", in: *Visible Religion* VII, 1–20.
Assmann, J. (1991), „Gebrauch und Gedächtnis. Die zwei Kulturen Ägyptens", in: A. Assmann/D. Harth 1991 a, 135–152.
Assmann, J. (1991 a), „Der zweidimensionale Mensch. Das Fest als Medium des kulturellen Gedächtnisses", in: J. Assmann/T. Sundermeier (Hrsg.), *Das Fest und das Heilige. Religiöse Kontrapunkte zur Alltagswelt*, Studien zum Verstehen fremder Religionen 1, Gütersloh 1991, 11–30.
Assmann, J. (1991 b), „Das ägyptische Prozessionsfest", in: J. Assmann/T. Sundermeier (Hrsg.), *Das Fest und das Heilige. Religiöse Kontrapunkte zur Alltagswelt*, Studien zum Verstehen fremder Religionen 1, Gütersloh 1991, 105–122.
Assmann, J./T. Hölscher (Hrsg.) (1988), *Kultur und Gedächtnis*, Frankfurt.
Assmann, J. (1996), *Ägypten – eine Sinngeschichte*. München.
Assmann, J./B. Gladigow (Hrsg.) (1995), *Text und Kommentar*, München.
Baczko, B. (1984), *Les imaginaires sociaux, mémoires et espoirs collectifs*, Paris.
Balandier, G. (1988), *Le désordre. Éloge du mouvement*, Paris.
Baltzer, K. (1964), *Das Bundesformular*, Neukirchen, 2. Auflage.
Barrow, R. (1976), *Greek and Roman Education*, London.
Bartlett, F. C. (1923), *Psychology and Primitive Culture*, Cambridge.
Bartlett, F. C. (1932), *Remembering: a Study in Experimental Social Psychology*, Cambridge.
Basset, J. C. et alii (1988), *La mémoire des religions*, Genf.
Bauer, W. (1980), *China und die Fremden*, München.
Baumann, G. (Hrsg.) (1986), *The Written Word*, Oxford.
Beauchard, J. (Hrsg.) (1979), *Identités collectives et travail social*, Toulouse.

Beck, F. A. G. (1964), *Greek Education 450–350 B. C.*, London.
Bergson, H. (1896), *Matière et mémoire*, Paris.
Berry, J. W. (1977), „Nomadic Style and Cognitive Style", in: H. M. McGurk (Hrsg.), *Ecological Factors in Human Development*, Amsterdam, New York, Oxford, 228–245.
Bertrand, P. (1975), *L'oubli, révolution ou mort de l'histoire*, Paris.
Bethge, H. G. (1975), „Vom Ursprung der Welt": die fünfte Schrift aus Nag Hammadi Codex II (Diss. Berlin [Ost]).
Bien, G., „Hypolepsis", in: J. Ritter (Hrsg.), *Historisches Wörterbuch der Philosophie* 4, 1252–1254.
Biesterfeldt, H. H. (1991), „Ibn Ḥaldun: Erinnerung, historische Reflexion und die Idee der Solidarität", in: A. Assmann/D. Harth 1991, 277–288.
Blenkinsopp, J. (1977), *Prophecy and Canon*, Notre Dame.
Bloch, M. (1925), „Mémoire collective, tradition et coutume", in: *Revue de Synthèse Historique*, 73–83.
Blum, H. (1969), *Die antike Mnemotechnik*, Diss. 1964=Spudasmata 15.
Bolkestein, H. (1939), *Wohltätigkeit und Armenpflege im vorchristlichen Altertum*, Utrecht.
Borchardt, R. (1973), „Die Tonscherbe", in: *Prosa* IV, Stuttgart, 62–68.
Borgeaud, Ph. (1988), „Pour une approche anthropologique de la mémoire religieuse", in: Basset, J. C. et alii, 7–20.
Bornkamm, G. (1964), „Lobpreis, Bekenntnis und Opfer", in: *Apophoreta* (Fs. E. Haenchen), Berlin, 46–63.
Bottéro, J. (1974), „Symptômes, signes, écritures en Mésopotamie ancienne", in: J. P. Vernant et alii, *Divination et rationalité*, Paris, 70–197.
Bottéro, J. (1987), *Mésopotamie. L'écriture, la raison et les dieux*, Paris.
Bourdieu, P. (1982), *La distinction. Critique social du jugement.* Paris 1979, dt.: *Die feinen Unterschiede*. Frankfurt 1982.
Boylan, P. (1922), *Thoth, the Hermes of Egypt*, Oxford.
Brandon, S. G. F. (1967), *The Judgment of the Dead*, New York.
Bremmer, J. (1982), „Literacy and the Origins and Limitations of Greek Atheism", in: J. den Boeft/A. H. Kessels (Hrsg.), *Actus. Studies in Honour of H. L. W. Nelson*, Utrecht, 43–55.
Brunner, H. (1970), „Zum Verständnis der archaisierenden Tendenzen der ägyptischen Spätzeit", in: *Saeculum* 21, 150–161.
Brunner, H. (1979), „Zitate aus Lebenslehren", in: E. Hornung/O. Keel (Hrsg.), *Studien zu altägyptischen Lebenslehren*, OBO 28, Fribourg, 105–171.
Brunner, H. (1983), „Seth und Apophis – Gegengötter im ägyptischen Pantheon?", in: *Saeculum* 34, 226–234.
Brunner, H. (1988), *Altägyptische Weisheit*, Zürich und München
Bubner, R. (1984), *Geschichtsprozesse und Handlungsnormen*, Frankfurt.
Burckhardt, J. (1984), *Die Kunst der Betrachtung. Aufsätze und Vorträge zur bildenden Kunst*, v. Henning Ritter, Köln.
Burke, P. (1991), „Geschichte als soziales Gedächtnis", in: A. Assmann/D. Harth 1991, 289–304.
Burkert, W. (1984), *Die orientalisierende Epoche in der griechischen Religion und Literatur*, SHAW.

Burns, A. (1981), „Athenian Literacy in the Fifth Century B. C.", in: *Journal of the History of Ideas* 42, 371-87.
Calvet, J.-L. (1984), *La tradition orale*, Paris.
Cancik, H. (1970), *Mythische und historische Wahrheit*, Stuttg. Bibelstudien 48.
Cancik, H. (1978), *Grundzüge der hethitischen und alttestamentlichen Geschichtsschreibung*, Abh. d. DPV, Wiesbaden.
Cancik, H. (1985/6), „Rome as a Sacred Landscape. Varro and the End of Republican Religion in Rome", in: *Visible Religion* IV/V, 250-65.
Cancik, H. (1986), „Geschichtsschreibung und Priestertum. Zum Vergleich von orientalischer und hellenischer Historiographie bei Flavius Josephus, contra Apionem, Buch I", in: E. L. Ehrlich/B. Klappert/U. Ast (Hrsg.), *Wie gut sind deine Zelte, Jaakow . . .*, (FS zum 60. Geburtstag von Reinhold Mayer), Gerlingen, 41-62.
Cancik, H. (1990), „Größe und Kolossalität als religiöse und ästhetische Kategorien. Versuch einer Begriffsbestimmung am Beispiel von Statius, Silvae I 1: Ecus Maximus Domitiani Imperatoris", in: *Visible Religion* VII, *Genres in Visual Representations*, Leiden, 51-68.
Cancik, H./H. Mohr (1990), „Erinnerung/Gedächtnis", in: *Handbuch religionswissenschaftlicher Grundbegriffe* 2, Stuttgart, 299-323.
Cancik-Lindemaier, H./Cancik, H. (1987), „Zensur und Gedächtnis. Zu Tac. Ann. IV 32-38", in: A. u. J. Assmann 1987, 169-189.
Canfora, L./Liverani, M./Zaccagnini, C. (Hrsg.) (1990), *I Trattati nel Mondo Antico. Forma, Ideologia, Funzione*, Rom.
Cassirer, E. (1923), *Philosophie der symbolischen Formen II. Das mythische Denken*, Nachdr. Darmstadt 1958.
Castoriadis, C. (1975), „Temps identitaire et temps imaginaire"; „L'institution sociale du temps", in: C. Castoriadis, *L'institution imaginaire de la société*, Paris.
Childs, B. S. (1962), *Memory and Tradition in Israel*, SBT 37, Naperville, Ill.
Classen, P. (Hrsg.) (1977), *Recht und Schrift im Mittelalter*, Sigmaringen.
Claus, David B. (1981), *Toward the Soul: an Inquiry into the Meaning of Soul before Plato*, New Haven, London.
Colpe, C. (1986), „Die Ausbildung des Heidenbegriffs von Israel zur Apologetik und das Zweideutigwerden des Christentums", in: R. Faber/R. S. Schlesier (Hrsg.), *Restauration der Götter*, 1986, 61-87.
Colpe, C. (1987), „Sakralisierung von Texten und Filiationen von Kanons", in: A. u. J. Assmann 1987, 80-92.
Colpe, C. (1988), „Heilige Schriften", in: *Reallexikon für Antike und Christentum*, Lieferung 112, 184-223.
Conrad, D. (1987), „Zum Normcharakter von ‚Kanon' in rechtswissenschaftlicher Perspektive", in: A. u. J. Assmann 1987, 46-61.
Crüsemann, F. (1987), „Das ‚portative Vaterland'. Struktur und Genese des alttestamentlichen Kanons", in: A. u. J. Assmann 1987, 63-79.
Davis, N. Z./Starn, R. (1989), *Memory and Counter-Memory*, Sonderband *Representations* 26, Berkeley.

Davis, Wh. M. (1982a), „Canonical representation in Egyptian Art", in: *Res* 4: Anthropology and aesthetics, 20–46.

Davis, Wh. M. (1982b), „The Canonical Theory of Composition in Egyptian Art", in: *Göttinger Miszellen* 56, 9–26.

Davis, Wh. M. (1989), *The Canonical Tradition in Egyptian Art*, Cambridge 1989.

Deiber, A. (1904), *Clément d'Alexandrie et l'Égypte*, Mémoires de l'Inst. Français d'Arch. Orient. 10, Kairo.

Delling, G. (1987), *Die Bewältigung der Diasporasituation durch das hellenistische Judentum*, Berlin.

Dentan, R. C. (Hrsg.) (1955), *The Idea of History in the Ancient Near East*, New Haven.

Derrida, J. (1972), *L'ecriture et la différence*, Paris 1967; dt. *Die Schrift und die Differenz*, Frankfurt.

Derrida, J. (1974), *De la grammatologie*, Paris 1967; dt. *Grammatologie*, Frankfurt.

Détienne, M. (Hrsg.) (1988), *Les savoirs de l'écriture. En Grèce ancienne*, Lille.

Diamond, St. (1971), „The Rule of Law Versus the Order of Custom", in: R. P. Wolf (Hrsg.), *The rule of Law*, New York.

Diebner, B. J. (1991), „Gottes Welt, Moses Zelt und das Salomonische Heiligtum", in: Th. Römer (Hrsg.), *Lectio Difficilior Probabilior? Mélanges offerts à Françoise Smyth-Florentin*, Dielheimer Blätter zum Alten Testament und seiner Rezeption in der Alten Kirche, Beiheft 12, Heidelberg, 127–154.

Dihle, A. (1962), *Die Goldene Regel*, Göttingen 1962.

Diringer, D. (1962), *Writing*, London, New York.

Diringer, D. (1968), *The Alphabet. A key to the history of mankind*, London, New York, 3. Auflage.

Douglas, M. (1966), *Purity and Danger*.

Douglas, M. (1970), *Natural Symbols: Explorations in Cosmology*.

Douglas, M. (1975), *Implicit Meanings. Essays in Anthropology*.

Droysen, J. G. (1972), *Vorlesungen zur Enzyklopädie und Methodologie der Geschichte*, hg. v. R. Hübner, Darmstadt (Erstfassung 1857).

Eco, U. (1988), „An Ars Oblivionalis? Forget it!", in: *PMLA* 103, 254–61 (ital. „Ars Oblivionalis", in: *Kos* 30, 40–53).

Ehlich, K. (1983), „Text und sprachliches Handeln. Die Entstehung von Texten aus dem Bedurfnis nach Überlieferung", in: A. Assmann/J. Assmann/Chr. Hardmeier 1983, 24–43.

Eibl-Eibesfeldt, I. (1975), *Krieg und Frieden aus der Sicht der Verhaltensforschung*, München.

Eibl-Eibesfeldt, I. (1976), *Liebe und Haß. Zur Naturgeschichte elementarer Verhaltensweisen*, München.

Eickelmann, D. F. (1978), „The Art of Memory: Islamic Education and its Social Reproduction", in: *Comparative Studies in Society and History* 20, 485–516.

Eisenstadt, S. N. (1987), *Kulturen der Achsenzeit*, 2 Bde, Frankfurt.

Eiwanger, J. (1983), „Die Entwicklung der vorgeschichtlichen Kultur in

Ägypten", in: J. Assmann/G. Burkard, *5000 Jahre Ägypten. Genese und Permanenz pharaonischer Kunst*, Nußloch b. Heidelberg, 61-74.
Eliade, M. (1953), *Der Mythos der ewigen Wiederkehr*, Düsseldorf; frz. *Le mythe de l'éternel retour*, Paris 1950; wiederabgedr. als *Kosmos und Geschichte*, Reinbek 1966.
Elwert, G. (1987), „Die gesellschaftliche Einbettung von Schriftgebrauch", in: D. Becker et al., *Theorie als Passion*, Frankfurt, 238-68.
Elwert, G. (1989), „Nationalismus und Ethnizität. Über die Bildung von Wir-Gruppen", in: *Kölner Zeitschr. f. Soziologie und Sozialpsychologie* 440-64.
Engel, H. (1979), *Die Vorfahren Israels in Ägypten*, Frankfurt.
Erdheim, M. (1984), *Die gesellschaftliche Produktion von Unbewußtheit*, Frankfurt.
Erdheim, M. (1988), *Die Psychoanalyse und das Unbewußte in der Kultur*, Frankfurt.
Erikson, E. H. (1966), „Ontogeny of Ritualization in Man", in: *Philosoph. Trans. Royal Soc.*, 251 B, 337-49.
Fabry, H. J. (1988), „Gedenken und Gedächtnis im Alten Testament", in: Ph. Gignoux (Hrsg.), *La Commémoration*, Paris, Louvain, 141-154.
Fairman, H. W. (1958), „A Scene of the Offering of Truth in the Temple of Edfu", in: *Mitt. d. Dt. Arch. Inst. Kairo* 16, 86-92.
Falkenstein, A. (1965), „Fluch über Akkade", in: *Zeitschr. f. Assyriologie* 57, (NF 23), 1965, 43 ff.
Finley, M. I. (1975), „The Ancient Greeks and their Nation", in: *The Use and Abuse of History*, London, 120-133.
Finley, M. I. (1986), *Das politische Leben in der antiken Welt*, München.
Finnegan, R. (1977), *Oral Poetry. Its nature, significance and social context*, Cambridge.
Finnestad, R. B. (1985), *Image of the World and Symbol for the Creator. On the Cosmological and Iconological Values of the Temple of Edfu*, Wiesbaden.
Finscher, L. (1988), „Werk und Gattung in der Musik als Träger des kulturellen Gedächtnisses", in: J. Assmann/T. Hölscher (1988), 293-310.
Fischer, H. G. (1986), *L'écriture et l'árt de l'Égypte ancienne*, Paris.
Fishbane, M. (1972), „Varia Deuteronomica", in: *Zeitschr. f. d. alttestamentl. Wiss.* 84, 349-52.
Fishbane, M. (1986), *Biblical Interpretation in Ancient Israel*, Oxford.
Fortes, M. (1945), *The Dynamics of Clanship among the Tallensi*, London.
Fortes, M. (1978 a), „Pietas in Ancestor Worship", dt. in: F. Kramer/C. Sigrist (Hrsg.), *Gesellschaften ohne Staat I. Gleichheit und Gegenseitigkeit*, Frankfurt, 197-232.
Fortes, M. (1978 b), „Verwandtschaft und das Axiom der Amity", in: F. Kramer/C. Sigrist (Hrsg.), *Gesellschaften ohne Staat II. Genealogie und Solidarität*, Frankfurt, 120-164.
Fowden, G. (1986), *The Egyptian Hermes. A historical approach to the late pagan mind*, Cambridge.
Fränkel, H. (1960), „EPHEMEROS als Kennwort für die menschliche Natur", in: *Wege und Formen frühgriechischen Denkens*, München, 23-39.

Frankfort, H. (1948), *Kingship and the Gods*, Chicago.
Frei, P./Koch, K. (1984), *Reichsidee und Reichsorganisation im Perserreich*, OBO 55, Fribourg.
Frisch, P. (1983) „Über die lydisch-phrygischen Sühneinschriften und die ‚Confessiones' des Augustinus", in: *Epigraphica Anatolica* 2, 41–45.
Frisk, H. (1973), *Griechisches Etymologisches Wörterbuch*, Heidelberg.
Gadamer, H. G. (1960), *Wahrheit und Methode. Grundzüge einer philosophischen Hermeneutik*, Tübingen.
Gardiner, A. H. (1909), *The Admonitions of an Egyptian Sage*, Leipzig.
Gardiner, A. H. (1959), *The Royal Canon of Turin*, Oxford.
Geertz, C. (1983), „Common Sense as a Cultural System", in: C. Geertz, *Local Knowledge*, New York, 73–93.
Gehlen, A. (1961), *Anthropologische Forschung*, Hamburg.
Gelb, I. J. (1952), *A Study of Writing*, Chicago.
Gellner, E. (1983), *Nations and Nationalism*, Oxford.
Gellrich, Jesse M. (1985), *The Idea of the Book in the Middle Ages: Language Theory, Mythology, and Fiction*, Ithaca.
Gerhardsson, B. (1961), *Memory and Manuscript: Oral Tradition and Written Transmission in Rabbinic Judaism and Early Christianity*, Uppsala.
Gese, H. (1958), „Geschichtliches Denken im Alten Orient und im Alten Testament", in: *Zeitschr. f. Theol. u. Kirche* 55, 127–55.
Gignoux, Ph. (Hrsg.) (1988), *La commémoration, Colloque du centenaire de la section des sciences religieuses de l'EPHE*, Louvain, Paris.
Goelman, H./Oberg, A./Smith, F. (Hrsg.) (1983), *Awakening to Literacy*, New York.
Goetze, A. (1929), „Die Pestgebete des Mursilis", in: *Kleinasiatische Forschungen* I, 204–235.
Goetze, A. (1933), *Mursilis II. König der Hethiter: Die Annalen, hethitischer Text und deutsche Übersetzung*, Darmstadt 1967=Leipzig 1933.
Goetze, A. (1967), *Hattusilis. Der Bericht über seine Thronbesteigung, nebst den Paralleltexten*, Darmstadt 1967.
Goffman, E. (1977), *Rahmen-Analyse. Ein Versuch über die Organisation von Alltagserfahrungen*. Frankfurt.
Gombrich, A. (1984), *Aby Warburg. Eine intellektuelle Biographie*, Frankfurt.
Goody, J. (1977), *The Domestication of the Savage Mind*, Cambridge.
Goody, J. (1986), *The Logic of Writing and the Organization of Society*, Cambridge.
Goody, J. (1987), *The Interface Between the Written and the Oral*, Cambridge.
Goody, J. (Hrsg.) (1981), *Literacy in Traditional Societies*; dt. *Literalität in traditionalen Gesellschaften*, Frankfurt.
Goody, J./Watt, I./Gough, K. (1986), *Entstehung und Folgen der Schriftkultur*, mit einer Einl. von H. Schlaffer, Frankfurt.
Graefe, E. (1990), „Die gute Reputation des Königs ‚Snofru' " in: *Studies in Egyptology*, (Fs. Lichtheim), Jerusalem, 257–263.

Grayson, A. K. (1970), *Assyrian and Babylonian Chronicles*. Texts from Cuneiform Sources 5, Locust Valley.

Grayson, A. K. (1980), „Histories and Historians in the Ancient Near East", in: *Orientalia* 49, 140–194.

Gresseth, G. K. (1975), „The Gilgamesh Epic and Homer", in: *Cuneiform Journal* 70, Nr. 4, 1–18.

Grieshammer, R. (1971), *Das Jenseitsgericht in den Sargtexten*, Ägyptol. Abh. 20, Wiesbaden.

Grieshammer, R. (1974), „Zum ‚Sitz im Leben' des negativen Sündenbekenntnisses", in: *ZDMG Supplement* II, 19 ff.

Griffiths, J. Gw. (1960), *The Conflict of Horus and Seth*, Liverpool.

Griffiths, J. Gw. (1979), „Egyptian Nationalism in the Edfu Temple Texts", in: *Glimpses of Ancient Egypt* (Fs. H. W. Fairman), Warminster, 174–79.

Güterbock, H. G. (1934), „Die historische Tradition und ihre literarische Gestaltung bei Babyloniern und Hethitern I", in: *ZA* 42, 1934.

Güterbock, H. G. (1956), „The Deeds of Suppiluliuma as told by his son Mursili II", in: *JCS* 10, 1956, 41–50, 59–68, 75–85, 90–98, 107–130.

Güterbock, H. G. (1986), „Hittite Historiography: A Survery", in: H. Tadmor/M. Weinfeld (Hrsg.), *History, Historiography and Interpretation. Studies in Biblical and Cuneiform Literatures*, Jerusalem, 21–35.

Gunnell, John G. (1968), *Political Philosophy of Time*, Middletown.

Gurvitch, G. (1950/1963–67), *La vocation actuelle de la sociologie*, 2 Bde., Paris, 1. Aufl. 1950, 2. Aufl. 1963–1967.

Habermas, J. (1976), „Können komplexe Gesellschaften eine vernünftige Identität ausbilden?", in: *Zur Rekonstruktion des Historischen Materialismus*, Frankfurt, 92–126.

Hadas, M. (1949), „III Maccabees and the Tradition of the Patriotic Romance", in: *Chronique d'Égypte* 47, 97 ff.

Hadas, M. (1981), *Hellenistische Kultur. Werden und Wirkung*, Frankfurt, Berlin, Wien.

Hahn, A./Kapp, V. (Hrsg.) (1987), *Selbstthematisierung und Selbstzeugnis. Bekenntnis und Geständnis*, Frankfurt.

Halbwachs, M. (1941), *La topographie legendaire des évangiles en Terre Sainte*, Paris.

Halbwachs, M. (1985 a), *Das Gedächtnis und seine sozialen Bedingungen*, Frankfurt (französisches Original: *Les cadres sociaux de la mémoire*, Paris 1925).

Halbwachs, M. (1985 b), *Das kollektive Gedächtnis*, Frankfurt; zuerst dt. Stuttgart 1967; frz. *La mémoire collective*, Paris 1950.

Hallo, W. W. (1986), „Sumerian Historiography", in: Tadmor, H./Weinfeld, M. (Hrsg.), *History, Historiography and Interpretation. Studies in Biblical and Cuneiform Literatures*, Jerusalem, 9–20.

Hartog, F. (1989), „Écriture, Généalogies, Archives, Histoire en Grèce ancienne", in: *Histoire et conscience historique (CCEPOA 5)*, 121–132.

Harvey, F. D. (1966), „Literacy in the Athenian Democracy", in: *Révue des Études Grecques* 79, 585–635.

Haug, W./R. Warning (Hrsg.) (1989), *Das Fest* (Poetik und Hermeneutik XIV), München.
Havelock, E. A. (1963), *Preface to Plato*, Cambridge, Mass.
Havelock, E. A. (1976), *Origins of Western Literacy*, Toronto.
Havelock, E. A. (1978), *The Greek Concept of Justice from its Shadow in Homer to its Substance in Plato*, Cambridge, Mass.
Havelock, E. A. (1978 a), „The Alphabetisation of Homer", in: E. A. Havelock/Hershbell (Hrsg.), *Communication Arts in the Ancient World*, New York, 3–21.
Havelock, E. A. (1980), „The Oral Composition of Greek Drama", in: *Quaderni Urbinati di Cultura Classica* 35, 61–113.
Havelock, E. A. (1982), *The Literate Revolution in Greece and its Cultural Consequences*, Princeton.
Havelock, E. A. (1984), „The Orality of Socrates and the Literacy of Plato", in: E. Kelly (Hrsg.), *New Essays on Socrates*, Washington D. C., 67–93.
Havelock, E. A. (1986), *The Muse Learns to Write: Reflections on Orality and Literacy from Antiquity to the Present*, New Haven.
Havelock, E. A. (1990), *Schriftlichkeit. Das griechische Alphabet als kulturelle Revolution*, Weinheim.
Haverkamp, A./R. Lachmann (Hrsg.) (1991), *Gedächtnis als Raum. Studien zur Mnemotechnik*, Frankfurt.
Helck, W. (1964), „Die Ägypter und die Fremden", in: *Saeculum* 15, 103–114.
Helck, W. (1969), „Überlegungen zur Geschichte der 18. Dynastie", in: *Oriens Antiquus* 8, 281–327.
Helck, W. (1986), *Politische Gegensätze im alten Ägypten. Ein Versuch*, (HÄB 23) Hildesheim.
Hellholm, D. (1983), *Apocalypticism in the Mediterranean World and in the Near East*, Tübingen.
Hengel, M. (1973), *Judentum und Hellenismus: Studien zu ihrer Begegnung unter besonderer Berücksichtigung Palästinas bis zur Mitte des 2. Jh. v. Chr.*, Tübingen, 2. Auflage.
Hengel, M. (1976), *Juden, Griechen und Barbaren. Aspekte der Hellenisierung des Judentums in vorchristlicher Zeit*, Stuttgart 1976.
Hermann, A. (1938), *Die ägyptische Königsnovelle*, Leipzig 1938.
Heubeck, A. (1979), *Schrift* (Archaeologia Homerica III.X), Göttingen.
Heubeck, A. (1984), „Zum Erwachen der Schriftlichkeit im archaischen Griechentum", in: *Kleine Schriften zur griechischen Sprache und Literatur* (Erlanger Forschungen, Reihe A 33), Erlangen, 57–74.
Hintze, F. (1953), *Untersuchungen zu Stil und Sprache neuägyptischer Erzählungen*, Berlin.
Hobsbawm, E./Ranger, T. (Hrsg.) (1983), *The Invention of Tradition*, Cambridge.
Hoffner, H. A. (1975), „Propaganda and Political Justification in Hittite Historiography", in: H. Goedicke/J. J. M. Roberts (Hrsg.), *Unity and Diversity. Essays in the History, Literature, and Religion of the ancient Near East*, Baltimore, 49–64.

Hoffner, H. A. (1980), „Histories and Historians of the Near East: The Hittites", in: *Orientalia* 49, 283-332.
Hofstätter, P. R. (1973), *Einführung in die Sozialpsychologie*, Stuttgart, 5. Auflage.
Hölscher, T. (1988), „Tradition und Geschichte. Zwei Typen der Vergangenheit am Beispiel der griechischen Kunst", in: J. Assmann/T. Hölscher (Hrsg.) 1988, 115-149.
Hölscher, U. (1987), „Über die Kanonizität Homers", in: A. u. J. Assmann 1987, 237-245.
Hölscher, U. (1988), *Die Odyssee. Epos zwischen Märchen und Roman*, München.
Hölscher, U. (1994), „Kontinuität als epische Denkform. Zum Problem der ‚dunklen Jahrhunderte' ", in: *Das nächste Fremde. Von Texten der griechischen Frühzeit und ihrem Reflex in der Moderne*, München, 6-70.
Hornung, E. (1966), *Geschichte als Fest. Zwei Vorträge zum Geschichtsbild der frühen Menschheit*, Darmstadt.
Hornung, E. (1975), „Seth. Geschichte und Bedeutung eines ägyptischen Gottes", in: *Symbolon* N. F. 2, 49-63.
Hornung, E. (1982), *Der ägyptische Mythos von der Himmelskuh. Eine Ätiologie des Unvollkommenen*, OBO 46, Fribourg.
Hornung, E. (1982 a), „Zum altägyptischen Geschichtsbewußtsein", in: *Archäologie und Geschichtsbewußtsein. Kolloquien zur allgemeinen und vergleichenden Archäologie* 3, München, 13-30.
Identité et regions, Union des Associations Internationales, Brüssel 1981.
Illich, I./Sanders, B. (1988), *The alphabetization of the popular mind*, San Francisco; dt. *Das Denken lernt schreiben*, Hamburg.
Iversen, E. (1975), *Canon and Proportions in Egyptian Art*, Warminster, 2. Auflage.
Jacobson-Widding, A. (Hrsg.) (1983), *Identity: personal and sociocultural*, Uppsala.
Jaspers, K. (1949), *Vom Ursprung und Ziel der Geschichte*, München.
Jaspers, K. (1973), *Philosophie*, 3 Bde., Berlin, Heidelberg, New York.
Jeffery, L. H. (1961), *The Local Scripts of Archaic Greece. A Study of the Origin of the Greek Alphabet and Its Development from the Eigth to the Fifth Centuries B. C.*, Oxford.
Johnson, J. H. (1974), „The Demotic Chronicle as a historical Source", in: *Enchoria* 4, 1-18.
Johnson, J. H. (1984), „Is the Demotic Chronicle an Anti-Greek Text?", in: *Grammata Demotica*, Fs. E. Lüddeckens, Würzburg, 107-124.
Johnston, A. (1983), „The Extent and Use of Literacy. The Archaeological Evidence", in: R. Hägg (Hrsg.), *The Greek Renaissance of the Eigth Century B. C., Tradition and Innovation*, Stockholm, 63-68.
Jousse, M. (1925), *Le style oral rhythmique et mnémotechnique chez les Verbo-moteurs*, Paris.
Junge, F. (1984), „Zur Sprachwissenschaft der Ägypter", in: *Studien zu Sprache und Religion Ägyptens*, (Fs. W. Westendorf), 257-272.
Jürss, F. (Hrsg.) (1982), *Geschichte des wissenschaftlichen Denkens im Alter-*

tum, Veröffentlichungen des Zentralinstituts für Alte Geschichte und Archäologie der Akademie der Wissenschaften der DDR, Berlin.
Käsemann, E. (Hrsg.) (1970), *Das Neue Testament als Kanon*, Göttingen.
Kaiser, O. (Hrsg.) (1983), *Texte aus der Umwelt des Alten Testaments*, vol. I fasc. 2: R. Borger/M. Dietrich/E. Edel/O. Loretz/O. Rössler/E. v. Schuler, *Staatsverträge*, Gütersloh.
Kakosy, L. (1981), „Ideas of the Fallen State of the World in Egyptian Religion: Decline of the Golden Age", in: *Studia Aegyptiaca* VII, 81–92.
Karady, V. (1972), „Biographie de Maurice Halbwachs", in: M. H., *Classes sociales et morphologie*, Paris, 9–22.
Kaufmann, Y. (1988), *Christianity and Judaism. Two Covenants*, Jerusalem.
Kees, H. (1941), *Der Götterglaube im alten Ägypten*, Leipzig.
Kelsen, H. (1947), *Vergeltung und Kausalität*, Den Haag.
Kemp, B. (1989), *Ancient Egypt. Anatomy of a Civilization*, London.
Kippenberg, H. G. (1986), „Die jüdischen Überlieferungen als patrioi nomoi", in: R. Faber/R. Schlesier (Hrsg.), *Die Restauration der Götter. Antike Religion und Neo-Paganismus*, Würzburg, 45–60.
Kippenberg, H. G (1987), „Codes and Codification", in: M. Eliade (Hrsg.), *The Encyclopaedia of Religion* III, New York, 352–358.
Kirk, G. S. (1977), *The Songs of Homer*, Cambridge, 2. Auflage.
Knox, B. M. W. (1968), „Silent Reading in Antiquity", in: *Greek, Roman and Byzantine Studies* 9, Durham, N. C., Duke University Press, 421–35.
Koch, K. (1986), „Auf der Suche nach der Geschichte", in: *Biblica* 67, 109–117.
Koch, K. (1988), „Qädäm. Heilsgeschichte als mythische Urzeit im Alten (und Neuen) Testament", in: J. Rohls/G. Wenz (Hrsg.), *Vernunft des Glaubens*, (Fs. W. Pannenberg), Göttingen, 253–88.
Koch, K., et al. (1980), *Das Buch Daniel*, Darmstadt.
Kötting, B. (1965), *Der frühchristliche Reliquienkult und die Bestattung im Kirchengebäude*, Köln, Opladen.
Koller, H. (1963), *Dichtung und Musik im frühen Griechenland*, Bern, München.
Korošec, V. (1931), *Hethitische Staatsverträge. Ein Beitrag zu ihrer juristischen Wertung*, Leipziger rechtswissenschaftliche Studien 60, Leipzig.
Koselleck, R. (1979), „Kriegerdenkmale als Identitätsstiftungen der Überlebenden", in: O. Marquard/K. Stierle, 255–276.
Kramer, F. (1977), *Verkehrte Welten*. Frankfurt.
Kramer, S. N. (1956), *From the Tablets of Sumer*, Colorado
Krašovec, J. (1988), *La justice (sdq) de dieu dans la bible hébraique et l'interprétation juive et chrétienne*, OBO 76, Fribourg.
Krecher, J./Müller, H. P. (1975), „Vergangenheitsinteresse in Mesopotamien und Israel", in: *Saeculum* 26, 1975, 13–44.
Kurth, D. (1983), „Eine Welt aus Stein, Bild und Wort – Gedanken zur spätägyptischen Tempeldekoration", in: J. Assmann/G. Burkard (Hrsg.), *5000 Jahre Ägypten – Genese und Permanenz pharaonischer Kunst*, Nußloch b. Heidelberg, 89–101.
Kvanvig, H. S. (1988), *Roots of Apocalyptic. The Mesopotamian Background of the Enoch Figure and the Son of Man*, WMANT 61, Neukirchen.

Lachmann, R. (1987), „Kanon und Gegenkanon in der russischen Kultur", in: A. u. J. Assmann 1987, 124–137.
Lachmann, R. (1990), *Gedächtnis und Literatur*, Frankfurt.
Lambert, M. (1960), „La naissance de la bureaucratie", in: *Rev. hist.* 84, 1–2.
Lambert, W. G. (1957), „Ancestors, Authors and Canonicity", in: *Journal of Cuneiform Studies* 11, 1–14.
Lang, B. (Hrsg.) (1981), *Der Einzige Gott*, München.
Lang, B. (1983), „The Yahweh-Alone Movement and the Making of Jewish Monotheism", in: *Monotheism and the Prophetic Minority*, Sheffield, 13–59.
Lang, B. (1986), „Vom Propheten zum Schriftgelehrten. Charismatische Autorität im Frühjudentum", in: H. v. Stietencron, *Theologen und Theologien in verschiedenen Kulturkreisen*, Düsseldorf, 89–114.
Lanternari, V. (1960), *Movimenti religiosi di libertà e di salvezza dei popoli oppressi*, Rom 1960; dt. *Religiöse Freiheits- und Heilsbewegungen unterdrückter Völker* (Soziol. Texte), Neuwied. Engl. New York 1963.
Latacz, J. (1985), *Homer*, München, Zürich.
Lauterbach, J. (1913), „The Sadducees and the Pharisees", in: *Studies in Jewish Literature* (in Honor of K. Kohler), Berlin.
Layton, R. (Hrsg.) (1989), *Who Needs the Past? Indigenous Values and Archaeology*, London.
Lebram, J. C. H. (1968), „König Antiochus im Buch Daniel", in: *Vetus Testamentum* 18, 737–773.
Ledderose, L. (1988), „Die Gedenkhalle für Mao Zedong. Ein Beispiel für Gedächtnisarchitektur", in: J. Assmann/T. Hölscher 1988, 311–39.
Leiman, Sid Z. (1976), *The Canonization of Hebrew Scripture: The Talmudic and Midrashic Evidence*, Hamden.
Leipoldt, J./Morenz, S. (1953), *Heilige Schriften. Betrachtungen zur Religionsgeschichte der antiken Mittelmeerwelt*, Leipzig.
Leroi-Gourhan, A. (1965), *Le geste et la parole II. La mémoire et les rhythmes*, Paris.
Lévi-Strauss, C. (1948), *Les structures élémentaires de la parenté*, Paris.
Lévi-Strauss, C. (1962), *La pensée sauvage*, dt. *Das wilde Denken*, Frankfurt, 1973.
Lévi-Strauss, C. (1975), *Strukturale Anthropologie* II, Frankfurt.
Lévi-Strauss, C. (Hrsg.) (1977), *L'identité, séminaire interdisciplinaire*, Paris (wieder abgedr. 1983 in der Reihe Quadriga der PUF).
Lichtheim, M. (1973), *Ancient Egyptian Literature* I, Berkeley.
L'identité, Actes de la recherche en sciences sociales No. 35, Paris 1980 (Beiträge von G. Scholem, P. Bourdieu, R. Chartier u. A.)
Lloyd, A. B. (1982), „Nationalist Propaganda in Ptolemaic Egypt", in: *Historia. Zeitschrift für Alte Geschichte*, Wiesbaden, 31, 33–55.
Lloyd, A. B. (1982a), „The Inscription of Udjahorresnet, A Collaborator's Testament", in: *Journal of Egyptian Archaeology* 68, 166–180.
Lord, A. B. (1965), *Singer of Tales*, Cambridge, Mass. 1960; dt. *Der Sänger erzählt*, München.
Lorenz, K. (1977), *Die Rückseite des Spiegels*, München.
Lotman, J./Uspenskij, B. (1977), „Die Rolle dualistischer Modelle in der Dy-

namik der russischen Kultur (bis zum Ende des 18. Jahrhunderts)", in: *Poetica* 9, 1–40.
Luft, U. (1978), *Beiträge zur Historisierung der Götterwelt und zur Mythenschreibung,* Stud. Aeg. IV.
Luhmann, N. (1971), „Sinn als Grundbegriff der Soziologie", in: J. Habermas/N. Luhmann, *Theorie der Gesellschaft oder Sozialtechnologie,* Frankfurt, 25–100.
Luhmann, N. (1973), *Vertrauen. Ein Mechanismus der Reduktion sozialer Komplexität,* Stuttgart, 2. Auflage.
Luhmann, N. (1975), „Einführende Bemerkungen zu einer Theorie symbolisch generalisierter Kommunikationsmedien", in: ders., *Soziologische Aufklärung* 2, Opladen, 170–92.
Luhmann, N. (1979), „Identitätsgebrauch in selbstsubstitutiven Ordnungen, besonders Gesellschaften", in: O. Marquardt/K. Stierle (Hrsg.), *Identität,* München, 315–345.
Luhmann, N. (1980), *Gesellschaftsstruktur und Semantik* I, Frankfurt.
Luhmann, N. (1984), *Soziale Systeme,* Frankfurt.
Luhmann, N. (1990), „Gleichzeitigkeit und Synchronisation", in: *Soziologische Aufklärung* 5, Opladen, 95–130.
Lucas, J. (1985), *Historical Consciousness or the remembered past,* New York.
Luria, A. R. (1976), *Cognitive Development: its Cultural and Social Foundations,* Cambridge, Mass.
Maas, U. (1986), „‚Die Schrift ist ein Zeichen für das, was in dem Gesprochenen ist'. Zur Frühgeschichte der sprachwissenschaftlichen Schriftauffassung: das aristotelische und nacharistotelische (phonographische) Schriftverständnis", in: *Kodikas/Code* 9, 247–292.
Machinist, P. (1976), „Literature as Politics. The Tukulti-Ninurta Epic and the Bible", in: *Catholic Biblical Quarterly* 38, 455–482.
Machinist, P. (1985), „The Assyrians and their Babylonian Problem", in: *Jb. des Wissenschaftskollegs zu Berlin* 84/85, 353–364.
Macmullen, R. (1964), „Nationalism in Roman Egypt", in: *Aegyptus* 44, 179–99.
Mahé, J. P. (1978), *Hermès en Haute-Égypte. Les textes hermétiques de Nag Hammadi et leurs parallèles grecs et latins* I, Quebec.
Malamat, A. (1955), „Doctrines of Causality in Hittite and Biblical Historiography: A Parallel", in: *Vetus Testamentum* 5, 1–12.
Marcuse, H. (1967), *Der eindimensionale Mensch,* Darmstadt.
Markowitsch, J. (1979), *Die soziale Situation,* Frankfurt.
Marquard, O./Stierle, K. (Hrsg.) (1979), *Identität* (Poetik und Hermeneutik VIII), München.
Marrou, H. I. (1977), *Geschichte der Erziehung im klassischen Altertum,* München.
Mauss, M. (1966), *Essai sur le don: forme et raison de l'échange dans les sociétés archaïques, Sociologie et anthropologie,* Paris.
Mbunwe-Samba, P. (1989), „Oral Tradition and the African Past", in: R. Layton 1989, 105–118.

McCarthy, D. J. (1978), *Treaty and Covenant*, Analecta Biblica 21 Rom.
Mead, G. H. (1934), *Mind, Self, Society. From the Standpoint of a Social Behaviorist*. Chicago, dt. *Geist, Identität und Gesellschaft*, Frankfurt 1968.
Meier, Chr. (1978), „Die Entstehung einer autonomen Intelligenz bei den Griechen", in: S. N. Eisenstadt 1987, I, 89–127.
Meier, Chr. (1989), „Zur Funktion der Feste in Athen im 5. Jh. v. Chr.", in: R. Warning/W. Haug (Hrsg.), *Das Fest* (Poetik und Hermeneutik XIV), München, 569–91.
Mendenhall, G. E. (1955), *Law and Covenant in Israel and in the Ancient Near East*, Pittsburgh; dt. *Recht und Bund in Israel und im Alten Vorderen Orient*, Theologische Studien 64, 1960.
Mentré, F. (1920), *Les générations sociales*, Paris.
Merkelbach, R. (1968), „Ein ägyptischer Priestereid", in: *Zeitschr. f. Papyrol. u. Epigraphik* 2, 7–30.
Meyer, E. (1915), *Ägyptische Dokumente aus der Perserzeit*, SPAW XVI.
Meyer, E. (1928), *Gottesstaat, Militärherrschaft und Ständewesen in Ägypten*, SPAW.
Michaud, G. (Hrsg.) (1978), *Identités collectives et relations interculturelles*, Paris 1978.
Middleton, D./Edwards, D. (Hrsg.) (1990), *Collective Remembering*, London.
Millar, Fergus (1978), „The Background to Maccabaean Revolution", in: *Journal of Jewish Studies* 29, 1–21.
Millard, A. R. (1986), „The Infancy of the Alphabet", in: *World Archaeology* 17, 390–98.
Mol, H. (1976), *Identity and the Sacred. A Sketch for A New Social-Scientific Theory of Religion*, Oxford 1976.
Mol, H. (Hrsg.) (1978), *Identity and Religion. International, Crosscultural Approaches*, London 1978.
Montet, P. (1950), „Le fruit défendu", in: *Kêmi* 11, 85–116.
Morenz, S. (1965), „Der Alte Orient. Von Bedeutung und Struktur seiner Geschichte", in: *Summa Historica*. Propyläen Weltgeschichte 11, Berlin, 25–63.
Mühlmann, W. E. (1961), *Chiliasmus und Nativismus: Studien zur Psychologie, Soziologie und historischen Kasuistik der Umsturzbewegungen*, Berlin.
Mühlmann, W. E. (1985), „Ethnogonie und Ethnogenese. Theoretisch-ethnologische und ideologiekritische Studie", in: *Studien zur Ethnogenese*, Abh. der Rheinisch-Westfälischen Akademie der Wissenschaften 72.
Müller, K. E. (1987), *Das magische Universum der Identität. Elementarformen sozialen Verhaltens. Ein ethnologischer Grundriß*, Frankfurt, New York 1987.
Munn-Rankin, J. (1956), „Diplomacy in Western Asia in the Early 2nd Mill. BC", in: *Iraq* 18, 68–110.
Muszynski, M. (1974), „Le droit égyptien à travers la documentation grecque", in: *Le droit égyptien ancien. Colloque organisé par l'Institut des Hautes Études de Belgique*, Brüssel, 163–180.
Nagel, T. (1988), *Die Festung des Glaubens. Triumph und Scheitern des islamischen Rationalismus im 11. Jh.*, München.

Nagy, I. (1973), „Remarques sur le souci d'archaïsme en Égypte à l'époque Saite", in: *Acta Antiqua Scient. Hungar.* 21, 53–64.
Namer, G. (1987), *Mémoire et société*, Paris.
Neisser, U. (1982), *Memory Observed*, Oxford.
Neisser, U./Winograd, E. (1988), *Remembering Reconsidered: Ecological and Traditional Approaches to the Study of Memory*, Cambridge.
New Literary History: *Aspects of Orality* VIII, Nr. 3 (1977).
New Literary History: *Oral and Written Traditions in the Middle Ages* XVI, Nr. 1 (1984).
Nieddu, G. F. (1984), „La metafora della memoria comme scrittura e l'imagine dell'animo come deltos", in: *Quaderni di storia* 19, 213–219.
Niethammer, L. (Hrsg.) (1985), *Lebenserfahrung und Kollektives Gedächtnis. Die Praxis der „Oral History"*, Frankfurt.
Nora, P. (1990), *Zwischen Geschichte und Gedächtnis*, Berlin.
Nora, P. (Hrsg.) (1984), *Les lieux de mémoire I: La république*, Paris.
Nora, P. (Hrsg.) (1986), *Les lieux de mémoire II: La Nation*. Paris.
Nora, P. (Hrsg.) (1992), *Les lieux de mémoire III: Les France*. Paris.
Notopoulos, James A. (1938), „Mnemosyne in Oral Literature", in: *Transactions of the American Philosophical Association* 69, 465–93.
Notopoulos, J. A. (1953), „The Introduction of the Alphabet into Oral Societies. Some Case Histories of Conflict between Oral and Written Literature", in: I. Th. Kakrides (Hrsg.), *Profora eis Stilpona P. Kyriakiden (= Hellenika.* Pararthema 4). Thessalonike, 516–24.
Obeyesekere, G. (1963), „The Great Tradition and the Little Tradition in the Perspective of Singhalese Buddhism", in: *Journal of Asian Studies* 22, 139–153.
Ockinga, B. G. (1983), „The Burden of Khaᶜkheperreᶜsonbu", in: *Journal of Egyptian Archaeol.* 69, 88–95.
Oexle, O. G. (1976), „Memoria und Memorialüberlieferung im frühen Mittelalter", in: *Frühmittelalterliche Studien* 10, 79 ff.
Oexle, O. G. (1983), „Die Gegenwart der Toten", in: H. Bruet/W. Verbeke (Hrsg.), *Death in the Middle Ages*, Mediaevalia Lovanensia, Series I, Studia 9, Leuven, 48 ff.
Oexle, O. G. (1985), „Die Gegenwart der Lebenden und der Toten. Gedanken über Memoria", in: K. Schmidt 1985, 74–107.
Offner, G. (1950), „A propos de la sauvegarde des tablettes en Assyro-Babylonie", in: *Revue d'Assyriologie* 44, 135–43.
Ong, W. (1977), „African Talking Drums and Oral Noetics", in: *New Literary History* 8.3, 409–429.
Ong, W. J. (1967), *The Presence of the Word*, New Haven.
Ong, W. J. (1982), *Orality and Literacy. The Technologizing of the Word*, London.
Ong, W. J. (1986), „Writing is a Technology That Restructures Thought", in: G. Baumann 1986, 25–50.
Oppel, H. (1937), „KANON. Zur Bedeutungsgeschichte des Wortes und seinen lateinischen Entsprechungen (regula – norma)", in: *Philologus*, Suppl. XXX H.4, Leipzig.

Oppenheimer, L. (1964), *Ancient Mesopotamia. Portrait of a Dead Civilization*. Chicago, London.
Otto, E. (1938), „Die Lehre von den beiden Ländern Ägyptens in der ägyptischen Religionsgeschichte", in: *Studia Aegyptiaca I=Analecta Orientalia* 17, 10–35.
Otto, E. (1966), „Geschichtsbild und Geschichtsschreibung im alten Ägypten", in: *Die Welt des Orients* 3.
Otto, E. (1969), „Das ‚Goldene Zeitalter' in einem ägyptischen Text", in: *Religions en Égypte hellénistique et romaine (BCESS)*, Paris, 92–108.
Otto, W. (1908), *Priester und Tempel im hellenistischen Ägypten* II, Leipzig, Berlin.
Overbeck, F. (1919), *Christentum und Kultur*, Basel 1919.
Parry, M. (1971), *The Making of Homeric Verse. The Collected Papers of M. Parry*, ed. A. Parry, Oxford.
Pelto, P. (1968), „The difference between ‚tight' and ‚loose' societies", in: *Transaction*, April, 37–40.
Peterson, E. (1926), Εἷς θεός. *Epigraphische, formgeschichtliche und religionsgeschichtliche Untersuchungen*, Göttingen.
Petzl, G. (1968), „Sünde, Strafe, Wiedergutmachung", in: *Epigraphica anatolica* 12, 155–166.
Pfeiffer, R. (1982), *Die klassische Philologie von Petrarca bis Mommsen*, München.
Pfeiffer, R. (1978), *Geschichte der Klassischen Philologie I. Von den Anfängen bis zum Ende des Hellenismus*, München.
Pfohl, G. (Hrsg.) (1968), *Das Alphabet. Entstehung und Entwicklung der griechischen Schrift*, Darmstadt.
Piekara, F. H./Ciesinger, K. G./Muthig, K. P. (1987), „Notizenanfertigen und Behalten", in: *Zeitschrift für Pädagogische Psychologie* 1, H.4, 267–280.
Posener, G. (1956), *Littérature et politique dans l'Égypte de la xii.e dynastie*, Paris.
Pury, A. de/Römer, Th. (1989), „Mémoire et catechisme dans l'Ancien Testament", in: *Histoire et conscience historique (CCEPOA 5)*, 81–92.
Quaegebeur, J. (1980/81), „Sur la ‚loi sacrée' dans l'Égypte grécoromaine", in: *Ancient Society* 11/12, 227–240.
Quecke, H. (1977), „Ich habe nichts hinzugefügt und nichts weggenommen. Zur Wahrheitsbeteuerung koptischer Martyrien", in: *Fragen an die altägyptische Literatur* (Gedenkschrift E. Otto), Wiesbaden, 399–416.
Rad, G. von (1947), *Deuteronomium-Studien*, FRLANT N. F. 40, Göttingen.
Rad, G. von (1958), „Die deuteronomistische Geschichtstheologie in den Königsbüchern", in: G. v. Rad, *Gesammelte Studien zum Alten Testament* I, München, 189–204.
Rad, G. von (1961), „Der Anfang der Geschichtsschreibung im alten Israel", in: *Gesammelte Studien zum Alten Testament* II, München.
Raible, W. (Hrsg.) (1988), *Zwischen Festtag und Alltag. Zehn Beiträge zum Thema ‚Mündlichkeit und Schriftlichkeit'*, Tübingen.
Redfield, R. (1955), *The Little Community*, Chicago.

Redfield, R. (1965), *Peasant Society and Culture: An Anthropological Approach to Civilization,* Chicago.
Redford, D. B. (1986), *Pharaonic King-Lists, Annals and Day Books,* Mississauga.
Reshef, U. (1988), „Une commémoration impossible: l'holocauste en Israel", in: Gignoux 1988, 351–367.
Reventlow, H. Graf (1961), *Das Heiligkeitsgesetz, formgeschichtlich untersucht,* WMANT 6.
Reymond, E. A. E. (1969), *The Mythical Origin of the Egyptian Temple,* Cambridge.
Riessler, P. (1928), *Altjüdisches Schrifttum außerhalb der Bibel,* Augsburg.
Ritschl, D. (1967), *Memory and Hope. An Inquiry Concerning the Presence of Christ,* New York, London.
Ritschl, D. (1985), „Die Erfahrung der Wahrheit. Die Steuerung von Denken und Handeln durch implizite Axiome", in: *Heidelberger Jahrb.* 29, 35–49.
Ritter, A. M. (1987), „Die Entstehung des neutestamentlichen Kanons", in: A. u. J. Assmann 1987, 93–99.
Ritter, J. (1969), *Metaphysik und Politik. Studien zu Aristoteles und Hegel,* Frankfurt.
Robertson, R./Holzner, B. (Hrsg.) (1980), *Identity and Authority. Explorations in the Theory of Society,* Oxford.
Röllig, W. (1985), „Über die Anfänge unseres Alphabets", in: *Das Altertum* 3, 83–91.
Rorty, R./J. B. Schneewind/Q. Skinner (Hrsg.) (1984), *Philosophy in Context. Essays on the historiography of philosophy,* Cambridge.
Rossi, L. E. (1989), „I poemi omerici come testimonianza di poesia orale", in: *Origini e sviluppo della città. Il medievo greco, Storia e civiltà dei Greci.* Diretto da R. Bianchi Bandinelli, Mailand, 73–147.
Sahlins, M. (1972), *Stone Age Economics,* London.
Said, E. W. (1978), *Orientalism,* New York; dt. *Orientalismus,* Frankfurt, Berlin, Wien 1981.
Sanders, E. P. (1981), *Jewish and Christian Self-Definition,* 3 Bde., Philadelphia 1980 ff; Bd. 2: *Aspects of Judaism in the Graeco-Roman Period,* Philadelphia.
Schachermeyr, F. (1984), *Die griechische Rückerinnerung,* Wien.
Schaeder, H. H. (1930), *Esra, der Schreiber.* Beiträge zur historischen Theologie 5, Tübingen.
Schlott, A. (1989), *Schrift und Schreiber im Alten Ägypten,* Becks Archäologische Bibliothek, München.
Schmale, F. J. (1985), *Funktionen und Formen mittelalterlicher Geschichtsschreibung,* Darmstadt.
Schmid, H. H. (1968), *Gerechtigkeit als Weltordnung,* Tübingen.
Schmid, H. H. (unveröff.), *Gerechtigkeit als Thema biblischer Theologie* (unveröff. Maschschr.).
Schmidt, E. A. (1987), „Historische Typologie der Orientierungsfunktionen von Kanon in der griechischen und römischen Literatur", in: A. u. J. Assmann 1987, 246–258.

Schmidt, K. (Hrsg.) (1985), *Gedächtnis, das Gemeinschaft stiftet*, Freiburg.
Schmidt, K./Wollasch, J. (Hrsg.) (1984), *Memoria. Der geschichtliche Zeugniswert des liturgischen Gedenkens im Mittelalter*. Münstersche Mittelalter-Schriften 48, München.
Schott, R. (1968), „Das Geschichtsbewußtsein schriftloser Völker", in: *Archiv für Begriffsgeschichte* 12, 166–205.
Schottroff, W. (1964), ,Gedenken' *im Alten Orient und im Alten Testament. Die Wurzel zakar im semitischen Sprachkreis*, Neukirchen.
Schottroff, W. (1969), *Der altisraelitische Fluchspruch*, WMANT 30, Neukirchen.
Schreiner, J. (Hrsg.) (1987), *Unterwegs zur Kirche. Alttestamentliche Konzeptionen* (Quaestiones Disputae 110), Freiburg.
Schuster, M. (1988), „Zur Konstruktion von Geschichte in Kulturen ohne Schrift", in: Ungern-Sternberg, J. v./H. Reinau, (Hrsg.), *Vergangenheit in mündlicher Überlieferung*, Colloquium Rauricum I, Stuttgart, 57-71.
Segal, Ch. (1982), „Tragédie, oralité, écriture", in: *Poétique* 13, 131–54.
Segal, Ch. (1984), „Greek Tragedy: Writing, Truth, and the Representation of Self", in: H. Evjen (Hrsg.), *Mnemai. Studies K. Hulley*, Chico.
Seligman, A. B. (Hrsg.) (1989), *Order and Transcendence. The Role of Utopias and the Dynamics of Civilizations*, Leiden.
Seters, J. van (1983), *In Search of History*, New Haven.
Seters, J. van (1989), „Tradition and History: History as National Tradition", in: *Histoire et conscience historique* (CCEPOA 5), 63–74.
Sevenster, J. N. (1975), *The Roots of Pagan Anti-Semitism in the Ancient World*, Leiden.
Shils, E. (1981), *Tradition*, Chicago.
Shotter, J. (1990), „The Social Construction of Remembering and Forgetting", in: Middleton, D./Edwards, D., 120–38.
Smend, R. (1968), *Elemente alttestamentlichen Geschichtsdenkens*, ThS 95, Zürich.
Smith, A. D. (1986), *The Ethnic Origins of Nations*, Oxford.
Smith, M. (1971), *Palestinian Parties and Politics That Shaped the Old Testament*, New York.
Smyth-Florentin, F. (1989), „Modèles de recits d' origine et structures du pouvoir", in: *Histoire et conscience historique* (CCEPOA 5), 41–48.
Social Memory, Sonderheft *Communication* 11(2).
Spicer, E. H. (1971), „Persistent Cultural Systems. A Comparative Study of Identity Systems That Can Adapt to Contrasting Environments", in: *Science* 174, Nr. 4011, 795–800.
Spieckermann, H. (1982), *Juda unter Assur in der Sargonidenzeit*, FRLANT 129, Göttingen.
Spiegel, J. (1935), *Die Idee des Totengerichts in der ägyptischen Religion*, LÄS 2, Leipzig.
Spiegelberg, W. (1914), *Die sogenannte Demotische Chronik* (DemST 7), Leipzig.
Stadelmann, H. (1980), *Ben Sira als Schriftgelehrter*, WUNT 2. Reihe 6, Tübingen.

Staudacher, W. (1942), *Die Trennung von Himmel und Erde. Ein vorgriechischer Schöpfungsmythos bei Hesiod und den Orphikern*, Tübingen.
Steinleitner, F. (1913), *Die Beicht im Zusammenhang mit der sakralen Rechtspflege in der Antike*, München.
Steinmetzer, F. X. (1992), *Die babylonischen Kudurru. Grenzsteine als Urkundenform*, Paderborn.
Stone, M. (Hrsg.) (1984), *Jewish Writings of the Second Temple Period*, Assen.
Stone, M. E. (1987), „Eschatologie, Remythologisierung und kosmische Aporie", in: Eisenstadt (Hrsg.) Bd. 2, 19–37.
Street, B. (1987), „Orality and Literacy as Ideological Constructions: some problems in cross-cultural studies", in: *Culture and History* 2, 7–30.
Strehlow, T. G. H. (1970), *Totemic Landscapes*, London.
Sürenhagen, D. (1985), *Paritätische Staatsverträge aus hethitischer Sicht*, Pavia.
Svenbro, J. (1987), „The ‚Voice' of Letters in Ancient Greece: On silent reading and the representation of speech", in: *Culture and History* 2, S. 31–47.
Szlezák, Th. A. (1985), *Platon und die Schriftlichkeit der Philosophie*, Berlin.
Tadmor, H. (1982), „Treaty and Oath in the Ancient Near East: An Historian's Approach", in: G. M. Tucker/D. A. Knight (Hrsg.), *Humanizing America's Iconic Book*, Chico, 127–152.
Tadmor, H./Weinfeld, M. (Hrsg.) (1986), *History, Historiography and Interpretation. Studies in Biblical and Cuneiform Literatures*, Jerusalem.
Tenbruck, F. H. (1986), *Geschichte und Gesellschaft*, Berlin.
Tenbruck, F. H. (1989), „Gesellschaftsgeschichte oder Weltgeschichte?", in: *Kölner Zeitschrift für Soziologie und Sozialpsychologie* 41, 417–439.
Theißen, G. (1977), *Soziologie der Jesusbewegung. Ein Beitrag zur Entstehungsgeschichte des Urchristentums*, Tübingen, 3. Auflage 1981.
Theißen, G. (1988), „Tradition und Entscheidung. Der Beitrag des biblischen Glaubens zum kulturellen Gedächtnis", in: J. Assmann/T. Hölscher (Hrsg.) 1988, 170–196.
Thienemann, F. (1979), *Jüdisches Fest und jüdischer Brauch*, Nachdruck der 2. Aufl. (1967), zuerst 1937, Königstein/Ts.
Thomas, K. (1988), *Vergangenheit, Zukunft, Lebensalter. Zeitvorstellungen im England der frühen Neuzeit*, Berlin.
Ungern-Sternberg, J. v./H. Reinau (Hrsg.) (1988), *Vergangenheit in mündlicher Überlieferung*, Colloquium Rauricum I, Stuttgart.
Unnik, W. C. van (1949), „De la règle mäte prostheinai mäte aphelein dans l'histoire du canon", in: *Vigiliae christianae* 3, 1–36.
Vansina, J. (1985), *Oral Tradition as History*, Madison.
Veblen, Th. (1899), *A Theory of the Leisure Class*, New York, dt. *Die Theorie der feinen Leute*, München 1981.
Veenhof, K. R. (Hrsg.) (1986), *Cuneiform Archives and Libraries*, Leiden.
Velde, H. te (1967), *Seth, God of Confusion*, Leiden.
Velde, H. te (1977), „The Theme of the Separation of Heaven and Earth in Egyptian Mythology", in: *Stud. Aeg.* 3, 161–170.
Vidal-Naquet, P. (1981), *Les juifs, la mémoire et le présent*, Paris.

Vidal-Naquet, P. (1989), „Flavius Josephe et les prophètes", in: *Histoire et conscience historique* (CCEPOA 5), 11–32.
Voegelin, E. (1956–1974), *Order and History*, 4 Bde, Baton Rouge.
Voegelin, E. (1974), *Order and History. Bd. IV. The Ecumenic Age*, Baton Rouge.
Voegelin, E. (1966), *Anamnesis. Zur Theorie der Geschichte und Politik*, München.
Vollrath, H. (1979), „Gesetzgebung und Schriftlichkeit. Das Beispiel der angelsächsischen Gesetze", in: *Historisches Jahrbuch* 99, 28–54.
Wachtel, N. (1986), „Memory and History: Introduction", in: *History and Anthropology* 2.2, 207–224.
Walzer, M. (1988), *Exodus und Revolution*, Berlin; engl. *Exodus and Revolution*, New York 1985.
Watanabe, K. (1987), *Die adê-Vereidigung anläßlich der Thronfolgeregelung Asarhaddons*, Baghdader Mitteilungen Bh. 3, Berlin.
Way, Th. v. d. (1984), *Die Textüberlieferung Ramses' II. zur Kadeschschlacht*, Hildesheim 1984.
Weber, H. J. (1986), *Kanon und Methode. Zum Prozeß zivilisatorischer Begründung*, Würzburg.
Weber, M. (1947), *Wirtschaft und Gesellschaft*, Tübingen, 3. Auflage.
Wehler, H. U. (1989), „Geschichtswissenschaft heutzutage: Aufklärung oder ‚Sinnstiftung'", in: *Zwischenbetrachtungen. Im Prozeß der Aufklärung* (Jürgen Habermas zum 60. Geburtstag), Frankfurt, 775–793.
Weidner, E. (1954–56), „Hof- und Haremserlasse assyrischer Könige", in: *Archiv für Orientforschung* 17, 257–93.
Weinfeld, M. (1972), *Deuteronomy and the deuteronomic school*, Oxford.
Weinfeld, M. (1976), „The Loyalty Oath in the Ancient Near East", in: *Ugaritische Forschungen* 8, 379–414.
Weinfeld, M. (1990), „The Common Heritage of the Covenantal Traditions in the Ancient World", in: Canfora, L. et al. 1990, 175–191.
Weippert, M. (1990), „Synkretismus und Monotheismus. Religionsinterne Konfliktbewältigung im alten Israel", in: J. Assmann/D. Harth (Hrsg.), *Kultur und Konflikt*, Frankfurt, 143–73.
Wilcke, C. (1988), „Die Sumerische Königsliste und erzählte Vergangenheit", in: J. v. Ungern-Sternberg/H. Reinau (Hrsg.) 1988, 113–140.
Wildung, D. (1977), *Imhotep und Amenhotep. Gottwerdung im Alten Ägypten*, München.
Will, E./Orrieux, Cl. (1986), *Ioudaïsmos – Hellenismos, essai sur le judaïsme judéen à l'époque hellénistique*, Nantes.
Winter, E. (1989), „Hieroglyphen", in: *Reallexikon f. Antike u. Christentum*, Lieferung 113, Stuttgart, 83–103.
Woodbury, L. (1983), „The Literate Revolution: A Review Article", in: *Classical Views/Echos du monde Classique* 27, 329–52.
Worsley, P. (1968), *The Trumpet Shall Sound. A Study of ‚Cargo'-Cults in Melanesia*, New York.
Yates, F. (1968), *The Art of Memory*, London 1968, dt. *Gedächtnis und Erinnerung*, Weinheim 1990.

Yerushalmi, Y. Ch. (1982), *Zakhor. Jewish Memory and Jewish History,* Washington 1982. frz. Paris 1984, dt. Berlin 1988.
Young, J. E. (1986), „Memory and Monument", in: G. H. Hartman (Hrsg.), *Bitburg in Moral and Political Perspective,* Bloomington, 103–113.
Yoyotte, J. (1961), „Le jugement des morts dans l'Égypte ancienne", in: *Sources Orientales* 4, Paris.
Zirker, H. (1986), „Religion", in: G. Bitter/G. Miller (Hrsg.), *Handbuch religionspädagogischer Grundbegriffe* 2, München, 635–643.
Zumthor, P. (1983), *Introduction à la poésie orale,* Paris.

人名索引

(索引页码为正文的边码)

d'Abadal i de Vinyals 80 n. 56
Abimilki von Tyrus 199 n. 9
Abush, T. 142 n. 12
Adorno, Th. W. 85
Aeschinus 110 n. 37
Aeschylus 128
Ahasveros 83
Aland, K. 111 n. 39
Albert, H. 131 n. 2
Albrektson, B. 234, 235 n. 13, 249
Albright, W. F. 199 n. 9
Alexandre, Jeanne 47
Alexandros von Mazedonien 272
Alkaios 285
Alliot, M. 188 f.
Alt, A. 198 n. 8
Amasis 207
Amenemhet/Ameni 81
Amenemope 263 n. 10
Amun 199, 203, 247
Andersen, O. 262 n. 8
Anderson, B. 63, 133, 160
Anthes, P. 157 n. 35
Antiochus IV. Epiphanes 80, 209
Apollon 58, 74
Appadurai, A. 39
Archimedes 290
Archytas von Tarent 124
Aristeas 104, 198 n. 7
Aristophanes 109 n. 36
Aristoteles 102 f., 139, 176, 265, 281 f., 285 f.
Armstrong, J. 80 n. 65
Arnold, D. 33 n. 5
Arnuwandas 242
Artaxerxes 229, 254, 270, 280
Asarhaddon 158 n. 38
Asclepius 197 n. 3
Assmann, A. 12 f., 18, 22, 25, 50 n. 34, 55, 59 f., 62, 69 n. 52, 72, 75, 96, 103 f., 141 n. 11, 151 n. 24, 164 n. 1, 182 n. 25, 233 n. 9, 292 f.
Assmann, A./Harth, D. 29 n. 1, 43 n. 24, 215 n. 39
Assmann, A. u. J. 22 n. 4, 50 n. 35, 53 n. 37, 72, 86 n. 76, 96, 106 n. 28, 117 n. 45 ff., 126 n. 52, 152 n. 26, 221 n. 58, 260 n. 3, 267 n. 15
Assur 203
Athanasius 103 n. 21
Aton 199, 205 n. 19
Augustin 59 n. 44, 244 n. 27
Averroes 176

Baal 203, 217
Baczko, B. 133
Balandier, G. 137
Baltzer, K. 221 f., 254 f.
Bar-Kochbah 210
Bartlett, F. C. 36 n. 15
Bauer, S. W. 151 n. 22
Beauchard, J. 130 n. 1
Belial 255
Berger, P. L. 48
Berger, P./Luckmann, Th. 16
Bergson, H. 35
Bernsdorf, W. 35 n. 12
Berry, J. W. 275 n. 27
Bethge, H. G. 197 n. 3
Bien, G. 282 n. 42
Biesterfeldt, H. H. 133 n. 3, 234 n. 11
Blake, W. 102 n. 19
Blenkinsopp, J. 208 n. 26
Bloch, M. 133
Blum, H. 29 n. 1, 59
Blumenberg, H. 40
Bolkestein, H. 149

Borbein, A. 107 n. 30
Borchardt, R. 269, 273 n. 24
Borgeaud, Ph. 54
Bornkamm, G. 243
Bottéro, J. 250 n. 32
Bourdieu, P. 156 n. 34
Bouffartigue, J. 197 n. 2
Boylan, P. 178 n. 16
Brandon, S. G. F. 187 n. 29
Brunner, H. 100 n. 13, 168 n. 4, 180, 190, 194, 289 n. 55
Bubner, R. 58 n. 40, 230 n. 2
Buddha 25, 290
Bultmann, R. 128
Burckhardt, J. 19, 172 ff., 191
Burke, P. 43 n. 24, 129 n. 57
Burkert, W. 164 n. 2

Calvino, I. 99
Cancik, H. 60, 104 n. 22 f., 147 n. 17, 221 n. 56, 236 f., 238 f., 255, 270 ff.
Cancik, H./Mohr, H. 24, 39 n. 21, 47 n. 28, 84, 220 f., 227
Cancik-Lindemaier, H./Cancik, H. 51 n. 36, 72, 79, 86
Canfora, L./Liverani, M./Zaccagnini, C. 158 n. 38, 236 n. 14
Cassirer, E. 19, 78
Castoriadis, C. 133
Chacheperreseneb 97, 99 f., 101 n. 18
Chaniotis, A. 244 n. 27
Chassinat, E. 177 n. 14
Chassinat, E./Daumas, F. 177 n. 13
Childs, B. S. 27 n. 46
Cicero 29, 31, 39 n. 21, 215, 267 n. 16, 277 n. 33
Clemens Alexandrinus 178 n. 16 ff.
Clère, J. J. 188 n. 34
Colpe, C. 93, 209 n. 31, 222 n. 58, 267, 279 n. 37
Comte, A. 39 n. 20
Conrad, D. 116, 123
Corelli, A. 108
Crüsemann, F. 106, 118 n. 47, 203 n. 17, 214, 222 n. 58

Damon 173 n. 11
Daniel 80 ff., 249 n. 31
Darius I. 207
David 252 n. 35
Davis, Wh. M. 108 n. 33, 171 f.
Deiber, A. 178 n. 16
Delling, G. 180 n. 20, 198 n. 7, 209 f.
Demokrit 108, 124
Derrida, J. 264
Descartes, R. 285
Deuterojesaia 290
Diebner, B. J. 211 n. 35
Diels, H. 107 n. 30
Dienemann, M. 220 n. 54
Dihle, A. 233 n. 10
Diodor 170, 210 n. 33
Diogenes 282 n. 41
Dionysos 58
Diringer, D. 263 n. 9
Djoser 178
Douglas, M. 19, 136
Droysen, J. G. 133, 281 f.
Dundes, A. 155
Durkheim, E. 35

Echnaton 101, 199, 205 n. 19, 290
Edwards, D. 219 n. 49
Ehlich, K. 21 f., 283 n. 44 f.
Eibl-Eibesfeldt, I. 139, 152
Eickelman, D. F. 29 n. 1, 59
Eisenstadt, S. N. 25, 96 n. 10, 194
Eiwanger, J. 152
Electra 109 n. 35
Eliade, M. 78
Elias, N. 290
Elija 203
Eliot, T. S. 19
Elwert, G. 133, 265 n. 12, 268 n. 18
Engel, H. 201 n. 15
Enlil 235
Ephraimson, C. W. 196 n. 1
Epikur 108
Erdheim, M. 24, 69 f., 72, 227
Erikson, E. H. 152
Esra 208, 255, 280, 299
Esther 83

Euripides 109, 124, 280
Eusebius 114 n. 44, 197 n. 2
Eyth, E. 58 n. 40

Fabry, H. J. 227 n. 63
Fairman, H. W. 188 f.
Falkenstein, A. 235 n. 13
Finley, M. 273 n. 23
Finnestad, R. B. 183
Finscher, L. 108
Fischer, H. G. 173
Fishbane, M. 92 n. 6, 104 n. 22 f., 142 n. 12 f., 175, 221 n. 56, 299 n. 2
Fishman, J. 147, 156 n. 33
Fortes, M. 63, 71, 234
Foucault, M. 268
Fowden, G. 180 n. 21, 194, 197 n. 2
Franke, D. 33 n. 4, 62
Franke, H. 152 n. 27
Frankfort, H. 168 n. 3
Frei, P./Koch, K. 207 n. 23
Freud, S. 19, 226
Frisch, P. 244 n. 27
Frisk, H. 106 n. 29
Fürstenberg, Fr. L. 35 n. 11

Gadamer, H. G. 128 f.
Galen 107 n. 31
Gardiner, A. H. 98 n. 12
Geertz, C. 19, 141 n. 11
Gehlen, A. 19, 39 n. 20, 126, 145 f., 153
Gelb, I. J. 259, 263 n. 9
Geldsetzer, L. 35 n. 11
Gellner, E. 149
Gese, H. 232 n. 7
Gilgamesch 260 ff.
Girard, R. 19, 20
Gladigow, B. 176 n. 13
Goedicke, H. 247 n. 29
Goetze, A. 242 f.
Goffmann, E. 36
Goldberg, A. 106 n. 28, 118 n. 48
Gombrich, E. H. 137
Goody, J. 19, 25, 89 n. 3, 259 f., 268 n. 17, 290 n. 58, 291, 301

Goody, J./Watt, I./Gough, K. 259 n. 1
Graefe, E. 33 n. 8
Grayson, A. K. 238 n. 18, 252 n. 36
Gresseth, G. K. 261 n. 6
Grevemeyer, J. H. 207 n. 23
Grieshammer, R. 186 ff.
Griffiths, J. Gw. 168 n. 3, 180 n. 23
Gurvitch, G. 46
Günther, H. 117 n. 45

Habermas, J. 127, 138 n. 8
Hadrian 210
Halbwachs, M. 20 f., 34 ff., 38 ff., 42 ff., 60, 64 ff., 88, 129, 202, 214
Hallo, W. W. 92 n. 5
Haman 83
Hamlin, C. 88 n. 2
Hammurabi 105, 237
Hanis 239
Harth, D. 13
Hathor 177
Ḫattu-zitiš 239
Hattušil I. 221 n. 55, 243 n. 26, 246, 251 f.
Hattušil III. 245
Haug, W./Warning, R. 58 n. 40
Havelock, E. A. 25, 56 n. 38, 89 n. 3, 97 n. 11, 100, 259 ff., 276 n. 29, 280 n. 39, 284 n. 45, 291, 300 f.
Havelock, E. A./Hershbell 260 n. 4
Haverkamp, A. 29 n. 1
Haverkamp, A./Lachmann, R. 215 n. 40
Havice, H. K. 149 n. 20
Haydn, J. 108
Haykal, Muhammed Husayn 133 n. 3
Hegel, G. W. F. 176, 285
Heine, H. 106, 214
Heinz, R. 35 n. 11
Hekataios 191
Helck, W. 71 n. 55, 146, 180, 275 n. 26

Hellholm, D. 72, 80 n. 67, 210 n. 32
Hengel, M. 209 n. 30
Heraklit 290
Herder, J. G. 19
Hermann, A. 237
Hermes 178
Herodot 43 n. 24, 49, 73 f., 180, 190 f., 239 n. 20, 272 f., 300
Hesekiel 216
Heubeck, A. 261 n. 5
Hilkia 215
Hintze, F. 263 n. 10
Hiob 357 n. 42
Hitler, A. 36
Hobbes, Th. 217 n. 45
Hobom, B. 141 n. 9
Hobsbawm, E./Ranger, T. 83, 154
Hoffner, H. A. 252 n. 35
Hofmannsthal, Hugo von 214
Hofstätter, P. R. 135 n. 5, 145
Homer 25, 79, 102, 175, 193, 260 f., 269, 272, 274 ff., 279, 283, 285, 290, 300
Hornacht 198 n. 8
Hornung, E. 98 n. 12, 101, 168 n. 4, 184 n. 26, 187 n. 31
Horus 74, 167 f., 177, 179
Hölderlin, F. 88, 95
Hölscher, T. 12, 49 n. 32, 107 n. 30, 124 f.
Hölscher, U. 193, 261 n. 5, 274 n. 25, 276 n. 28
Huizinga, J. 19

Ibn Ḥaldun 234
Imhotep 178
Ipuwer 101
Isokrates 114
Ištar 245 f.
Iversen, E. 172 n. 10

Jacobson-Widding, A. 130 n. 1, 147, 155 f.
Jaeger, W. 128
Jahwe 147, 197 n. 5, 202 ff., 207 ff., 212, 216, 226, 249 n. 31, 253 ff.
Jaspers, K. 24, 96, 194, 290 ff.
Jeremia 158 n. 37, 216, 290, 299
Jesaia 290
Jesus 25, 41, 255
Johnson, J. H. 253 n. 37
Joseph 180
Josephus Flavius 76, 210 n. 33, 229, 254 n. 38, 270 ff., 280 n. 38, 286 f.
Josia 158, 200, 226 n. 61
Josua 219 n. 49 f.
Julian 197 n. 4
Jung, C. G. 47
Junge, F. 174, 182
Jürss, F. 268 n. 17

Kakosy, L. 184 n. 26
Kambyses 82 n. 71
Kant, I. 38 n. 18, 117, 285
Karady, V. 35 n. 13
Kaufmann, Y. 196 n. 1
Käsemann, H. 112 n. 40
Kees, H. 34 n. 9, 181 n. 24, 193
Kelsen, H. 232 n. 7
Kemp, B. 168 n. 3
Kippenberg, H. G. 206 f., 267
Klaffke, S. 53 n. 37
Klaudios Ptolemaios 111
Knudtzon, E. 199 n. 9
Koch, K. 78, 81 n. 68
Kojève, A. 176
Konfuzius 25, 102, 173 n. 11, 289 f.
Konte, L. 53
Korošec, V. 221 n. 55, 257 n. 40
Koselleck, R. 63, 146 n. 16
Kötting, B. 63
Kramer, F. 128 n. 56
Kramer, S. N. 262 n. 7
Krašovec, J. 257 n. 41
Kraus, R. 240 f.
Kroeber, A. L. 19
Kroisos 49
Kugler, F. 191 n. 41
Kurth, D. 177 n. 13, 183
Kvanvig, H. S. 80 n. 67

Labarnaš 251
Lacan, J. 173
Lachmann, R. 29 n. 1, 155 n. 32, 215 n. 41
Lambert, M. 165, 268
Lang, B. 141 n. 11, 164 n. 1, 203 n. 17, 208 n. 26
Lanternari, V. 72, 80 n. 66
Laotse 25, 290
Laroche, E. 104 n. 23, 221 n. 55, 236 n. 15
Latacz, J. 261 n. 5
Lauterbach, J. 211 n. 36
Lebram, J. C. H. 81 f. n. 68
Leclerc, G. 207 n. 23
Ledderose, L. 147
Leiman, S. Z. 106, 118 n. 47, 208 n. 26
Leipoldt, J./Morenz, S. 105 n. 25, 177 n. 13
Lenin 147
Leroi-Gourhan, A. 22 n. 5
Lessing, G. E. 217 n. 45
Leyk, P. 133 n. 4
Lévi-Strauss, Cl. 23, 42, 68 f., 71 f., 75, 78, 130 n. 1, 141, 288
Lichtheim, M. 98 n. 12, 101 n.16 f.
Lie-Tse 290
Lloyd, A. B. 81 n. 69, 84, 159, 180 n. 23, 207
Lorenz, K. 152 n. 25
Lotman, J. 21
Lotman, J./Upenskij, B. 155 n. 32
Luckmann, Th. 48, 126 n. 52, 135
Luft, U. 184
Luhmann, N. 11, 25, 84 n. 73, 91 n. 4, 100 n. 13, 124, 137 n. 6, 193, 231, 280 n. 39, 283 ff., 291
Lupakki 239
Lüddeckens, E. 253 n. 37
Lysias 110, 114

Machinist, P. 12, 151 n. 23, 239 n. 20
Macholz, G. Chr. 198 n. 7, 208 n. 28

Macmullen, R. 180 n. 23
Macpherson, J. 154
Mahé, J. P. 105
Malamat, A. 243 n. 25
Manetho 167
Mao Tse Tung 63, 147
Marcuse, H. 85 f.
Marduk 203, 252
Mariette, A. 177 n. 13, 198 n. 8
Markowitsch, J. 288 n. 52
Marquard, O./Stierle, K. 130 n. 1, 135, 137 n. 6
Marx, K. 19, 134
Maus, H. 35 n. 11
Mauss, M. 141
Mbunwe-Samba, P. 53 n. 37
McCarthy, D. J. 257 n. 39
McLuhan, M. 25
Mead, G. H. 135
Meier, Ch. 12, 95, 137 f., 276 n. 32
Mencius 102
Mendenhall, G. E. 221 n. 55, 257 n. 39
Merenptah 201 n. 16
Merikare 100 n. 13, 250
Merkelbach, R. 186 n. 28
Merklin, W. 215 n. 41
Meyer, E. 199 n. 13, 207 n. 24, 253 n. 37
Michaud, G. 130 n. 1
Middleton, D. 219 n. 49
Mill, J. S. 117
Millar, F. 209 n. 30
Milton 102
Mohammed 25, 290
Mol, H. 130 n. 1
Montet, P. 186
Mose 25, 200, 212, 217, 219 n. 49, 221, 229, 254, 270, 280
Mo-Ti 290
Mukarovsky 278 n. 35
Munn-Rankin, J. 230 n. 3
Muršiliš II. 254
Muršiliš 104 n. 23, 236, 238 ff., 241, 243, 245, 247, 251
Muszynsky, M. 185 n. 27
Muwatalliš 245 f.

Mühlmann, W. E. 80 n. 66, 153 f.
Müller, K. E. 61, 144 n. 14, 201 n. 14

Nabonassar 111
Nagel, T. 208 n. 27
Nagy, I. 194
Namer, G. 35 n. 11, 45 n. 26
Naramsin 235
Neferti 81 f.
Nehemia 229, 280
Nektanebos 81 n. 69, 159
Niethammer, L. 51
Nietzsche, F. 19, 46, 66 n. 48, 67, 231
Ningirsu 235
Nock, A. D. 126 n. 52
Nolte, E. 44 n. 25
Nora, P. 30, 39 n. 21, 60, 129 n. 57

Obeyesekere, G. 276 n. 31
Ockinga, B. G. 98 n. 12
Oexle, O. G. 61
Offner, G. 104, 221 n. 56, 237 n. 16
Ong, W. 89 n. 3, 260 n. 3
Oppel, S. 106 n. 29, 107 n. 31, 108 ff., 114 n. 44, 124
Oppenheimer, L. 92
Orwell, G. 72, 75, 86, 152 n. 27
Osiris 74, 79, 186
Otto, E. 82 n. 70, 167, 253 n. 37
Otto, W. 189 n. 38
Overbeck, F. 65 f.
Ödipus 243

Panaitios 111
Parmenides 25, 290
Patillon, M. 197 n. 2
Paulus 41
Peisistratos von Athen 277 n. 33
Pelto, P. 275 n. 27
Petrarca, F. 136, 148 n. 18
Petzl, G. 244 n. 27
Pfeiffer, R. 114 n. 44, 148 n. 18, 136, 164, 266 n. 13, 273 n. 24, 270, 276, 277 n. 33, 278 f., 282 n. 41

Philippus 95 n. 9, 296
Philon 110, 210 n. 33
Piekara, F. H./Ciesinger, K. G./ Muthig, K. P. 23 n. 6
Pindar 61
Pipḫururijaš 239
Platon 23, 57, 58, 102, 171 f., 173 f., 190, 193, 271 f., 276 n. 30, 282 n. 41, 284 n. 47, 285, 290, 293
Plessner, H. 138
Plinius 107 n. 31
Plotin 192
Plutarch 109
Polybios 231 n. 5
Polyklet 107 f., 114, 117, 124 f.
Polykrates von Samos 277 n. 33
Porphyrius 197 n. 2
Posener, G. 71
Pötscher, W. 197 n. 2
Ptahhotep 176
Ptolemaios I. 278
Ptolemäus 177
Pury, A. de/Römer, Th. 16
Pythagoras 25

Quaegebeur, J. 178 n. 19, 185 n. 27
Quintilian 110

Rad, G. v. 216, 220, 222 n. 57, 253
Raible, W. 55, 282 n. 40
Ramses II. 247
Ranke, L. v. 43
Redfield, R. 92 n. 5, 144 n. 14, 276 n. 31
Redford, D. B. 33 n. 6, 74 n. 59, 93 n. 7, 237
Reshef, U. 77 n. 62
Reventlov, H. Graf 197 n. 6
Reymond, E. A. E. 183
Riessler, P. 105
Ritschl, D. 42, 193
Ritter, J. 282 n. 42
Ritter, A. M. 111 n. 39
Robertson, R./Holzner, B. 130 n. 1

Rorty, R./Schneewind, J. B./Skinner, Q. 289 n. 54
Rothacker, E. 65
Rößler-Köhler, U. 176 n. 12
Rüstow, A. 128

Sahlins, M. 141
Said, E. 128 n. 56
Samuel 252 n. 35
Sanders, E. P. 159, 198, 209 n. 29
Sandman, M. 198 f.
Sanherib 158 n. 38
Sargon II. 239 n. 20
Schachermeyr, F. 49, 191 n. 40
Schaeder, H. H. 208 n. 25
Schäfer, P. 87
Schlott, A. 170 n. 6, 268 n. 17
Schmid, H. H. 232 n. 8
Schmidt, E. A. 108, 112, 114 n. 43, 121 n. 49, 278 f.
Schmidt, K. 63
Schmidt, K./Wollasch, J. 61 n. 45
Schmitt, C. 152 n. 26
Schott, R. 66 ff., 70, 132, 142, 191 n. 40
Schottroff, W. 217 n. 46, 235 n. 12
Schuster, M. 49 n. 31
Schütz, A. 141 n. 10
Segal, Ch. 266
Seligman, A. B. 292 n. 61
Sesostris 81 n. 69
Seters, J. van 76 n. 61, 93, 193 n. 43, 238 f., 252 n. 36, 300
Seth 167 f., 180
Sevenster, J. N. 210 n. 33
Shih Huang-ti 152
Shils, E. 67
Shotter, J. 141 n. 10, 219 n. 49
Simonides 29, 215, 217
Smith, A. D. 80 n. 65, 150, 153 f., 157, 160
Smith, M. 202, 206 n. 20, 226, 277
Sokrates 25
Sombart, W. 85
Spahn, P. 137 n. 6
Spicer, E. H. 154

Spieckermann, H. 157 n. 36, 216 n. 43, 226 n. 61
Spiegel, J. 187 n. 29
Spiegelberg, W. 207 n. 24
Stadelmann, R. 164 n. 1
Staden, H. von 286
Staudacher, W. 184 n. 26
Steiner, G. 11
Steinleiter, F. 244 n. 27
Steinmetzer, F. X. 237
Stone, M. 210 n. 32
Stötzel, G. 35 n. 11
Strehlow, T. G. H. 60
Strickmann, M. 12
Šulgis 252
Sundermeier, Th. 141 n. 11
Šuppiluliuma 236, 238 ff., 245
Sürenhagen, D. 236 n. 15, 240 f.
Szlezák, Th. A. 260 n. 3, 266

Tacitus 50 f., 72, 86
Tadmor, H. 158 n. 38, 256
Taḫamunzu 239
Tarḫunta-zalma 239
Taubes, J. 208
Teichmann, F. 192 n. 42
Telepinuš 251 f.
Tenbruck, F. H. 144 n. 14, 231 n. 5
te Velde, H. 168 n. 4, 184 n. 26
Theißen, G. 24, 41, 79, 164 n. 1, 222, 227
Theophrastus 197 n. 2
Thieberger, F. 220 n. 54
Thomas, K. 50
Thot 174, 178
Thukydides 110, 114, 238 n. 19, 290
Thutmosis III. 198 n. 8
Trauzettel, R. 152 n. 27
Trevor-Roper, H. 83 n. 72
Tschuang-Tse 290
Tukulti-Ninurta 239 n. 20
Typhon 74

Udjahorresne 207
Ungern-Sternberg, J. v./Reinau, H. 49 n. 31

Unnik, W. C. van 103 n. 21
Urḫi-Tepas 246

Vansina, J. 48 ff., 70
Veblen, Th. 156 n. 34
Vergil 102
Vidal-Naquet, P. 76, 210 f.
Voegelin, E. 183 f., 203 n. 18, 230 n. 4

Wagner, R. 87 n. 1
Walzer, M. 76, 226 n. 62
Warburg, A. 137
Watanabe, K. 158 n. 38
Watt, I. 259
Way v. d., Th. 247 n. 29
Weber, A. 24
Weber, H. J. 107 n. 30, 127 n. 53
Weber, M. 19, 30, 85, 128, 153 n. 29, 293
Weidner, E. 221 n. 55
Weinfeld, M. 158 n. 38, 197 n. 5, 213, 256, 298 n. 1
Weippert, M. 203 n. 17, 225 n. 60

Weizsäcker, R. v. 51
Welleck, R. 278 n. 35
White, H. 232 n. 7
Wilamowitz, U. v. 128
Wilcke, C. 74 f.
Wildung, D. 177 f.
Will E./Orieux, C. 209
Wittgenstein, L. 141 n. 10, 182
Wood, W. 147
Worsley, P. 80 n. 66
Wright, K. 117 n. 46

Xenophanes 276

Yates, F. 29 f., 59, 215 n. 40
Yerushalmi, Y. H. 69, 254 n. 38
Young, J. E. 77 n. 62, 102
Yoyotte, J. 187 n. 29

Zarathustra 25, 290
Zeus 266 n. 13
Zirker, H. 227 n. 63
Zumthor, P. 57 n. 39

内容索引

(索引页码为正文的边码)

Abendmahl 90
Abgrenzung 153
Abstraktion 264
Achsenzeit 24 f.; 96; 195; 290 f.
Agon 287
Ägypten 55; 61 f.; 69; 73 f.; 81 ff.;
 87; 97 ff.; 100; 119; 143; 148 ff.;
 159; 163; 167 ff.; 203; 207; 209;
 213; 293; 298
Ägyptologie 128
Ahnen 61
Ahnenkult 119
Akademie 285
Akkulturation 148
Akribeia 107; 109; 123
Alexander-Roman 81 n. 69
Alexandria 277 f.
Allegorese 175
Alltag 53 ff.; 84 f.
Alphabet 259 ff.; 300
alt/neu 32 f.; 100; 125; 155
Alter 101
Alterität 274
Amarnazeit 241
amity 234
Amixia 212
Amka 239
Amun-Re 203
Anachrone Strukturen 24; 227
Annalen 73; 184
Annalistik 169
Anschließbarkeit 108
Antagonismus 155
Apokalyptik 72; 80; 209
Apologie 252
Apostolizität 118
Archiv 92
Aretalogie 246
Aristeasbrief 105
Ars Memoriae 29; 214 f.

Assimilation 151
Assimilationsdruck 201
Assur 203
Assyrer 157; 160; 294
Athener 273
Aufklärung 122
Ausdifferenzierung 117
Auslegung 65; 175; 276; 278; 295
Auslegungskultur 195; 291
Auszug aus Ägypten (vgl. Exodus)
 16
Außenhalt 39
Außenpolitik 231
Autobiographische Grabinschriften
 246
Autochthonie 201
Autonome Intelligenz 95
Autonome Sinnsphäre 196
Autonomie 117
Autorität 95; 100 f.; 115; 116 ff.

Baalskulte 203
Babylon, Babylonien 163; 200;
 203; 209; 252; 294
Babylonische Gefangenschaft
 (s. Exil) 157
Barden 285
Baukunst 109 ff.; 112
Befreiung 201
Beherzigung 218
Beichte 241 ff.; 255 f.; 297
Bekenntnis 155 f.
Besinnungsraum 137
Bewußtsein 20; 23; 130 f.; 158
Bibel 118 ff.; 125; 157; 163; 182
Bibliothek 160; 164 f.; 178; 193;
 278
Bikulturalität 55
Bild 266
Bilder 192

Bildhaftigkeit 173; 182
Bildkultur 266
Bildlexikon 182
Bildung 227; 298
Binnenkultur 208
Botenformel 103 f.
Boteninstitut 22
Brahmanen 54; 94 f.
Bricolage 288 f.
Bruch 23; 33; 61; 79; 99; 101; 106; 125; 163; 225; 249; 253; 274; 277 f.; 293 f.; 300
Buch 216; 270; 293
Buchdruck 160; 286
Buchkultur 277
Buddhismus 93
Bund, Bündnis 157; 197; 254; 250; 255
Buren 212
Bürokratie 268

Chaos 137; 168; 251
Charosset 90
Chiliasmus 80
China 55; 65; 87; 102; 150 ff.; 253; 284
Christen 182
Christentum 41 f.; 64 ff.; 118 ff.
Code 115 ff.
Codex Hammurapi 237
Common Sense 142
Communauté affective 41
Credo, kleines geschichtliches 220

Dark Age 49
Dauer 40
De Oratore (Cicero) 29 ff.
Deaxialisierung 292
Dehnung 283 ff. s. a. Zerdehnte Situation
Demokratie 122
Demotische Chronik 253
Dendera 177
Deportation 294
Deuteronomisches Geschichtswerk 253

Deuteronomium 104 ff.; 126; 158 f.; 212 ff.; 294 f.; 298
Deutung 17
Diaspora 199; 202
Differenz 32; 61; 99; 286
Digraphie 171
Diktatur 86
Dinge 20; 39
Diplomatie 256
Distanz 137; 295
Distinktion 273
Divination 237; 250
Dokumentation 238
Dualismus 155
durée artificielle 44; 46

Ebal 219
Eherne Mauer 196 ff.
Ehre 275
Eid 242 f.; 255
Eidbruch 236; 256
Eifersucht 212
Eigenart 40; 66; 132 f.; 135 f.; 142; 151 ff.
Eigengesetzlichkeit 117
Eigentum 145
Eindimensionalität 84 ff.
Einheitsformel 116
Elite 55; 148 f.
Elitismus 156
Empfindung 37
Empraxie 283
Ende der Prophetie 229; 276
England 79
Entlastung 126
Entmythologisierung 128
Entpolitisierung 209
Entscheidung 138
Epidosis eis hauto 281 f.
Epos 262; 274 f.
Ereignis 248 ff.
Erfundene Traditionen 83; 154
Erinnerung, biographische 52
Erinnerungsdrama 226
Erinnerungsfiguren 37-42; 168; 200 ff.
Erkenntnis 109; 124

Erlösung 257
Erwählung 197
Erweckung 157
Erzählung 16
Esagila 252
Esther 83; 254
Ethik 182
Ethnizismus 156
Ethnogenese 130 ff.; 229
Ethnozentrismus 136 ff.; 194
Etrusker 250
Ewige Gegenwart 75
Exil 106; 157; 199; 254; 294 f.
Exklusivität 150
Exodus 52; 76; 78; 90; 128; 200 ff.; 211
Externalisierung 22 f.
Extraterritorialität 201; 213

Fama 71
Feminismus 134
Fest 53 ff.; 84; 220; 248; 276
Fiktion 76; 133
floating gap 48 ff.; 70 f.
Fluch 104 f.; 219
Fluch über Akkade 235
Fluchformel 234 f.
Flut 260
Folklore 83; 154 f.
Form 108
Formative Texte 142
Fortschritt 289 ff.
Freiheit 100; 275; 296
Fremde 223 f.
Fremdheit 152
Fremdherrschaft 293
Fundierende Erinnerung 52
Fundierende Geschichte 76 ff.
Fundierende Texte 102 f.; 128; 266; 273; 291 f.; 295

Galiläa 41
Gattungen 92
Gebet 247
Gedächtnis *passim*, s. bes. Kap. 1; Funktions-/Speichergedächtnis 96 f.; artefizielles G 29 ff.

Gruppengedächtnis 36
Gedächtnisgemeinschaft 30
Gedächtniskunst 29 ff.; s. a. ars memoriae, Mnemotechnik
Gefährdungsbewußtsein 179
Gegen-Identität 154
Gegenseitigkeit 233
Geistesgeschichte 289 ff.
Geisteswissenschaften 128
Gemeinsinn 140; 143
Genauigkeit 109; 113; 122 ff.
Genealogie 48 ff.; 70 f.; 142; 191; 274
Generation 50; 217
Gerechtigkeit 16; 231 ff.; 298
Geschichte 42 ff.; 52; 76; 68 ff.; 129; 185; 229 ff.; 296
Geschichtsbewußtsein 66 ff.; 132; 181 ff.; 191
Geschichtsphilosophie 184
Geschichtsschreibung 167 f.; 169; 184; 193; 216; 229 ff.; 270; 299
Geschichtswissenschaft 77
Gesetz 110 f.; 126 f.; 148; 216; 229; 254; 296
Gesetzgebung 206
Gilgamesch 260
Gleichschaltung 86
Gleichzeitigkeit 84
Gnade 251
Goldene Regel 233
Goldenes Zeitalter 82; 294
Gotteshilfe 247
Gottesvolk 209
Gottesweg 199
Grab 62
Grenze 124; 223 f.
Grenzstele 235
Grenzstele 237
Griechenland 61; 99; 102; 124; 163; 259 ff.; 299 ff.
Griot 53 f.
Große Tradition 93; 276 ff.
Grundgesetz 116
Gruppenbildung 139

Habgier 140 f.
Haggadah 17
Halakhah 142; 197; 199
Handeln 137 f.; 230
Handlungsspielraum 230
Häresie 125
Heilig 112
Heilige Schriften 267
Heilige Texte 94 f.; 267
Heiliges Volk 127; 206
Heiligkeitsgesetz 197
Heiligung 123; 197
Heilsgeschichte 254; 257
Heilsweg 170
Heldenlied 274
Hellenismós 209
Hellenismus 125; 164; 277
Hermeneutik 18; 128
Heroisches 262
Heroisches Zeitalter 79; 274
Herrschaft 70 ff.; 169
Herz 95; 99; 158; 186; 218
Hethiter 104; 236 ff.
Hierarchie 65
Hieratische Stillstellung 172
Hieroglyphen 170; 192; 262; 265
Historie 42 ff.; 64
Historiogenesis 184
Historisierung (des Mythos) 184
Historismus 128
Hochkultur 145
Hodegetik 296
Hoffnung 16
Holokaust 51; 76
Homerische Epen 274
Horizont 138
Humanismus 128; 163
Hypolepse 102; 280 ff.
Hypoleptischer Horizont 283

Ich-Identität 130 f.
Identifikation 132; 151
Identität 16 ff.; 39 f.; 43 f.; 46; 53; 63; 89; 125 f.; 130 ff.; 198; 213; 223
Identität, nationale 164

Idolatrie 225
Iğtihad 94; 208
Ikonizität 181
Ilias 79; 260; 273
Imaginaire 133
Imagination 133
Immunsystem 140 f.
Implizit/Explizit 148
Implizite Axiome 193
Indien 148; 267
Individualismus 275
Information 97; 286
Inganghaltung 294
Initiation 70; 134
Innen/Außen 179
Innovation 97; 125; 192; 272; 278
Innovationsdruck 98
Inspiration 118
Institution 68; 145; 285
Integration 273
Intentionalität 234
Interaktion 20; 135; 140; 283
Interpretation 65; 89 ff.; 175; 279
Intertextualität 102; 119; 281 ff.; 286; 301
Intervention 246; 256
Invarianz 122; 171
Inzestverbot 141
Ioudaismós 209
Ipuwer 101
Islam 163
Isokolie 109
Israel 30; 76; 79; 106; 157; 163; 175; 196 ff.; 266 ff.; 276; 279; 294 ff.

Jahwe 203
Jahwe-Allein-Bewegung 203 ff.; 226
Jerusalem 41
Jesus 41 f.
Jesus-Bewegung 41
Jordan 219
Josephsgeschichte 180
Josia 158

Josianische Reform 157; 215 ff.;
  225
Juda 157
Juden 158; 182
Judentum 69; 83 f.; 87; 90; 118;
  125; 127; 153; 156; 163

Ka 251
Kadesch 247
Kalte/Heiße Erinnerung 66 ff.;
  238
Kalte/Heiße Gesellschaften 42;
  68 ff.
Kaltes Gedächtnis 73
Kanon, *passim*, s. bes. 18; 93 ff.;
  102 ff.; 177 ff.; 208; 279; 285
Kanonformel 94; 103 ff.; 221; 230;
  237
Kanonische Texte 94 f.
Kanonisierung *passim*, s. bes.
  92 ff.; 108; 118; 125; 129; 159 f.;
  163 ff.; 171 ff.; 182; 221
Kargamiš 239 f.
Kassitenzeit
Kaste 54; 148
Kasuistik 124; 126
Katechese 16
Kausalität 232; 244
Keilschrift 260 ff.
Kelten 267
Kirche 116; 122
Klassik 102; 119 ff.; 164; 277 ff.;
  292 ff.
Klassiker 101; 279
Kleinasien 250
Klerikalisierung 193; 209
Kodifizierung 164 f.
Kohärenz 87 ff.; 127; 232; 298
Kohärenz, rituelle/textuelle 87 ff.;
  123; 142 ff.; 295
Kollektivsubjekt 134
Kolonie 275
Kolophon 104
Kolossalität 146
Kommemoration 62
Kommentar 102; 175
Kommunikation 36; 53; 91 ff.;
  116; 135; 138 ff.; 170; 219;
  295
Kommunikation, face-to-face
  144
Kommunikation, politische 169
Kommunikation, zeremonielle
  53 ff.; 58; 91; 142 ff.
Kommunikatives/Kulturelles Ge-
  dächtnis 48 ff.; 222
Komplexität 91; 117; 123; 231
Konflikt 125; 200; 210 ff.; 295
Konfrontation 210 ff.
König 81 f.; 235
Königsinschriften 237; 246
Königsliste 71; 73 f.; 111; 165;
  167; 184; 237
Königsnovelle 237
Konnektive Struktur 16 ff.; 91; 96;
  106; 175; 231 ff.
Konsonantenschreibung 264
Kontinuität 278; 281 ff.
Kontinuitätsfiktion 274
Kontrapost 108
Kontrapräsentische Erinnerung 24;
  79; 83; 222; 227; 294
Konversion 126; 206
Kopisten 237
Kopistenformel 103 f.
Koran 163; 177; 182
Kosmogonie 183
Kosmotheismus 182 ff.
Krebs 141
Kriterium 109; 124
Kritik 100
Kschatriya 54
Kultur 68
Kulturbewußtsein 148
Kulturelle Formation 139 ff.; 144;
  155
Kulturelle Metatexte 193
Kulturelles Gedächtnis (Def.)
  19 ff.
Kulturelles Gedächtnis, Träger 95
Kulturgrammatik 192
Kulturtheorie 19
Kunst 107 ff.; 124; 172
Kuruštama 240

Landschaften, heilige 60
Laubhüttenfest (s. a. Sukkot) 220; 255
Lebensform 185; 206
Lebenshaus 93; 160; 207; 298
Lebenslehren 289
Lebensstil 156
Legitimation 63
Leiden 244
Lernen 150
Lesekultur 277
Lesen 295
Lied des Mose 220
Limitische Struktur 153 f.
Linearisierung 72
Linearität 249
Liste 113
Liturgie 18
Logien 41
Logozentrismus 165
Loose society 275; 300

Ma'at 82; 233; 293
Macht 268 f.
Makkabäer 81
Mandat des Himmels 253
Märchen 222
Marduk 203
Martyrium 206
Massada 76; 79
Maßstab 113
Mazzot (s. a. Pessach) 220
Medien 262
Meineid 236
mémoire (in)volontaire 47; 226
Memoria 29; 52; 63; 71
Merikare 250
Mesopotamien 74; 100; 104; 148 ff.; 164 f.; 169; 268; 298
Messianismus 80; 209
Mesusa 219
Metapher 47
methodische Lebensführung 206; 293; s. a. Orthopraxie
Midrasch (der 4 Kinder) 15 f.
Millenarismus 80

Mimesis 20; 108 ff.
Mitteilung 286
Mittelalter 286
Mittleres Reich 32; 71; 81
Mnemotechnik 29; 39; 49; 52; 59; 89; 160; 196; 212 ff.
Mnemotop 59 ff.
Möglichkeitsraum 123
Monotheismus 226; 291
Monumentaler Diskurs 170
Moral 124; 231
Mousaion 278
Mullah 95
Mundart 155
Mündliche Überlieferung 220; 268 ff.
Mündlichkeit/Schriftlichkeit 48 ff.; 59; 97; 100; 259 ff.
Musik 54; 109
Muslim 182
Mythomotorik 78 ff.; 142; 167 ff.; 209; 229; 288; 296
Mythos 52; 74 ff.; 78 f.; 141 f.; 168; 191; 248

Nag Hammadi VI 105
Nation 30
Nationalismus 156; 159 f.; 180
Nationalstaat 160
Nippur 235
Norm 110 ff.; 116
Normative Texte 142
Normative/Formative Tradition 92 ff.
Normativität 115
Notationssysteme 22

Offenbarung 118; 177; 293
Offenheit (des Schriftsystems) 174
Ökumene 230 f.; 256
Opferkult 296
Opposition 226
Orakel 241
Oral History 49 ff.; 66; 73
Ordnung 17; 143; 168; 233
Ordo 110

Organisation 268
Ornamentalisierung der Zeit 90
Orte 39; 60
Orthopraxie 189 ff.; 197 ff.
Osirismythos 79

Palastbibliothek (s. a. Bibliothek) 164
Pali-Kanon 119; 125
Panhellenisches Bewußtsein 273 ff.
Pap. Westcar 101
Paradies 254
Parallelismus 260 ff.
Partizipation 53 ff.
Passionsgeschichte 41 f.
Pentateuch 15
Peripatos 285
Perser 267
Perserkriege 272 f.
Perserreich 207 ff.
Perserzeit 159; 180
Persien 277
Persönliche Frömmigkeit 247 ff.
Pessach 15; 52; 220
Pest 241
Pharisäer 125; 211
Philologie 164
Philologos 95
Philosophie 281 ff.
Pietät 63
Poesie 220
Polarisierung 124
Polis 275
Politik 124
Politische Repräsentation 268
Polytheismus 203; 225
Portatives Vaterland 214
Posthistoire 18; 176
Priester 271
Priestereid 186
Problem 288
Profanationsangst 179
Profanität 179
Propheten 229; 270; 280
Prophetie 208; 226
Prophezeiung des Lammes 81
Prophezeiungen des Neferti 71; 81 f.

Proportion 107 f.
Prozession 60
Prüfung 55; 150; 186
Pseudospeziation 152
Ptahhotep 176
Purim 83
Puritaner 212
Pyramide 146 f.
Pythagoräer 109

Rabbi 95
Rahmen 35 ff.; 285
Rahmenwechsel 224
Raum 38 f.; 60
Recht 105; 145; 168; 207; 229 ff.; 296 ff.; 298
Rechtfertigung 252
Rechtsbücher 193; 298
Reflexivität 134 ff.
Regel 108
Regelhaftigkeit 115
Reich Gottes 257
Reinheit 185 ff.; 198
Reise 223
Rekanonisierung 129
Rekonstruktivität 38 ff.; 88
Relevanz 288
Religion 52 f.; 157; 196 ff.; 227; 232
Reliquienkult 63
Renaissance 32
Repetition 89 ff.; 102 f.
Repolitisierung 209
Repristination 181; 207 ff.
Revolution 80; 225
Rezeption 108; 119 f.
Rezitationskultur 276
Rgveda 54
Rhapsoden 276
Rhetorica ad Herrenium 29 ff.
Rhetorik 29
Rittertum 274 f.
Ritual 54; 182
Riten, Ritus 52 f.; 56 ff.; 87 ff.; 84; 102; 139; 143; 248; 294; s. a. Kohärenz, rituelle; Fest
Rom 79; 250

Routinen 90 f.
Rußland 155
Rwanda 54

Sadduzäer 125; 211
Sakralisierung 193
Sakralität 179
Sakramentale Ausdeutung 175
Sänger 98; 268
Schachtelprinzip 179
Schawuot 220
Schiffbrüchiger 101
Schisma 200
Schließung 94; 176; 208; 293
Schönheit 171
Schreibertradition 298
Schrift *passim*, s. bes. 17; 32; 56; 97; 192; 298
Schrift, Weltbezug 265
Schrift, Wertung 266
Schriftgelehrte 209
Schrifthaftigkeit (der Kunst) 173
Schriftkultur 87 ff; 259 ff.
Schriftlichkeit 259 ff.
Schriftsteller 98
Schuld 216; 236 ff.
Schuldbekenntnis 243
Seder 15 ff.; 90
Segen 245
Seklusion 198
Sekundäre Religion 196
Selbst 135
Selbstbeschreibung 193
Selbstbezeichnung 136
Selbstbild 172
Selbstdefinition, normative 126; 159; 198
Selbstregulation 233
Selbstthematisierung 244 f.; 297
Selbstverständlichkeit 136 ff.; 148
Semiotisierung 77; 229 ff.; 297
Septuaginta 105
Sezession 212; 273
Sichtbarkeit 151; 156
Silbenschrift 262
Sinai 213

Sinn 123 ff.; 140; 143; 232; 257; 297
Sinnpflege 88; 96; 195; 276; 299
Sinnstiftung 77; 115
Sittencodex 189
Situation 283
Sofer 95; 163; 209
Solidarität 142; 232 ff.
Solidarität, vertikale 150
Sonnenhymnus des Echnaton 101
Sonnenlauf 183
Sozialdimension 16
Sozialisation 35
Soziogenese (des Gedächtnisses) 35 ff.
Spannungen, innerkulturelle (s. a. Konflikt) 200
Sparta 272 f.
Spezialisten 54 f.
Sprache 55; 141; 147; 155
Sprache, gesprochene 263
Sprachwandel 32
Sprichwort 141
Spruchweisheit 233
Staat 71; 169 f.; 196; 234
Stammeskulturen 144
Stein 219
Stele 219
Sterben (für) 272 f.
Stil 108
Stillstellung der Überlieferung 271 f.
Strafe 229 ff.
Stratifikation 148
Subkultur 155
Sukkot 220, s. a. Laubhüttenfest
Sumer 73
Sünde 256
Symbol 38; 139
System 108

Taḫamunzu 239
Tafelhaus 93; 160; 298
Tatenberichte 246
Tempel 159; 177 ff.; 293
Tempeldekoration 181 ff.
Tenach 106; 229

Tefillin 219
Territorium 213
Text 175; 283 f.
Textkanon 293 ff.
Textkritik 278
Textpflege 88; 276; 299
Textualität 283
Themenfeld 288
Theologie 186; 290
Theologie des Willens 234; 251
Theologisierung 234 ff.
Tight society 275; 300
Tod 33
Töpferorakel 81 f.
Topographie 41
Torah 197 ff.; 214; 229; 254 f.; 273; 279; 299
Totalitarismus 75; 86; 118
Totenbuch 94; 176; 207 f.
Totenbuch Kap. 125 186 ff.
Totengedenken 33 f.; 60 ff.
Totengericht 187 ff.
Tradition *passim*, s. bes. 19; 34; 42; 45; 47; 64 f.; 99; 104; 120 ff.; 127; 160; 164; 175; 207 ff.; 296
Traditionsbruch 216, s. a. Bruch
Traditionsstrom 18; 91 ff.; 160; 222
Traumzeit 57 f.; 78
Treue 250
Tripithaka 93
Troja 79
Trojasage 274
Tugend 62
Tun-Ergehen-Zusammenhang 232 ff.; 297
Turmbau zu Babel 147

Übersetzung 256
Unbewußtes 47
Ungleichzeitigkeit 24; 84
Unsterblichkeit 170
Urhügel 183; 201
Urzeit 185; 294
Usurpation 252
utopische Erinnerung 227

Variation 102 f.; 123; 281 f.
veralten 101
Verantwortung 234
Verbindlichkeit 77; 269
Verbot 186; 254
Vereinigung (der beiden Länder) 167 f.
Verführung 223 f.
Vergangenheit *passim*, s. bes. 31 f.; 34 ff.; 44; 47; 52; 61; 66 ff.; 75 ff.; 85; 93; 99; 132 f.; 225; 237; 274
Vergangenheit, Absolute/Relative 56; 75 ff.; 90
Vergangenheitssinn 67
Vergegenwärtigung 17
Vergeistigung 213
Vergeltung 232
Vergessen 36 f.; 65; 67; 71 ff.; 96; 98; 151; 160; 215 ff.
Verinnerlichung 213
Vermittlung 276; 278
Verräumlichung 59 f.
Verschuldungsgeschichte 253
Verstehen 95
Vertrag 94; 104; 157; 216; 221 f.; 230; 234 ff.
Vertragsbruch 236; 256; 297
Vertragsformel 104
Vertrauen 137; 231
Verus Israel 204
Verwandtschaft 141
Verzicht 126 f.
Volk 30; 209; 257
Völkerrecht 256
Vorlesung, öffentliche 221; 255

Wahrheit 272; 281 ff.
Wahrnehmung 36
Wandel 32; 70
Weg (des Lebens) 142
Weisheit 141; 192; 232; 298
Weisheitsliteratur 298
Weisung 16; 268 f.
Weltinganghaltung 194
Weltordnung 194
Weltuntergang 194

Wert 119; 126 f.
Wertbezogenheit 115
Wettergott 240
Widerspruch 288 f.
Widersprüchlichkeit 271
Widerstand 154; 196 ff.
Wiederholbarkeit 108
Wiederholung 17; 57; 89 ff.; 97; 123; 144; 248; 281 f.
Wiederholungszwang 89
Wildheit 136; 148
Wir-Bewußtsein 134; 138; 155 ff.
Wir-Identität 130 f.
Wirklichkeit 136; 143
Wirtschaft 141
Wissen 53; 98; 100; 143; 145; 181 f.
Wissenschaft 281 ff.
Wissensliteratur 182
Wohltätigkeit 149
Wortgottesdienst 221; 296
Wundererzählung 246
Wüste 213

Xenophobie 180

Zauber 250
Zeit 17; 31; 38 f.; 46; 58 f.; 231; 248; 251; 257
Zeitdimension 16
Zeitrechnung 74; 111
Zeitzeugen 51; 217 f.
Zensur 117; 121
Zentrum/Peripherie 92; 150; 154; 156
Zerdehnte Situation 22; 287 f.; 300
Zeuge 221
Zeugenformel 103 f.
Zirkulation 89; 91; 140 ff.; 160; 233
Zivilisation 168
Zivilisationsprozeß 69
Zorn 244; 251; 257
Zugehörigkeit 127; 132 ff.; 150
Zukunft 42
Zweizeitigkeit 57; 84
Zwischenspeicher 22
Zwischenzeit 81
Zyklus 102; 249

译后记

《文化记忆》一书的作者扬·阿斯曼教授是国际知名的埃及学专家。他先后获得德国明斯特大学(1998)、美国耶鲁大学(2004)和以色列希伯来大学(2005)的荣誉博士头衔,并荣获马克斯·普朗克奖(1996)、德国历史学家奖(1998)、托马斯·曼奖(2011)等奖项,现为海德堡科学院院士、德国考古研究所和德国历史人类学研究所研究员、英国埃及考古协会和法国埃及学协会会员,德国埃森文化科学研究所和斯图加特文化科学中心顾问。扬·阿斯曼的个人经历简述如下:1938年,他出生于吕贝克附近的朗格尔斯海姆(Langelsheim)。在吕贝克和海德堡接受中学教育之后,先后在慕尼黑、海德堡、巴黎和哥廷根学习埃及学、古典考古学和古希腊语文学。期间,曾经接受法国著名埃及学家波瑟内(G. Posener)和德国著名埃及学家奥托(Eberhard Otto)的指导。1967年,获得德国考古研究所的奖学金,赴埃及参加考古发掘工作。1967—1971年,带领考古团队发掘了位于今卢克索尼罗河西岸的拉美西斯时期和赛斯王朝的官吏墓,整理并出版了其中两座墓的发掘成果。1971年,取得了在大学执教资格,同年被聘为海德堡大学埃及学教授,此后担任该校埃及学研究所所长职务,一直到2003年荣退。2005年,他被聘为德国康斯坦茨大学文化科学和宗教理论研究中心名誉教授。

译后记

扬·阿斯曼在长达几十年的研究生涯中出版了数十本专著和上百篇学术论文,重要的著作包括《献给太阳神的颂歌》《古代埃及赞美诗和祈祷文》《底比斯墓里的太阳颂歌》《拉神与阿蒙神:埃及第十八至第二十王朝时期多神信仰的危机》《埃及:一个古代文明的神学与虔诚》《玛阿特:古代埃及公正与长生之间的关系》《文化记忆》《埃及人摩西》《宗教与文化记忆》《古代埃及的死亡与来世》。不难看出,扬·阿斯曼的著作无论是翻译和注释原始文献,还是从历史、宗教、文化等视角阐释它们,其核心内容是记忆。可以说,古代埃及人的活动,大到国王建造金字塔,小到官吏们刻写墓碑,中心议题归纳起来只有两个,其一是如何得到后人永久的回忆,其二是以什么样的形式记忆先人。扬·阿斯曼用一系列论著不仅复原了古代埃及人的记忆空间和回忆模式,而且勾勒了古代埃及在犹太及西方思想中的传承脉络。扬·阿斯曼的名望逐渐超出埃及学界,已经成为德国最有影响的文化和宗教学研究专家,在此过程中起到关键作用的书应当说是《文化记忆》(1992)。该书已经多次再版,被译成多种欧洲和亚洲语言,正是该书为他赢得了"德国历史学家奖"这一德国历史学界最高的荣誉。

西方有关记忆的本质及其意义的研究在1920年代经历了重大的转折,从弗洛伊德等人注重记忆的个体性开始强调记忆的社会属性。在法国社会学家们眼里,过去只有在一个群体的成员相互进行交流的过程中形成。哈布瓦赫认为任何记忆都受到其所处社会的决定,因为所有的记忆都在人与人之间的相互作用中形成,每个人的记忆当中都包含别人的成分,被回忆的东西都在一定社会框架中产生。一切记忆都是相关的人出于当下的需要并在当下的意义框架下完成的。人们头脑中有关过去的图像不是自生,而是社会产物。哈布瓦赫用集体记忆一词来称呼如此产生的记忆。集体记忆可以被比喻为一个特定群体的所有成员对其过去所形成的一幅图画,每个成员的个体记忆以这幅图画的框架作为支撑,从中找寻证实自身记忆的线索并补充其记忆中的空白。

在《文化记忆》一书中,扬·阿斯曼以哈布瓦赫集体记忆概念为基础,强调并详细阐述了记忆的文化维度。他提出了文化记忆理论,并且在书中通过论述和论证两个部分系统地建构这一理论。书的第一部分探讨了记忆、身份认同、文化的连续性三者之间的关系,记忆即关于过去的知识,身份认同关乎政治想象,文化连续性主要涉及传统的确立和维系。

在扬·阿斯曼看来,人类最早的文化记忆发端于死亡所造成的断裂,因为死亡中断了人的生命,能否和如何让死者的记忆在生者当中存续下去便成为相关群体要面对的挑战和其存在的必要性。人类早期的文化活动和成就无不与此密切关联。一个人死后能否在后人的记忆中留存,一方面需要死者本人生前做过值得后人回忆的事情,另一方面也需要后人以集体的力量通过各种手段与遗忘做不懈的斗争。扬·阿斯曼认为,哈布瓦赫忽视了文化在人们记忆和回忆活动中的作用,片面强调了当下对过去的塑造,没有充分探讨过去对当下产生的影响。有鉴于此,扬·阿斯曼把集体记忆分为交往记忆和文化记忆两部分。交往记忆顾名思义是借助交流完成的,它的范围一般限于比较小的群体内,而且持续的时间也不长。交往记忆涉及日常生活中个体间、个体与群体之间相互作用促成的记忆。

相比之下,文化记忆则是摆脱了日常并超越了个体间交流的记忆。所谓文化记忆就是由特定的社会机构借助文字、图画、纪念碑、博物馆、节日、仪式等形式创建的记忆。这种记忆涉及的是对一个社会或一个时代至关重要的有关过去的信息,这段过去构成了该社会或时代的集体记忆,相关的人通过不同的文化形式如背诵、庆祝、瞻仰重温这些记忆。相关的人群在上述文化活动中意识到共同的属性和他们所属集体的独特性,他们在阅读和理解特定的记忆内容时确认并强化自己的身份。在共同的回忆过程中,相关的人确认"这是我们"或者意识到"这不是我们"。在不断的回忆过程中,这段不同寻常的过去逐渐变成"神话";回忆它不是为了口和耳的愉悦,而是为了把当下与过去对接起来,借助过去照亮现在,因为它们能够提供所有成员都能接受并珍视的标志、价值和准则。人们因为一个共同的记忆处在相同的经验空间当中,并且因此怀抱同样的期待,正如奥威尔所说,"谁拥有了过去就等于掌握了将来;谁拥有了今天就等于掌握了过去"。

文化记忆具有特定载体、固定的形态和丰富的象征意义,文化记忆最为重要的内容包括涉及一个民族、国家等的创始神话和奠基史,它们对相关机构或群体的延续起到定型性和规范性的作用。因此需要专人维护。这些训练有素的人以公众喜闻乐见的形式把有关过去的记忆现时化。文化记忆不可能与历史现实完全吻合,它不是自行生成,而是目标极为明确的记忆政策努力和干预的结果。文化记忆带有明确的政治和意识形态色彩。一个社会以怎样的过去作为其存续的基础,又从中获取怎样的身份认同要素,实际上反映了这个社会的性质和它所追求的目标。

交往记忆与文化记忆之间有时会出现差异,甚至发生冲突。一种交往记忆能否被起到主导作用的文化记忆所接受或者促使后者有所变化,取决于它能否借助媒体得到公众的关注。有的交往记忆之所以没有受到公众的注意是因为它属于一个边缘群体。有些历史让一部分人无法忘记,同时让其他人陷入难堪,解决这个难题的最好办法就是借助各种文化手段和机制广泛讨论交往记忆所涉及的问题,使其成为文化记忆的组成部分。如同在历史书写领域一样,文化记忆当中也存在着谁的记忆应当成为主流记忆的问题,因为不同的人群由于各自的年龄、阅历、信仰等原因对以往的人和事看法不一。正因为此,兼顾和协调个体与集体、私人与国家之间的记忆是构成基础广泛且生命力强的文化记忆的重要保障。

在本书的第二部分,扬·阿斯曼描述了在古代埃及、以色列和希腊三个文明中有关过去的集体图像是如何构成的,这种集体记忆对相关的民族身份的确定和强化起到了怎样的作用,系统地阐述了文化记忆在上述三大文明中如何形成并发挥了何种作用。文字、记忆和政治身份是人类在与死亡和遗忘做斗争中发展起来的记忆机制。无论是文字还是以文字为媒介的各种文化活动,它们最为重要的功能是通过回忆过去来确保相关群体的维系。不同的社会因其文化记忆的方式不同,其互动结构也不一样。当一个群体借助文字和以文字为载体的各种记忆形式确立并维护集体身份的时候,文化记忆已经发生效力。

在古埃及,文化记忆的最重要承载者是国家;古代以色列的文化记忆促成了圣书的诞生,宗教构成了落实文化记忆的最重要场所,并且结出了丰硕的果实;古希腊人的文化记忆则促成了思维的规范化。在扬·阿斯曼眼里,文字在上面三个文明发展中都起到了至关重要的作用,但是文字被使用的不同方式决定了相关文明走上了不同的轨道。在有关文明演进问题的研究中,一种理论把知识精英的出现以及伴随而来的解读世界的新模式视为文明飞跃或突变的动力,而另一种理论则把文明的进步看作文字系统演变的结果。扬·阿斯曼尝试把上述两种研究范式进行融合。他以为,文字的诞生和书写文化的形成提供了整理并固定传统流的机会和条件,即把口头流传的信息固化到文本上。口述传统依据的重要手段是在仪式中重演过去的人和事,在此过程中至关重要的是上演的内容与流传的要素完全一致,被传承内容的神圣性完全依赖于原型和重现之间一丝不差。以色列人把传统当中的精华转化为正典,创立了人类历史上最早的"书本宗教"(Buchreligion),

从而完成从仪式一致性到文本一致性的过渡。公元70年第二圣殿被罗马人彻底摧毁以后,以色列人不能也没有再把主要精力放在通过仪式重现上帝与选民之间的关系史,而是通过解经进行反思,寻找出路。

希腊人借助阐释、比较、考证等书写文化的特有手段培育出了富有创造性和生命力的文化记忆。通过追溯卡农这个概念的演变,扬·阿斯曼勾勒了古希腊文化记忆模式的形成过程。在希腊语中,卡农这个词起初与文字毫无关系,而是在建筑和艺术领域被用来表示尺度和规则,后来才逐渐具有了伦理、政治等附加意义,不过最初有关一贯和恒定的意思依然被保留下来。在卡农这个原则的指导和约束下,希腊人在其书写文化中发展出了接合性这一重要的文本解构手段,并且借助它对权威提出质疑,把批评机制化,为此后书写文化进一步发展和思想进化奠定了基础。卡农这个被公认的准则促成了多样化和竞争性,不同层次和不同形式的讨论都成为可能,借用韦伯的话加以表述,就是"有规律可循"(die Eingestelltheit auf das Regelmässige)。传统被固化在文本上实际上只是传统得以继承的外部条件,而非其决定因素,因为文本一致性需要一个意义关联的空间。有了此种空间,不管怎样时过境迁,文本不仅存在,而且保持效力,因为它可以被接合。阐释、模仿、评论等都是旨在维护文本意义的手段,没有了它们,奠基性的文本在不断变化的外部环境中便无法发挥其应有的作用。

与仪式一致性相应的是冷回忆,与文本一致性相对应的是热回忆。在以冷回忆为主体的社会中,所有的变化都被解释成周而复始,这是把历史冷冻起来的记忆手段。古埃及王表和纪年不是为了记录时光的流逝和世道的变迁,而是为了证明今天犹如昨天,一切保持原样。在这样的记忆文化里,历史被剥夺了其象征性和预示未来的功能,只是宇宙循环的规律在人间的显现而已。在热回忆起主导作用的社会里,回忆是为了审视当下并寻找改变现状或走出困境的路径,回忆构成了变革的动力。冷回忆关注的是从神话般的远古时代便开始的一劳永逸的存在,而拥有热回忆的社会则试图理解历史变迁的轨迹,找寻自身在其中的位置,确认继续存在的立足点。在热回忆过程中,当下社会的合理性和存在的正当性可能会得到验证,它的不足和非法性也可能被暴露无遗,相关的人从中意识断裂,感觉到失落。在危机时刻尤其是外族统治时期,这种回忆经常会在历史中找到弥赛亚,获取变革的动力。文化记忆在这里表现为被机制化的记忆术。这正是阿斯曼把文化回忆、集体身份和政治合法性联系在一起的原因。

注重文字和手稿的古代埃及人始终未能发展出阐释文化,文本只保存了文字的空壳,而文字的内涵则在翻天覆地的历史长河中丧失殆尽。古代埃及王朝后期尤其是希腊化和罗马统治时期的神庙也沦为毫无内涵的文本。神庙墙壁上刻写了流传了上千年的经文,但是仅此而已,它们在视觉上给人以震撼,天书一样的符号甚至让那些没有受过专门训练的埃及人也感到迷茫甚至绝望,他们从这些稀奇古怪的字符中读不出任何与当下相关的意义。高大且充满神秘色彩的神庙变成了神职人员安于一隅的处所。

扬·阿斯曼从文化形态学的角度分析了古代不同的文明何以发展出各具特色的文化记忆模式,这些模式又反过来如何影响了所属文明的走向。埃及、以色列和希腊都借助文字进入了世界历史的新阶段。埃及人创建了以统一的王权为重要标志的国家,以色列人借助文字把神圣文献正典化,创立了一神教,希腊人则借助文字完成了知识的进化和思维的规范化,开启了科学。希伯来39部正典和古典作家的一系列作品固然极为重要,但是不能低估更不应忽视那些把早期希伯来文献做筛选然后把选中的内容奉为正典的犹太经师,以及对古典作家的作品进行筛选和注释使其变成经典的亚历山大的语文学家们。正典和经典的诞生实际上就是回忆的过程和记忆被建构起来的环节。犹太人和希腊人演绎出来的阐释文化卓有成效地在恒定的过去与不断变化的现实之间架起了桥梁。

历史无非是人的行为及其回忆交融的结果。历史借助回忆赢得其形态。因为记忆受到被遗忘、被扭曲和被排挤的威胁,每个文明都要建构起行之有效的回忆模式。一个文明借助什么方式记住对其具有生死存亡之重大意义的过去,这就是文化记忆研究的核心命题。文化不是刀光剑影的结果,而是人类记忆长期积存、维护、传播知识的结晶。人的责任感来源于行为与回忆之间的互动机制,君主要对神负责,一个人要对来世审判庭的仲裁神申辩。这种责任感并非不言而喻,它是精神世界的一大发明,也是人类文化觉醒的重要标志,因为人的良知如同农耕一样先要播种,然后才能指望收获。

扬·阿斯曼的著作对学术界至少具有两个重大的意义。其一,它向我们展示了古代先民是如何从久远的历史中解读人类生存的基本问题并寻找可能的答案。他从埃及学研究中洞见文化发展的必然过程及遇到的挑战,从而创建了分析文明进程的模式。世界犹如由无数碎片组成的巨大集合体,显得杂乱无章、漫无目的,扬·阿斯曼通过文化记忆理论把这些碎片衔接起来,让我们看到了不同文明成长的内部机制和其兴衰的根源。他把人类文明作为知识整体,揭示了人类认知过程的复杂性。其著作融合了东方与西方、古代与现代、经验与理论之间的对话,在一定程度上避免了欧洲中心主义的文化视角。他试图证明人类几千年的记忆与文化借助一条时隐时现的线条连接着。在方法论上,他严格区分事实研究与记忆研究之间的差别,避免史实与回忆被混为一谈。对史实的记忆、交往记忆和文化记忆并非完全吻合,但是三者又相互依托。

其二，扬·阿斯曼的书澄清了有关记忆与历史之间关系的模糊概念。历史学依据并特别重视的是历史事实的痕迹和线索，它重在综合考察，而记忆则明显带有倾向性、选择性和排他性。他强调记忆与历史之间的区别，反对把历史主观化，认为历史学为一门独立的认知系统，具有其特定的叙述方式。记忆总是由一个活生生的群体支撑，它反映的是现实与过去之间千丝万缕的联系，它是实用的，因此容易受到操纵，记忆最重要的功能之一是能够强化群体意识；相比之下，历史作为一门学科要显示全球视野，它着眼于区分过去与当下，借助的方法是分析和批判性的论证。不过，研究历史时不能把史实视为独立存在的实体，许多史料都是借助记忆和回忆得以留传。文化记忆理论显然有助于我们重新审视并定义历史真实性和客观性问题，避免陷入绝对主义或相对主义的泥潭。

本书第一章、第三章由黄晓晨翻译，其他部分由金寿福翻译。翻译工作得到了歌德学院的资助，译者在此表示衷心的感谢。首都师范大学历史学院岳秀坤先生从选题、立项到最后成稿给予了多方面的关心和帮助，北京大学出版社陈甜编辑付出了艰辛的劳动，在此一并表示由衷的谢意。

金寿福　黄晓晨
2014 年 6 月于北京

历史的观念译丛

已出书目

01 德罗伊森:《历史知识理论》(胡昌智译,2006.07)
   Johann Gustav Droysen, *Historik*

02 帕拉蕾丝-伯克(编):《新史学:自白与对话》(彭刚译,2006.07)
   Pallares-Burke, ed., *The New History: Confessions and Conversations*

03 李凯尔特:《李凯尔特的历史哲学》(涂纪亮译,2007.05)
   Heinrchi Rickert, *Rickert: Geschichtsphilosophie*

04 哈拉尔德·韦尔策(编):《社会记忆》(白锡堃等译,2007.05)
   Harald Welzer, hg., *Das soziale Gedaechtnis*

05 布克哈特:《世界历史沉思录》(金寿福译,2007.06)
   Jacob Burckhardt, *Weltgeschichtliche Betrachtungen*

06 布莱德雷:《批判历史学的前提假设》(何兆武译,2007.05)
   F. H. Bradley, *The Presuppositions of Critical History*

07 多曼斯卡(编):《邂逅:后现代主义之后的历史哲学》(彭刚译,2007.12)
   Ewa Domanska, *Encounters: Philosophy of History after Postmodernism*

08 沃尔什:《历史哲学导论》(何兆武、张文杰译,2008.10)
   W. H. Walsh, *An Introduction to Philosophy of History*

09 坦纳:《历史人类学导论》(白锡堃译,2008.10)
   Jakob Tanner, *Historische Anthropologie zur Einführung*

10 布罗代尔:《论历史》(刘北成、周立红译,2008.10)
   Fernand Braudel, *Ecrits sur l'histoire I*

11 柯林武德:《历史的观念》(增补版)(何兆武、张文杰、陈新译,2010.01)
   R. G. Collingwood, *The Idea of History: With Lectures 1926-1928*

12 兰克:《历史上的各个时代——兰克史学文选之一》(杨培英译,2010.01)

    Jürn Rüsen & Stefan Jordan eds. , Ranke: *Selected Texts* , Vol. 1 , *Über die Epochen der neueren Geschichte*

13 安克斯密特:《历史表现》(周建漳译,2011.09)
    F. R. Ankersmit , *Historical Representation*

14 曼德尔鲍姆:《历史知识问题》(涂纪亮译,2012.02)
    Maurice Mandelbaum , *The Problem of Historical Knowledge*

15 约尔丹(编):《历史科学基本概念辞典》(孟钟捷译,2012.02)
    Stefan Jordan , hg. , *Lexikon Geschichtswissenschaft*

16 卡尔·贝克尔:《人人都是他自己的历史学家》(马万利译,2013.02)
    Carl L. Becker , *Everyman His Own Historian*

17 孔多塞:《人类精神进步史表纲要》(何兆武、何冰译,2013.08)
    Marquis de Condorcet , *Esquisse d'un Tableau Historique des Progrès de l'Esprit Humain*

18 卡尔·贝克尔:《18 世纪哲学家的天城》(何兆武译,2013.09)
    Carl L. Becker , *The Heavenly City of the Eighteenth-Century Philosophers*

19 扬·阿斯曼:《文化记忆》
    Jan Assmann , *Das kulturelle Gedaechtnis*

20 洛伦茨:《跨界:历史与哲学之间》
    Chris Lorenz , *Bordercrossings: Explorations between History and Philosophy*

21 阿莱达·阿斯曼:《回忆空间》
    Aleida Assmann , *Erinnerungsräume*

22 利奥波德·冯·兰克:《近代史家批判》
    Leopold von Ranke , *Zur Kritik neuerer Geschichtsschreiber*

23 梅吉尔:《历史知识与历史谬误:当代史学实践导论》
    Allan Megill , *Historical Knowledge* , *Historical Error: A Contemporary Guide to Practice*

即出书目

柯林武德:《史学原理》
R. G. Collingwood , *The Principles of History: And Other Writings in Philosophy of History*

柯林武德:《柯林武德历史哲学文选》
R. G. Collingwood , *Collingwood: Selected Texts*

吕森:《吕森史学文选》
Jürn Rüsen, *Rüsen: Selected Texts*

德罗伊森:《德罗伊森史学文选》
Johann Gustav Droysen, *Droysen：Selected Texts*

科泽勒克:《科泽勒克文选》
Lucian Hoelscher, hg., *Reinhart Koselleck: Selected Texts*

赫尔德:《赫尔德历史哲学文选》
Herder, *Herder: Selected Texts*

兰克:《世界史的理念:兰克史学文选之二》
Lanke, *Ranke: Selected Texts*

布罗代尔:《论历史(续编)》
Fernand Braudel, *Ecrits sur l'histoire II*

吕森:《历史学:叙事、解释与方向》
Jürn Rüsen, *History: Narration, Interpretation, Orientation*

罗素:《论历史》
Bertrand Russell, *Essays on History*

赫尔德:《人类历史哲学的观念》
Herder, *Ideen zur Philosophie der Geschichte der Menschheit*

特勒尔奇:《历史主义及其问题》
Ernst Troeltsch, *Der Historismus und seine Probleme*

梅尼克:《历史学的理论与哲学》
Meinecke, *Zur Theorie und Philosophie der Geschichte*

耶格尔(编):《历史学:范畴、概念、范式》
Friedrich Jäger, hg., *Geschichte: Ideen, Konzepte, Paradigmen*

布克哈特:《历史断想》
Jacob Burckhardt, *Historische Fragmente*